国際民商事法講義

国際民商事法講義

小 梁 吉 章 著

広島大学大学院法務研究科教授

信 山 社

はしがき

「国際民商事法」は筆者の造語である。

本書は，筆者が法科大学院で行っている「国際民事訴訟法」と「国際取引法」の２つの授業の講義ノートを編集しなおしたものである。国際取引法の個所で，契約の観点から「国際私法」の基本事項を説明している。本書ではつぎの４つの工夫をした。

第１に，国際民事訴訟法を先に説明し，その後国際取引法を説明している。これは類書にはない構成である。現実には，国際化が進んでいるとはいえ，国内の裁判所で国際的な要素のある紛争が取り上げられることは少ない。それにもかかわらず国際民事訴訟法を先に取り上げるには２つの理由がある。１つは，国際民事訴訟は法律関係や取引の内容など複雑な様相を呈することが多く，訴訟に対するアプローチが国内事件とは異なった点があり，この点を理解しておく必要があるからである。つぎに，国際的な企業間取引では契約交渉を積み重ねることで紛争の発生を事前に回避する努力を払っているので，現実には訴訟に発展することが少ないのであるが，企業は交渉にあたって常に訴訟になったら，さらに強制執行の段階にいたったら，という最悪のケース（ダウンサイド・リスク）を想定しながら戦略を練るからである。この点は企業間の取引とは別の範疇であるが，国際離婚などの相談を受ける場合にも同様であって，異なった国に所在する当事者のあいだでは，法的関係に対する理解や意識も異なっているから，国内の紛争とは異なる配慮が求められるのであり，「国際的視野」が必要になっているからである。ただし，学習の都合上，国際取引法を先行させる場合には第３部からお読みいただきたい。

第２に，裁判例を中心に説明している。とくに国際民事訴訟法は判例によって形成されてきた法分野であるから，裁判例の理解が不可欠である。

第3に，国際取引法については国際売買，国際海上運送，国際支払を中心として，個々の事案ごとに国際取引法の視点から問題点を取り上げて，事案に登場する国際取引を個々に説明している。法科大学院には会社などで実際にビジネスの現場にいた方も多いが，船荷証券や信用状などの国際取引固有の書式や決済方法は実務経験のある学生にとってもなじみの薄い分野である。こうした国際取引固有の書式や方法は少なくともそれがどういうものかを「知っている」ということが大切であり，取引の仕組みを理解できるように心がけた。

第4に，国際民事訴訟には商取引以外に人の身分や家族・相続にかかわる事件もあり，国際取引にともなう財産事件に加えて，人事・家族関係事件について説明している。法科大学院での国際民事訴訟法の授業時間数は限られているが，最近は国際的な人事・家族関係の事件も多く，財産事件だけを対象としたのでは，充分に実務への対応ができないおそれがある。

なお，本書の国際民事訴訟法の説明では，国際民事訴訟特有の問題点のみを説明しており，訴訟手続の詳細は民事訴訟法の教科書・参考書を参照いただきたい。

本書の出版を快くお引受いただいた信山社の袖山貴氏，今井守氏，編集工房INABAの稲葉文子氏には厚く御礼申し上げる。同社の出版事業のいっそうのご発展を祈念する。

2006年11月

小　梁　吉　章

目　次

第3部　国際取引法

第1部　はじめに

1　国際化がもたらすもの

(1)　経済のグローバル化と司法の非グローバル

経済と社会のグローバリゼーションが進んでいるが，この現象は21世紀に始まったことではない。

経済史学者のカール・ポラニーは，20世紀の市場経済の形成を分析して，「市場経済とは，諸々の市場からなるひとつの自己調整的システム」であるが，このようなシステムは19世紀に確立されたと述べている。ポラニーによれば，「市場経済とは，市場のみによって統制され，規制され，方向づけられる経済システムであり，財の生産と分配の秩序はこの自己調整的なメカニズムにゆだねられ」ている(1)。

ポラニーがいうような市場経済は，強力な主権国家の存在を前提としていた。しかし，20世紀の後半から国家が従来の権威を失ってきた。国際政治経済学者のストレンジは，市場経済そのものが国家を超える企業，すなわちマルチナショナルな企業を生み出し，国家はマルチナショナルな企業に権力を引き渡したと述べている(2)。現在は，インド系の鉄鋼会社がオランダに本社を有し，ルクセンブルグの鉄鋼会社が，フランスとスペインの競合する会社と合併して巨大企業化するようになっている。

(1)　カール・ポラニー（吉沢英成＝野口建彦＝長尾史郎＝杉村芳美訳）『大転換──市場経済の形成と崩壊』（東洋経済新報社，1975）57頁，91頁（原文は1957年刊）。

(2)　スーザン・ストレンジ（櫻井公人訳）『国家の退場──グローバル経済の新しい主役たち』（岩波書店，1998）83頁。

そして，さらにオランダ本社の鉄鋼会社が後者の巨大な合併会社をさらに買収するという事態が生じている。これはストレンジのいう「国家の退場」，国家という壁が極めて低くなっている現状を如実に示している。国家を超えた金融市場であるユーロ市場は，20世紀後半の冷戦時代に形成されたものである。その後オイルマネーの還流にともなってユーロ市場は発展し，さらに1980年代以降，各国において為替管理が自由化されてからは，ユーロ市場と各国の国内市場が連動するようになっている。このように経済・社会のグローバリゼーションはいっそうの進展と深化を見せており，国家の領域を超えたマルチナショナルな大企業が国家以上のパワーを持つまでになっている(3)。

経済のグローバル化は国家の領域的限界を超えるまで発展してきた。しかし，法律と司法はグローバル化していない。この点はまずおさえておかなければならない。実は「国際」といいながら，国際民事訴訟法も国際私法も「国内法」であって，国際法ではないのである。国際取引法の一部が国際的な法律であるにすぎない。

⑵　経済社会のグローバル化の状況

しかし，司法のグローバル化を欠いたまま，経済と社会のグローバル化はいやおうもなく進んでいる。経済のグローバル化とは社会全体のグローバル化である。紛争の発生は不可避なのである。少し数字を見てみよう。

個人については渡航者の増加が顕著である。1975年に250万人弱であったわが国の海外渡航者数は，2004年には1,683万人に達している(4)。また，来日外国人数も現在では約700万人の規模となっている。また，外国人との婚姻の件数も増加しており，1975年には年間６千件程度で

---

(3)　世界最大の小売商であるアメリカのウオールマート社は世界10か国に店舗展開し，従業員は130万人という。同社の総売上高は2,500億ドルを超えるが，これはスウェーデンの国内総生産を上回る規模である。

(4)　外務省領事局旅券課・旅券統計（平成18年２月）による。

あったが，2004年には年間４万件弱に増加している(5)。

企業活動として，まず輸出入を見てみよう。

2005年暦年のわが国の輸出総額は，65兆6,566億円，輸入総額は56兆9,493億円であった(6)。これはわが国の国内総生産（GDP）約500兆円の約１割を超え，また，現在の一般会計（予算）約80兆円の７，８割に相当する規模である(7)。しかし，わが国の輸出入取引金額が増加したといっても，依然としてヨーロッパの各国と比べるとその比重は低い。ドイツ，フランス，イギリス，イタリアでは年間輸出額または輸入額の国内総生産比率はおおむね20％を超えている。オランダではこの比率は50％に達している。わが国はアメリカとほぼ同じ水準で，いずれも10％程度にとどまり，ヨーロッパ主要国の半分の水準である。ヨーロッパ諸国は欧州連合という経済共同体の中にあり，国際分業，輸出入取引がビジネスに織り込まれているために，このような高率を示すことになるが，わが国の次世代の姿を先取りしているとも見ることができる。

また，わが国の企業が海外に子会社を設けるなどの対外直接投資は，2005年末残高で45兆6,000億円，海外からのわが国への対内直接投資は12兆円といずれも前年比拡大を見せている。債券や株式への証券投資を指す間接投資では，わが国からの対外投資は249兆4,900億円，外国からわが国への対内投資は181兆9,590億円の規模であり(8)，輸出入というモノの動き，直接投資・間接投資というカネの動きともにきわめて大きな規模に達している。企業の海外進出については一部撤退の動きもあるが，わが国の会社が外国の設けた法人（現地法人）数は2002年度で13,300社に及んでいる。

経済・社会のグローバリゼーションとは，個人・会社の動きが国際化

(5)　厚生労働省・人口動態統計年報・主要統計表・婚姻・第２表「夫妻の国籍別にみた婚姻件数の年次推移」による。

(6)　財務省・貿易統計（平成18年３月）による。

(7)　わが国の国際総生産対輸出・輸入比率はアメリカと同程度である。

(8)　財務省・本邦対外資産負債残高（平成18年５月26日）による。

し，国際的な法律関係に入ることである。国際化した段階では従来の国内の法律関係では構成できないようなあらたな法律関係も形成される[9]。法律関係の国際化にともなって，会社が国際的な紛争に直面していることは，新聞が報道しているとおりである[10]。個人の紛争についての報道はすくないが，わが国の国籍を有する者が外国で交通機関の事故にあったり，災害の被害者になる場面が増えており[11]，また，海外からの渡航者がわが国で事故に遭遇することもある[12]。外国人との婚姻が増えると同時に，国際結婚のカップルの離婚件数も年間に1万5,000件程度に達している。国際離婚の場合には，子の監護や養育費の

(9)　たとえば，京都議定書にもとづく温室効果ガス（二酸化炭素）排出量取引（京都メカニズム）では，排出権という権利が取引されるが，これは物権ではなく債権と考えられる。債務者が履行せず，紛争が生じた場合の救済手段については判然としない。

(10)　たとえば，東京機械製作所は2006年6月19日にプレス・リリースを公表し，その中で同社とそのアメリカ現地法人が2000年3月にアメリカのメーカーからアメリカの1916年反ダンピング法にもとづいて損害賠償の訴えを提起され，2003年12月にアメリカ・アイオワ州北区地方裁判所から陪審判決として総額3,150万ドル余と関連費用相当額の賠償命令を受けたことを明らかにしている。アメリカ1916年反ダンピングは，世界貿易機構（WTO）の反ダンピング協定にもとづく米国の国際的義務違反が確定しており，同法は2004年に米国議会で廃止されており，同社は日本の「損害回復法」（アメリカ合衆国の1916年の反不当廉売法に基づき生じた　利益の返還等に関する特別措置法）にもとづいてアメリカでの損害を回復している。

(11)　たとえば，【事例73】の千葉地判平成9年7月24日は，わが国からカナダのスキー場にグループで旅行し，グループのメンバー間でスキーの練習中に起きた事故に関する事件である。また，大阪高判平成10年1月20日判例タイムズ1019号177頁は，アメリカ・カリフォルニア州に出張中の日本人がレンタ・カーを運転中に事故を起こし，同乗していた同じく出張中の日本人に傷害を与えた事件である。

(12)　たとえば，東京地判平成11年5月17日判例タイムズ639号232頁，判例時報1263号32頁は，在日米軍基地に所属する米国人の事件であるが，同人は東京都内で貨物自動車に轢過されて死亡した。

問題が生じる。

前述のストレンジの意見のとおり現代では，国家が個人や企業を国家の領域内にしばりつけることはできない。しかし，グローバリゼーションが進んでも世界共通の紛争解決機関があるわけではない。個人や企業が直面する紛争はいずれかの国の裁判所，または仲裁廷において解決せざるを得ない。すなわち経済や社会がグローバル化しても，司法にはグローバリゼーションは及んでいないのである(13)。では国際的な要素のある私法的な法律関係から紛争が生じたら，どのように解決することになるのだろうか。これが国際民事訴訟法の世界である。

2　国際化にともなう個人・会社の紛争

つぎに国際的な私的法律関係において紛争が生じた4つの事例を見てみよう。経済・社会のグローバリゼーションにともなって日本人が外国の会社に雇用されたり，日本の会社に外国人が雇用されることは日常的になっている。つぎの事例は，外国の会社に採用された日本人が会社の停止した付加手当の支払いを請求した事件である。

【事例１】　外国会社と日本人との労働契約の事例――東京地判平成９年10月１日(14)

ドイツの航空会社であるルフトハンザ社は，東京をホームベースとする日本人のエアーホステスに対して，基本給以外に付加手当500マルク（５万5,000円）を支給していた。日本人のエアーホステスの給与は，日独租税条約により，ドイツにおいてのみ課税されることとされていた。その後，ドイツにおける課税範囲が全体の10％弱に縮減され，残りについては日本で

(13)　トワイニングは，グローバリゼーションの進行により，国家の壁や国民国家の意味は急速に変化しており，純粋に狭い観点に立っては自国の法律さえも理解できなくなっていると述べている（W. Twining, *Globalisation & Legal Theory*, Butterworth, 2000, p. 7）。経済・社会の国際化は国内問題を理解するのにも国際的な視点が不可欠な状況にしている。

(14)　東京地判平成９年10月１日労民集48巻５・６号457頁，判例タイムズ979号144頁。なお，判決は請求を棄却した。

課税されることになり，日本の税率はドイツよりも低かったので，日本人エアーホステス３人の給与手取額が11万ないし12万円増加することになった。このため，ルフトハンザ社は平成３年８月以降付加手当の支給を取りやめた。

これに対して，日本人エアーホステス３人（原告）は付加手当の支給取止めは無効であるとしてルフトハンザ社（被告）に対して支払いを求める訴えを東京地裁に提起した。

この事件の被告であるルフトハンザ社はドイツに本店を有する外国の会社であり，日本には，日本における代表者を定めて，東京営業所（日本支社）を有していた（外国への会社の進出について⇒第３部【６】１参照）。

この事例では，日本人である原告は外国会社であるルフトハンザ社に対する手当支払請求の訴えをわが国の裁判所に提起している。裁判権は国家主権の１つであり，主権の及ぶ範囲はその領土内に限られる。このように外国会社を相手とする訴えをわが国の裁判所に提起することができるのだろうか（国際裁判管轄）（国際裁判管轄について⇒第２部【３】２参照）。

また，ドイツの会社と日本人との労働契約についてはドイツの労働法が適用されるのだろうか，それとも日本の労働法だろうか（準拠法）（契約の準拠法の問題について⇒第３部【１】２参照）。

つぎの事件は，【事例１】に比べるとやや複雑な企業間の国際取引の事例であり，国際売買取引にともなう紛争である。

【事例２】　海上運送にともなう紛争――東京高判平成16年12月15日(15)

シンガポールの商社であるトライスター社（売主）は，数年来，マダガスカルの輸入商であるマモッド（買主）とのあいだで電気製品の売買を行っていた。トライスター社は商品を運送するため，わが国の海上運送会社に商品を詰めたコンテナをシンガポールからマダガスカル共和国の港に海上運送することを依頼し，海上運送会社は船荷証券を発行した。しかし，

(15)　東京高判平成16年12月15日金融法務事情1751号47頁。

トライスター社は運賃を支払わなかったので，海上運送会社は船荷証券を引き渡さなかった。

商品の入ったコンテナを積んだ船舶は，シンガポール港を出港し，マダガスカルの港に到着し，運送会社は現地の代理店に船荷証券の原本が提出されない限り，コンテナを引き渡さないように指示していたが，現地代理店の従業員は買主から賄賂を受け取り，船荷証券のコピーに貨物引渡指図のスタンプを押して署名し，引渡証を偽造した。買主のマモッドは，港湾局で荷揚げ費用を支払い，本件コンテナを受け取った。

トライスター社らは商品を詐取されたとして，海上運送会社と現地代理店を相手に損害賠償の請求の訴えを東京地裁に提起した（船荷証券について⇒第３部【２】２参照）。

この事件では，【事例１】と異なり外国（シンガポール）の会社がわが国の裁判所に訴えを提起しているが，外国の会社はわが国の裁判所に訴えを提起することができるのだろうか（外国の会社の当事者能力について⇒第２部【２】１参照）。

つぎの事例も外国の業者との国際売買に関する事例であるが，裁判の当事者はいずれもわが国に所在する。

【事例３】　国際的な側面のあるわが国国内の事例──最一判平成15年３月27日(16)

わが国の繊維商社（売主）は，台湾の会社（買主）と繊維製品の売買取引をし，買主は輸入代金を支払うため，台湾の銀行（信用状発行銀行）に売主を受益者とする信用状の発行を依頼した。同銀行は，依頼どおりの信用状を発行し，同日，電信により，別の台湾系の銀行の東京支店に宛てて，同銀行の大阪支店（通知銀行）を電信の名宛受取人と定めて，信用状を売主に通知するように依頼した。翌日，この銀行の東京支店は依頼どおりに実行した。

その後，売主・買主間に新しい取引があり，買主は，信用状発行銀行に信用状の金額を増額する旨の改訂（アメンドメント）を依頼した。同銀行は

(16)　最一判平成15年３月27日金融法務事情1677号54頁，金融・商事判例1169号39頁。

依頼どおりの改訂を行い，同日，電信により通知銀行の東京支店に連絡したが，同東京支店がこの改訂を大阪支店へ転送するのが遅れてしまった。そのため，売主は買主との契約期限までに商品を船積みすることができず，売主は買主から値引きを求められ，応じざるを得なくなった。

売主は通知銀行を相手に損害賠償の請求の訴えをわが国の裁判所に提起した（信用状について⇒第3部【3】2参照）。

さらに，国際的な取引から紛争が生じた場合に紛争を解決する手段は，裁判だけとはかぎらない。裁判に代わって仲裁という解決方法もある。つぎの事例は，国際的な契約から生じた紛争を仲裁で解決しようとしたが，当事者の一方が仲裁判断に不満でその取消しを裁判所に求めた事例である。

【事例4】　国際商事仲裁の事例――東京地判平成16年1月26日(17)

ドイツの会社（ライセンサー）の商標権（ブランド）はスポーツ衣料の分野で現在は知名度が高くなっているが，わが国ではわが国の会社（ライセンシー）が1980年以降，独占的な製造販売権を許諾されてきた。ライセンサーとライセンシーは1992年にそれまでの契約を一本化し，1995年1月1日から1998年12月31日までの独占的製造販売権の契約を行った。この契約には，契約期間満了12ヶ月前までに書面による解消の通知がないかぎり自動的に4年間延長されること，この契約に関する紛争は，わが国の国際商事仲裁協会における仲裁手続に服することが規定されていた。

その後1996年2月からライセンサーとライセンシーはわが国における合弁会社の設立について交渉を開始したが，ライセンシーはこれを拒絶した。ライセンサーは1999年4月1日から合弁会社が事業開始するまで，ライセンシーに他のライセンサーの子会社と同じFOB価格で販売することを認めるなど提案したが，1997年10月には合弁会社交渉は停止した。ライセンサーはその直後に独占製造販売契約を解消することをライセンシーに通知し，1998年2月にライセンサーはわが国に同社の100%子会社を設立し，同社の商標権のある商品の販売はこの子会社が一手に行うところとなった。

ライセンシーは国際商事仲裁協会に損害賠償を求めて仲裁を申し立てた

(17)　東京地判平成16年1月26日判例時報1847号123頁，判例タイムズ1157号267頁。

が，同協会はライセンシーの申立てを棄却する仲裁判断を行った。そのためライセンシーは東京地裁にこの仲裁判断の取消しと損害賠償を求める訴えを提起した。

この事件は，国際的な私的法律関係の紛争をいったんは仲裁で解決しようとした。では仲裁とはどういうものだろうか（国際仲裁について⇒第2部【8】参照）。

また，この事件でライセンサーはライセンシーとの合弁会社交渉で「輸入品に対するFOB価格は他の被告会社の子会社と同一とすること」という条件を提示している。FOBとはなんだろうか（FOBなどのインコタームズについて⇒第3部【2】1参照）。

3　国際民事訴訟法と国際取引法，国際私法

(1)　国際民事訴訟法

前記の事例では，【事例3】を除き，事件の当事者の所在国が異なっていた。このように国際的な私的法律関係で生じた紛争の解決にあたって，当事者双方が服する裁判所が一致しないことを管轄の抵触（conflict of jurisdictions）という。仮に，国内の業者から商品を購入し，破損あるいは故障した商品が届いた場合，まず，当事者間で問題の解決を図る。つぎに，話合いで解決がつかなければ，国内の裁判所に訴えを提起することによって，紛争の解決が図られる。一方，国を異にする当事者間の国際売買において紛争が生じ，当事者間の話合いでは問題が解決できない場合には，どの国の裁判所に訴えを提起すればよいのだろうか，その場合どの国の手続にしたがって裁判を行うのだろうか。

わが国では，当事者が紛争の生じた場合に裁判で解決することをあらかじめ合意し，いずれの国の裁判所を管轄の裁判所とするかを合意することは第一審について認めている（民事訴訟法11条1項）(18)。また，このような紛争解決の管轄裁判所について合意がないときには，わが国民事

(18)　後掲の【事例23】の最三判昭和50年11月28日を参照。

訴訟法4条は「訴えは，被告の普通裁判籍の所在地を管轄する裁判所の管轄に属する」と定めている。また，同5条は財産権に関する事件の特別裁判籍として，不法行為地の裁判所の裁判管轄などを定めている。また，国際取引では紛争の解決を国家の裁判所における裁判手続ではなく，当事者が選任する仲裁人による商事仲裁によって解決することを合意することもある。この場合，仲裁地をどこの国とするか，いずれの国の仲裁機関によるか，仲裁判断の基準をどこの国または機関の基準とするかについても合意をすることがある。このような国際的な私的法律関係の紛争の解決の基準を国際民事訴訟法または国際民事手続法と呼ぶ。(国際民事訴訟法ということばを裁判手続に限定した意味で使い，国際民事手続法ということばを裁判手続に加え，執行・保全手続，仲裁手続，倒産処理手続を包含した意味で使うことがある。) 国際民事訴訟法は，以上のような国際的な個人または企業の私法上の法律関係を解決するための基準を提示する法分野である。国際民事訴訟法は手続法であり，そこで適用される法律（実体法）と実体法を選択し指定する法律（抵触法）との関係が深い。

国際民事訴訟法は，個人や会社について国際的な私的法律関係の紛争が生じた場合の解決の手続を領域とする法分野である。もっとも重要な論点は，国際裁判管轄の判断と外国判決の承認・執行の2つの問題であるが，この問題に対する判断の基礎は，わが国民事訴訟法の規定である。このほかに，訴訟能力，手続保障等の多くの民事訴訟固有の問題があり，また紛争解決手段として仲裁，調停なども論点となる。さらに，民事手続として外国で倒産手続が行われたり，日本と外国の両方に財産を有する者について両方で倒産手続が行なわれる場合の調整などの問題があり，その対象は広範である。現代は，企業はもとより，個人もなんらかの形で外国の業者や個人との取引を経常的に行い，経済・社会のグローバリゼーションが進んでいるが，司法などの制度はグローバルに対応されておらず，現状はすべて国家単位である。このために，国際民事訴訟法（国際民事手続法）という法分野によって，裁判管轄や外国の裁判所の行為の承認などの調整が必要とされている。

⑵　国際取引法

つぎに，国際取引とは所在国が異なる当事者間の商取引をいい，国際取引法とは「異なる国の当事者間における商取引」を規整する実体法規範全般である。国際売買は商品（モノ）の国際的な売買であり，モノの動きと商品代金（カネ）の動きがある。国際取引の中心は国際売買であるが，そのほかにも国際的な投融資がある。投融資は企業やプロジェクトに対する出資または融資のことをいうが，これはカネの動きである。さらに，国際取引には外国への営業拠点を設置したり，外国の企業とのあいだで販売店・代理店契約を締結する海外事業活動がある。これを「ヒト」の動きであるとすると，国際取引では「モノ」「カネ」「ヒト」という経営資源のすべてが対象となる。

⑶　国際私法

さらに国際民事訴訟法，国際取引法と密接な関係のある法分野として，国際私法がある。わが国国内における取引では，わが国の民商法や商慣習にもとづいて取引が行われる。たとえば，売主の瑕疵担保責任（民法570条），売買目的物の検査義務（商法526条）あるいは動産の売買にともなう売主の先取特権（民法311条５号）など，わが国民商法の規定を前提として売買の当事者は取引を行っている。また，わが国国内で交通事故などの不法行為があればその損害賠償はわが国の実体法である民法に準拠して判断される。

一方，国際売買取引の当事者は異なった国に所在するので，その間の売買取引についていずれの国の民商事法を前提にするべきかという問題がある。このように国際的な私的法律関係に適用すべき法が複数存在することを法の抵触（conflict of laws）という。わが国において法の抵触が問題となった場合に適用すべき法律を選択する基準を国際私法または抵触法という。国際私法とは，企業や個人が民商事の法律行為に関係する場合にいかなる国の法律が適用されるか，という準拠法の指定に関する法領域である。

会社の場合には，あらかじめ契約の相手方とのあいだでその間の私的法律関係の成立と解釈について適用すべき法律を合意し，契約に盛り込んでおくことが多い。このように当事者が自由に契約の準拠法を定めることができることを「当事者自治の原則」(parties' autonomy) という(19)。国際取引では問題を回避するために，当事者間で準拠法を指定することが多い。

では，当事者があらかじめ準拠法を指定しない場合はどうだろうか。

たとえば，日本人がタイに居住するために不動産を購入する場合，当該取引には日本民法が適用されるのだろうか，タイ民法が適用されるのだろうか。2000年11月にオーストリアでケーブルカーの火災事故があり，日本人犠牲者を含めて多くの犠牲者が出たが(20)，この事故の損害賠償が裁判で争われた場合には，いずれの国の実体法にもとづいて判断すべきだろうか。

このような問題が生じた場合に適用すべき法（準拠法）を定めるのは国際私法の機能である。当該の問題がどのような法的性質を有するかを判断し，その性質にしたがって，適用すべき法を決定することになる。

⑷　国際民事訴訟法と国際取引法，国際私法の法源

国際私法については，わが国には法の適用に関する通則法があり，国際民事訴訟法については民事訴訟法，民事執行法・保全法，仲裁法など

---

(19)　当事者自治の原則は，イギリスでは1760年の Robinson v. Bland 判決で認められた。フランスでは1910年のアメリカン・トレーディング事件で認められた。現在では個人や会社の私的な契約における準拠法の選択（choise of law）は，各国で共通に認められた原則である。1980年 EC 契約上の債務の準拠法に関する条約（ローマ条約）も３条でこの旨を規定し，同条約についてのジュリアーノ・ラガルド報告は，加盟各国でのこの原則の普遍性を述べている。

(20)　In re Ski Train Fire in Kaprun, Austria on November 11, 2000, 175 F. Supp. 2d 1379（J.P.M.L. 2001）など参照。

の成文法がある。一方，国際取引法として，たとえば海上運送の分野では，国際海上物品運送法（昭和32年法律第172号），同法の基礎となった国際条約であるヘーグ・ウィスビー・ルールがあり，国際航空運送については，モントリオール条約（国際航空運送についてのある規則の統一に関する条約）があり，航空運送人の責任や損害賠償の範囲等について規定されているが，国際取引法全体を規定する法令があるわけではない。

国際取引法，国際私法と国際民事手続法の各領域を図示すると以下のとおりである。

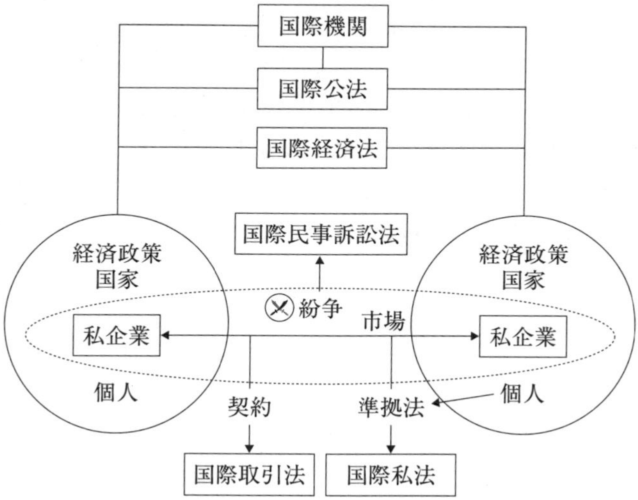

国際民事訴訟法，国際取引法，国際私法はいずれも個人，私企業の私法的法律関係にかかわる法分野であり，国家や国際機関を対象とする国際公法とは領域が異なる。また，国際取引法に名称上では類似した分野に，国際経済法があるが，一般に経済法とは，国内の経済秩序の安定を維持し，経済活動の発展を促進する法律分野をいい，国際経済法とは「国際市場と国家利益の調整の法」である(21)。すなわち，国際取引法は当事者自治の適用される私的取引の領域をいい，国際経済法は，私的な

取引主体に対する公法的・行政的な規制の領域と分けることができる。たとえば，国家間の国際的な貿易に関するルールづくりを行う機関として，戦後設けられたGATTの後身として，WTO（世界貿易機関）が設けられている。WTOは，「生活水準の向上，完全雇用の確保，高水準の実質所得及び有効需要の着実な増加，資源の完全利用，物品及びサービスの生産及び貿易の拡大」[(22)]，すなわち，市場経済原則によって世界経済の発展を図ることを目的としており，国際公法の分野である国家と国家のあいだの法律関係にかかわる機関である。

上述したように，国際私法とは実体規定を定めるものではなく，どこの国の実体法規定を適用するかということについて判断基準を定める法である。また，国際民事訴訟法は，国際的な民商事の紛争の解決手続を定める法であり，具体的には，①自国の裁判所の国際裁判管轄はどこまで及ぶか，②外国の裁判所が行った判決をどうするかなどの問題を扱う手続法である。さらに，国際取引法は実体法の規定である。国際取引法，国際私法，国際民事訴訟法にかかわるわが国の主な法令等を分類すると右のとおりである。

---

(21)　松下満雄『国際経済法』第3版（有斐閣，2001）6頁。

(22)　1994年12月28日世界貿易機関を設立するマラケシュ協定前文を参照。

	国際私法 （抵触法）	国際民事訴訟法 （手続法）	国際取引法 （実体法）
共　通	法の適用に関する通則法	外国裁判所の嘱託共助法 民訴条約 送達条約 民事訴訟条約特例法 仲裁に関するニューヨーク条約	民法 商法　　など
財産関係	法の適用に関する通則法	民事訴訟法 民事執行法 民事保全法　　など	国際海上物品運送法 モントリオール条約
人事・家族関係	法の適用に関する通則法 扶養義務の準拠法に関する法律 遺言の方式の準拠法に関する法律	人事訴訟法 家事審判法 家事審判規則	国籍法　　など
その他	手形法88条～94条 小切手法76条～81条	破産法 外国倒産手続承認援助法 仲裁法　　など	ウィーン売買条約 など

第2部　国際民事訴訟法

【1】　国際民事訴訟法の枠組み

1　国際的な私的法律関係の紛争の解決

これまで挙げた4つの事例のほかにも国際的な私的法律関係の紛争にはさまざまな種類がある。わが国の個人が外国に旅行中に交通事故に遭い，加害者がわが国のような強制的な自動車損害賠償責任保険を契約していなかった場合や賠償責任保険に契約していたが，補償額がきわめて低かったような場合には，追加の損害賠償を求めることになるが，どのような手続をとればよいのだろうか。あるいは，外国人と婚姻関係にあった日本人が裁判上の離婚の訴えを提起し，同時に子の親権者の決定を求めたりすることがある。この場合，どこの機関にどのような請求をすればよいのだろうか。

当事者の任意の紛争解決	→	和　解
第三者による解決案の提示・当事者の互譲	→	調　停
第三者による紛争解決が当事者を拘束	→	仲　裁
国家機関である裁判所による紛争の解決	→	裁　判
債務者の債務の包括的整理	→	倒産処理

国内で私的な法律関係の紛争が生じた場合，その解決の方法としては，①当事者同士の交渉・和解，②当事者が選任する第三者による調停，③同じく第三者による仲裁，④裁判所による裁判がある。会社間の商取引の場合には，当事者が契約を結ぶさいに，誤解や紛争が起きないように

努めているが（予防法務），紛争の発生を完全に回避することはできない（予防法務としての国際取引法について⇒第3部【1】1参照）。

国際的な私的法律関係から生じる紛争でもその解決方法は国内の場合と同様である。

2　国際民事訴訟手続の統一の例

国際的な私的法律関係の紛争の解決にあたっては，準拠法と国際裁判管轄の決定または外国判決承認要件の具備が重要な論点となる。しかし，全世界的に統一された「国際民事訴訟法」という成文法があるわけではない。上述のように，国際民事訴訟とはいっても，現実には各国の国内手続法規定にもとづいて，裁判が行われているからである。このために，以前から，国際民事訴訟手続の統一が試みられている。現在も，アメリカ法律協会（American Law Institute）とUnidroit（私法統一国際協会）(23)による共同作業の成果として，渉外民事訴訟ルール(24)が発表されている。これは，とくにシビル・ロー法系とコモン・ロー法系との国際民事訴訟手続ルールの統一の作業を行っているが，まとまっていない。国際連合国際商取引法委員会（Uncitral）(25)やヘーグ（ハーグ）国際私法会

(23)　International Institute for the Unification of Private Law（Unidroit）. 私法統一国際協会の作業はもっぱら国際統一法の制定を目指すものである。1926年に国際連盟の付属機関として設立され，メンバーは国に限定される機関であり，本部はローマ。

(24)　ALI/UNIDROIT, Principles and Rules of Transnational Civil Procedure, Council Draft No. 2（September 29, 2003）http://www.ali.org/ali/TransCP-CD2.pdf を参照。

(25)　United Nations Commission on International Trade Law（UNCITRAL）. 1965年11月の国連総会において，ハンガリーの常任代表から「国際取引を促進する観点からの国際私法の領域における漸進的発展に向けた工程の検討」の提案がなされたことを受けて，1966年12月17日の第2205号決議をもって創設された。比較的新しい国際機関であるが，成果は多い。1980年ウィーン統一売買法条約については後述するが，国際民事訴訟法の分野でも相当の成果を挙げている。1978年国連物品運送条約（ハンブルグ・ルール），2001年国際債権譲渡条約などがある。

議[26]，あるいは国際法協会[27] などの国際的な場でも国際民事手続の統一のための条約の制定作業が進められているが，かならずしも進んでいないのが現状である。

自由・安全・司法の１つの法域（Area of freedom, security and justice）を目指す欧州連合においては，1968年にすでにブラッセル条約[28] が締結され，加盟国間の判決相互承認のシステムが確立され，相互の証拠調べに関する規則も制定されている。

しかし，国際民事訴訟に関する条約でわが国が批准しているものはきわめて少ない。現在まで，ヘーグ国際私法会議が定めた「民事訴訟手続に関する条約」(1954年３月１日締結)，「民事又は商事に関する裁判上の文書の外国における送達及び告知に関する条約」(1965年11月15日締結)

---

(26)　Hague Conference on Private International Law. 1893年オランダ政府の国際私法統一法典作成のための会議開催の招請に応じたヨーロッパ諸国の代表会議に始まり，国際私法（抵触法）的な解決を目指して作業を行っている。1955年に西ドイツ（当時)，フランス，日本，イギリスなど16ヶ国をもって常設機関として設けられ，参加は国単位である。設立条約第１条は「国際私法規則の漸進的な統一に向けた作業を行う」としており，国際民事訴訟法の分野でも相当の実績を挙げている。

(27)　International Law Association. 国際法協会は，1873年にベルギーのブラッセルで設立され，手形法の統一化案を作成し，海損法の統一のためのヨーク・アントワープ規則，CIF 契約に関する統一規則としてワルソー・オックスフォード規則等を制定している。最近の国際法協会は，分科会を設けて個別の問題について研究議論を行っている。主な成果は，1930年の「為替手形及約束手形に関し統一法を制定する条約」と1931年の「小切手に関し統一法を制定する条約」(以上ジュネーブ条約）である。

(28)　民事および商事に関する裁判管轄ならびに判決の執行に関する1968年９月27日ブラッセル条約。ブラッセル条約はダブル条約であるとされている。ダブル条約とは，外国判決の承認および執行に関する規定と完全な裁判所の裁判管轄を規定する条約のタイプをいい，外国判決の承認および執行に関するルールだけを規定し，裁判所の裁判管轄はそれを承認執行の要件として調整する形式のシングル条約，外国判決の承認執行だけではなく，裁判管轄についても一部だけではあるが直接規定する形式のミックス条約に対比される。

を批准しているが，「民事又は商事に関する証拠の収集に関する条約」（1970年3月18日締結）はまだ批准していない。2005年6月30日に締結された「管轄合意条約」の批准が今後検討されることになる。また，国際私法の分野である準拠法の選定についても，「子に対する扶養義務の準拠法に関する条約」（1956年10月24日締結），「扶養義務の準拠法に関する条約」（1973年10月2日締結）と「遺言の方式に関する法律の抵触に関する条約」（1961年10月5日締結）の批准に限られている。

国際取引の増加にともなって国際的な私的法律関係の紛争は増加せざるをえず，無視しえない問題となることが予想される。国際民事訴訟における証拠の収集については，民事訴訟手続に関する条約に規定があるとはいえ，すでに多くの国が証拠の収集に関する条約を批准していることを考慮すると，わが国としても批准しておくことが私的な国際取引を円滑に進めるうえで必要であると思われる。また，現代の国際取引では契約で管轄合意条項を設けることが一般化していることを考えると，他国の動向に注意を払いつつ，管轄合意条約についても検討を要そう。

3　「手続は法廷地法による」の原則

国際民事訴訟の手続が統一されていない状況の下では，裁判手続はどの国の法律に準拠するのだろうか。国際的な私的法律関係の効力の準拠法として選択指定された国（準拠法国）の民事手続法にしたがうのだろうか。

国際的な契約から生じた紛争，あるいは国際的な不法行為にともなう紛争であっても，裁判で解決する場合には，いずれかの国の裁判所で手続をとらなければならない。各国の裁判所の機構・手続内容などはその国の憲法・裁判所法などその国内法令に規定されており，裁判手続は裁判が係属した裁判所の属する国の裁判手続による。このように国際的私的紛争では当該事件に適用される準拠法の国の手続法ではなく，当該事件が係属した裁判所で，その国の民事手続法にしたがって裁判を行うことを「手続は法廷地法（*lex fori*）による」の原則という。一方，法的関係の実体については準拠法に指定された国の法律にしたがって判断する。12世紀にアルベリクスが手続については法廷地法，実体については外国法の適用も可能としたことがこの原則の起源であるとされている。その後，14世紀にイタリアで国際私法の注解学派の中心となったバルトルスがこの原則を一般的命題とし，国際私法学者により広く承認されてきた(29)。したがって，言い方を変えれば法律関係の実質については国際私法（抵触法）によって準拠法が決定されるが，法律関係の解決にあたっての手続は，国際裁判管轄が決定されれば，その管轄国の手続法によることになる。

たとえば，第一審の裁判所の事物管轄，土地管轄，裁判官の除斥・忌避，訴えの提起の方式，訴状の送達，審理における釈明権の行使，共同訴訟の可否，既判力が及ぶ範囲，第一審裁判所が行った判決に対する上訴の可否，上訴期間などは法廷地の民事手続法の定めにしたがうことになる。

これらの事項は，ほぼ普遍的に手続の問題と考えることができよう。しかし，個々に立ち入ると実体か手続か判然としない事項が多い。たとえば，「当事者」という問題は手続か，実体か議論がある。一見すると，当事者の能力は法律行為など実体法上の問題のようであるが，訴訟における能力について，民事訴訟法28条は「当事者能力，訴訟能力及び訴訟無能力者の法定代理は，この法律に特別の定めがある場合を除き，民法その他の法令に従う。訴訟行為をするのに必要な授権についても，同様とする」と定めている。したがってこの問題は手続の問題とも考えられる。では，この規定は外国国籍を有する者，外国法に準拠して設立された会社について適用されるのだろうか（国際民事訴訟における当事者について⇒第２部【２】１参照）。

このような当事者の問題のほかにも，英米法が訴訟上の抗弁としている相殺，時効の位置づけ，個々の実体法の規定に基づく証明責任の分

(29) 澤木敬郎「『手続は法廷地法による』の原則について」立教法学13号31頁。

配[30]なども判然とせず，国際民事訴訟における手続と実体の区別は容易ではない。

4　国際民事訴訟における実体法と手続法

(1)　準拠法の指定

国際的な私的法律関係で実体関係に適用される法を準拠法（governing law）という。

もとより当事者が契約において，契約の成立と解釈の準拠法を指定し（準拠法条項，governing law clause），紛争解決のために係属する裁判所を指定することがある（管轄条項，jurisdiction clause）。

つぎの一節はスウェーデン輸出信用銀行の発行した債券[31]の発行目論見書にある準拠法条項と管轄条項である。償還など債券に関して生じた紛争については準拠法に指定された英国法にもとづいて，イギリスの裁判所で解決が図られることになる。この債券はスウェーデンの銀行がわが国の投資家向けに発行したものであり，イギリスには直接の関係はないが，イギリスの金融市場にはこうした取引の例が多く蓄積されており，紛争に関する判例も多い。またこの債券の準拠法は発行体が一方的に指定しているものであるが，この債券を購入する投資家は相応の投資

(30)　東京地判平成10年５月27日判例時報1668号89頁は，「立証責任の問題についても，法律効果の発生要件と密接に結びつくことから，その性質上，実体法の問題として捉えられ，実体関係の準拠法」によるとし，一方，「これに対し，『表見証明』ないしは『一応の推定』は，ある事実が存在すれば，それが一定の方向の経過をたどるという『定型的事象経過』が存在する場合に，その定型性から一定の原因事実が推認されるとする理論であり，自由心証の枠内での経験則の適用の結果にすぎない点で，真偽不明のときに適用される立証責任や立証責任転換とは異な」り，「自由心証の原則と同じく訴訟法的性格を有するものであると解されるから，法廷地法」が準拠法となるとして，立証責任の問題と一応の推定を分けている。

(31)　スウェーデン輸出信用銀行2016年８月25日満期期限前償還条項付き米ドル建て・コモディティ指数連動債券・債券売出届出目論見書。

知識経験のある者であり，準拠法，管轄の指定の効力は認められよう。

準拠法：本債券，財務代理人契約およびプログラムに基づき発行される債券に関して発行者によって作成された2006年7月5日付約款（その変更または補足を含み，以下「約款」という。）ならびにそれらに起因もしくは連動して生じるすべての事項は，英国法に準拠し，これに従って解釈される。

英国の裁判所(32)：英国の裁判所は，本債券に起因もしくは関連して生じる紛争（以下「紛争」という。）を解決するための専属的な管轄権を有する。

これは債券発行契約において，事前に準拠法と裁判管轄を指定した例であるが，紛争が生じた後であっても，第三者の権利を損なわないかぎり，当事者間で準拠法と管轄について合意することは可能である。なお，管轄の合意についてわが国民事訴訟法11条2項は，管轄の合意は書面でしなければその効力を生じないと規定している。管轄の合意が存在する

---

(32)　なお，この債券については，「発行者は，訴訟手続を開始させる書面およびかかる訴訟手続に関連して送達を要するその他の書面が現在はロンドン市 NW1 5RA，オールド・メリルボーン・ロード259-269（259-269 Old Marylebone Road, London NW1 5RA）（またはその時々の英国における住所）に所在するウウェーデン貿易公団（Swedish Trade Council）のその時々における商務参事官（Trade Commissioner）に交付されることによって発行者に送達されうることに合意する」という「送達受領代理人」(process agent）の条項が設けられている。これはイギリス法上，対人管轄事件（action in personam）は，被告に対する訴状の送達を要するとされており，紛争がイギリスと牽連性がなくても，単なる訴状の送達によってイギリスの裁判所は管轄を得ることができるが，被告がイギリスの裁判所の管轄の及ぶ範囲に存在しない場合には，管轄は認められないため，イギリス国内にあらかじめ訴状の受領代理人を設け，イギリスの裁判所の管轄を生じさせるものである。

ことはとくに当事者が異なった国に所在する国際民事訴訟では重要であり，書面の要件は国際民事訴訟でも妥当しよう。

⑵　準拠法の指定がない場合

このように契約に準拠法について明示の条項がなく，紛争が生じた後でも当事者が準拠法について合意しなかった場合，裁判において当事者が準拠法について主張し，裁判所が準拠法を判断することになる。たとえば，前記【事例１】（ルフトハンザ事件）では，準拠法に関して原告，被告はそれぞれつぎのように主張した。裁判所の判断も掲げておこう。

ただし，この事件の準拠法に関する主張と裁判所の判断は旧法例のもとでのものであり，現行の法の適用に関する通則法のもとでは異なるので注意を要する。

・準拠法に関する原告エアーホステスの主張

国際労働契約の準拠法について当事者の明示の意思がない場合は，労務給付地を基準として，（旧）法例７条１項により当事者の黙示の意思を探求し，当該契約に「最も密接（重要）な関連を持つ法」を準拠法とすべきである。そして，国際運送業務に従事する労働者のように労務給付地が複数国にまたがる場合は，ホームベース（勤務基地）の所在地を労務給付地とみるべきである。仮に，労務給付地が明確に確定できないとされた場合は，その他の事情から「より密接な関連」を探求することになるが，被告のように国際的に事業を展開する企業がその営業活動に関係する国の法律を調査し熟知していることは当然のことであるのに対し，一労働者が母国法あるいは居住地法ではない外国法の内容を認識したうえで国際労働契約を締結することは，予め使用者から説明がなされるなど特段の事情がない限り通常は考えにくいから，「より密接な関連」の有無は，労働者の国籍，居住地など労働者にとってより親近性があると思われる要素に比重を置いて判断すべきである。

本件では，原告らのホームベースの所在地は日本であるから，労務給付地は日本というべきであり，したがって，本件各雇用契約に最も「密接な関連」を持つ法は日本法である。

・準拠法に関する被告ルフトハンザ社の主張

雇用契約の準拠法についての当事者の黙示の意思は，労務給付地だけでなく，労務の提供をめぐる諸要素からこれを推認すべきである。

本件では，原告らは被告との間で，被告とドイツの労働組合との間で締結された労働協約に依拠することを合意しており，その結果，原告らの給与体系はドイツ式に定められ，賃金もドイツ・マルクで合意され，昇給も賃金協約に従ってなされている。これら協約は，労働協約自治の原則を定めるドイツ労働法に独特の規定に基づくものであるから，当事者間では，ドイツ法の適用が黙示的に合意されていたというべきである。

・裁判所の判断

雇用契約の準拠法については，法例7条の規定に従いこれを定めるべきであるが，当事者間に明示の合意がない場合においても，当事者自治の原則を定めた同条1項に則り，契約の内容等具体的事情を総合的に考慮して当事者の黙示の意思を推定すべきである。

そこで，本件各雇用契約の準拠法についての黙示の合意の成立について検討する。

本件各雇用契約においては，被告と各原告らとの間で，原告らの権利義務については，社団法人ハンブルグ労働法協会（AVH）とドイツ被用者労働組合（DAG）及び公共サービス輸送交通労働組合（OTV）との間で締結された被告の乗務員に関する労働協約に依頼することが合意されていること，右労働協約により，原告ら被告の乗務員の勤務時間，乗務時間，飛行時間，休憩時間，休日，給与の支給項目，手当，休暇，定年などの基本的な労働条件全般が定められ，また，右労働協約に基づく賃金協約により，給与の支給に関する乗務員の分類・等級，昇給等も定められていること，右労働協約は，労働協約自治の原則を定めるドイツ労働法に独特の規定に基づくものであり，その内容もドイツの労働法等の法規範に基づいていること，右労働協約の適用を受ける労働条件の交渉は，労働協約により援用されているドイツ経営組織法の規定に基づき，フランクフルト本社の従業員代表を通じてなされていること，(中略)原告らの雇用契約はいずれも被告のフランクフルト本社の担当者との間で締結されていることが認められる。

右に認定した諸事実を総合すれば，本件各雇用契約を締結した際，被告と各原告との間に本件各雇用契約の準拠法はドイツ法であるとの黙示の合意が成立していたものと推定することができる。

【事例1】では，紛争の原因となったエアーホステスの労働契約はドイツ法に準拠するので，「原告らに対する付加手当の撤回は，公正な裁量に適合しているものと評価でき，有効」として請求は棄却された。

当事者のあいだで準拠法の合意がないときの処理は，国際私法の重要なテーマである。旧法例とあたらしい法の適用に関する通則法では，扱い方に変更がある。この問題については第3部【1】に詳述したので，を参照願いたい。

【2】 当 事 者

1　国際民事訴訟における当事者

民事訴訟は，原告と被告および裁判所が法律関係を構成し（訴訟法律関係），これらの訴訟の主体が訴訟行為を行うことによって進展する手続である。これは国際民事訴訟においても，わが国国内事件の場合と同様に訴訟法律関係を構成し，原告・被告が対立的に関与し，裁判所が判断をする。わが国での訴訟手続の当事者についてまず検討していこう。

(1)　自然人

当事者には，自然人のほかに法人などの団体がある。国際民事訴訟において問題となるのは，日本の国籍を有する自然人または日本の住所を有する自然人や日本の法人などの団体ではなく，外国の国籍や住所を有する自然人や外国に設けられた団体である。これらの外国の自然人や団体の能力がわが国と同様であるとはかぎらないからである。訴訟における当事者という場合には，当事者能力，すなわち民事訴訟における当事者となり，訴訟上の請求の主体となり，またはその相手方となる能力の問題のほかに，訴訟能力，すなわちみずからの名において訴訟行為を行うことができるかという能力の問題がある。

この問題は，人（自然人）と法人などの団体を分けたほうがいいだろう。

まず，わが国の法律が外国の国籍や住所を有する自然人についてどのように規定しているかを見ておこう。現在の通説による考え方では，これは権利能力，行為能力といった実体法上の問題であるから，いずれの実体法によるのかを振り分けて指定する国際私法，すなわち法の適用に関する通則法を見ることになる。

自然人について，民事訴訟法は当事者能力，訴訟能力については民法その他の法令にしたがうと規定している（28条）。民法その他の法令のなかにはわが国の国際私法，すなわち旧法例や法の適用に関する通則法が含まれるものとすると，わが国の国籍を有しない外国人について，法の適用に関する通則法は，「人の行為能力は，その本国法によって定める」と規定する（4条1項）。なお，旧法例は「人の能力はその本国法によりてこれを定む」（3条1項）と規定していたので，あたらしい法の適用に関する通則法は，行為能力のみを規定し，権利能力についてはなにも規定していないことになるが，旧法のもとでも権利義務については個々の権利義務の準拠法，すなわち親権であれば旧法例21条，相続権であれば旧法例26条によるとされてきたので，条文の規定に変化はあっても解釈に大きな違いはないと思われる。また，民法は法令や条約に制限がないかぎり，外国人にも私権を認めているから（3条2項），旧法例またはあたらしい法の適用に関する通則法の規定によって，当該外国人について個々の権利義務の準拠法がわが国の法に指定されたときは，当該外国人は権利能力を有し，権利能力を有する外国人は当事者能力を有することになる（当事者能力法廷地法説または当事者能力属人法実体法説）。最近の多数説は，属人法の実体法または属人法の訴訟法いずれかによって当事者能力が認められればよいとする意見である（当事者能力折衷説）。

訴訟能力についても同様である。上記のとおり法の適用に関する通則法は，行為能力は当該外国人の本国法，つまり外国人の有する国籍の国の法令によって定めるとしている。訴訟能力についても，民事訴訟法は民法その他の規定にしたがうとしている（28条）ので，民法上の行為能力者は訴訟能力を持つことになる。問題は，民事訴訟法がさらに「外国人は，その本国法によれば訴訟能力を有しない場合であっても，日本の法律によれば訴訟能力を有すべきときは，訴訟能力者とみなす」（33条）と規定していることである。たとえば，仮に22歳を成人年齢とする国の21歳の者がわが国の裁判所に訴えを提起するというようなことがあると，この訴訟について訴訟代理人を要するのかという問題が生じる。この問題について通説・判例は，わが国の民事訴訟法33条により訴訟能力があるとする（訴訟能力法廷地法説または訴訟能力属人法実体法説）。

当事者能力と訴訟能力についての法廷地法説に対して，民法その他の法令の規定によるとしている民事訴訟法28条を介さずに，旧法例3条1項のなかに「当事者能力，訴訟能力はその本国法による」という趣旨を読みこんで，訴訟能力を当該外国人の属人法の訴訟法の規定によるとする意見もある（当事者能力本国法説または当事者能力属人法訴訟法説，訴訟能力本国法説または訴訟能力属人法訴訟法説）。

現在では「手続は法廷地法による」の原則がかならずしも絶対ではないことが認識されており，後者の意見も有力であるが，民事訴訟法28条の規定にいう「民法その他の法令」のなかには旧法例または法の適用に関する通則法が含まれないことを前提にしている。

(2)　わが国に設けられた外国法人

民法は「外国法人は，国，国の行政区画及び商事会社を除き，その成立を認許しない。ただし，法律又は条約の規定により認許された外国法人は，この限りでない」（同36条１項）と規定している。したがって外国の公益法人はわが国に設立認許を求めても，法律または条約によってとくに認許されたもののほかは，民法のいう「商事会社」とは，民事会社に対立する概念であって，商行為を行うことを業とする目的で設立された社団法人であり，会社法817条から823条は外国の商事会社を規定している。

外国会社が出資してわが国に設けた会社（わが国における現地法人）は，わが国に住所を有し，わが国の会社法に準拠して設立されるから，資本関係にかかわらず，内国法人であって外国法人ではない。したがって認許された外国会社とは，実体的には外国会社の日本における支店，営業所等のことをいう。外国会社は「日本における代表者を定め」（会社法817条１項），「外国会社の登記をする」ことを要する（同818条１項）[33]。民法は同36条１項にもとづいて認許された外国法人は「日本において成立する同種の法人と同一の私権を有する」（同２項前段）と定めているので，わが国の法人と同様にわが国における当事者能力が認めら

---

(33)　外国銀行の支店の場合には，「外国の法令に準拠して外国において銀行業を営む者が日本において銀行業を営もうとするときは，当該外国銀行は，内閣府令で定めるところにより，当該外国銀行の日本における銀行業の本拠となる一の支店を定めて，第４条第１項の内閣総理大臣の免許を受けなければならない」（銀行法47条）とされている。外国証券業者の場合，「当該外国証券業者がその国内における証券業の本拠として設ける一の支店について内閣総理大臣の登録を受け」ることを要し（外国証券業者に関する法律３条１項），保険会社の場合，外国保険業者の日本における支店，従たる事務所その他の事務所又は外国保険業者の委託を受けて当該外国保険業者の日本における保険業に係る保険の引受けの代理をする者の事務所を設けるには，内閣総理大臣の免許を要する（保険業法185条）とされている。外国の航空会社はわが国に営業所を設けることが多い。

れる。

たとえば【事例１】では，ドイツの会社はわが国に代表者を定めて営業所を有していたので，わが国に設けられた外国法人であり，当事者能力を有した。

また，当事者の問題については，当事者適格の問題がある。これは個々の特定の訴訟について本案判決を求めることのできる地位または求められる地位をいうが，法人の場合には本店・支店・営業所等が多数，各地に分散していることがある。こうした場合に，わが国に設けられた外国法人はどこまで日本の裁判での当事者適格を認められるのだろうか。たとえば，その外国法人の外国にある本店の法律関係に関する紛争であっても，その紛争に直接関係のないわが国の裁判所に訴えを提起したら，わが国の外国法人は適格を認められるのだろうか。わが国に設けられた外国法人の代表者の当事者適格について，古い判例がある。この事例は，わが国における代表者を定めて支店を設置している外国法人について，その代表者の代表権のおよぶ範囲が争いとなり，大審院はわが国に登記している代表者はその外国法人全体について代表権があるとした。

【事例５】　大審院明治38年２月15日判決(34)

大審院判決からは，事案の概要が明らかでないが，本事件の上告人である外国銀行（露清銀行）はわが国の代表者を定めて横浜支店を設置し，登記していた。一方，被上告人は同銀行の外国の本店または支店の預金者に対して金銭債権を有しており，この金銭債権が返済されないため，被上告人が露清銀行横浜支店（第三債務者の立場）に対して仮差押えを行ったようである。

原判決は，わが国で代表者を定めて支店が設置され，登記されている場合，当該代表者は当該支店の営業のみならず，当該外国会社の営業すべてについて代表権を有するとした。一方，露清銀行側は，わが国代表者は日本の支店の営業のみを代表すると主張した。

大審院は，「日本に於ける代表者は其会社の営業に関する一切の裁判上又

(34)　大審院明治38年２月15日第二民事部判決民録11輯175頁。

は裁判外の行為を為す権限を有するものにして其日本に設けたる支店の営業に関すると日本以外の国に在る本支店の営業に関するとを論別せず会社の営業全部に付き代表権を有する法定の代理人なること明白なり」として，原判決を支持した。

⑶　わが国に設けられていない外国法人

前記の【事例2】で，原告としてわが国の海上運送会社に対する訴えを提起したのはシンガポールの会社であってわが国には営業所を持っていない。また，【事例4】の被告はドイツの会社であり，日本には支店や営業所を設けていなかった。単に日本の会社とライセンス契約を結んでいただけであり，これも解消し，日本現地法人を設立した会社であり，わが国の認許を得ていなかった。このようなわが国に代表者も登記もない外国会社は，わが国における国際民事訴訟の当事者になることができるのだろうか。

この点については民事訴訟法には特段の規定はなく，次のように解される。すなわち，わが国の認許を得ていない外国法人にはわが国における法人格が認められない（民法33条の解釈）ので，わが国では「法人格のない団体」として扱われる。この場合，民事訴訟法29条は「法人でない社団又は財団で代表者又は管理人の定めがあるものは，その名において訴え，又は訴えられることができる」と規定しているので，この要件を充足するならばわが国における当事者能力が認められることになる。

つぎに，外国法人であってわが国の法人形態（株式会社，持分会社）に類似した形態をとる会社であれば，民事訴訟法29条にもとづく判断に支障はないであろう。しかし問題は，当該外国法人の所在国では法人格が認められているが，わが国では法人格が認められていないというように内外で法人格の扱いに差がある場合である。

これは，自然人の当事者能力について前述した問題と同じである。法人とは国の法律が団体に法人格を認め，権利能力を認めた法律上の擬制的な人格であるから，団体を法人と認めるか否かは国家の政策によって左右されるので，同種の団体であってもある国では法人格が認められ，権利能力を享受することができるのに，別の国では権利能力なき団体に過ぎない場合がある。その典型的な事例がパートナーシップである。

最近わが国でも有限責任事業組合契約に関する法律（平成17年法律第40号）によるリミティド・パートナーシップ（LLP）と会社法による合同会社（リミティド・パートナーシップ・カンパニー，LLC）が認められているが，従来は，英米法系の法人形態であるパートナーシップは，わが国では組合類似の団体とされ，わが国では組合は契約と構成されているから（民法667条～688条），法人格は原則として認められず，組合財産の独立性，組合員脱退後の存続などの要件を充足しないかぎり，原則として当事者能力はないとされてきた。このため，わが国の裁判所に外国のパートナーシップを当事者とする訴訟が係属した場合の当事者能力の有無が問題となってきた。

前述した当事者能力属人法実体法説によれば，外国のパートナーシップについてその設立準拠法国の民法などの実体法が権利能力を認めていれば，わが国での当事者能力が認められることになる。一方，当事者能力属人法手続法説によれば，外国のパートナーシップについてその設立準拠法国の民事訴訟法などの手続法の規定によって当事者能力が認められていればわが国での当事者能力を認められることになる。ただし，わが国民事訴訟法は29条で，法人でない団体についても，代表者または管理人の定めがあるものについては，当事者能力が認められるので，この場合にも個々の事情を斟酌することになる。

つぎの事例はわが国のパートナーシップではなく，外国で設立されたパートナーシップの当事者能力にかかわる事例である。

【事例６】　東京高判昭和30年８月９日(35)

ミューチュアル・トラスト社は，香港において英国法によりパートナーシップとして設立され，一定額の資本金を有して輸出入業と鉱山業を営ん

(35)　東京高判昭和30年８月９日下民集６巻８号1583頁，判例時報64号17頁。

でいた。同パートナーシップには2人のマネージング・パートナーがおり，同パートナーシップを代表する権限が与えられていた。なお，同パートナーシップは香港で事業登録し，英国法上訴訟に関する当事者能力を有していた。同パートナーシップは，昭和23年9月にその東京事務所支配人としてA氏を採用した。A氏は，東京事務所の事務所を賃借し，所要の使用人を雇入れ，業務に従事していたが，その後，A氏は，同パートナーシップとの契約の履行に甚だ誠意をかくようになり，事務室の賃借人名義を同パートナーシップからA氏本人に変更してしまった。

これを知った同パートナーシップは，A氏の支配人の代理権を解除し，取引関係帳簿書類および財産の一切を同パートナーシップに引渡し，事務室を現状のまま，明渡すよう求めたが，A氏は応じなかった。そこで同パートナーシップが引渡請求権，賃借権に基く，明渡請求権の執行保全の仮処分を申し立て，占有移転禁止の仮処分決定を得て，その執行をし，これを維持する必要があるためにその認可を求めて訴えを提起した。

A氏は，同パートナーシップは旧民事訴訟法46条にいう「法人にあらざる社団または財団にして代表者または管理人の定めあるもの」にあたらず，当事者能力がないと主張した。

原判決（東京地判昭和30年3月31日）(36)は，「設立に際して基本的事項を定めた文書による，定款規約のごときものは作成されていず，パートナーシップに関する事項はすべて口頭で構成員間に契約されたにすぎ」ず，「社団というよりもむしろ組合に近く，殊に，団体の組織等を定める基本的事項について，文書などもなく，単に口頭による契約だけであること，構成員が団体の債務について無限責任を負つていること，団体の同一性をそこなわずに構成員が交代することは不可能ではないが，構成員のうち，特定の者の意思に依存していること等の事実に徴すると，個人的色彩が甚だ強くこのような団体は到底社団とは認め難い」として当事者能力を否定した。

これに対して控訴審は，同パートナーシップは「わが民法規定するところの組合に酷似した組織体」であり，「個人的色彩強くわが民法上の組合に近い性質を有する場合においても，（旧）民事訴訟法第46条にいわゆる『法

---

(36)　東京地判昭和30年3月31日下民集6巻3号616頁，判例時報64号18頁，判例タイムズ52号60頁。

人に非ざる社団にして代表者の定あるもの』に該当し，当事者能力を有するものと解するを相当とする」とした。

この事件では法廷地であるわが国民事訴訟法を適用して，本来わが国では法人格のない団体について本国（属人法）の実体法にもとづいて当事者能力を認めている。

この後もパートナーシップについても当事者能力を認める裁判例が出ている(37)。

---

(37)　このほかに，東京地判昭和35年８月９日下民集11巻８号1647頁，判例時報239号10頁，判例タイムズ112号55頁は，わが国民事訴訟法の解釈に立って，ケニアのパートナーシップについて属人法（ケニア法）のパートナーシップ令が訴訟上の当事者能力を認めていることから，本件での当事者能力を認めた。この地裁判決は，ケニアのパートナーシップの当事者能力の根拠をケニアの訴訟法に求めており，当事者能力属人法訴訟法説にたっていると考えられる。一方，その控訴審である東京高判昭和43年６月28日高民集21巻４号353頁，判例タイムズ226号85頁は，パートナーシップが「わが国において民事訴訟を遂行するにつき当事者能力を有するか否かは一の国際民事訴訟法上の問題」であり，「司法作用は国家権力の発動であるから，民事訴訟については原則として訴訟の行われる地の法律すなわち法廷地法を適用すべきであり，当事者能力も一の民事訴訟上の概念であるから法廷地法によるべきである」から，「当事者能力の準拠法は法廷地法たるわが民事訴訟法であると解する」として，わが国の民事訴訟法にもとづきケニアのパートナーシップの当事者能力を肯定した。この高裁判決は当事者能力法廷地法説に立っている。東京地判昭和47年５月16日下民集23巻５～８号230頁，判例タイムズ279号232頁は，アメリカ・ニューヨークの法律事務所（パートナーシップ）の訴えについて「原告事務所の当事者能力の有無は，法廷地訴訟法たる我国民事訴訟法によって決せられ」るとし，その当事者能力を認めた。最三判昭和51年３月23日金融法務事情797号37頁は，昭和２年の朝鮮民事令にもとづき，日本国民法第34条により設立された財団法人で，戦後そのまま存続している韓国法上の財団法人について，「本件における当事者能力の準拠法は法廷地法たるわが民事訴訟法であると解する」として当事者能力を認めた原判決（東京高判昭和49年12月20日高民集27巻７号989頁，判例時報773号89頁，判例タイムズ322号173頁）を支持した。

2 訴訟担当と訴訟代理人

(1) 訴訟担当

当事者適格の例外的な場合として訴訟担当がある。これは当該紛争の当事者以外の者が訴訟の主体として当事者適格を認められることをいう。訴訟担当には，法定訴訟担当と任意的訴訟担当があり，前者は，債権者代位権を行使する債権者，破産管財人[38]，株主代表訴訟における代表株主が代表的な事例である。ちなみに，民法423条1項前段は「債権者は，自己の債権を保全するため，債務者に属する権利を行使することができる」，破産法80条は「破産財団に関する訴えについては，破産管財人を原告又は被告とする」，さらに会社法847条1項は，6ヶ月前から引き続き株式を有する株主が株式会社に対し，発起人，設立時取締役，設立時監査役，役員等の責任を追及する訴え「の提起を請求することができ」，同3項で「株式会社が第1項の規定による請求の日から60日以内に責任追及等の訴えを提起しないときは，当該請求をした株主は，株式会社のために，責任追及等の訴えを提起することができる」と定めている。これらは法の規定により権利義務の主体とは別に訴訟の主体となることを認めているものである。法定訴訟担当にはそのほか成年後見人など職務上の当事者とされる範疇がある。

これに対して任意的訴訟担当は，権利義務関係の主体が第三者に訴訟の追行権を付与するものである。任意的訴訟担当は，これを制限しないとたとえば弁護士法72条の「非弁護士の法律事務の取扱い等の禁止」を

(38) 後記の【事例47】の東京地判平成3年9月26日は，ノルウェーの会社の破産管財人がわが国の裁判所に訴えを提起した事件で，裁判所はノルウェーの会社が「同国の裁判所の破産宣告により，同国の内外に存する破産財団に属するすべての財産の管理処分権を喪失し，破産管財人である原告が右財産の管理処分権を取得したものであり，原告は，破産財団に属する株式に関しては，議決権の行使を含め，株主に認められている権利の行使をすることができる地位にあることが認められる」として原告適格を認めた。

潜脱するおそれがあるので，法が規定する場合以外には制限する必要があるとされているが，制限する場合の基準が問題となる。つぎの事例は国際民事訴訟での任意的訴訟担当が問題となった事例である。裁判所は任意的訴訟担当を一般的に許容できないとし，本件では訴訟担当者と他の権利者の実体法上利害関係が一致している，保険の場合には訴訟担当者と権利者のあいだの訴訟担当が英国の慣習として存在し，保険者全員が慣習に従う旨意思を表明していることから許容できるものとしている。

【事例７】　東京地判平成３年８月27日(39)

わが国の美術商Ａがイギリスの美術商Ｂとのあいだで，Ｂが有する明朝の工芸品をＡが借り出し，愛好家に展示し，販売するという条件で，ＢがＡに販売する契約を結んだ。契約は英国法に準拠することが明記された。Ｂの店舗のすべての美術工芸品はイギリスのロイズ保険に加入しているメンバーや保険会社を保険者とする保険が付保されていた。この保険は，レスリー社が保険ブローカーとなり，同社を通じて，多数のロイズ・シンジケートの構成員および各保険会社が，一定の引受割合で保険者となったものであった。そしてＡの関係者がロンドンのＢの店舗に出向いて工芸品を受け取ったが，宿泊先で盗難に遭った。保険者はＢに保険金を支払った。

そこでロイズ・シンジケートの構成員であって，本件保険者のうち最大の6.05％の引受割合を有する保険者の会社がＡに対してわが国の裁判所に損害賠償請求の訴えを提起した。

裁判所は「原告は，Ｂが付した保険に関する訴訟について，原告以外の保険者全員から訴訟追行権を授権されているのであるから，原告以外の保険者を権利義務の主体とする訴えについては，いわゆる任意的訴訟担当に当た」り，「任意的訴訟担当は，民事訴訟法における弁護士代理の原則や，信託法11条が訴訟行為を目的とした信託を禁止している趣旨に照らして，一般に許容することはできないが，当該訴訟担当がこのような制限を潜脱するおそれがなく，かつ，これを認めるべき合理的な必要性がある場合には，これを許容することができるものと解され」，「英国の慣習においては，

(39)　東京地判平成３年８月27日判例時報1425号100頁，判例タイムズ781号225頁，金融・商事判例908号22頁。

筆頭保険者による訴訟担当が認められているのであり，実体面においても，原告は，本件保険者の一員であって，本件訴訟において他の保険者と実体法上利害関係が一致しているのであるから，前記のような法律上の制限を潜脱するおそれは認められ」ず，「このような訴訟担当が英国の慣習として存在し，保険者全員が右慣習に従う旨意思を表明しており，かつ，このことにより特段の弊害が認められない以上，右慣習は十分尊重されるべきであって，本件保険者が多数にのぼり，しかも，外国の個人及び法人であり，日本での訴訟追行が困難であることをも考慮すれば，本件においては，任意的訴訟担当を許容する合理的必要性が認められる」ので「原告には，他の本件保険者の任意的訴訟担当として，当事者適格を認めることができる」と判示した。

⑵　代 理 人

国際民事訴訟では「手続は法廷地法による」の原則がある。代理自体は実体法（民法）に規定があるが，訴訟上の代理は手続の問題であり，わが国民事訴訟法等の手続法が適用される。訴訟上の代理には法定代理人と任意代理人があり，分けて検討する必要がある。

①　法定代理人

未成年者の親権者（民法824条），後見人（民法859条1項）などの法定代理人は実体法上の地位であり，訴訟上も法定代理人となる。また法人の場合にはその代表者によって法人の訴訟行為が行われる（民法上の法人の理事について民法53条，株式会社について会社法349条）。問題は外国の実体法上の親権者，後見人またはこれらに相当する地位にある者がわが国における国際民事訴訟においてそのまま法定代理人としての地位が認められるかという点である。この点も実体と手続の錯綜した問題であるが，会社については会社の属人法（または従属法）にしたがって判断すべきものと思われる。会社の属人法または法人の属人法（または従属法）とは，会社・法人の権利能力の準拠法，会社・法人の内部組織や意思決定に関する準拠法など当該会社・法人そのものにかかわる準拠法を意味する。たとえば，甲国の会社が乙国にあるその子会社に対して融資を行い，貸金債権を有するわが国の銀行に対して連帯保証状を発行する場合に，当該保証状は保証人である甲国の会社を法的に拘束しなければ保証としての意味がないが，保証行為の成立と効力の準拠法は，甲国法か乙国法かそれともわが国の法律かという問題である。この場合，甲国の会社であれば甲国法を属人法（従属法）とするので，甲国法にもとづいて保証状が発行されていれば保証人を拘束することになる。問題は，甲国の会社という場合のその意味である。現代では会社・法人の本社の所在地または設立登記を行った地がかならずしもその会社・法人が事業を行っている地とはかぎらない。アメリカでは会社法は各州が定めており，デラウェア州は会社組織・運営が簡易な会社法を定めているので，同州を会社の設立地としながら，現実のビジネスはニューヨークなどの商業都市で行っている例が圧倒的に多い。わが国ではこのような極端な例はないが，外国の会社・法人がわが国の裁判所に国際民事訴訟の当事者となった場合に問題が生じる。会社・法人の属人法（従属法）の考え方には，当該会社・法人が設立された地の法律をもって準拠法とする設立準拠法主義とその会社・法人が主たる事業を行い，現実に本拠となっている地の法律を準拠法とする本拠地法主義がある。現在も，わが国では設立準拠法主義をとっている(40)。

一方，親権者，後見人など法定代理人のわが国における国際民事訴訟での代理権についても，法定代理権の準拠法によるものと考えられる。

---

(40)　後掲の【事例48】の最三判昭和50年7月15日は，「被上告人は，ニユーヨーク州法に準拠して設立され，かつ，本店を同州に設置しているのであるから，被上告人の従属法はニユーヨーク州法というべきである」としており，設立準拠法と本店の所在の2つを挙げているので，設立準拠法主義か本拠地法主義が判然としないとも評価されているが，本店はかならずしも本拠地ではなく，「本拠地」ではなく「本店」としているのであるから，この判決は本店準拠法主義と評価して差し支えなかろう。

法定代理人が当事者となる事例としては嫡出否認の訴えが多い(41)。

② 任意代理人（訴訟代理人）

国際民事訴訟であっても弁護士法72条1項前段「弁護士又は弁護士法人でない者は，報酬を得る目的で訴訟事件，非訟事件及び審査請求，異議申立て，再審査請求等行政庁に対する不服申立事件その他一般の法律事件に関して鑑定，代理，仲裁若しくは和解その他の法律事務を取り扱い，又はこれらの周旋をすることを業とすることができない」が適用され，わが国の裁判所に係属した訴訟事件の代理人は，「弁護士または弁護士法人」に限られる。ここで弁護士とは弁護士法が規定する条件を充足した者である。したがって外国の弁護士資格を有する者がわが国の裁判所で訴訟代理人を務めることはできない。ただし，外国法事務弁護士の制度がある。

⑶ 外国法事務弁護士

わが国では，一定の限度で外国の弁護士資格を認められた弁護士の活動を認めている。「外国弁護士による法律事務の取扱いに関する特別措置法」（昭和61年5月23日法律第66号）は外国で弁護士の資格を有する者がわが国の国内において外国法に関する法律事務を取り扱うことを規定している（1条）。

外国法事務弁護士は「外国において法律事務を行うことを職務とする

(41) 大津家審平成12年1月17日家庭裁判月報52巻7号101頁は，ブラジル人である申立人が民法774条にもとづいて嫡出否認を申し立てた事件で，相手方として子，相手方法定代理人としてその母が当事者となっている。裁判所は「我が国には嫡出子否認申立事件の国際裁判管轄権について明文の規定はないが，当事者が日本に住所を有し，我が国の裁判所で審理，判断することについて，なんら異義を留めず，本調停に出席し，前記合意をしているのであるから，本件の国際裁判管轄権は我が国にあると認められ」，「本件は相手方が申立人の嫡出子であることの否認を求めるものであるから，（旧）法例17条により，相手方の出生当時における申立人及び母の本国法であるブラジル民法が準拠法である」とした。

者で弁護士に相当するもの」であって，わが国の「国内の裁判所，検察庁その他の官公署における手続についての代理」などを行うことはできないが，「原資格国法に関する法律事務を行うこと」，「国際商事仲裁の手続の代理」などについては行うことが認められている。すなわち，外国法事務弁護士は外国の弁護士資格を得たものが資格を得た法域の法律サービスを提供するものであって，日本法の法律サービスを提供するものではない。

従来，同法49条1項は「外国法事務弁護士は，弁護士を雇用してはならない」と規定していた。同法にいう「弁護士」とは弁護士法（昭和24年法律205号）の規定による弁護士（2条1号）であり，わが国で資格を得た弁護士をいい，外国法事務弁護士事務所はこれを雇用することができなかった。また，同2項は「外国法事務弁護士は，組合契約その他の契約により，特定の弁護士若しくは弁護士法人と法律事務を行うことを目的とする共同の事業を営み，又は特定の弁護士若しくは弁護士法人が法律事務を行つて得る報酬その他の収益の分配を受けてはならない」として，わが国の弁護士と外国の弁護士の障壁を作っていた。ただし，同法49条の2で「外国法事務弁護士は，前条第2項の規定にかかわらず，5年以上国内において弁護士として職務を行つた経験を有する特定の弁護士とする場合に限り，組合契約その他の契約により，次に掲げる法律事務を行うことを目的とする共同の事業を営むことができる」として，例外的に「特定共同事業」を認めるとしていた。特定共同事業に認められる事業は，外国において効力を有し，又は有した法に関する知識を必要とする法律事務，当事者の全部又は一部が外国に住所又は主たる事務所若しくは本店を有する者である法律事件についての法律事務，外国に住所又は主たる事務所若しくは本店を有する者が総株主又は総社員の議決権の2分の1以上の議決権を保有する会社の依頼による法律事件についての法律事務であった。

しかし，2003年7月に同法は改正され，従来の49条1項は削除され，代わって「外国法事務弁護士であって弁護士又は外国法事務弁護士を雇用するものは，自己の第３条および第５号から第５条の３までに規定する業務の範囲を超える法律事務の取扱いについて，その雇用する弁護士又は外国法事務弁護士に対し，雇用関係に基づく業務上の命令をしてはならない」と規定し，改正後の49条の３第１項の日本弁護士連合会への届出を条件として，外国法事務弁護士事務所がわが国の弁護士を雇用することを認めている。また，同49条の２（特定共同事業）も改正され，共同事業の法律事務の限定は削除された。

企業法務など国際的な案件を処理しているわが国の渉外弁護士事務所は，統合により，従来の数名程度の規模から格段に大規模化してきたが，一方で，英米の法律事務所は，数百人から千人を超える弁護士を擁しており，これらに比較すると依然として規模が脆弱であることは否めない。外国事務弁護士法の改正により，外国法事務弁護士事務所がわが国で資格を得た弁護士を直接採用することになると，従来の弁護士の世界が一変する可能性がある。

現在は，外国法事務弁護士事務所のほとんどは東京に集中している。平成13年１月10日付けの司法制度改革審議会第28回資料によれば，現在，外国法事務弁護士数は149人，わが国の弁護士との特定共同事業を届出済みの事務所数は10であり，特定共同事業を行っている外国法事務弁護士数は20人であるが，法律の改正により，今後，外国法律事務所がわが国の弁護士の雇用を開始し，日本の事務所との共同事業の設定をさらに活発化するものと思われる。

3　国際民事訴訟における外国国家

国際民事訴訟は私人間の私的な法律関係の紛争を解決する手段である。では，公的権力を有する外国国家はわが国の裁判所での民事訴訟の当事者となることができるのだろうか。裁判とは一国の裁判権の行使であり，主権の作用であるが，外国をこのような主権に服させることができるのだろうか。この問題については外国国家が原告となる場合と被告になる場合を分けて考える必要がある。

(1)　外国国家が原告となる場合

つぎの事例は，外国国家が自らわが国の裁判所に訴えを提起した場合の当事者能力に関する事例である。なお，わが国は昭和47年９月29日に中華人民共和国政府と関係を正常化し，共同声明により中華人民共和国が中国の唯一の合法政府であると宣言した。【事例８】はこの共同宣言前の事件であり，【事例９】はその後の事件である。

【事例８】　東京高判昭和32年７月18日(42)

株式会社中華国際新聞社は会社の運営資金として，中華民国から２万米ドルを借り，そのさいに新聞社の代表者が連帯保証し，同人所有土地を担保として提供することとしていた。しかし，担保目的の土地について所有権移転登記が行われず，抵当権の設定ができなかったため，中華民国が登記手続を請求する訴えを提起した。被告の中華国際新聞社側は，本案前の主張として，「外国は国際慣例として，他国の司法権の行使から除外され，ただその特権を放棄し，これに服する旨意思表示した場合は，この限りでないとされる」から，原告の当事者能力は否定され，訴えを却下すべきであると主張した。

第一審判決（東京地判昭和30年12月23日）(43)は「国際法上の慣例として，外国国家は，当事者として，わが国の司法権の行使から除外されるのであるが，ただ外国が自ら進んでわが国の裁判権に服する場合は，その限りでないとされ，このような例外は，条約をもつてこれを定めるか，またはその訴訟について，もしくは予め将来における特定の訴訟事件について，外国がわが国の裁判権に服すべき旨を表示した場合に見られる」として，請求を認容し，控訴審も外国国家が「自ら原告として日本の裁判所に民事訴訟を提起している以上，その限度において日本の民事裁判権に服するの意思を明らかにしているものというべきであるから，本訴訟に関する限り当裁判所が被控訴人に対して裁判権を有することはいうまでもない」として

(42)　東京高判昭和32年７月18日下民集８巻７号1282頁。

(43)　東京地判昭和30年12月23日下民集６巻12号2679頁，判例時報71号17頁。

控訴を棄却した。

このように主権の主体である外国国家であっても，原告として訴えを提起することは進んで裁判所所在国の裁判権に服する意思を表示したものであるから当事者能力は認められる。これは当該国家をわが国が承認しているか否かにかかわらない。つぎの事例はわが国が国家として承認(44)していない外国の事例である。

【事例９】　未承認国の当事者能力――大阪高判昭和57年４月14日(45)（光華寮事件）

昭和27年12月に，中華民国は訴外の洛東アパートから中国の在日留学生を収容する目的で，家屋を買い取り，昭和36年６月に所有権登記した。当該家屋は，中国人留学生が自治会を組織して占有していたので，中華民国が原告となり，寮の明け渡しを求めた。

占有者らは，昭和24年10月に中華人民共和国が成立し，中華民国は消滅したと主張し，仮にこの主張が認められないとしても，昭和47年９月に日本政府は中華人民共和国を「中国の唯一の合法政府であることを承認した」ので，本件建物のように，国家有用の人材を養成するためという公的性質を有する建物の所有権は，当然に中華人民共和国政府が代表する中国に帰属するので，中華民国には所有権を主張する資格がないと主張した。

第一審判決（京都地判昭和52年９月16日）(46)は，「中華人民共和国政府が中国の唯一の合法政府であることを承認している以上中国の公有である本件財産に対する所有権支配は中華人民共和国政府に移り中華民国政府の支配

(44)　承認には，国家の承認（recognition of state）と政府の承認（recognition of government）があり，前者は対象である国が国家としての要件を充足していることの承認であり，後者は政府の実効的管理の承認である。また，国家の承認の法的効果について，創設的効果説（constitutive theory）と確認的効果説（declaratory theory）があり，後者が通説とされている。また法律上の承認と事実上の承認という区分もある。P. Malanczuk, *Akehurst's Modern Introduction to International Law*, 7th revised ed., 1997, p. 82.

(45)　大阪高判昭和57年４月14日高民集35巻１号70頁，判例時報1053号115頁，判例タイムズ481号73頁。

(46)　京都地判昭和52年９月16日高民集35巻１号83頁，判例時報890号107頁。

を離れたもの」と解され，原告の「当事者能力まで否定する必要はない」が「原告の本訴請求は権利保護の資格がない」として，訴えを却下した。これに対して原告が控訴した。

大阪高裁は，原判決を取消し，「本来，政府や国家の承認は，多分に政治的な行為であつて，承認を与える国の政府（行政府）が承認を与えられる政府や国家との関係（国際関係）をどのように処理すべきかという見地からこれを決定するのが常であるのに対し，国内裁判所は，国内における法律上の紛争，とりわけ私的な法律上の紛争をどのように合理的に解決すべきかという見地から判断を下すのが建て前であり，このことは国内裁判所が「私的な渉外関係上の紛争を判断の対象とする場合にも同様である」から，「国内裁判所が私的な法律上の紛争の解決を図るに当つて，行政府の決定に基礎を置く承認の有無をそのまま判断の基礎とすることは，必ずしも適切ではなく，承認以外の事実を考慮して，未承認ないし承認を失つた事実上の政府にも当事者能力を認めて，私的な法律上の紛争の合理的な解決を図ることが必要とされる場合のあることを否定してないのであるから，政府の承認と外国法廷における当事者能力とを直結する考え方に従うことはできない」と判示した。

すなわちわが国が承認していない国家であっても，私的法律関係は行政府の承認をそのまま基礎とするものではないとしたのである。

⑵　外国国家が被告となる場合―主権免除

外国国家が原告として訴えをわが国裁判所に提起することは自らわが国裁判所の裁判権に服することを表明したものと理解することができる。しかし，被告となる場合にはどうだろうか。

外国国家に対して自国の裁判権が及ばないとする法理を主権免除（sovereign immunity）という。外国外交官については，ウィーン外交関係条約において接受国の刑事・民事裁判権の免除を定めており(47)，こ

(47)　ウィーン外交関係条約（昭和39年６月26日条約第14号）は「外交官は，接受国の刑事裁判権からの免除を享有する。外交官は，また，次の訴訟の場合を除くほか，民事裁判権及び行政裁判権からの免除を享有する」（31条）と規定する。

れを外交免除または外交特権免除といい，主権免除と区別される。外交免除についてはわが国が批准している条約上の根拠があるが，主権免除についてはわが国に成文法の根拠はなく，国際慣習法によらざるをえない。国家は公法的な国際関係の主体であるから，外交使節の派遣など国家としての主権的な行為を行っており，このような主権的行為に対して他の国の公権的な機関である裁判所が判決という形で干渉することはできない。

しかし，外国に国家の機関を設けた場合，この機関が行う行為はかならずしも主権的な行為ばかりではない。外国に設けた国家機関は日常的な商取引（什器備品の購入など）をすることがある。また外国に機関を設けることのほかにも，外国の金融市場（ユーロ市場など）で国家またはその機関が債券を発行し，金融機関から資金の借入れを行うことがある。これらの行為は主権的行為とは呼ぶことができず，業務上の必要のための管理的な行為（業務管理的行為）である。このような業務管理行為は国家が主権者として行うのではなく，こうした行為についてまで主権免除を認めるべきではないとして，主権免除原則を制限的に運用するという考え方がある（制限的免除主義）。一方，国家が行う行為はその性格にかかわらずいっさい外国の裁判権から免除されるとする考え方もないではない（絶対的免除主義）。

主権免除に関するわが国の裁判例は多くはないが，わが国では大審院昭和３年決定が採用した絶対的免除主義が維持されてき。しかし最二判平成18年７月21日は，約80年続いた判例を変更して，絶対的免除主義を払拭し，制限的免除主義に立つことを明らかにした。まず，従来の判例を支配してきた昭和３年の大審院決定を見ておこう。

【事例10】　大審院昭和３年12月28日決定(48)

外国公使代理がわが国においてわが国の銀行を支払い場所とする手形を振り出したもので，当該外国を被告として訴えを提起した事件であり，外

(48)　大審院昭和３年12月28日決定民集７巻1128頁。

国に対するわが国の裁判権が問題となった最初の事件である。

大正12年12月５日，被告中華民国の代理公使が東京において翌年３月４日を支払期日とし，横浜正金銀行東京支店を支払場所とする各額面２万円の約束手形２件を訴外Ａ氏宛てに振り出した。Ａ氏はこの手形のうち１件を同年12月29日に原告Ｂ氏に，他の１件を同年12月31日に原告Ｃ氏に裏書譲渡した。

Ｂ，Ｃの両氏は支払期日に支払場所にそれぞれ手形を呈示したが，振出人は「被告の申出に依り支払に応じ難し」として支払を拒絶した。その後，両氏は中華民国公使館を訪ね，支払いを求めたが，これに応じなかった。

第一審は，被告中華民国公使は本訴について応訴の意思がないことは明らかで，外国使節の特権を放棄しない意思を有しているので，訴状を送達する方法がないので，訴状を原告に差し戻すとした。原告が抗告したが，東京控訴院は原審命令を相当とした。

大審院は，「凡そ国家は其の自制に依るの外他国の權力作用に服するものに非ざるが故に不動産に關関する訴訟等特別理由の存するものを除き民事訴訟に関しては外国は我国の裁判権に服せざるを原則とし只外国が自ら進んで我国の裁判権に服する場合に限り例外を見るべきことは国際法上疑を存せざる所」であり，自ら進んでわが国の裁判権に服すという「例外は条約を以て之が定を爲すか又は当該訴訟に付若は予め将来に於ける特定の訴訟事件に付外国が我国の裁判権に服すべき旨を表示したるが如き場合に於て之を見るものとす」るが，この「表示は常に国家より国家に対して之を為すことを要するは勿論にして仮に外国と我国臣民との間に民事訴訟に関して外国が我国の裁判権に服すべき旨の協定を為すも其の協定自体より直に外国をして我国の裁判権に服せしむるの効果を生ずることなきものと謂はざるべからず」として，国家と私人とのあいだでの主権免除留保の合意の効果を認めなかった。

大審院昭和３年決定以降，外国国家を被告とする訴えの例は，とくにわが国に軍を駐留させているアメリカの国家機関を相手として多く見られたが，いずれも絶対的免除主義に立っていた(49)。また主権免除の対

---

(49)　東京地判昭和35年９月19日下民集11巻９号1931頁，判例時報241号34頁は，

象は国家のほかに国際機関にも認められていた(50)。

しかし，平成12年以降，従来の絶対的免除主義が揺らぎ始めた。それを示す例の１つは【事例11】である。これは外国国家が保証した債券（サムライ債）の事例であり，第一審判決は制限的免除主義をとることを明らかにしたが，控訴審で絶対的免除主義へ復帰した事例である。また，【事例12】はアメリカ軍機の夜間離発着差止請求事件で，最高裁は制限的免除主義を前提とし，米軍機の離発着は私法的行為ではなく公的活動であると判断している。

【事例11】　絶対的免除主義と制限的免除主義――東京高判平成14年３月29日

太平洋の島国ナウル共和国の国家機関であるナウル共和国金融公社がわが国においてナウル共和国の保証の下に円債を発行し，保証は債券の券面上に表示されていた。これをわが国の証券会社が購入したが，発行者は債

わが国の不動産に関してアメリカ合衆国を被告として訴えを提起した事件で「不動産に関する訴訟は不動産所在国の裁判権に専属すると被告は主張するが，不動産を直接目的とする権利関係の訴訟についてのみ，右の主張を肯定すべきであり，不動産を間接目的とする権利関係の訴訟については否定」するとした。青森地決昭和31年２月14日労民集７巻１号103頁，判例時報72号３頁，判例タイムズ55号59頁は，青森県三沢基地将軍クラブの従業員が解雇され，青森地方労働委員会に救済申立てを行い，委員会は原職に復帰させる旨の命令を発したが，将軍クラブ側が命令に従わなかったため過料に処されるべきものとして訴えを提起した事件。このほかアメリカ軍にかかわる事件として，福岡高決昭和31年３月15日下民集７巻３号629頁，福岡地判昭和31年３月23日労民集７巻２号351頁，判例時報84号25頁，東京地判昭和32年３月16日労民集８巻２号243頁，判例時報110号１頁，判例タイムズ71号79頁，ジュリスト135号119頁，ジュリスト132号78頁，東京地決昭和32年４月20日労民集８巻２号255頁，東京高決昭和32年７月20日高民集10巻８号463頁，労民集８巻４号419頁，ジュリスト144号87頁，横浜地決昭和35年５月19日労民集11巻３号527頁などがある。

(50)　東京地決昭和52年９月21日判例時報884号77頁は，わが国が加盟する国際機関である国連の一機関であって，わが国に所在する国連大学に雇用され，その後雇用契約の更新を拒絶された者が地位保全を求めたものである。決定は国連大学の当事者能力を認めたのち，主権免除を認め，申立てを却下した。

券を償還できなくなり，購入した証券会社はイギリスの業者に債券を売却した。

債券の発行要領には「本債券，本債券の債券及び本債券の要項から生ずるか又はこれらに関する発行体に対する一切の訴訟は，東京地方裁判所及び日本法上当該裁判所からの上訴を審理する権限を有する日本の裁判所に対して提起することができ，発行体はかかる裁判所の管轄権に明示的，無条件かつ取消不能の形で服する」，また「共和国に対する本保証にかかるすべての訴訟は，東京地方裁判所および日本法上同裁判所からの上訴を審理する権限を有する裁判所に提起することができるものとし，共和国はかかるすべての訴訟につきその管轄に明示的かつ取消不能の形でここに服する」旨が規定されていた。

イギリスの業者が債券の償還を求めて発行体である金融公社と保証人であるナウル共和国を相手に東京地裁に訴えを提起した。

第一審判決（東京地判平成12年11月30日）[51]は，「被告共和国と被告公社は，いずれも本件債券の券面上の約束において，本件債券に関する訴訟については，東京地方裁判所の裁判管轄権に服し，日本の裁判所における訴訟においては判決の取得等の司法上の手続からの免責特権を放棄する意思を書面で明示的に表示して」おり，「外国政府の保証による債券発行という，今日の国際社会において国際金融取引として大規模に，かつ幅広く行われている経済活動に属する性質の行為であって，しかも，債券等の書面に記載された約束の条項により，債券発行主体の属する国家以外の他国の裁判所を管轄裁判所とし，その裁判管轄権からの主権免除を放棄する意思を明示的に表示しているのであって，このような場合についてまで，その経済取引の主体である外国国家又はその国家機関に対し，他国の裁判管轄権からの免除を認めることが，日本国憲法98条２項によって日本国が遵守すべき『確立された国際法規』としての国際慣習法となっているとは，到底認められない」として，金融公社と共和国に連帯して償還額を支払うように命じた。

被告両者が控訴したが，東京高判平成14年３月29日は，大審院昭和３年12月28日決定にしたがい，「主権国家である外国国家は，不動産に関する訴

---

(51)　東京地判平成12年11月30日判例時報1740号54頁。

訟等特別の理由が存する場合又は自ら進んで我が国の裁判管轄権に服する場合を除き，原則として我が国の裁判管轄権に服することはないが，外国国家がこのような主権免除特権を放棄する場合には，その意思は条約によるものを含め常に国家から国家に対して表示されることを要」するとして，原判決の共和国の敗訴部分を取り消した(52)。

【事例12】　最二判平成14年4月12日(53)（横田基地夜間飛行差止等請求事件）

これは民商事の紛争ではなく，わが国に駐留するアメリカ合衆国軍隊の航空機の夜間離発着による騒音を理由とする飛行差止請求の事件であるが，最高裁は「外国国家に対する民事裁判権免除に関しては，いわゆる絶対免除主義が伝統的な国際慣習法であったが，国家の活動範囲の拡大等に伴い，国家の私法的ないし業務管理的な行為についてまで民事裁判権を免除するのは相当でないとの考えが台頭し，免除の範囲を制限しようとする諸外国の国家実行が積み重ねられてきている」が，「外国国家の主権的行為については，民事裁判権が免除される旨の国際慣習法の存在を引き続き肯認することができる」とし，合衆国軍隊の航空機の横田基地における夜間離発着は，合衆国軍隊の公的活動であり，民事裁判権が免除されるとした。

このように絶対的免除主義が揺らいでいたところ，2006年に最高裁が判例変更することとした。つぎの事例は主権免除にかかわる重要な判決である。

【事例13】　最二判平成18年7月21日(54)

事件の概要を新聞報道などによって構成すると，1986年に日本の貿易会社がパキスタンの国防省の関連企業とされる企業とコンピュータの売買取引を行ったが，代金が支払われず，日本の貿易会社が代金約12億円の支払いを求めてパキスタン政府を相手にわが国の裁判所に訴えを提起したもの

---

(52)　債務不履行を理由に国有ナウル航空の飛行機が差し押さえられるなどの事態が生じたが，台湾が資金援助して同国の対外支払い問題は解決した模様である。

(53)　最二判平成14年4月12日民集56巻4号729頁，判例時報1786号43頁，判例タイムズ1092号107頁。

(54)　http://www.courts.go.jp/hanrei/pdf/2006072/131911.pdf を参照。

である。原審（東京高裁）では，後記の大審院昭和3年12月28日決定と同旨の見解に立って，日本の貿易会社の主張する事実関係について何ら審理することなく，パキスタン政府の主権免除を認めて，訴えを却下した。

大審院昭和3年決定は，⑴国家の外国の裁判権からの絶対的免除主義と⑵外国がわが国の裁判権に服す旨の表示は，国家から国家に対して行うことについての2点を判示していた。この2点について，今回の最高裁判決はそれぞれ下記のとおり判示している。若干長いがそのまま引用することにしよう。

○絶対的免除主義から制限的免除主義への判例変更について

「外国国家に対する民事裁判権免除に関しては，かつては，外国国家は，法廷地国内に所在する不動産に関する訴訟など特別の理由がある場合や，自ら進んで法廷地国の民事裁判権に服する場合を除き，原則として，法廷地国の民事裁判権に服することを免除されるという考え方（いわゆる絶対免除主義）が広く受け入れられ，この考え方を内容とする国際慣習法が存在していたものと解される。しかしながら，国家の活動範囲の拡大等に伴い，国家の行為を主権的行為とそれ以外の私法的ないし業務管理的な行為とに区分し，外国国家の私法的ないし業務管理的な行為についてまで法廷地国の民事裁判権を免除するのは相当でないという考え方（いわゆる制限免除主義）が徐々に広がり，現在では多くの国において，この考え方に基づいて，外国国家に対する民事裁判権免除の範囲が制限されるようになってきている。これに加えて，平成16年12月2日に国際連合第59回総会において採択された『国家及び国家財産の裁判権免除に関する国際連合条約』(55)も，制限免除主義を採用している。こ

(55)　なお，東京地中間判平成17年9月29日判例時報1907号152頁の事件では，被告であるアメリカ・ジョージア州が労働者の復職や雇用を命令することを求める手続での国家の主権免除の根拠としてこの国連主権免除条約を，挙げており，この最高裁判決とは反対の趣旨であった。同条約は11条1項で労働契約に金する紛争について国家が主権免除を主張できない（cannot invoke）としているが，同

のような事情を考慮すると，今日においては，外国国家は主権的行為について法廷地国の民事裁判権に服することを免除される旨の国際慣習法の存在については，これを引き続き肯認することができるものの（最二判平成14年４月12日――前掲），外国国家は私法的ないし業務管理的な行為についても法廷地国の民事裁判権から免除される旨の国際慣習法はもはや存在しないものというべきである。

そこで，外国国家の私法的ないし業務管理的な行為に対する我が国の民事裁判権の行使について考えるに，外国国家に対する民事裁判権の免除は，国家がそれぞれ独立した主権を有し，互いに平等であることから，相互に主権を尊重するために認められたものであるところ，外国国家の私法的ないし業務管理的な行為については，我が国が民事裁判権を行使したとしても，通常，当該外国国家の主権を侵害するおそれはないものと解されるから，外国国家に対する民事裁判権の免除を認めるべき合理的な理由はないといわなければならない。外国国家の主権を侵害するおそれのない場合にまで外国国家に対する民事裁判権免除を認めることは，外国国家の私法的ないし業務管理的な行為の相手方となった私人に対して，合理的な理由のないまま，司法的救済を一方的に否定するという不公平な結果を招くこととなる。したがって，外国国家は，その私法的ないし業務管理的な行為については，我が国による民事裁判権の行使が当該外国国家の主権を侵害するおそれがあるなど特段の事情がない限り，我が国の民事裁判権から免除されないと解するのが相当である。」

○主権免除留保の表明の方法

「外国国家の行為が私法的ないし業務管理的な行為であるか否かにかかわらず，外国国家は，我が国との間の条約等の国際的合意によって我が国の民事裁判権に服することに同意した場合や，我が国の裁判所に訴

２項で前項の例外を挙げ，２項ｃ号で採用，契約更新について免除の留保の例外としている。「復職」は例外に入っていないので，平成17年東京地中間判決の事件での被告の主張は妥当とはいいがたい。

えを提起するなどして，特定の事件について自ら進んで我が国の民事裁判権に服する意思を表明した場合には，我が国の民事裁判権から免除されないことはいうまでもないが，その外にも，私人との間の書面による契約に含まれた明文の規定により当該契約から生じた紛争について我が国の民事裁判権に服することを約することによって，我が国の民事裁判権に服する旨の意思を明確に表明した場合にも，原則として，当該紛争について我が国の民事裁判権から免除されないと解するのが相当である。なぜなら，このような場合には，通常，我が国が当該外国国家に対して民事裁判権を行使したとしても，当該外国国家の主権を侵害するおそれはなく，また，当該外国国家が我が国の民事裁判権からの免除を主張することは，契約当事者間の公平を欠き，信義則に反するというべきであるからである。」

⑶　主権免除に関する外国の現状

前記のとおり，わが国には主権免除に関する明文の規定はない。前記の最高裁判決が引用するように，国連第59回総会で2004年12月２日に国連主権免除条約（United Nations Convention on Jurisdictional Immunities of States and Their Property）を採択しているが，わが国はまだ批准していない。この条約を少し見ておくと，５条で原則としての主権免除を認めている（State immunity）。また，７条で主権免除の留保の方式として，国際条約，書面による契約（in a written contract）または裁判所における留保宣言の３つを認め，さらに８条１項で自ら原告として訴えを提起した場合には主権免除を主張できないとしている。10条以下に主権免除を制限される手続として，商取引（10条，commercial transactions），労働契約（11条，contracts of employment），個人に対する損害・財産権侵害（12条），所有権にかかわる争い（13条），知的財産権をめぐる争い（14条），企業出資（15条），所有船舶を挙げている。

アメリカでは1976年主権免除法（Foreign Sovereign Immunities Act 1976）がある[56]。「外国国家の裁判管轄免除の例外」（General exceptions to the jurisdictional immunity of a foreign state）として，そのＡ項（外国国家は合衆国またはその州の裁判所の裁判管轄から免除されない場合）として１号で，当該国が免除を留保した場合を挙げ，さらに第２号で，アメリカ国内等での当該国の商業活動による場合（行為が外国国家によって合衆国内で営まれた商業活動による場合またはいずれかの外国の商業活動に関連して合衆国で行われた行為による場合ないしいずれかの外国の商業活動に関連して合衆国外で行われたが合衆国に直接の影響を及ぼす行為による場合）を挙げている。

また，ヨーロッパでは，欧州評議会（Council of Europe）(57) が1972年５月16日に欧州主権免除条約（European Convention on State Immunity）を定め，主権免除が制限される場合として，労働契約（５条），投資（６条），工業・商業・金融取引（７条），知的財産権（８条），動産・不動産所有権（９条）などを挙げている。

(4)　国家行為論

アメリカの第３次対外関係法リステートメント443条(58) に国家行為論（Act of State Doctrine）が記されている。リステートメントとは，「アメリカ法律協会（American Law Institute または ALI）によって編集された，一定の分野で法を形成する重要な判例とその発展を集めたもの」(59) で，

---

(56)　28 USCS § 1602 以下

(57)　欧州評議会（Council of Europe）は，第二次大戦後の1949年に人権，民主主義，法の支配という価値観を共有する西欧10ヶ国が，その実現のための加盟国間の協調を拡大することを目的として設立した。本拠はフランス・ストラスブール。現在の加盟国は，45ヶ国。

(58)　第三次対外関係リステートメント443条１項は「管理する法的原則に関する条約または不明確でない協定の欠如の場合，アメリカの裁判所は一般に当該領土内での外国国家の財産の取得（taking）の有効性，または当該領土内で外国国家によってなされ，そこにおいて適用される政府的な性格の他の行為に関する判断を行わない」と定めている。リステートメントのコメントは，国家は他の主権国家の独立性を尊重する義務があると述べている。

一民間機関の編集になるものであるが，判例によって法を形成するアメリカでは重要な位置を占めている。国家行為論は，外国国家と裁判所との関係の法理であり，主権免除に類似しているが，主権免除の問題は外国国家の当事者能力の問題であるが，国家行為論は，国家が行った行為について外国の裁判所が裁判を行うことができないとする外国裁判所の自制の法理であり，内容が異なる。これはアメリカの法理であるが，わが国につぎの事例があり，この判決に国家行為論の影響がうかがわれる。

【事例14】　東京地判昭和28年5月27日(60)（アングロ・イラニアン事件）

イランは1951年5月1日にイラン石油国有化法により石油資源を国有化したが，この国有化にかかわる事件である。

1953年4月にわが国の石油会社はイランの国有会社であるナシヨナル・イラニアン石油会社からイラン国において石油を買い受け，所有する油槽船日章丸に積載して輸入して保管していた。一方，第三国の会社であるアングロ・イラニアン石油会社は，この石油は，1933年にペルシヤ帝国政府（イラン国の旧称）とのあいだで締結した利権租借協約にもとづいて，1951年にイラン石油国有化法が施行される以前にアングロ・イラニアン石油会社が採取精製したものであつて，国有化法の施行によつてもアングロ・イラニアン石油会社がその所有権を喪失するものではないとして，わが国の会社に対して石油の譲渡その他一切の処分行為を禁じる仮処分を申し立てた。

東京地裁は，国家がその国内にある外国人の権益を補償もなしに没収することは国際法に違反し，不法行為にあたるという国際法上の原則はあるが，「第三国たる他国の裁判所がかかる他国の行為に無効の判定をなし，その効力を否定することが許容されるや否やは又これと別個の問題に属し，

---

(59)　Garner, *Black's Law Dictionary*, 8th ed., 2004, p. 1359. リステートメントには対外関係法のほかに，不法行為（tort），抵触法（conflict of laws），契約（contracts）などがある。

(60)　東京地判昭和28年5月27日高民集6巻11号721頁，下民集4巻5号755頁，判例時報2号3頁。東京高判昭和28年9月11日高民集6巻11号1702頁，下民集4巻9号1269頁，判例時報9号7頁は，第一審原告の控訴を棄却した。

しかもこれを肯定する確定普遍の国際法上の原則が存在する」ともいいがたく，「わが国の法領域に於て現にかかる行為の実現を求められる場合，もしくはこれが有効性を認めることがわが国内の秩序を現実に侵害する場合でない限り，独立主権国家相互間の主権の尊重，友好維持の必要より生ずる国際礼譲の要求するところに従い，一国がその国の利益に合するものとして制定した当該法令の効力乃至その国内に於てすでに発生した当該法令実施の効果の如きはこれを否定し得ないものと考える」としてアングロ・イラニアン石油会社の申立てを却下した。

【事例14】の事件では，東京地裁は「国際礼譲」を理由に挙げている。第三次対外関係リステートメントのコメントは国家行為論の根拠として「外国国家への無礼を避けるため」としており，一種の礼譲の考え方がうかがわれる。

国家行為論の起源は，アメリカのアンダーヒル事件(61)である。南米ベネズエラで政府から工事を受注し，滞在していたアメリカ国籍のアンダーヒルが1892年の革命の後，ヘルナンデス将軍が率いる革命派にアメリカへの帰国のためのパスポートを請求したが，拒絶され損害が生じたとしてアメリカ・ニューヨークの裁判所に訴えを提起した。アメリカの控訴裁判所は，ヘルナンデス将軍の行為は軍事命令であって民事上の責任を負わないとし，最高裁のフラー裁判官は「被告の行為はベネズエラ政府の行為であり，他の政府の裁判所における判決の対象にならない」と判示した。

また，アメリカとキューバの関係が悪化した1960年代にはサバチーノ事件(62)が起きている。1960年７月，アメリカの商社（買主）はアメリカ系のキューバの会社（売主）と砂糖のモロッコ向けの三国間貿易契約を結んだ。ところが，同月，アメリカ政府がキューバ産砂糖の輸入割当を削減する措置を発表，キューバ政府はこの措置に対抗して，アメリカ国民の資産を国有化し，収用することとした。モロッコ向け砂糖は

(61) Underhill v Hernandez, 168 U. S. 250 (1897).

(62) Banco Nacional de Cuba v. Sabbatino, 376 U. S. 398 (1964).

キューバの港で積載されたが，売主会社の株主はアメリカ居住者であったために，キューバ政府による国有化の対象となった。砂糖はモロッコに輸出され，船荷証券が発行され，売主はキューバ国有のキューバ外貿銀行に為替手形の取立（D/P取引）を依頼し，キューバ外貿銀行は売主の提出した船荷証券を買い取り，キューバ国立銀行に割引に出した。キューバ国立銀行はソシエテ・ジェネラル銀行ニューヨーク支店にこの為替手形の取立を依頼し，買主のアメリカの商社に代金支払いを求めた。一方，アメリカ系キューバ会社であった売主はキューバで国有化されたため，同社がニューヨークに所有していた財産についてサバチーノが管財人に選任された。砂糖の買主はすでに転売先から代金を受領していたので，管財人のサバチーノに売買代金を支払った。これに対して，キューバ国立銀行は自らが正当な代金の請求権者であるとして，サバチーノ管財人を相手に代金の支払いを求める訴えを提起した。

第一審，控訴審はいずれも代金がサバチーノ管財人の管理下にあることを妥当とし，キューバの国有化は国際法に違反し，国家行為論の法理は適用されないとした。しかし，連邦最高裁は，国際礼譲（コミティ）の観点から，外国政府・機関のアメリカの裁判所における当事者能力を認め，国家行為論にもとづいて，司法部門は外国政府による自国領土内での収用を判断することはできないとして，原審を破棄・差し戻した。その後連邦議会はヒッケンルーパー・アメンドメントと呼ばれる特別立法(63)によって国家行為論の適用を限定した。外交関係に関わる事項に司法部が自己抑制したので，立法部門が成文化したものである。

(63)　外国政府の行為が国際法違反の場合には国家行為論を適用しないとするヒッケンルーパー・スパークマン両上院議員の提案により，1964年10月7日 Foreign Assistance Act の§301(d)(4)が施行され，さらに1965年9月6日同法§301(d)(2)として施行され，キューバに対する輸出入禁止措置が取られた。

【3】 裁判所と管轄

1　国際民事訴訟における裁判所

現在では国際的な商取引，個人によるインターネット・ショッピング，国際的な婚姻・養子縁組などが頻繁に行われている。こうした国際的な私的法律関係については，国際取引法，国際家族法などによって実体法上の規整が加えられているが，紛争の発生は避けられない。

紛争の解決として，裁判という手段をとる場合，現時点では国際的な私的な紛争を管轄する超国家的な機関としての裁判所は存在しないので(64)，国際的な私的な紛争についてもいずれかの国家の機関である裁判所における裁判の手続がとられる。国際裁判管轄の問題は，国際的な私的な紛争の解決の裁判権をいずれの国の裁判所に認めるかという国際民事訴訟における裁判管轄権の分配の問題である。当事者の属するいずれかの国の裁判所が国際裁判管轄を有する場合が多いが，当事者が第三国の裁判所での裁判による解決を合意することもある。

2　直接管轄と間接管轄

国際的な民商事の紛争では，当事者の所在国・地域が異なるから，国際裁判管轄の抵触が生じる。【事例１】から【事例４】までは，わが国

(64)　国際司法裁判所は，オランダ・ハーグにあり，国際連合の主要な司法機関として国際連合憲章によって設置され，国のみが裁判所に係属する事件の当事者となることができる（国際司法裁判所規程34条１項）。世界貿易機関には紛争解決機関が設けられているが，「紛争解決機関が行う勧告又は裁定は，この了解及び対象協定に基づく権利及び義務に従って問題の満足すべき解決を図ることを目的とする」（附属書２紛争解決に係る規則及び手続に関する了解）であり，国を対象とし，私人間の争いを解決する機関ではない。欧州司法裁判所は，欧州連合の機関であり，欧州連合の規則・条約の解釈・適用の統一を図るための機関である。また，欧州人権裁判所は，欧州評議会の1950年11月４日ローマ条約（欧州人権条約）の適用を保証するためにも受けられ，私人間の紛争の解決機関ではない。

の裁判所で裁判手続が行われているが，外国の裁判所に裁判が係属する場合もある。いずれの場合も裁判を行う裁判所は国際民事訴訟を行うための管轄権，すなわち国際裁判管轄がなければならない。

自国の裁判所が国際民事訴訟を行う場合，その管轄権を「直接管轄(direct competence)」といい，外国の裁判所に国際裁判管轄が認められる場合に自国から見て当該裁判所が管轄権を有することを「間接管轄(indirect competence)」という(65)。

(1)　直接管轄

たとえば，下記の場合，日本から見て，日本の裁判所に直接裁判管轄がある。

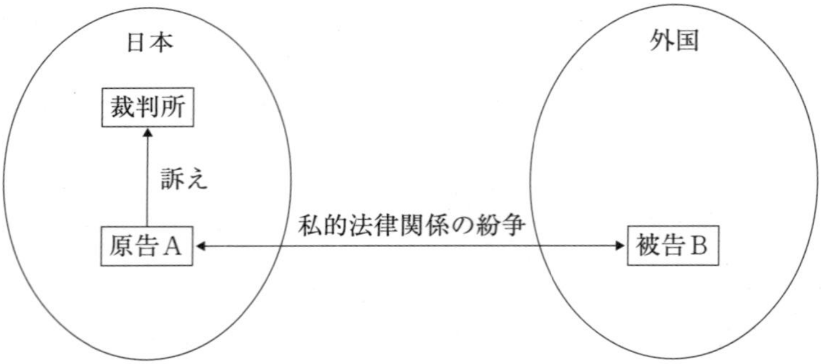

前記の【事例1】(ルフトハンザ事件)では，手当ての支払いを求めて日本人エアホステスが雇用者を相手に訴えを提起した。上記の図では，エアーホステスはA，ルフトハンザはBにあたることになる。

(65)　直接管轄・間接管轄という概念は，フランスの国際私法学者バルタン(Bartin)に由来する。三井哲夫『国際民事訴訟法の理論』(信山社，1995) 169頁を参照。

(2) 間接管轄

判決は国家の機関である裁判所の公権的な行為であって，その効力はその裁判所の属する国の領域内にかぎられる。しかし，被告に対して一定の給付を命じる判決を言い渡しても，仮に被告が判決にしたがった支払いを行わなかったら，原告は被告の所有する財産に対して強制執行を行わなければ満足を得ることはできない。強制執行は被告の財産に対して行なわれるが，被告の所在地と強制執行の対象である被告の財産の所在地はかならずしも一致しないから，ここで国際民事訴訟固有の問題が生じる(66)。つぎの事例を見てみよう。

【事例15】 外国裁判所に係属した事例――東京地判平成６年１月14日(67)

日本の会社であるＡ社は，日本のデザイン専門家向けのニューヨーク視察ツアーを企画した。そのさいアメリカの会社であるＢ社とのあいだで，毎年ニューヨークの国際デザインセンターで開催される国際インテリア製品新作発表見本市等の視察ツアーを共同主宰する契約を結んだ。ところが，Ａ社はＢ社との契約を一方的に破棄した。その結果，Ｂ社は，ニューヨークで手配した講演，見学等のキャンセルを余儀なくされ，前払いしていた実費を回収できなくなり，さらに，ニューヨーク州内の建築設計，デザイン業界における営業上の信用を著しく毀損され多額の損害を被った。

---

(66)　この問題は，かならずしも国際的な私的法律関係にもとづく紛争に限らない。たとえば，わが国の銀行がわが国の会社である取引先に貸付を行っていたが，返済期限が来ても返済しなかったという場合を想定してみよう。この借入人がわが国国内には財産を持たず，財産をすべて外国にある銀行に設けた口座に預金しているということがある。また，海上運送会社であれば財産は外国の港に係留されている船舶だけということもある。この場合には，訴訟事件は純粋に国内事件であるが，執行の段階で国際化することになる。外国における執行については，債務者の財産の調査，銀行における守秘義務，差押命令の送達など多くの困難な問題がある。とくに為替管理の原則自由化に伴って，外国への資産の移動が容易になったが，こうした自由化は債務者にとって執行逃れの機会を増やしかねない。

(67)　東京地判平成６年１月14日判例時報1509号96頁，判例タイムズ864号267頁。

このためB社は，アメリカ・ニューヨーク州ニューヨーク郡第一審裁判所（地裁）に，債務不履行，信任義務違反，欺網的行為および不法行為があったとしてA社とそのニューヨークにおける代理人を相手に訴えを提起した。同裁判所は，B社の主張を認める判決を言い渡し，この外国判決は確定した。

つぎに，B社は，A社に対してわが国での強制執行を行うために，執行判決を求める訴えを東京地裁に提起した。

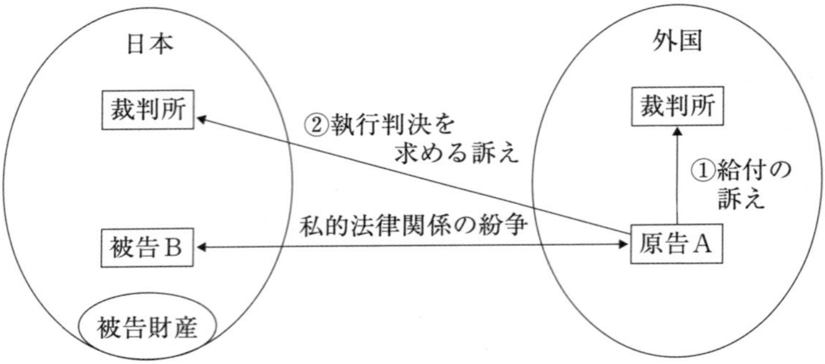

この事件では，外国の裁判所が行った判決についてわが国の裁判所においてあらたに執行判決を求める裁判手続がとられている。この場合，原告からの執行判決を求める訴えを受理する日本の裁判所から見て，給付の訴えについて判断した外国の裁判所に間接管轄があるということになる。

直接管轄＝自国の裁判所の国際裁判管轄＝国際裁判管轄の問題
　　――→わが国民事訴訟法4条5条
間接管轄＝相手方国の裁判所の国際裁判管轄＝外国判決承認・執行の問題
　　――→わが国民事訴訟法118条

3　直接管轄——財産関係事件

(1)　マレーシア航空事件判決まで

わが国民事訴訟法は裁判所の管轄について規定を設けている。管轄には，事物管轄，職分管轄，土地管轄などがある。事物管轄は地方裁判所と簡易裁判所に一審の管轄を振り分けるものであるが，当事者が外国の個人や法人の場合であっても，わが国の裁判所が管轄する場合には事物管轄に変更はない。「手続は法廷地法による」の原則があるからである。また，人事訴訟にかかわる家庭裁判所の管轄と地方裁判所・簡易裁判所の管轄の区分などの職分管轄についても同様である。また，わが国民事訴訟法12条は「被告が第一審裁判所において管轄違いの抗弁を主張しないで本案について弁論をし，又は弁論準備手続において申述をしたときは，その裁判所は，管轄権を有する」とする応訴管轄を認めているが，「手続は法廷地法による」の原則により，国際民事訴訟においても応訴管轄が認められる。

わが国の裁判所に国際裁判直接管轄が認められる場合，被告の普通裁判籍の所在地を管轄する裁判所の管轄に属するという原則がある（民事訴訟法４条１項）（actor sequitur forum rei の原則）。さらに，被告の特別裁判籍（５条）が規定されている。特別裁判籍としては，財産権上の訴えについては義務履行地[68]（１号），事務所または営業所を有する者に対す

(68)　民事訴訟法５条１号は，財産権上の訴えについては義務履行地を特別裁判籍と定めている。契約上の義務履行地で訴えを提起することは，義務履行地での履行を求めることであるから，被告にとっても不意打ちにはならない。わが国民法484条は特定物の引渡し以外は「弁済は債権者の現在の住所において」しなければならない（持参債務）としているので，わが国の実体法が準拠法とされる場合には，義務履行地が常にわが国となる可能性があり，国際裁判管轄については義務履行地管轄を否定する意見もある。後記の【事例21】の最三判平成９年11月11日では，原告・上告人は，契約の準拠法は日本法であり，預託金返還債務の履行地は債権者が住所を有する日本であるからわが国の国際裁判管轄を肯定すべきで

る訴えでその事務所または営業所の業務に関する訴えはその事務所または営業所の所在地（5号）などが規定されているが，国際民事訴訟ではとくに5号の事務所・営業所所在地と9号の不法行為の場合の特別裁判籍が重要である。普通裁判籍と特別裁判籍というように，民事訴訟法には複数の裁判籍が規定されている。国際的な私的法律関係の紛争の場合，当事者双方が自国の裁判所の裁判籍を主張することは可能である。被告の特別裁判籍を認めるとわが国に営業所を持たない会社やわが国に住所や常居所をもたない個人を被告とする訴訟がわが国の裁判所に提起される可能性を生ずるが，これらの被告はわが国の裁判所の国際裁判管轄を否認することが多い。ここに国際民事訴訟の大きな問題の1つがある。管轄権があることは，訴訟要件の1つであり，裁判所は職権で管轄権の有無を調査しなければならず，仮に管轄違いがあれば，国内事件であれば正しい管轄の裁判所に移送することとされている（民事訴訟法16条）。国内事件であればわが国の裁判所は同一の裁判権の下にあるから，移送が可能であるが，わが国の裁判所に訴えが提起されたが，わが国裁判所に管轄がないと判断された場合に外国の裁判所へ移送する制度はない。

わが国に住所のある原告が外国の会社や個人を被告とする訴えをわが国の裁判所に提起し，被告がわが国の裁判所の国際裁判管轄（直接管轄）を争った例は多い。たとえば，【事例1】（ルフトハンザ事件）では，わが国の裁判所に訴えが提起され，被告ルフトハンザはつぎのようにわが国裁判所の管轄を争っている。

・管轄に関する原告エアーホステスの主張

あると主張したが，最高裁は「我が国内の地を債務の履行場所とすること又は準拠法を日本法とすることが明示的に合意されていたわけではないから，本件契約上の債務の履行を求める訴えが我が国の裁判所に提起されることは，被上告人の予測の範囲を超える」と判示している。ただし，ウィーン売買条約57条は弁済の場所を原則として売主の営業所としている。

被告は日本において東京営業所を有し，同営業所及び日本における代表者を登記しているから，(旧) 民訴法4条3項 (現行4条5項) を通した条理により日本に管轄権が認められる。

・管轄に関する被告ルフトハンザ社の主張

裁判の公正という点では，受動的に訴えられる被告の立場を配慮し，被告の保護がはかられるべきところ，被告の本店（ドイツ・ケルン）があり，被告の主要業務が行われているドイツに裁判管轄権があるというべきであるし，裁判の適正・迅速という点でも，原告らの給与体系は被告とドイツの労働組合との間で締結された労働協約に基づくものであり，支給額の算定はドイツ・ハンブルグにある被告の給与算定部で行われていることに照らせば，証拠方法の収集が容易なドイツが裁判管轄権を有するというべきである。また，法解釈は，準拠法所属国の裁判所が最も適正になし得るところ，後記のとおり，本件の準拠法はドイツ法というべきであるから，この点からもドイツが裁判管轄権を有すべきである。

・管轄に関する裁判所の判断

被告は，ドイツ法に準拠して設立され，ドイツに本店を有する会社であるが，日本における代表者を定め，東京都内に東京営業所を有するというのであるから，たとえ被告が外国に本店を有する外国法人であっても，被告をわが国の裁判権に服させるのが相当である。(すなわち，現行民事訴訟法4条5項による普通裁判籍による管轄)

当事者が管轄を争うと，裁判所は中間判決の形式で管轄を判断することが多かった。わが国民事訴訟法は「裁判所は，独立した攻撃又は防御の方法その他中間の争いについて，裁判をするのに熟したときは，中間判決をすることができる」(245条前段) と定めているからである。たとえばつぎの事例がある。

【事例16】 航空機事故の直接管轄──東京地中間判昭和49年７月24日(69)

アメリカの会社であるボーイング社が製造した航空機で発生した事故について，製造物責任にもとづいて損害賠償を請求した事件である。ボーイング社は日本国内に事務所や営業所を有していなかった。

この事件で，被告のボーイング社は「製造者責任（または製造物責任）を対象とする渉外民事訴訟の国際裁判管轄については，いまだ確立された国際民事訴訟法上の原則はなく，また，わが日本法上にも明文の規定がないから，結局は国際民事訴訟法の基本理念としての条理によつてこれを決定しなければならら」ないが，「今日の国際民事訴訟法の一般的傾向として，本件のような人身損害に関する賠償を求める訴訟においては，単なる事故発生地は国際裁判管轄の連結点として取り上げられないのが原則であり，このことは，いわゆる一般間接管轄権に関して1966年４月26日ハーグ国際私法会議において採択された『民事及び商事外国判決の承認並びに執行に関する条約案』(70)からもうかがわれ」，この「原則に対する例外として，単なる事故発生地であつても，当該事故発生地での裁判管轄権を否定することが被害者に対する救済の道を事実上全く閉ざすことになつたり，また，その裁判管轄権の否定が明らかに有責と認められる加害者の損害賠償責任を事実上免れさせることになつたりするなどの特段の事情がある場合には，裁判管轄権を肯定するのが相当であるが，本件については，そのような特段の事情も認められない」と主張した。

東京地裁は，特別裁判籍として不法行為地が規定されているが（現行民事訴訟法５条９号），「結果発生地を不法行為地に含め，日本の裁判所に本件訴えの裁判管轄権を認めるとしても，被告に格別不当な不利益を強いることになるものではない」として「日本の裁判所は本件訴えについては裁判管轄権を有しないから，本件訴えは不適法である」とする被告の本案前の主張を排した。

---

(69)　東京地中間判昭和49年７月24日下民集25巻５～８号639頁，判例時報754号58頁，判例タイムズ312号241頁。

(70)　同条約の締約国はキプロス，オランダ，ポルトガルの３ヶ国にとどまり発効しなかった。

【事例17】　外国で起きた交通事故の直接管轄――東京地中間判昭和54年3月20日(71)

タイ・バンコック市内で起きた交通事故で，被害者，加害者がともに日本人であった。被害者は通常の社会生活に復帰することが絶望の状態となり，わが国の裁判所に損害賠償請求の訴えを提起した。

東京地裁は「本件のような渉外的要素を有する民事紛争の解決について，いずれの国が裁判管轄権を有するかについては，未だ確立された国際民事訴訟法上の原則はなく，わが国にもその点に関する成文上の規定はない。したがって，本件についてわが国に裁判管轄権があるか否かは，国際民事訴訟法上の基本理念としての条理すなわち本件訴えにつきいかなる国に裁判管轄件を認めるのが，本件訴訟の審理が適正，公平，能率的に行われるかによって決すのが相当と解すべきである」とし，わが国とタイとのあいだで証拠の収集などの司法共助が可能であること，損害額の算定の基礎は原告の入院している場所に多く存在すること，被告が日本で訴訟を追行することに不利益不便はそれほど多くないが，原告がタイで訴訟追行するならば，その不利益不便は極めて大きいとして，わが国に裁判管轄権を認めた。

下級審ではわが国の国際裁判管轄について判決が出されていたが，最高裁の判決は長い間なかった。昭和56年に国際裁判管轄について初めての最高裁判決が示された。つぎの事例である。

【事例18】　マレーシア航空事件――最二判昭和56年10月16日(72)

本事件は，最高裁が国際裁判管轄について判断した最初の判決であり，国際民事訴訟法における最初の重要な判決である。本件訴えは，外国で発生した航空機事故の被害者遺族が提起したものである。航空券は遭難者がマレーシア国内で購入し，事故もマレーシアという国外で起きており，被告の営業所がわが国に存在するとはいえ，わが国の営業所は事故とは関係がない事案であった。

---

(71)　東京地中間判昭和54年3月20日判例時報925号78頁。

(72)　最二判昭和56年10月16日民集35巻7号1224頁，判例時報1020号9頁，判例タイムズ452号77頁，金融法務事情984号58頁，金融・商事判例634号10頁。

昭和52年11月29日，日本人Ａ氏はマレーシア連邦クアラルンプール市で旅行代理店を通じて，マレーシア航空の運行するマレーシア・ペナン間の往復航空運送切符を購入した。同年12月２日，同氏はクアラルンプールからペナンに向かい，同月４日ペナンからの帰路，飛行機は同国タンジュクバンに墜落し，同氏は死亡した。

その後，わが国に居住していたＡ氏の妻と２人の子は，マレーシア航空の運送契約上の債務不履行を理由として，損害賠償請求を名古屋地裁に訴えた。原告は，マレーシア航空は日本に営業所を有し，損害賠償義務の履行地は遺族の住所であるから，わが国に裁判管轄があると主張した。

第一審判決（名古屋地判昭和54年３月15日）[(73)]は，本件の運送契約の履行地，契約締結地，事故発生地はマレーシア国内であり，損害賠償に関する法律関係はマレーシア法によって定まり，証拠収集の便宜，被告の応訴上の便宜を考慮すると，マレーシアに裁判管轄があるとして，訴えを却下した。一方，控訴審判決（名古屋高判昭和54年11月12日）[(74)]は，被告マレーシア航空のわが国における営業所所在地をもって，被告の普通裁判籍所在地とし，原告の住所を義務の履行地とするから，訴えは適法であるとして，一審判決を取消し，差し戻した。これに対して被告マレーシア航空が上告した。

最高裁は，「本来国の裁判権はその主権の一作用としてされるものであり，裁判権の及ぶ範囲は原則として主権の及ぶ範囲と同一であるから，被告が外国に本店を有する外国法人である場合はその法人が進んで服する場合のほか日本の裁判権は及ばないのが原則である。しかしながら，その例外として，わが国の領土の一部である土地に関する事件その他被告がわが国となんらかの法的関連を有する事件については，被告の国籍，所在のいかんを問わず，その者をわが国の裁判権に服させるのを相当とする場合のあることをも否定し難いところである。そして，この例外的扱いの範囲については，この点に関する国際裁判管轄を直接規定する法規もなく，また，よるべき条約も一般に承認された明確な国際法上の原則もいまだ確立してい

(73)　名古屋地判昭和54年３月15日金融・商事判例634号16頁。

(74)　名古屋高判昭和54年11月12日判例タイムズ402号102頁，金融・商事判例634号15頁。

ない現状のもとにおいては，当事者間の公平，裁判の適正・迅速を期するという理念により条理にしたがつて決定するのが相当であり，わが民訴法の国内の土地管轄に関する規定，たとえば，被告の居所（旧民訴法２条），法人その他の団体の事務所又は営業所（同４条），義務履行地（同５条），被告の財産所在地（同８条），不法行為地（同15条），その他民訴法の規定する裁判籍のいずれかがわが国内にあるときは，これらに関する訴訟事件につき，被告をわが国の裁判権に服させるのが右条理に適うものというべきである」とし，「上告人は，マレーシア連邦会社法に準拠して設立され，同連邦国内に本店を有する会社であるが，張玉祥を日本における代表者と定め，東京都港区新橋３丁目３番９号に営業所を有する(75)というのであるから，たとえ上告人が外国に本店を有する外国法人であつても，上告人をわが国の裁判権に服させるのが相当である。それゆえ，わが国の裁判所が本件の訴につき裁判権を有するとした原審の判断は，正当として是認することができ，原判決に所論の違法はない」として上告を棄却した。

つぎの事例は，原告は外国会社でわが国に登記した営業所を有するが，被告の外国会社はわが国に駐在員事務所しか持っていなかった例である。判決では駐在員事務所が登記されていたか否か明らかにしてはいないが，文面上登記されてはいなかった模様である。駐在員事務所の存在だけでは，わが国の裁判所の国際裁判管轄を根拠付けることはできないことになる。

【事例19】　東京地判昭和59年２月15日(76)

パナマの会社であるＡ社の取締役Ｂとその妻Ｃは，韓国の裁判所から離婚判決を得た。その後，Ｃはアメリカ・カリフォルニア州の裁判所に慰謝料請求訴訟を提起していた。カリフォルニア州法人の銀行であるＤ銀行は，Ａ社の預金を預かっており，Ａ社から日本向けの外国送金の指示を受け，

---

(75)　ただし，マレーシア航空東京営業所はＡ氏のマレーシア出張とは業務上接点がないが，事件後，同営業所は遺族との和解交渉を行った模様である。

(76)　東京地判昭和59年２月15日下民集35巻１～４号69頁，判例時報1135号70頁，判例タイムズ525号132頁。

最初は実行しなかったが，Ｂの要求に最終的に実行したため，Ｃが同送金を法律違反としてカリフォルニア州裁判所にＤ銀行に対する損害賠償請求の訴えを提起した。そこで，Ｄ銀行はＣに和解金を支払った。一方，Ｄ銀行は和解金を支払ったことによる損害を補償するようにＢに求め，この請求権を保全するためカリフォルニア州に寄港したＡ社の船舶を差し押えた。Ａ社は，本件差押えにより損害が発生したとしてＤ銀行を相手とする損害賠償請求の訴えをわが国裁判所に提起した。わが国の裁判所に継続した事件で原告となったパナマの会社Ａ社は直前に日本に営業所を設け，登記していた。

東京地裁は，わが国裁判所の国際裁判管轄について検討し，⑴原告が登記した日本における営業所を設けているからといって，被告をわが国の裁判権に服させる事情とすることはできない，⑵1980年からアメリカ・カリフォルニア州サンフランシスコ裁判所と連邦地方裁判所カリフォルニア東部地区において被告と争訟中であり，本件に関する証拠の大部分は右事件と共通するものと解されるが，被告のみならず，原告にあっても証拠蒐集，訴訟活動についてカリフォルニア州裁判所が便宜であることは明らかであるうえ，わが国においても管轄を認めるときには，判決が矛盾，抵触するおそれもあり，また被告に二重に訴訟追行の負担を強いることになるから，当事者の公平，裁判の適正，迅速を期することを基本理念とする条理に従えば，わが国に被告の「事務所」が存在することをもって裁判管轄権を認めることができない，⑶義務履行地を根拠として管轄権をわが国に認めることはできない，また⑷不法行為の結果発生地として，わが国に裁判管轄権を認めることはできない，として，わが国の裁判所の管轄を否定し，訴えを却下した。

この事件では，被告である銀行は事務所を有していたが，情報収集などを行う単なる駐在員事務所であり，営業を行っていなかった。一方，マレーシア航空事件では同社の東京営業所は予約事務などを行っていた点が異なる。このように事務所等があってもその実態を考慮する必要がある。

⑵　最高裁平成9年判決

マレーシア航空事件判決後，たとえば東京地中間判昭和56年11月27日[77]など，下級審判決では国際裁判管轄について，マレーシア航空事件判決が定立した文言，「国際裁判管轄については，これを直接規定する国内法規もなく，また，よるべき条約その他一般に承認された国際法上の原則もいまだ確立していない現状においては，当事者間の公平，裁判の適正・迅速を期するという理念により，条理によつて決定するのが相当と解されるところ，我が民訴法の国内の土地管轄に関する諸規定その他民訴法の規定する裁判籍のいずれかが我が国内にあるときは，当該訴訟事件を我が国の裁判権に服させるのが右条理に適うものというべきである」を踏襲する判決が続いた。

その後，下級審ではわが国の土地管轄が認められるときにはわが国に国際裁判管轄があるが，これを否定する「特段の事情があるときはわが国裁判管轄を否定する」という「特段の事情」の法理を導入する判決が現れた。つぎの事例が「特段の事情」を考慮した最初の裁判例である。

【事例20】　東京地中間判昭和57年9月27日[78]

わが国の会社（買主）がイタリア製高級ハンドバッグをイタリア・ミラノからオランダ・アムステルダムを経由して輸入したが，その途中，商品はミラノ市内で窃取された。商品には損害保険がかけられており，わが国の保険会社が保険金を支払い，運送したオランダの航空運送会社を相手に損害賠償を求める訴えをわが国の裁判所に提起した。被告がわが国の国際裁判管轄を争った。

東京地裁は「このように本件訴えにつき，その国際裁判管轄を個別に定めた条約はなく，しかもこの種の渉外民事訴訟の国際裁判管轄についていまだ確立された国際法上の原則はなく，わが国にも成文法上の規定はない。

---

(77)　東京地中間判昭和56年11月27日判例タイムズ460号118頁。

(78)　東京地中間判昭和57年9月27日判例時報1075号137頁，判例タイムズ487号167頁。

このような場合に，本件訴えにつき日本の裁判所に管轄権があるか否かは，当事者間の公平，裁判の適正・迅速を期するという民事訴訟の基本理念により，条理にしたがって決するのが相当である」として，従来のマレーシア航空事件判決の論理を踏襲した後，「そして，わが国民事訴訟法の規定する裁判籍のいずれかが，日本国内にあるときは，わが国の裁判所で審理した場合に，前記民事訴訟の基本理念に著しく反する結果をもたらすであろう特段の事情がない限り，わが国の裁判所に管轄権を認めるのが，右条理に適うものというべきである」とした（下線は筆者）。

従来は，わが国の土地管轄が認められればわが国の国際裁判管轄を認めるとしていたが，国際裁判管轄が認められてもこれを排除する例外的な事情として「特段の事情」を採用したのである。そして，本事件では被告がわが国に営業所を有することから，国際裁判管轄はわが国にあるとした。

なお，前記の【事例16】の東京地中間判昭和49年７月24日においてすでに，原告から「その裁判管轄権の否定が明らかに有責と認められる加害者の損害賠償責任を事実上免れさせることになつたりするなどの特段の事情がある場合」として「特段の事情」が主張されている。同判決での原告の主張は，わが国裁判所に国際裁判管轄がない場合に例外的に国際裁判管轄を肯定するための法理として「特段の事情」を取り上げており，これに対して，東京地中間判昭和57年９月27日は，わが国裁判所に国際裁判管轄がある場合に例外的にこれを否定するための法理として「特段の事情」を挙げているので，原則と例外が反対である点に注意を要する。

この後も，下級審では「特段の事情」によって国際裁判管轄を判断する判決が出された。たとえば，東京地判昭和59年３月27日(79)は，アメ

---

(79)　東京地判昭和59年３月27日下民集35巻１～４号110頁，判例時報1113号26頁。このほかに，東京地判昭和61年６月20日判例時報1196号87頁，判例タイムズ604号138頁は，台湾の航空会社の航空機が墜落し，同機に搭乗して死亡した日本人の遺族が，飛行機製造会社と航空会社に当該機を売却した会社を相手に，カリ

リカの会社の製造したヘリコプターがわが国国内で起こした事故に関する事件で，裁判所は特段の事情の法理を採用し「わが国裁判所で本件を審理することが，必要な防禦の機会を奪われる程の不利益を被告に課するものとは認め難く，また証拠調について裁判の適正，迅速を害する程の不都合を生じさせるものとも言いがたい」ので「特段の事情を認めるに足りる事実は存しない」としてわが国の国際裁判管轄を肯定した。そして1997年に最高裁が「特段の事情」の法理を採用する判決を言い渡した。つぎの事例である。

【事例21】　最三判平成９年11月11日(80)

わが国の会社Ａは，自動車およびその部品の輸入を目的とする日本法人

フォルニア州連邦地裁に提訴するとともに，東京地裁にも損害賠償請求を訴えた事件で，裁判所は「本件訴訟についてはわが国の裁判籍を認めるのは相当ではないと考えるべき特段の事情がある」として，わが国の裁判管轄権を否定した。東京地中間判平成元年３月27日労民集40巻２・３号323頁，判例時報1318号82頁，判例タイムズ703号264頁はアメリカの出版社の日本法人で現在清算中の会社から解雇された従業員がアメリカの親会社を相手に賃金支払を求めて東京地裁に訴えを提起した事件で，裁判所は「国際的観点からの配慮を加えた場合に右のような条理に反する結果を来すという特段の事情が認められないかぎり，これによる裁判籍が日本国内に認められるときには日本国の裁判所に管轄権を認めるのが相当である」とした。後記【事例71】の第一審判決である東京地判平成10年３月19日は，日本居住の日本人がアメリカに居住する日本人にクラシックカーの買付けを依頼し，代金を送金したが，引渡しがないため代金返還を求めた事件で，わが国の国際裁判管轄を否定したが，高裁は一転して「我が国の国際裁判管轄を否定すべき特段の事情があるということはできない」として国際裁判管轄を肯定した。名古屋地判平成15年12月26日判例時報1854号63頁は台北発名古屋行の旅客機の事故で乗客及び乗員が死亡等した事故について，遺族らが製造会社と航空会社に対して損害賠償を請求した事件で，裁判所は当事者の公平，裁判の適正・迅速の観点から，特段の事情はないとした。このように下級審で「特段の事情」の法理が採られたが，東京地中間判昭和62年５月８日判例時報1232号40頁，判例タイムズ637号87頁（スペインの航空会社のマドリードからローマへの飛行中の事故による損害賠償請求事件）は，この法理を採用していない数少ない例である。

(80)　最三判平成９年11月11日民集51巻10号4055頁，判例時報1626号74頁，判例タ

である。一方日本人Ｂ氏は，1965年ころからドイツ連邦共和国に住み，フランクフルト市で事業を行っていた。1987年12月，Ａ社とＢ氏は，フランクフルト市内でＡ社がＢ氏に預託金を預け，Ｂ氏が預託金を管理しつつ，欧州の自動車を買付けるなどを主旨とする委託契約を結んだ。本件契約では，債務履行地，準拠法について規定されていなかった。

1987年12月にかけて，Ａ社はＢ氏が指定したドイツ国内の銀行口座に9,174万7,138円を送金した。

その後，両者の関係が悪化したため，Ａ社はＢ氏に対し，輸入決済を預託金で行う代わりに，輸入信用状で行うことを提案し，Ｂ氏に対して預託金の残高，2,496万81円の返還を求めた。しかし，Ｂ氏がこれに応じなかったため，Ａ社は，1990年にわが国の裁判所に預託金残金と遅延損害金の支払を求める本件訴訟を提起した。これに対し，Ｂ氏は，わが国の国際裁判管轄を否定すべきであると主張した。

第一審判決（千葉地判平成４年３月23日）(81)は，Ｂ氏の本案前の主張を容れて訴えを却下した。控訴審（東京高判平成５年５月31日）(82)は，本件紛争の裁判は「ドイツ国内の裁判所でするのが契約の当事者の意思にも合致し，かつ裁判の適正，迅速にも適する」として控訴を棄却した。

最高裁は，「被告が我が国に住所を有しない場合であっても，我が国と法的関連を有する事件について我が国の国際裁判管轄を肯定すべき場合のあることは，否定し得ないところであるが，どのような場合に我が国の国際裁判管轄を肯定すべきかについては，国際的に承認された一般的な準則が存在せず，国際的慣習法の成熟も十分ではないため，当事者間の公平や裁判の適正・迅速の理念により条理に従って決定するのが相当である（最高裁昭和55年(オ)第130号同56年10月16日第二小法廷判決・民集35巻７号1224頁＝注：【事例18】マレーシア航空事件，最高裁平成５年(オ)第764号同８年６月24日第二小法廷判決・民集50巻７号1451頁参照＝注：【事例29】）。そして，我が国の民訴法の規定する裁判籍のいずれかが我が国内にあるときは，原則として，我が国の裁判所に提起された訴訟事件につき，被告を我が国の裁判権に服させ

イムズ960号102頁。

(81)　千葉地判平成４年３月23日民集51巻10号4067頁。

(82)　東京高判平成５年５月31日民集51巻10号4073頁。

るのが相当であるが，我が国で裁判を行うことが当事者間の公平，裁判の適正・迅速を期するという理念に反する特段の事情があると認められる場合には，我が国の国際裁判管轄を否定すべきである」とした（下線は筆者)。

本事件では「事情を考慮すれば，我が国の裁判所において本件訴訟に応訴することを被上告人に強いることは，当事者間の公平，裁判の適正・迅速を期するという理念に反するものというべきであり，本件契約の効力についての準拠法が日本法であるか否かにかかわらず，本件については，我が国の国際裁判管轄を否定すべき特段の事情がある」として上告を棄却した。

⑶　直接管轄についての学説

「手続は法廷地法による」の原則から訴えを提起された裁判所における手続は，裁判所の属する国の民事訴訟法にもとづくことになるが，わが国民事訴訟法には国際裁判管轄に関する規定はない(83)。国際裁判管轄については普通裁判籍のほかに特別裁判籍が設けられているため，紛争解決に適当な裁判所がいったいどこかを判断することは困難な作業である。

わが国民事訴訟法の解釈として，立法者はもともと国内的な民事訴訟，国際的な民事訴訟を問わず，民事訴訟法を適用する意思であったとされている（二重機能説）(84)。二重機能説はわが国民事訴訟法の母法であるドイツ民事訴訟法の通説とされているが，わが国では別の考え方をしている。すなわちまず，わが国の民事訴訟法の土地管轄の規定に該当すれ

---

(83)　藤田弁護士は，当事者能力や訴訟能力の問題については，「わが国の裁判所に提起された『民事訴訟』事件について，わが国の裁判所がわが国の『民事訴訟』法を適用するのは当り前」であるとしている（藤田泰弘「いわゆる『国際民事訴訟法』なる概念の有害無用性について」判例タイムズ283号31頁)。

(84)　藤田弁護士は，さらにわが国民事訴訟法の母法であるドイツ民事訴訟法において，土地管轄規定の二重機能（国際裁判管轄と国内土地管轄を同時に決定する機能）が認められているとしている（藤田泰弘「『国際裁判管轄』法規とその比較法的研究」判例タイムズ856号17頁)。

ばわが国の裁判所の管轄を推知するという意見がある（逆推知説）。また，国際裁判管轄の判断は当事者の公平，裁判の適正・迅速の観点から判断すべきであるという意見（管轄配分説），個々の事案の状況を考慮して事件と裁判所との実質的な牽連性を考慮すべきであるとする意見（利益衡量説）などがある。

前記のマレーシア航空事件判決は「当事者間の公平，裁判の適正・迅速を期するという理念により条理にしたがつて決定するのが相当」であるが，「国際裁判管轄を直接規定する法規もな」く，わが民事訴訟法の国内の土地管轄に関する規定の裁判籍のいずれかがわが国内にあるときは，被告をわが国の裁判権に服させるのが条理に適うとした。この判決は条理説ともいわれるが逆推知説とも考えられる。ただし，実際には二重機能説を除くと国際裁判管轄の直接管轄の基準には実質的には大きな差はない。

これに対して，最高裁平成9年判決は，わが国の土地管轄を原則としながら，「我が国で裁判を行うことが当事者間の公平，裁判の適正・迅速を期するという理念に反する特段の事情があると認められる場合には，我が国の国際裁判管轄を否定す」るとして，従来の逆推知説を修正した（新逆推知説）。新逆推知説と逆推知説の違いは，管轄の制限の法理として特段の事情を掲げていることである。

特段の事情を考慮することによって，国際裁判管轄について硬直的ではなく個々の事案に妥当な判断を下すことが可能になるが，一方で「特段の事情」とはなにか判然とせず，場合によっては特段の事情の内容判断が肥大化するというおそれも指摘されている[85]。個別事案での妥当性を求めると予測可能性が低下することは否めず，両者の調整は困難な問題であるが，多様な国際的な私的法律関係の紛争について，一律的な基準を設けることはきわめて困難であることを考えると，判決例の蓄積

(85)　道垣内正人「国際裁判管轄」高桑昭＝道垣内正人編著『国際民事訴訟法（財産法関係）』（青林書院，2002）42頁。

によって解決せざるを得ないであろうし，また外国の対応も参考にすべきであろう。

⑷　不法行為に関する訴えの直接管轄

民事訴訟法5条は特別裁判籍を定めている。同9号で「不法行為に関する訴え」については，「不法行為があった地」に裁判籍を認めている(lex loci delicti の原則)。つぎの事例は，不法行為に関する訴えの裁判管轄について判断したものである。

事件は，わが国の会社と外国の会社のあいだのキャラクターの著作権使用許諾契約（ライセンス契約）の成立にかかわる事件である。原告であるわが国の会社は，ベルヌ条約（1886年「文学的及美術的著作物保護万国同盟創設ニ関スル条約」）によって，同条約加盟国においても著作権を有していた。一方，被告である外国の会社は著作権を有するわが国の会社からわが国以外のすべての国について著作物の独占的な使用権等の許諾契約があると主張し，この外国会社は，別のわが国の会社が同社の権利を侵害しているという旨の警告書を送付した。一方，この著作権の使用許諾契約の成立を否定するわが国の会社とのあいだで争いが生じた。

本事件の主たる争点は，外国の会社であって，わが国に事務所等を有していない被告について，わが国の裁判所に国際裁判管轄があるかという点である。本事件の原告であるわが国の会社は，契約の成立を否定しており，被告の外国会社が警告書を送付したことによって著作権者である原告が損害をこうむったとして不法行為にもとづく損害賠償を請求した。特別裁判籍の不法行為地による国際裁判管轄の有無の判断にあたっては，まず本案の審理事項である不法行為があったのかなかったのかということが問題となる。この点について控訴審判決は「不法行為の存在が一定程度以上の確かさをもって認められる」ことを要するとしたが，最高裁は「被告が我が国においてした行為により原告の法益について損害が生じたとの客観的事実関係が証明されれば足りる」ものとしている。これは裁判の入り口である管轄の有無の判断にあたって，審理の核心部分である不法行為の存在の証明までは要しないとするものである。

【事例22】　最二判平成13年６月８日(86)

円谷プロダクションはウルトラマン・シリーズなどを手がけた会社で，日本のバンダイに同プロの著作物の利用（商品化事業）を許諾していた。一方，タイのチョイヨ・フィルムカンパニー・リミティッドという会社が，契約で円谷プロからわが国以外における同プロの著作物の配給権などの権利を得ていると主張した。契約書には「Tsuburaya Prod. And Enterprise Co., Ltd., が Mr. Sompote Saengduenchai, President pf Chaiyo Film Co., Ltd., に対して利用権を付与する」旨が記載され，「株式会社円谷プロド・アンド・エンタープライズ」を代表してその社印を押印し，署名する旨記載され，その下に，「株式会社円谷エンタープライズ代表取締役氏名」のゴム印と取締役印が押印され，Noboru Tsuburaya とあった。

さらにチョイヨ・フィルムは香港の代理人のハルダネス法律事務所を通じて，バンダイ社と合併交渉中であったセガ社に宛ててバンダイ社がチョイヨ・フィルムの独占的利用権を侵害している旨の警告を行った。また，チョイヨ・フィルムは円谷プロから利用許諾を受けている者について著作権侵害を理由に刑事告訴した。

円谷プロは，すでにタイの裁判所に契約書が偽造であることを理由に，著作権の侵害行為の差止めと損害賠償を求める訴えを提起していたが，さらにわが国の裁判所に，チョイヨ・フィルムの経営者を相手に訴えを提起した（この点では国際的な二重起訴にあたる）。

第一審判決（東京地判平成11年１月28日）(87)は，「本件訴訟については，原告主張の不法行為地，財産所在地の裁判籍のいずれに関しても，これを肯定することができ」ず，「加えて，我が国の裁判所において本件訴訟に応訴することを被告に強いることは，当事者間の公平，裁判の適正・迅速を期するという理念に反するものであって，我が国の国際裁判管轄を否定すべき特段の事情があることも明らかである」として，訴えを却下した。さら

(86)　最二判平成13年６月８日民集55巻４号727頁，判例時報1756号55頁，判例タイムズ1066号206頁，金融法務事情1624号39頁，金融・商事判例1125号３頁。

(87)　東京地判平成11年１月28日民集55巻４号754頁，判例時報1681号147頁，判例タイムズ995号266頁。

に，原判決（東京高判平成12年３月16日）[88]は「我が国の裁判所に不法行為を根拠とする国際裁判管轄があるか否かを判断するためには，その前提として，不法行為の存在を認定しなければならないが，原告の主張のみによってこれを認めるべきではなく，管轄の決定に必要な範囲で一応の証拠調べをし，不法行為の存在が一定程度以上の確かさをもって認められる事案に限って，不法行為に基づく国際裁判管轄を肯定するのが相当である」として，不法行為に関する訴えの国際裁判管轄については制限的に解釈し，第一審原告の控訴を棄却した。

最高裁は，不法行為に関する訴えの国際裁判管轄の判断については原審の基準を是認することができないとして，「我が国に住所等を有しない被告に対し提起された不法行為に基づく損害賠償請求訴訟につき，民訴法の不法行為地の裁判籍の規定（民訴法５条９号，本件については旧民訴法15条）に依拠して我が国の裁判所の国際裁判管轄を肯定するためには，原則として，被告が我が国においてした行為により原告の法益について損害が生じたとの客観的事実関係が証明されれば足りると解するのが相当である。けだし，この事実関係が存在するなら，通常，被告を本案につき応訴させることに合理的な理由があり，国際社会における裁判機能の分配の観点からみても，我が国の裁判権の行使を正当とするに十分な法的関連があるということができるからである」とし，控訴を棄却した。

したがって不法行為にもとづいて国際裁判管轄を判断するときには，不法行為の存否について確定的に認定することまでは要さない。もとより，国際裁判管轄の有無の判断は，本案審理の入り口の作業であり，入り口でとどまっていては審理が進まないからである。

(5)　フォーラム・ノン・コンヴェニエンス

フォーラム・ノン・コンヴェニエンス（*Forum non conveniens*）とは，1866年のスコットランドの判例 Clements v. Macaulay, 4 Macpherson (Sess. Cas., 3rd ser.) が採用した法理であるが，20世紀にはいってアメリカで発展した。1941年のボルチモア対オハイオ鉄道事件[89]で，フラン

(88)　東京高判平成12年３月16日民集55巻４号778頁。

クファーター判事は，この法理を「アメリカ法の中に深く根づいた近代司法制度」の１つであるとしている。たとえば，【事例50】の東京地中間判平成10年11月27日では，アメリカ在住の被告からこの法理にもとづいてわが国の国際裁判管轄を否定する主張が出されたが，裁判所は採用しておらず，かならずしも普遍的な法理ではない。では，不便宜な法廷（フォーラム・ノン・コンヴェニエンス）の法理とはなんだろうか。

国際的な紛争では自国の裁判所に訴えを提起するか，相手方の所在国の裁判所に提起するか，裁判地の選択は重要な問題である。このために自己に有利な裁判地を漁ることになりやすい。これをフォーラム・ショッピング（*forum shopping*）という。とくに英米法では，裁判管轄の判断は当事者の所在，その利益の所在により決定されており，フォーラム・ショッピングが起きやすい。アメリカでは1878年のペノイヤー事件の設定したルールにしたがい，裁判管轄を基礎づけるのは管轄地域内での被告への訴状の送達であるとしている。また，アメリカではとくに，1945年のインターナショナル・シュー事件で「フェア・プレーと実質的正義に反しない最小限の関連があれば裁判管轄権が認められる」という判決が出された。被告がわずかでも州と接点があれば（ミニマム・コンタクト）その州に裁判管轄があると認めるものである。この判決を契機に，アメリカ各州はロング・アーム・スタチュート（Long Arm Statutes）を制定し，州の裁判管轄を拡張した。このような管轄権の拡張は，フォーラム・ショッピングという原告の恣意的な提訴を誘発するものであって，被告に過大な負担を課すことになるとして，1947年に２つの判決によって揺り戻しが起きた。コスターズ事件(90)とガルフ・オイル事件(91)であり，とくに後者の事件でフォーラム・ノン・コンヴェニエンスの法理が展開された。ガルフ・オイル事件は，アメリカ・ヴァージニア州に住むギルバート氏が所有するタンクにガルフ・オイル社の従業員

(89)　Baltimore & Ohio R. Co v. Kepner, 314 U. S. 44（1941）.

(90)　Kosters v. Lumbermens Mutual Co., 330 U. S. 518（1947）.

(91)　Gulf Oil Corporation v. Gilbert, 330 U. S. 501（1947）Argued Dec. 18, 19,

がガソリンを注入した際にその不注意から出火し，倉庫が全焼したという事件で，ギルバート氏がニューヨーク州の裁判所に訴えを提起した。ガルフ・オイル社はペンシルベニア州法人であるが，ヴァージニア州，ニューヨーク州でも営業許可を得ていた。連邦最高裁は，原告の私的利益（private interest）と公共の利益（public interest）を比較衡量し，被告を煩わせ，苦しめあるいは圧迫する（vex, harrass or oppress）ことを目的に，原告が不便宜な法廷（an inconvenient forum）に訴えを提起することは認められないとした。

この2つの事件は，アメリカの州際事件であったが，国際事件についてもこの法理が妥当するのだろうか。

スコットランドでアメリカの会社が製造したヘリコプターが事故を起こした事件で，アメリカの製造会社がアメリカの裁判所に訴えられた1981年のパイパー・エアクラフト事件(92)では「事故はスコットランドで起き，遭難者はすべてスコットランド人であり，当事者はすべてイングランド乃至スコットランド籍であるから，アメリカの裁判所に審理に必要とされる時間と資源を求めるには不十分」であり，スコットランドに妥当な裁判管轄権があるとしている。また，アメリカの会社の現地法人がインドで猛毒ガスを流出させた事故で親会社の責任を追及するためにインドの被害者がアメリカの裁判所に提起したボパール事件(93)で，フォーラム・ノン・コンヴェニエンスの法理によってアメリカの国際裁判管轄を否定している。

わが国の「特段の事情」の法理は「我が国で裁判を行うことが当事者間の公平，裁判の適正・迅速を期するという理念に反する特段の事情があると認められる場合には，我が国の国際裁判管轄を否定」する法理であり，「特段の事情」とフォーラム・ノン・コンヴェニエンスの法理は，いずれも裁判所の裁量であること，特段の事情の法理は当事者間の公平，

1946, Decided March 10, 1947.

(92)　Piper Aircraft Co. v. Reyno, 454 U. S. 235（1981）.

(93)　In re Union Carbide Corp. Gas Plant Disaster（809 F. 2nd. 195（1987））.

裁判の適正・迅速を期する理念を基準とし，フォーラム・ノン・コンヴェニエンスの法理は，証拠へのアクセスの容易さ，証人等の出頭の容易さ，住所地，その他審理の容易，迅速且つ低廉な進行のための問題を基準にしていることから類似しているということができる。

しかし違いの方が大きい。アメリカ民事訴訟規則には，わが国の民事訴訟法にあるような特別裁判籍の規定はない。アメリカ法では管轄は被告と裁判所との関係によって判断され，被告に召喚状（writ）を送達することで管轄権を生じさせるので，たとえば不法行為の発生地，義務履行地などの事件と裁判所との関係を重視するわが国民事訴訟法のような規定がない。わが国の民事訴訟法の管轄は，土地管轄を前提にしており，このことは管轄の発生原因が事件と裁判所との関係であることを意味する(94)。人的管轄から裁判管轄を決定するというアメリカ法の考え方と事件と裁判所との関係という土地管轄の考え方から出発するわが国の考え方は根本において異なっている。

⑹　合意管轄

①　これまでの事例

国際取引では契約上に準拠法や契約に起因して当事者間で紛争が生じた場合の解決方法（裁判か仲裁か），裁判で解決する場合にいずれの国の裁判所の管轄を認めるかといった事項について合意を明らかにすることがある。このような当事者が紛争の解決として裁判を選択し，その管轄する裁判所について合意することを「合意管轄」といい，契約上の合意管轄に関する条項を「管轄条項」という。わが国民事訴訟法11条１項は，

---

(94)　わが国を含めてシビル・ローの法制の国では，裁判管轄の基準は基本的に「事件」と法廷地（裁判所の所在する地）との緊密性を基準としている（わが国民事訴訟法５条各号を参照)。これに対して，英米法の法制では，国際裁判管轄の基準を当事者（被告）の所在を基準としている点がシビル・ローの民事訴訟手続との大きな違いである。

第一審にかぎって当事者の管轄の合意を認めている。双方ともに国内に居住する当事者間の合意管轄は同条にもとづいて有効であるが，では，国際的な私的法律関係の紛争ではこのような合意は有効なのだろうか。当事者が自国の裁判管轄を意図的に回避していると理解されるかもしれないので，この合意の効力が問題となる。また，附合契約の場合には契約の当事者の一方が勝手に決定し，相手方はそれを受けざるをえない立場に立つこともあるので，いったいどこまでその効力を認めるべきだろうか。

合意管轄・管轄条項は，当事者の所在国の国際民事訴訟に関する法令にかかわらず，当事者間で国際裁判管轄を認め合うものである。わが国ではつぎの最高裁判決が２つの要件を充足するかぎり，わが国の国際民事訴訟法上，合意管轄を有効であるとしている。すなわち，⑴当該事件がわが国の裁判権に専属的に服するものではないこと，⑵指定された外国の裁判所が，その外国法上，当該事件につき管轄権を有すること，である。

【事例23】　合意管轄の有効性──最三判昭和50年11月28日(95)(チサダネ号事件)

国際的な商取引では貨物を海上運送によって運送し，そのさいに海上運送会社が船荷証券を発行する。その裏面約款には多くの場合，準拠法条項と管轄条項がある。船荷証券の裏面約款は，附合約款であり，附合約款の管轄条項の有効性が問題となった。

日本の輸入商社（買主）がブラジルの輸出業者（売主）とのあいだで原糖の売買契約を締結した。売主は商品の運送のためにオランダに本社をおく海上運送会社と海上運送契約を締結した。同海上運送会社は，日本国内に営業所を有していた。海上運送会社が船荷証券を発行し，買主に送付されてきた。本件船荷証券には「この運送契約による一切の訴えは，アムステルダムにおける裁判所に提起されるべきものとし，運送人においてその他

(95)　最三判昭和50年11月28日民集29巻10号1554頁，判例時報799号13頁，判例タイムズ330号261頁，金融法務事情778号35頁。

の管轄裁判所に提起し，あるいは自らその裁判所の管轄権に服さないならば，その他のいかなる訴に関しても，他の裁判所は管轄権をもつことができないものとする」旨の英文の管轄条項があった。

海上運送会社は原糖を所有のチサダネ号に積み，ブラジル・サントス港から大阪港に海上運送したが，海水漏れを生じ，原糖に毀損が生じた。同海上運送貨物についてわが国の損害保険会社は買主とのあいだで海上保険契約を結んでいたので，買主に保険金を支払い，買主の海上運送会社に対する損害賠償請求権を代位取得した。そこで，損害保険会社は海上運送会社を相手に同社の日本の営業所の所在地を管轄する神戸地裁に訴えを提起した。

第一審判決（神戸地判昭和38年7月18日）[(96)]は，国際的裁判管轄の合意の有効要件については，その合意が書面によるべきであるとする（旧）民事訴訟法第25条第2項を厳格に適用すべきではなく，右合意の存在と，その内容が明白であることをもつて足りると解すべきで，日本の裁判所の裁判権は排除されるとして，訴えを却下した。原判決（大阪高判昭和44年12月15日）[(97)]は，「船荷証券統一条約[(98)]及びこれに基づく国内法である国際海上物品運送法の精神に照らすと，船荷証券上の裁判管轄約款は，それが運送人による免責約款濫用防止のために本来適用されるべきいわゆる公序法の適用を免れることを目的とし，又は企業者としての経済的優位を不当に利用し合理的範囲を超えて運送人に偏益するなどの場合には，無効とされるべきであるが，本件管轄約款が公序法に違反すると認めるに足りない」として控訴を棄却した。

最高裁は「ある訴訟事件についてのわが国の裁判権を排除し，特定の外国の裁判所だけを第一審の管轄裁判所と指定する旨の国際的専属的裁判管轄の合意は，(イ)当該事件がわが国の裁判権に専属的に服するものではなく，(ロ)指定された外国の裁判所が，その外国法上，当該事件につき管轄権を有すること，の2個の要件をみたす限り，わが国の国際民訴法上，原則とし

(96)　神戸地判昭和38年7月18日民集29巻10号1571頁，下民集14巻7号1477頁，判例時報342号29頁。

(97)　大阪高判昭和44年12月15日民集29巻10号1585頁，判例時報586号29頁。

(98)　後記のヘーグ・ルールを意味する。

て有効」であり，「被告の普通裁判籍を管轄する裁判所を第一審の専属的管轄裁判所と定める国際的専属的裁判管轄の合意は，『原告は被告の法廷に従う』との普遍的な原理と，被告が国際的海運業者である場合には渉外的取引から生ずる紛争につき特定の国の裁判所にのみ管轄の限定をはかろうとするのも経営政策として保護するに足りるものであることを考慮するときは，右管轄の合意がはなはだしく不合理で公序法に違反するとき等の場合は格別，原則として有効と認める」として上告を棄却した。

上記の事例は海上運送会社と保険会社という国際取引に精通した会社間の紛争であった。管轄の合意の当事者が個人の場合にもこの合意の効力を認めている事例がある(99)。

【事例24】　労働契約の合意管轄――東京高判平成12年11月28日(100)

アメリカの航空会社（ユナイテッド航空）に地上職職員として採用され，日本国内の空港で勤務していた日本人従業員が，その後客室乗務員としての訓練を修了したので，日本における雇用契約を終了させ，本社との雇用契約（試用期間180日の条件が付されていた）を締結した。しかし，試用期間の満了時に，航空会社に退職届を提出するように強要され，退職したと主張した。

このため同従業員が従業員としての地位確認と給与の支払いを求めて航空会社を相手とする訴えを提起した。雇用契約には「貴殿の雇用条件に何らかの意味で関連する全ての請求，不服，訴因，紛争及び訴訟は，客室乗務員組合・ユナイテッドの不服手続及び客室乗務員調停委員会の管轄（この管轄は鉄道労働法及び客室乗務員組合協定が規定する義務的管轄である），又は鉄道労働法及び客室乗務員組合協定によって許容される場合には，米国及びイリノイ州の権限ある裁判所の管轄に専属的に帰属する」旨が規定されていた。

---

(99)　そのほかに，東京地判平成12年11月24日判例タイムズ1077号282頁は，わが国の古美術商とのあいだで売買契約を締結した外国の業者が古美術商に売買代金の請求をしたが，送り状裏面の専属管轄条項にもとづいてわが国に国際裁判管轄権がないとした。

(100)　東京高判平成12年11月28日判例時報1743号137頁。

第一審判決（東京地判平成12年4月28日）[101]は，専属的裁判管轄の合意は有効であるとして，訴えを却下した。原告が控訴したが，東京高裁は控訴人の主張が，「いずれも理由がなく，本件においては専属的裁判管轄の合意が成立しているというべきである」として控訴を棄却した。

②　管轄合意条約

わが国では，2001年1月12日に開催された法制審議会総会において，「ヘーグ国際私法会議において，民事及び商事に関する管轄，外国判決の承認及び執行に関し，条約の作成のための審議が行われているところ，同条約の内容は我が国の国際民事訴訟法制に大きな影響を与えるものと思われるので，同条約の内容，その批准の要否，批准を必要とする場合の国内法整備の要否，国内法整備が必要とすれば整備すべき事項の骨子に関して，御意見を承りたい」との諮問が出された。そして，同審議会に国際裁判管轄制度部会が設けられ，2001年2月13日を第1回として2005年7月27日の第18回まで検討が行われた。

この諮問は，ヘーグ国際私法会議において，その民事及び商事に関する国際裁判管轄権及び外国判決の効力に関する特別委員会が，1999年10月30日に「民事及び商事に関する国際裁判管轄権及び外国判決の効力に関する条約準備草案」を採択し，国際民事訴訟の重要な問題である直接管轄（国際裁判管轄）と間接管轄（外国判決の承認・執行）の判断基準を制定する作業が始められたことに対応したものであった。しかし，2001年6月のヘーグ国際私法会議の外交会議での審議の結果，多くの国が受け容れることができる条文にまとめることの困難が認識されるにいたった。ヘーグ国際私法会議で裁判管轄の判断基準作りが頓挫したのは，管轄に関する考え方が国によって大きく異なるためであった。

同部会での検討では，ヘーグ国際私法会議における争点の一例として，アメリカのアクティビティ・ベースの管轄または「ドゥイング・ビジネ

(101)　東京地判平成12年4月28日判例時報1743号142頁。

ス」による管轄が取り上げられた。これは英米法の対人管轄（in personam）にもとづいて，たとえば，「米国に子会社を持っているだけで，その子会社経由で普通裁判籍のベースとしてのドゥイング・ビジネスがあり」（前記法制審部会の第1回議事録から）とする法理であり，各国の国際裁判管轄の過大な拡張に対する懸念が表明された。部会は2002年5月のあと1年をおいて，2003年5月から管轄合意条約案の検討に移った。そしてヘーグ国際私法会議では，2005年6月30日に管轄合意条約が締結された。管轄合意条約の起草者らの報告書が作成されることが予定されており，法制審議会での検討は，他の主要国の動向を見た上で再検討することで終了している。したがってわが国は依然として批准しておらず，2006年2月現在，同条約の参加国はない。

ヘーグ国際私法会議の管轄合意条約の内容を概観しておこう。

同条約は民事・商事の契約における合意管轄に適用されるが（1条），労働契約，人の能力や身分に関する事項，倒産などには適用されない（2条）。また，緊急的・保全的な処分に関する管轄も本条約の適用外である（7条）。管轄の合意によって指定された裁判所は，(1)当該の指定された裁判所の所在する国において合意が無効でない場合を除き，国際裁判管轄を有し，その管轄権を拒否することはできない（5条）。合意された管轄の裁判所が行った判決は，他の条約加盟国によって本条約に規定された理由によってしか，承認を拒絶されず（8条1項），承認にあたっては実質再審理（révision au fond）を行わない（2項）。

わが国では管轄の合意は，2つの要件を充足するかぎり，契約当事者の自由にゆだめられるとするのが判例であるが，ヘーグ管轄合意条約は条約加盟国の裁判所という権力機構を拘束する効果があり，慎重な判断を要するものと思われる。

4　間接管轄——財産関係事件

(1)　外国判決の承認

国際的な私的法律関係の紛争の解決を裁判によって行う場合には，自国の裁判所が判決する場合と外国の裁判所が判決を行う場合がある。自国の裁判所の判決等は，国内の紛争についてであれ，国際的な私的法律関係の紛争についてであれ国家の権力機関としての判断であるから，国内では既判力などをもつが，外国判決であっても一定の要件を充足すればその効果を自国で認めることができる。これを「外国判決の承認」（recognition of foreign judgments）という。

本来，判決はその判決を行った裁判所の属する国の行為であるから，原則としてこの国の領域を越えて効力が認められることはない。国際私法の創設者の１人とされている17世紀のオランダのウルリヒ・フーベルス（Ulrik Huber 1635-1694）は３つの公理を定立している(102)。そこでは「各国の法律はその政府の領域内でのみ効力を有す」（第１公理），「政府の領域内にある者は，その居住が一時的であれ，その制約に服す」（第２公理），「各国の君主は礼譲の為互いに他国の法律を尊重し，自国の権利利益を害せざる限りは其の効力を有せしむべきものとす」（第３公理）としている。国家の法律・判例の及ぶ範囲はその領土内に限定され，その領土内でしか効力がないことは普遍的に理解されている。

したがって外国の判決は外国の裁判所という権力機構が行ったものであり，本来そのままで自国での効果が認められるものではなく，歴史的には外国判決に対しては懐疑的な姿勢が支配的であった(103)。アメリカ

(102)　1579年のオランダ独立の際に各州が結んだユトレヒト協定17条は，内外人の平等待遇の規定を設けていた。パウルス・フット（Paulus Voet, 1619-1677）は礼譲（ex comitae）の精神から自国内での隣国法の適用を認め，ヨハネス・フット（Johannnes Voet, 1647-1714）はユマニスムと衡平の観念からコミティ（国際礼譲）の法理を展開した。

(103)　P. Meyer, *Droit international privé*, 6e éd., Paris 1998, p. 235 の表現。フラ

で外国判決の自国での効果を承認した事件として，1895年のヒルトン対ギヨ事件判決[104]を挙げることができるが，この事件に先立つ1842年のスウィット事件を担当したストーリ判事は「外国の裁判所の判決は，一義的な証拠（prima facie evidence)」であるが，相手国との国際礼譲（コミティ）によりその効果を認めると述べており[105]，ヒルトン事件判決にも影響した。

わが国においても裁判所の判決は，原則としてその判決をした裁判所の属する国の領域で効力を有するものであって，それ以外の領域では効力を有しないが，外国の判決であっても一定の要件の下に内国で承認することによって，その効力が認められると考えられている[106]。

すなわちすでに存在する外国判決に，わが国の承認の要件の充足が付け加えられてわが国での効力を認められることになる。

外国の公権力の行使機関である裁判所が行った判決を自国が承認する理由としてはつぎのように説明されている。第１に，民商事の紛争は本来国家の利益とは関係がなく，あくまでも私的な紛争であり，国家間の紛争とは異なるから，国家間の論理を私的紛争の解決に持ち込むことは妥当とはいえないということである。裁判は国家主権の一作用ではあるが，私人間の争いにかかわる外国の裁判所の判決の効力を認めたからと

ンスの1629年６月15日王令（ミショー法典）は「外国判決は，いかなるものであれ当国では執行されない」と規定していた。

(104)　Hilton v. Guyot, 159 U. S. 113, 16 S. Ct. 139, 40 L. Ed. 95（1895). フランスの商事裁判所の判決にもとづきアメリカでの判決を求めた事件。

(105)　19世紀のアメリカの裁判官ジョセフ・ストーリ（Joseph Story, 1779-1845）は「国際礼譲（comity of nations）は，他国の領土における自国の法律上の義務の根拠の表現として最適」であるとしている（Story, *Commentaries on the Conflict of Laws*, § 38（Hilligard, Gray, and Company, 1834, reprinted in 1972 Arno Press)。

(106)　高桑昭「外国判決の承認及び執行」鈴木忠一＝三ケ月章編『新・実務民事訴訟講座７』（日本評論社，1982）126頁。鈴木正裕＝青山善充『註釈民事訴訟法⑷』（有斐閣，1997）355頁［高田裕成］。

いって，わが国が外国の主権に服したことにはならない。第2に，外国の裁判所の判決であっても，この効力を認めなければ，私人間の法的関係は安定性を欠くことになり，私的国際関係の円滑な発展を損なうことになる。第3に，外国の裁判所の判決があるにもかかわらず，あらためて自国の裁判所に判決を求めなければならないならば，当事者の負担は大きいし，裁判所全体から見れば不経済でもある。第4に，外国と自国の2つの裁判所が裁判することになれば，2つの判決は矛盾するかもしれず，安定を欠くことになりかねない。最後に，判決を行った裁判所の方が，一般に判決を承認する裁判所よりも事案を詳しく審理しているから，外国の裁判所の判決であっても，これを尊重した方が正しい解決を得ることができるという事情もある(107)。

ごく一部の条約は外国の裁判所の判決をそのまま自動承認することを定めているが(108)，その例はきわめてかぎられている(109)。そこで，わ

---

(107)　Arthur T. von Mehren and Donald T. Trautman, *Recognition of Foreign Adjudications: a survey and a suggested approach*, 81 Harv. L. Rev. 1601, 1604 (1968).

(108)　外国判決の承認・執行を定めている条約として，わが国は，「油による汚染損害についての民事責任に関する国際条約」（昭和51年条約第9号）と「油による汚染損害の補償のための国際基金の設立に関する国際条約」（昭和53年条約第18号）に加入又は受諾している。前者の10条は，「管轄権を有する裁判所が下した判決で，その判決のあった国において執行することが可能であり，かつ，再び通常の方式で審理されることがないものは，次の場合（注：判決の詐欺的取得，公平な機会を与えられなかった場合）を除くほか，いずれの締結国においても承認される」と規定している。船舶油濁損害賠償保障法（昭和50年法律第95号）12条も同様の趣旨を規定する。

(109)　大正時代に松岡博士は，「外国裁判所ハ本邦ノ裁判所ニ對シ判決ノ當否ヲ調査スル権限ヲ阻却スルノ権力ヲ有セサルコト國家主権ノ観念ニ徴シ明白」であるが，「國際取引上ノ必要ニ基キ國際條約又ハ法律ニ於テ外国裁判所ノ判決ノ既判力ヲ承認スルヲ立法政策上適當トス」と述べている（松岡義正『強制執行要論（上巻）』（清水書店，再版，1924）465頁）。江川教授は，国際的私法生活の安全を保障するために各国は相互にその法律の絶対的属地主義を排して，法律関係の性質に従い一定の場合には外国法の適用を認めることが必要であるとする（江川

が国を含めて多くの国は国内法または判例で外国の判決を承認することを原則としている。欧州連合では1968年のブラッセル条約が設けられている。

わが国では民事訴訟法118条が外国判決を承認する要件を定めている。すなわち，承認の対象は外国裁判所の確定判決であって，「法令又は条約により外国裁判所の裁判権が認められ」（1号），敗訴の被告が訴訟の開始に必要な呼出し若しくは命令の送達（公示送達その他これに類する送達を除く。）を受けたこと又はこれを受けなかったが応訴したこと」を要し（2号），判決の内容及び訴訟手続が日本における公の秩序又は善良の風俗に反することなく（3号），判決を行った国とのあいだに「相互の保証があること」を要するとしている（4号）。

わが国民事訴訟法の外国判決承認規定は，明治中期の民事訴訟法の立法作業にさかのぼる。明治23年民事訴訟法の514条，515条は，1877年ドイツ民事訴訟法660条，661条の翻訳そのものであった。その後，ドイツでは外国判決の執行に関する規定に加え，外国判決の承認について328条を設け，同条1項は外国判決の承認の要件を定めている(110)。わが国でも大正15年改正民事訴訟法（旧民事訴訟法）で200条に同様の規定を設けた。旧民事訴訟法200条は，2号で「敗訴の被告が日本人なる場合に

英文「外国判決の承認」法協50巻11号2054頁）。

(110)　ドイツ民事訴訟法328条1項は，1号で外国裁判所の所属する国の裁判所がドイツ法によれば管轄を有しないとき，2号で敗訴被告がドイツ人であり且つ応訴しなかったときで，訴訟を開始する呼出状又は命令がこの受訴裁判所の国において本人に送達されず，又はドイツの法律上の共助（Rechtshilfe）の実施により本人に送達されないとき，3号で判決が民法施行法第13条第1項，第3項，又は第17条，第18条，第22条の規定又は同法第13条第1項に関する第27条の部分の規定に違反し，又は失踪，死亡宣告及び死亡時の確定に関する1939年7月4日の法律第12条第3項の場合に，ドイツ人たる当事者の不利益になされたとき，又は同法第13条第2項の規定に反して，死亡を宣告された外国人妻の不利益になされたとき，4号で判決の承認が善良の風俗又はドイツの法律の目的に反するとき，5号で相互主義（Gegenseitigkeit）の保証のないときと定めている（訳は，法務大臣官房司法法制調査部編『ドイツ民事訴訟法』110頁（法曹会，1982）による）。

おいて公示送達によらずして訴訟の開始に必要なる呼出もしくは命令の送達を受けたることまたはこれを受けざるも応訴したること」と定め，３号で「外国裁判所の判決が日本における公の秩序または善良の風俗に反せざること」と定めていた。現行民事訴訟法118条は，旧法200条２号の「敗訴の被告が日本人なる場合」の「日本人」の要件を削除し，また３号の外国裁判所の判決に公序要件を求めていたところを「判決の内容及び訴訟手続」に拡大したのみで，基本的には旧民事訴訟法の200条を引き継いでいる(111)。

⑵　外国判決の執行――執行判決

外国の裁判所が被告に対して一定の給付を命じる判決を言い渡しても，仮に被告が判決にしたがって支払わない場合，原告は被告の所有する財産に対して強制執行を行わなければ満足を得ることはできない。強制執行は被告の財産に対して行なわれるが，被告の所在地と強制執行の対象である被告の財産の所在地はかならずしも一致せず，裁判所が行った判

(111)　ここで，フランスとイギリスの外国判決承認・執行制度を紹介しよう。フランスは外国判決の承認執行に関する法文の規定がなく，判例が要件を形成してきた。破毀院1964年１月７日民事部判決（ミュンゼール判決）は，外国判決の承認・執行にあたって，判決を行った裁判所に裁判管轄があること，適正手続がとられたこと，フランス国際私法が指定する準拠法が適用されたこと，公序違反がないこと，判決の詐取がないことの５要件を充足する限り，判決の実質再審理を行わないこととした。その後，1967年のバシール判決は，外国裁判所の訴訟手続を公序の要件に包含させ，要件調査の項目を４点とした。イギリスでは，制定法にもとづく承認執行制度とコモン・ローによる承認執行制度の２つがある。1933年の Foreign Judgment（Reciprocal Enforcement）Act はそれまでのコモンウェルス参加国以外の外国の判決に対しても登録による執行を認めた。1978年にイギリスはデンマーク，アイルランドとともに，ルクセンブルグで「民事及び商事に関する裁判管轄並びに判決の執行に関するブラッセル条約」に参加する協定を結び，この国内法措置として，1982年に Civil Jurisdiction and Judgement Act of 1982（1991年改正）を制定した。わが国は1933年法に含まれていないので，コモン・ローによる承認制度の対象となっている。

決等は，そのままでは単にその国の裁判所の判決でしかなく，外国で執行することはできない。外国の判決にもとづいて自国で強制執行を行うことを「外国判決の執行」(enforcement of foreign judgments) という。

外国判決承認の規定と同様に外国判決執行もドイツ法を母法とする[112]。わが国の民事執行法22条は，わが国における強制執行に必要な債務名義として「確定した執行判決のある外国裁判所の判決」を認め(6号)，同24条は外国判決の執行判決については，外国裁判所の裁判の当否を調査せずに，外国裁判所の判決が確定し，民事訴訟法第118条各号に掲げる要件を具備していることを判断し，執行判決において外国裁判所の判決による強制執行を許す旨を宣言することを規定している。したがって外国判決はそのままわが国で執行力を持つわけではなく，執行判決とその基本となった外国判決が合体して1つの債務名義となる。

被告債務者の所在地と被告の財産の所在地によって，4つの場合を考えることができる。このうち，②の場合がもっとも多く，被告債務者の財産のある国の裁判所（執行裁判所）で被告の財産に対する強制執行を認める執行判決の手続が行われる。

①　自国で得た判決にもとづいて自国にある被告の財産に対して強制執行をする場合

（現実にはこのような事例はほとんどないであろう）

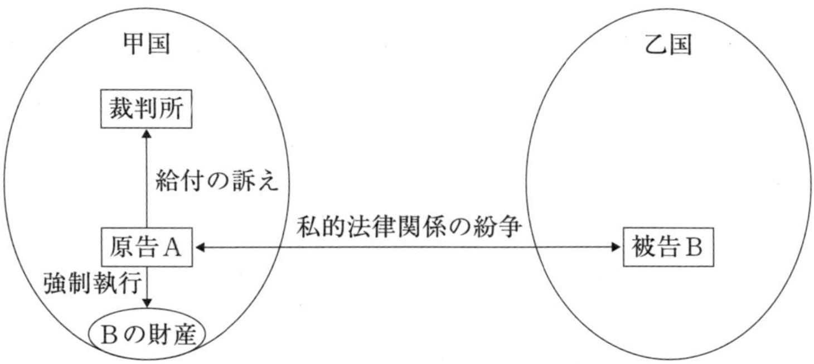

② 自国で得た判決にもとづいて外国にある被告の財産に対して強制執行する場合

現実に，執行判決の訴えが提起され間接管轄が問題となるのはこの事例である。

甲国の原告Ａが甲国の裁判所に，乙国に居住する被告Ｂに対する損害賠償請求の訴えを提起し，甲国の裁判所に本事件の国際裁判管轄が認められ，同裁判所の判決を得たとしても，乙国の被告Ｂが判決に命じられた支払いを行わなければ，強制執行を行うしかない。

この場合，強制執行の目的物は判決を言い渡した裁判所のある甲国ではなく，乙国にある。この場合，甲国の原告Ａは甲国の裁判所の勝訴判決を得ており，この勝訴判決について乙国の裁判所に執行判決を求める訴えを提起することになる。

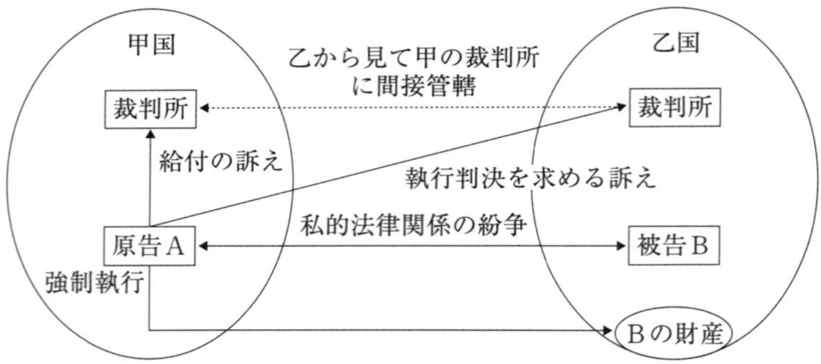

③ 外国で得た判決にもとづいて自国にある被告の財産に対して強制執行をする場合

この場合は，アメリカのように裁判管轄が被告に対する訴状の送達に

(112) 明治23年の民事訴訟法514条は，外国裁判所の判決によって行なう強制執行にはわが国の裁判所の執行判決を要する旨を規定し，同515条１項は，執行判決の裁判は実質再審理をしないこと（現行民事執行法24条２項），同２項は，執行判決を認めない場合として，判決が未確定の場合，外国裁判所の管轄が認められない場合，などを挙げていた。

より生じるような国に居住する被告がわが国に執行に適当な財産を有するような場合に想定することができるが，現実にはまれだろう。

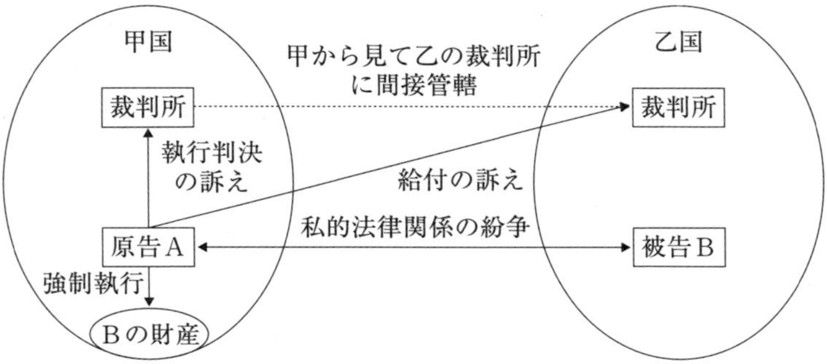

④　外国で得た判決にもとづいて外国にある被告の財産に対して強制執行をする場合
（当事者とっては，国際民事訴訟であるが，手続は乙国内で完結する）

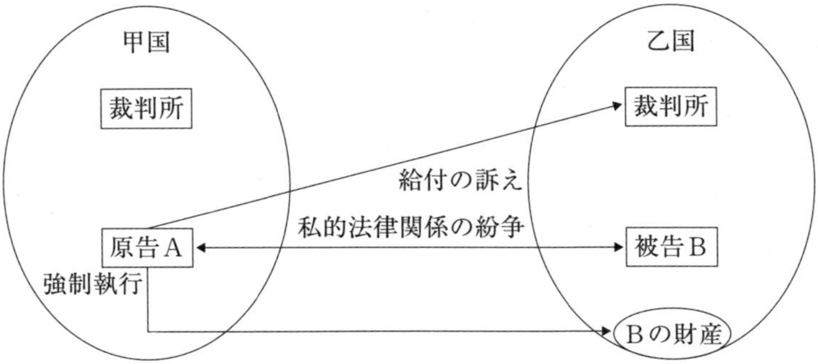

執行判決の裁判では執行判決を求められている外国裁判所について，民事訴訟法118条柱書が要求しているように，当該外国裁判所の判決が確定しているか否か，同条１号から４号までの要件が充足されているか否かを，当該外国判決の裁判の内容に立ち入ることなく判断することになる。民事執行法24条２項を「実質再審理の禁止」の原則という。した

がってわが国の裁判所における執行判決の裁判は，本来形式的な要件充足の審査に終始するはずである。しかし，現実には執行判決の裁判では当事者から本案審理に提出すべき事実が提出されることがあり，本来迅速に行われるべき執行判決の裁判があたかも本案の裁判であるかのように，外国の裁判所での裁判の主張を蒸し返し，あるいは本案の裁判では主張しなかったことを執行判決の裁判で主張することがある。

執行判決は，外国裁判所の判決にわが国における執行力を付与する判決である。わが国における執行力とは，わが国における強制執行を許すことをいい，強制執行の対象は強制的な権利実現が妥当な特定の給付請求権を表示した給付判決にかぎられるから(113)，婚姻の無効の確認など，確認訴訟の類型が多い人事・家族関係の事件では執行判決を求める事例は多くはない。しかし，人事関連の事件であっても，扶養料の支払いを命じる判決，子の監護権者を決定し，監護権者でない者に子の引渡しを命じる判決など，敗訴した当事者に一定の行為を命じる判決もあり，これらの類型の外国裁判所の人事関連の判決について，わが国の裁判所に執行判決を求める訴えが提起されることがある。

⑶　承認の対象――外国裁判所の確定判決

まず，民事訴訟法118条柱書はわが国で承認する外国判決について「外国裁判所の確定判決は」としている。したがって，外国裁判所の判決について執行判決を求める訴えが提起された場合には，対象が「外国」の「裁判所」が行った「判決」であって「確定」しているものであることを要する。要素が4つあることになる。

⒜　外国の裁判所

民事訴訟法118条の「外国」とは，わが国以外の国家を指す。ここでいう外国にわが国が承認していない国が含まれるかという問題がある。この点については，現在まで裁判例がない。わが国の多数説は，未承認

---

(113)　中野貞一郎『民事執行法（新訂4版）』（青林書院，2000）173頁。

国であっても当該国の裁判所が行った確定判決は民事訴訟法118条の承認の対象となるとしている。この点は，抵触法の領域で，未承認国の実質法を準拠法に決定できるか否かと並行的に考えられている。

つぎに，民事訴訟法118条は，外国「裁判所」と規定している。わが国の裁判所は，簡易裁判所，地方裁判所，高等裁判所，最高裁判所と家庭裁判所の4種類に限られるが，外国にはわが国には存在しないような裁判所があり，これらの裁判所もわが国民事訴訟法上の裁判所とみなすことができるか，という問題がある。

たとえば，商事裁判所という特別裁判所を設けている国がある(114)。つぎの【事例25】の東京地判昭和35年7月20日は，ベルギー・ブラッセルの「商事裁判所」の判決の執行判決請求事件であるが，東京地裁はもっぱら相互の保証（4号要件）の要件の充足のみを検討し，商事裁判所が本条にいう裁判所であることについては疑問を呈していない。後記【事例28】の東京地判昭和42年11月13日は，スイス・ジュネーブの「商事裁判所」の判決の執行判決請求事件であるが，東京地裁は同裁判所が法律上適法な管轄権を有することを認定している(115)。

また，労働事件の専属管轄裁判所として労働裁判所，労働審判所を設けている国がある。ただし，わが国では外国の労働裁判所の判決について執行判決が求められた事例はないようである。たとえば，【事例1】

(114)　商事裁判所についてわが国商法草案の起草者であるロエスレルはすでに明治初期の1884年に「もっとも強大著名なる諸国においては1つも商事裁判所あることなく，またそのあるものは近来これを廃せり」（ロエスレル『商法草案下巻[復刻版]』（新青出版，1995）1033頁，なお現代かなづかいに改めた）と述べている。ロエスレルのいう商事裁判所は本来の原初的形態，つまり商人自身が裁判官になる商事裁判所を指している。

(115)　ベルギーの商事裁判所は職業裁判官と商人裁判官の参審制であり，スイス・ベルン州の商事裁判所も同様である。ルクセンブルグ商事裁判所は職業裁判官のみであり，商人だけが裁判官を務める本来の商事裁判所制度は衰退し，フランスにかぎられている。1998年にフランスでは商人裁判官による商事裁判所制度について議論があったが，現在も維持されている。

（ルフトハンザ事件）は，ドイツの会社に雇用され，わが国で勤務する日本人がドイツで勤務する同社の従業員に支払われる手当ての支払いを求めた事件であるが，審理において被告のドイツの会社が「ドイツ連邦労働裁判所は，基本給の25パーセントの額の付加的給付でも雇用契約の本質的要素でないとしている」と主張している。ドイツのほか，イギリス（Employment Tribunal），フランス（Tribunal de Prud'homme）に労働事件の特別裁判所がある(116)。

民事訴訟法118条にいう「外国裁判所」は「国家の司法権（主権）の行使たる裁判所」(117)であると解釈されているので，同条にいう裁判所の適否の判断はこれらの特別裁判所が国家の機関であるか否かが基準となる。

(b)　確　定

ここで「確定」とは，「判決国法により当事者に認められた通常の不服申立手段が尽きた状態をいう」(118)とされ，判決を行った国で確定していることを要する。

つぎの【事例25】は，ベルギー商事裁判所の判決について執行判決を求めており，裁判所は外国判決の確定について判示している。なお，この事件は後述の４号要件（相互の保証）についても重要な裁判例である。

【事例25】　判決の確定――東京地判昭和35年７月20日(119)

わが国の会社（売主）とベルギーの会社（買主）がカメラの売買契約を結び，商品が輸出された。ところが，輸入された商品が粗悪品だったとして，買主は売主を相手にベルギー・ブラッセルの商事裁判所に損害賠償請求の訴えを提起し，勝訴判決を得た。つぎにわが国の裁判所に当該外国判決の

---

(116)　わが国でも労働審判法（平成16年法律第45号）が成立している。

(117)　鈴木正裕＝青山善充編『注釈民事訴訟法(4)裁判』（有斐閣，1997）361頁［高田裕成］。

(118)　鈴木忠一＝三ケ月章編『注解民事執行法(1)』（第一法規出版，1984）395頁［青山善充］。

(119)　東京地判昭和35年７月20日下民集11巻７号1522頁。

執行判決を求める訴えを提起した。

東京地裁はベルギーの商事裁判所の判決が確定しているかという点について，「ベルギー王国の商法及び民事訴訟法によると，商事裁判所の判決に対しては控訴院に対して上訴し得ること，並びに，その期間は，当該当事者が日本に居住する場合で且つ当該判決が右当事者欠席のままなされた場合には，右判決が右本人に告知されたときから７ヶ月15日（故障申立期間15日，上訴期間２ヶ月，附加期間５ヶ月）であることが認められるところ，甲第10号証の１ないし３によれば，被告が本件外国判決の告知を受けたのは昭和28年（1953年）５月29日であることが明らかであつて，以上の認定を左右する証拠はなく，そして被告が右判決に対して上訴しなかつたことは被告の明らかに争わないところであるから，結局本件外国判決は，右昭和28年（1953年）５月29日から７ヶ月15日目に該る昭和29年（1954年）１月13日の経過とともに確定した」と認定している。

(c)　判　決

つぎの事例は人事・家族関係の事件である。イタリアの裁判所が行った子の監護権者を指定する緊急・暫定的命令にもとづいて，イタリアに居住する母がわが国の裁判所に子の人身保護請求の訴えを提起したものである。イタリア離婚法の緊急・暫定的命令は，裁判上の別居の許可から５年間経過後，婚姻解消の効果が生じるまでのあいだ，暫定的に子の監護者を指定する裁判のようである。民事訴訟法118条は「確定判決」としており，命令が判決にあたるか否かが問題となった。

【事例26】　最三判昭和60年２月26日(120)

イタリア国籍を有する女性と日本国籍を有する男性がイタリア・トリノ市において婚姻し，３人の子が生まれた。その後，夫婦間の関係が良好でなくなり，妻はイタリア・トリノの裁判所に裁判上の別居の請求の訴えを提起し，裁判所は子の監護権を妻に認める緊急・暫定的命令を発したが，裁判の途中で，夫は妻の不在のあいだに長男と長女を連れて帰国した。そのため妻がわが国の裁判所にわが国人身保護法にもとづく人身保護請求の

(120)　最三判昭和60年２月26日家庭裁判月報37巻６号25頁。

訴えを提起した。

原審の東京高判昭和59年10月31日は，トリノ裁判所の裁判が確定判決にあたるかどうかについてはとくに述べていないが，最高裁はイタリア裁判所の命令について「(旧) 民訴法200条にいう確定判決にあたらない」として，イタリアの裁判所の命令にもとづくわが国での子の人身保護請求を棄却した。

また，英米法の国では簡易な裁判として，サマリー・ジャッジメント(略式判決) がある。これは，原告の申立てにより口頭弁論を経ないできわめて簡易な手続によって行われるのであるが，つぎの事例はサマリー・ジャッジメントについてわが国で執行判決が求められた例である。

【事例27】　略式判決の確定判決性――東京地判平成10年2月25日(121)

オーストラリア・クイーンズランド州の土地を取得することを目的に日本の会社A社が同州の会社B社を買収し，C社と名称を変更し，増資を実行して，増資資金で不動産を取得する契約を土地所有者D社，E社と締結した。その後土地の売買契約の履行をめぐって争いが生じ，D社，E社がC社を相手に売買契約の特定履行を求める訴えを同州の裁判所に提起し，勝訴判決を得たが，C社が履行せず，かつ同社はペーパー・カンパニーに過ぎなかったので，D社，E社は裁判所にC社の財産保全管理人(122)の選

(121)　東京地判平成10年2月25日判例時報1664号78頁，判例タイムズ972号258頁。

(122)　同判決は財産保全管理人（レシーヴァー）制度について，これは「15世紀の英国の衡平法を司る大法官裁判所の実務に遡るもので，1873年の英国最高法院法においては財産保全管理人の選任は高等法院の管轄と規定されたが，オーストラリア連邦クイーンズランド州においては，右に基づいて立法された1876年最高法院法によってクイーンズランド州最高裁判所の管轄とされ，判決の執行に関する最高裁判所命令第47の36条は『判決又は命令に基づき支払われる金員の支払の執行が財産保全管理人の任命以外の方法によっては実行不可能な場合は，裁判所又は裁判官は，判決又は命令により金員の支払をすべき者に対して支払われるべき金員を受領し，（この受領金を）判決又は命令により支払を受けるべき者に支払うため，財産保全管理人を任命することができるものとする』旨規定」しているとし，要するに，財産保全管理人は，敗訴した債務者が第三者に対して有する債権を取立てて，勝訴した債権者が判決債務者に対して有する債権の支払に充当

任を申し立て，選任命令が出された。財産保全管理人はC社の名において，日本の親会社であるA社に対して株式払込金債務の支払を求める訴えを同州の裁判所に提起した。財産保全管理人はサマリー・ジャッジメントを申し立て，同州裁判所は支払いを命じるサマリー・ジャッジメントを言い渡した。つぎに，当該外国判決に勝訴したC社（ただし財産保全管理人が代表）が執行判決を求める訴えをわが国の裁判所に提起した。被告のA社は「本件外国判決はいわゆるサマリー・ジャッジメントであって，原告の申立てにより口頭弁論を経ないで極めて簡易な手続によってされたというその形式及びその内容からして，一種の支払命令的な性質のもの」であって，「英国のコモン・ローの下では，一般的にサマリー・ジャッジメントは『確定』裁判に該当しないとされていることからしても，結局，本件外国判決は，日本において承認され強制執行の許可を求めることができる『外国裁判所の確定判決』には該当しない」と主張した。

裁判所は「サマリー・ジャッジメントは，オーストラリア連邦における法制度として正式な事実審理（トライアル）をすることが予定されている一般通常の民事訴訟において，正式な事実審理をするには費用と時間を要することから，常にそのような費用と時間を要する事実審理を経なければならないとすることは必ずしも合理的でないとの考えに基づき，一定の場合当事者の申立てによって右のような事実審理を経ないで簡易な審理手続で判決することができるものとしてオーストラリア連邦の法律上認められている審理及び判決に関する制度であ」り，「クイーンズランド州最高裁判所は，本件外国判決訴訟において，何ら証拠に基づかないで本件外国判決を発したというものでは全くなく，被告に対し防御のための十分な機会を付与し，原告及び被告の双方から提出された主張及び証拠を総合検討した上で，被告に対し，条件付きで，被告主張に係る本件受諾書が偽造かどうかの点について正式な事実審理をする機会を付与したものであり，加えて，被告において本件立担保命令に従って担保提供をしないときには，本件外国判決訴訟における被告提出の防御は結局正式な事実審理をするまでもなく理由がなく，サマリー・ジャッジメントを発するほかないものであることをも予告していた」が，「被告が本件立担保命令に係る担保提供をしな

するというもので，日本の債権者代位権の制度に類似していると説明している。

かったため，本件外国判決を発したもの」であり，「被告は，このサマリー・ジャッジメントに対して上訴することができ，その上訴において本件立担保命令についての適法性を争うことも可能であったのに，これをしなかったものである」から「本件立担保命令及びサマリー・ジャッジメントの制度は我が国の民事訴訟中には存在しないが，右が，本件外国判決訴訟というクイーンズランド州最高裁判所における一つの民事訴訟手続内における措置であることは明らかであって，本件外国判決訴訟自体はもちろん，本件立担保命令及びサマリー・ジャッジメントの手続においても，民事裁判の基本というべき対審的構造が常時維持されていたことも明らかであ」り，「オーストラリア連邦において，右のようなサマリー・ジャッジメントが確定した場合，これが『確定判決』であると考えられていることは明らかであって，これが既判力を有しないもので『確定判決』に該当しないものと考えられていることを認めるに足りる的確な証拠は全くない」と判示した。

被告に対し，防御の機会が保障されているか，上訴が可能か，全体に対審構造がとられているかという観点から判断されるものであって命令等の名称，サマリー・ジャッジメント等の手続の名称によるものではないのである。

民事訴訟法118条の対象は「外国裁判所の確定判決」であることを要する。外国裁判所の裁判上の行為には，judgment，decision などがあり，わが国での判決・決定・命令の区別がそのまま当てはまるとはいえない。したがって「外国裁判所の判決」についても名称にこだわらず，国際的な私的法律関係の紛争に関して，対審の手続が取られた上で公権力の行使として裁判所が行う終局的な裁判であると理解されている(123)。

【事例28】　外国裁判所の「決定」――東京地判昭和42年11月13日(124)

スイスの会社ロジ社は日本の会社マルマン社に対してスイス・チユーリ

(123)　鈴木正裕＝青山善充編『注釈民事訴訟法(4)裁判』（有斐閣，1997）357頁［高田裕成］。

(124)　東京地判昭和42年11月13日下民集18巻11・12号1093頁，判例タイムズ215号ツヒ州商事裁判所にマルマン社の有するスイス特許の無効を確認する訴訟を提起した。これに対して同じ裁判所にマルマン社はロジ社の有するスイス特許の無効確認請求の反訴を提起した。

同裁判所は，マルマン社の反訴を管轄違いであるとして却下する旨決定し，本訴事件については原告勝訴の判決を言い渡し，同判決において被告マルマン社に対して訴訟費用などの支払いを命じる「決定」を言い渡し，この「決定」は確定した。

その後，ロジ社はわが国の裁判所に同「決定」の執行判決を求める訴えを提起した。

東京地裁は「決定であつてもそれが外国裁判所の裁判というに妨げないのであるから，わが国においては，(旧) 民事訴訟法第200条を準用するのが相当であり，したがつて，外国裁判所の判決と同一の条件でその効力を承認しうると解するのを相当とする。けだし，スイス連邦チユーリツヒ州の裁判所が同州の前記条項の解釈に当り，右と同様に外国裁判所の決定にその効力を承認しているか否か疑義の存するところであるが，前掲甲第2号証によると，外国裁判所が下す決定もチユーリツヒ州で執行できるものであることについては疑いがないとされていること，また，同州の民事訴訟法規にも外国裁判所の決定に対しその効力を否定する特段の規定も見当らないことに鑑みれば，同州においても外国裁判所の決定につき，その判決と同一条件において効力を承認しているものと解せられる」と判示して，執行を認めた。

さらに，外国判決承認制度は民事裁判を対象としている。しかし，フランスなどでは刑事裁判に付帯して民事の損害賠償請求を提起する附帯私訴制度を設けている国があり，わが国でも導入が検討されている。ただし，これまでのところ附帯私訴の判決自体について執行判決が求められた事例はないようである。たとえば東京地判昭和47年3月11日(125)の

173頁。

(125)　東京地判昭和47年3月11日判例時報679号26頁。文房具，事務用品等の輸入販売を営むフランスの会社（買主）が商標権を持たないわが国の会社（売主）とわが国の著名メーカーのサインペンの売買契約を結んだ。輸入後，買主が販売し

事件は，フランスでの附帯私訴が行われた後の示談を原因とした事件であった。

⑷　承認要件――外国裁判所の間接管轄

民事訴訟法118条1号は「法令又は条約により外国裁判所の裁判権が認められること」を外国判決承認の要件とし，判決を行った外国裁判所には間接管轄がなければならないとしている。前記のとおり，直接管轄（自国の裁判所の国際裁判管轄）についてはマレーシア航空事件において当事者の公平と裁判の適正迅速を考慮し，わが国土地管轄のいずれかが認められればわが国の裁判所の国際合判管轄を認めるとし，さらに最高裁平成9年判決はさらに特段の事情の法理を導入して，直接管轄の判断基準は明らかになっている。では間接管轄の基準は直接管轄の基準とどのような関係になるのだろうか。

直接管轄の判断基準と間接管轄のそれが同じかどうかについては従来から議論があるところであるが，判例として後掲の【事例35】の最三判平成10年4月28日（サドワニ事件判決）は，基本的に直接管轄の判断基準と変わらないとしている。

外国裁判所の間接管轄といっても，外国裁判所自体の管轄判断やこの裁判所の所在国の民事訴訟法を前提とするのではなく，わが国の民事訴訟法上の法理を基準に判断することに注意を要する。

たところ，輸入品は偽造品であることがわかり，同サインペンの商標権者が，フランス商標法違反を理由に，買主をフランスで告訴した。刑事裁判で，商標権者が附帯私訴を提起したが，その後両社は示談するにいたった。買主は売主を相手にわが国の裁判所に損害賠償請求の訴えを提起した。東京地裁は被告に損害賠償の支払いを命ずる判決を言い渡した。これは附帯私訴の判決についての執行判決事件ではない。

(5)　承認要件――手続保障

(a)　送達方法の基準

つぎに，民事訴訟法118条２号は「敗訴の被告が訴訟の開始に必要な呼出し若しくは命令の送達（公示送達その他これに類する送達を除く。）を受けたこと又はこれを受けなかったが応訴したこと」を要件としている。２号の要件については，この「送達」はわが国の民事訴訟法にもとづく送達でなければならないか，当該判決を行った外国の裁判所が適用する当該国に法律の規定による手続にしたがった送達でよいか，という問題がある（送達について⇒第２部【５】２参照）。

この点についても後掲【事例35】の最三判平成10年４月28日（サドワニ事件）が参考になる。ここでは，香港の高等法院が事件の原告に被告への「ノーティス・オブ・モーション（notice of motion）」の送達を許可し，ノーティスは原告から私的に依頼を受けた日本の弁護士を通じて被告に直接交付された。最高裁は，訴状等の送達方法の基準について，わが国の民事訴訟手続に関する法令の規定に従ったものであることを要しないが，被告が現実に訴訟手続の開始を了知することができ，かつ，その防御権の行使に支障のないものでなければならないとした。条約があれば，それによって行うことになる。

(b)　公示送達および類似の送達

民事訴訟法118条２号は，被告に適正な防御の機会が確保されることを執行判決の要件としている。２号は，とくにかっこ書きで「公示送達その他これに類する送達を除く」としており，こうした送達によって訴訟の開始に必要な呼出し等が行われた場合には要件を充足しないとしている。

外国でわが国の公示送達類似の手続がとられた事例として下記の事例がある。ただし，これは，わが国の裁判所に事件が係属した直接管轄事件であって外国判決の承認の事案ではない。この事例は離婚訴訟という人事・家族関係事件についての国際裁判管轄についても判示している。

【事例29】　公示送達類似の送達――最二判平成8年6月24日[126]

日本国籍を有する男性と旧東ドイツ国籍を有する女性が旧東ドイツで婚姻し，旧東ドイツおよび旧西ドイツで同居していたが，その後夫が長女ともども帰国して，旧西ドイツの住所に戻ったさいに，妻から別居もしくは離婚を持ち出された。

妻は1990年にベルリン・シャルロッテンブルグ簡裁・家裁に離婚と長女の親権者を自分にする訴えを提起し，勝訴判決を得た。ただし，ドイツでの裁判の訴状は公示送達の方法によった。その一方で，妻は浦和家裁越谷支部に，夫を相手に離婚の調停を申立てた。その後，夫がわが国の裁判所に離婚請求の訴えを提起した。旧西ドイツの裁判所がいったん離婚判決を言い渡しているにもかかわらず，わが国の裁判所に再度離婚の訴えが提起され，訴訟が重複する結果となった。

第一審判決（浦和地裁越谷支判平成3年11月28日）[127]は，離婚訴訟は婚姻共同生活が営まれた地を管轄する国の裁判所で行われることが望ましいとして，わが国の裁判管轄を否定し，訴えを却下した。これに対して，控訴審判決（東京高判平成5年1月27日）[128]は，「離婚訴訟の国際的裁判管轄権については，夫婦の一方が国籍を有する国の裁判所は，少なくとも，国籍を有する夫婦の一方が現に国籍国に居住し，裁判を求めているときは，離婚訴訟について国際的裁判管轄権を有すると解するのが相当」として，第一審判決を取り消し，差し戻した。

直接管轄の有無については後記の人事・家族関係事件の直接管轄に譲ることとして，公示送達の問題にかぎると，ドイツの裁判所の判決は訴状を公示送達の方法で行っており，最高裁は「我が国においては，右判決は民訴法200条2号（旧法）の要件を欠くためその効力を認めることができず，婚姻はいまだ終了していない」ことになるとして，公示送達類似の方法による送達によって得た外国判決を承認できないものとした。ただし，本件では「仮に被上告人（夫）がドイツ連邦共和国に離婚請求訴訟を提起して

---

(126)　最二判平成8年6月24日民集50巻7号1451頁，判例時報1578号56頁，判例タイムズ920号141頁，家庭裁判月報48巻11号53頁。

(127)　浦和地裁越谷支判平成3年11月28日民集50巻7号1467頁。

(128)　東京高判平成5年1月27日民集50巻7号1474頁。

も，既に婚姻が終了していることを理由として訴えが不適法とされる可能性が高く，被上告人にとっては，我が国に離婚請求訴訟を提起する以外に方法はないと考えられるのであり，右の事情を考慮すると，本件離婚請求訴訟につき我が国の国際裁判管轄を肯定することは条理にかなう」として原審の判断を支持した。最高裁は，ドイツの家庭裁判所の裁判について被告である夫への訴状の送達が公示送達によって行われたので，ドイツの裁判所の離婚判決はわが国では承認されず無効であり，依然として両名は婚姻関係にあるとして，わが国裁判所の国際裁判管轄を肯定した。

(c)　翻訳のない訴状，裁判所以外から送られた訴状

わが国民事訴訟法は「訴状は，被告に送達しなければならない」ことを定め（138条1項)，「送達は，特別の定めがある場合を除き，職権でする」(98条1項)，「送達に関する事務は，裁判所書記官が取り扱う」ことを定めている（98条2項)。国際民事訴訟で外国の裁判所において訴えが提起された場合には，①その国の言語で記載された訴状が翻訳の添付なくそのままわが国の被告に届くとか，②裁判所以外の機関や原告の訴訟代理人から訴状が送られてくる可能性がある。たとえば，アメリカの連邦民事訴訟規則は，原告またはその代理人による直接郵便送達を認めているからである。

わが国とアメリカ両国が批准している「民事または商事に関する裁判上及び裁判外の文書の外国における送達及び告知に関する条約」(送達条約)[(129)]の第10条は「名あて国が拒否を宣言しない限り，次の権能の行使を妨げるものではない」として，a項は「外国にいる者に対して直接に裁判上の文書を郵送する権能」，b項は「嘱託国の裁判所附属吏，官吏その他権限のある者が直接名あて国の裁判所附属吏，官吏その他権限のある者に裁判上の文書の送達又は告知を行なわせる権能」，c項は「裁判手続の利害関係人が直接名あて国の裁判所附属吏，官吏その他権限のある者に裁判上の文書の送達又は告知を行なわせる権能」を規定し

(129)　昭和45年条約第7号。ヘーグ国際私法会議において1965年1月1日に作成され，米国は1967年8月24日，わが国は1970年5月28日に批准した。

ている。わが国は同10条のｂ項，ｃ項については拒否を宣言したが，ａ項については拒否宣言をしなかった。このため米国から，わが国の被告に郵便によって訴状が直接送達されることがあった。わが国がａ項について拒否宣言をしなかった理由は不詳であるが，1989年にハーグでの特別委員会では「直接郵送されてきたとしても，わが国としては，それを主権侵害とみなさないということを意味しているだけであって」，「わが国において訴訟上の効果を伴う有効な送達として容認することまでも意味するものではない」と説明されている(130)。

外国からの訴訟代理人による郵便での訴状の直接送達については，送達条約に定められた方式ではないという問題のほかに，翻訳が添付されていないという問題がある。

裁判例としては，東京地判昭和51年12月21日(131)は破産債権不存在確定請求事件であって，執行判決の事件ではないが，フランスから日本語の訳文なく適法の送達方法によらずに郵送された送達は，民事訴訟法の「送達」の要件を満たさないとした。また，東京地判昭和63年11月11日(132)はアメリカ合衆国カリフォルニア州での離婚判決について翻訳文を添付しない単なる郵送による送達は適法性を認められないとした。この２つの判決は翻訳が添付されていないということ，直接郵送されたということの２つの事情を総合的に考慮している。

一方，東京地判平成２年３月26日(133)は，損害賠償を命じるハワイ州の裁判所の判決についてわが国の執行判決が求められた事件であるが，ハワイ州の裁判の訴状は原告の代理人が郵便によって被告に送達している。判決は，代理人による郵便の送達について，送達条約10条ａ項の拒

---

(130)　原優「私法の国際的統一運動」国際商事法務12号1288頁。

(131)　東京地判昭和51年12月21日下民集27巻９～12号801頁，判例時報870号88頁，判例タイムズ352号246頁，金融・商事判例532号26頁。本事件はいわゆる検事局への送達（remise au parquet）である。

(132)　東京地判昭和63年11月11日判例時報1315号96頁，判例タイムズ703号271頁。

(133)　東京地判平成２年３月26日金融・商事判例857号39頁。

否宣言をしなかったことは「外国においてなすべき新しい送達方法を積極的に創設したものとは解されない」とするのみで，直接送達自体には問題があるとはせず，翻訳が添付されていないことをもって旧民事訴訟法200条２号の要件を充足しないとした。東京地八王子支判平成９年12月８日[134]は，日本人である母とのあいだの子について，父親であることを確定することを求める訴えをニューヨーク州家庭裁判所に提起し，母が子を連れて日本に戻っているときに，子の福祉を勘案して，子の監護権者を父親とし，被告の母に子の引渡しを命じたニューヨーク州家庭裁判所の執行判決事件であるが，ニューヨーク州の裁判については原告が書留郵便で翻訳を添付せずに被告に送ったものである。判決は，平成２年判決と同様に，送達条約10条ａ項の拒否宣言をしなかったのは，郵送による通知行為としての事実上の効果を承認する趣旨にすぎず，外国においてなすべき送達に新たな一方法を加えたものではないとしてこれを問題とせず，翻訳がないことを理由に民事訴訟法118条２号を充足しないとした。

学説では，最近，直接郵便送達について，これは実質的な手続保障の有無の問題であって，当事者が訴訟の提起・内容を知り，応訴の準備をするための時間的余裕があるような送達がなされることが必要であり，直接郵送であるからといって一律に不適法とすることは妥当でないとして，送達の方式，文書内容の了解可能性，送達の適時性という基準を立てて判断すべきとする意見が有力である[135]。この立場によれば，翻訳文の添付は了解可能性の１つの要素ではあるが，必ずしも翻訳文の有無だけが直接郵便送達の適法・不適法を決定する基準ではない。一方，平成２年判決は「個別的主観的事情を考慮しなければ文書の送達の効力を決せられないとすることは，文書を受領した被告の地位を不安定にするばかりか，後日の紛争を防止するために特に厳格な方式が要請される送

(134)　東京地八王子支判平成９年12月８日判例タイムズ976号235頁。

(135)　道垣内正人「国際民事訴訟法の立法化」ジュリスト1028号166頁。鈴木正裕＝青山善充編『注釈民事訴訟法(4)裁判』（有斐閣，1997）375頁［高田裕成］。

達制度の趣旨や多数の事件を処理するために要請される訴訟手続の画一性及び安定性に著しく反することになり妥当でない」，平成９年判決は「送達が有効になされたか否かについて，当事者が語学に堪能であったか否か，送付された文書を現実に受領し，その内容を十分理解していたか否か等，個々の事案の具体的事情に応じた利益を衡量して判断することは，後日の紛争を極力防止するために特に厳格な方式を要求している送達制度の本旨並びに多数の事件を一様に処理するために要請される訴訟手続の画一性及び安定性に反し，被告に応訴するかどうかの態度決定を迷わせることになるから相当とはいえない」として，一様に翻訳文の添付を民事訴訟法118条２号にいう「送達」の要件としている。事案の個別性を重視するか，基準を一律にして，法的安定を重視するかの違いであるが，裁判例の立場は理解できる。

なお，「民事訴訟手続に関する条約等の実施に伴う民事訴訟手続の特例等に関する最高裁判所規則」の５条１項は「民訴条約第８条の当局に対する嘱託書及びその添附書類には，同条約第10条に規定する言語のいずれか一方によつて作成された翻訳文を添附するものとする」と定めている。

国際民事訴訟における送達については，また，出会送達が認められるかという問題がある。つぎの事例は日本人の被告がアメリカのホテルで訴状を交付されたものである。

【事例30】　東京高判平成９年９月18日(136)

日本国籍を有する女性Ａが，平成３年10月ころから日本国籍を有する男性Ｂと日本国内で関係を持つに至り，その後平成４年２月に別の男性Ｃと婚姻した後も，ＡとＢとの関係が続いた。平成４年８月に，Ａは妊娠した状態でアメリカ・オハイオ州に移住し，翌平成５年４月に子Ｄを出産した。渡米後の平成４年11月，Ａは居住していた同州の裁判所に，夫のＣを被告としてＣが子Ｄの父親ではないことの確認および，以前関係していたＢを

(136)　東京高判平成９年９月18日高民集50巻３号319頁，判例時報1630号62頁，判例タイムズ973号251頁。

被告としてBが子Dの父親であることの確認および養育費の支払いを求めて訴えを提起した。

平成４年11月，ＢはＡに中絶するように説得するため，同州に出向いたところ同州の裁判所の送達吏は，同州法にもとづいて，たまたま同州のホテルに滞在していたＢに，日本語の翻訳文の添付されていない英文の訴状と召喚状を送達した。Ｂはこれを受取ったが，破棄した。Ｂは日本に帰国し，同州の裁判所には出頭しなかった。

平成５年７月，同州の裁判所は被告欠席のまま，請求どおりＢが子Ｄの父であることを確認し，Ｂに子の養育費の支払いを命じる判決を言い渡した。アメリカの裁判所で勝訴判決を得たＡは外国判決の執行を求めてわが国裁判所に訴えを提起した。

養育費請求事件は，わが国では家事非訟事件であるが，このような事件に民事訴訟法118条を適用するか否かについて，裁判所は「当事者の手続保障をとくに考慮すべき争訟的性格の強い事件であるから」適用を肯定した。つぎに，訴状が「日本に住所地を有する日本人に対してこれが適正に行なわれたといえるためには，呼出もしくは命令の送達がわが国の司法共助法制に従って行なわれ，通常の弁識能力を有するに日本人にとって送られてきた文書が司法共助に関する所定の手続を履践した『外国裁判所からの正式な呼出もしくは命令』であると合理的に判断できる態様のものでなければならず，そのためには，被告の語学力の程度にかかわらず，当該文書の翻訳文が添付されていることが必要である」として執行判決を求める訴えを棄却した。

(6)　承認要件――公序

次に，民事訴訟法118条３号は「判決の内容及び訴訟手続が日本における公の秩序又は善良の風俗に反しないこと」を外国判決の承認の要件としている。問題は３つある。第１に，ここでいう「公序」とは法の適用に関する通則法42条（「外国法によるべき場合において，その規定の適用が公の秩序又は善良の風俗に反するときは，これを適用しない」）にいう「公序」と同じかという問題である。第２に旧民事訴訟法200条３号は

「外国裁判所の判決が日本における公の秩序又は善良の風俗に反しないこと」と規定していたところを現行民事訴訟法118条3号は「判決の内容及び訴訟手続」としているがどう違うかという点である。第3に，法律，とくに経済法違反は公序違反かという問題である。

① 国際私法の「公序」と国際民事訴訟法の「公序」

法の適用に関する通則法にいう「公序」について，国際私法の現代化に関する要綱中間試案補足説明は，「不正競争又は競争制限に基づく不法行為は，それによって競争が阻害又は制限される市場秩序との関係が密接であり，公序法的色彩が強い」という例を挙げ，また，公序則の発動により外国法適用が排除された場合の処理については，多数説である日本の実質法を適用する見解のほかに一般的条理を適用する見解や公序則により適用を排除した法の次に密接に関係する地の法律を適用する見解等があることを紹介している(137)。

後記の【事例34】の最三判昭58年6月7日の控訴審判決である東京高判昭和57年3月31日(138)は，「(旧) 民事訴訟法第200条第3号は，外国法適用の制限に関する法例第30条（平成元年改正後33条）とその目的を同じくするもの」であるとしている。国際私法上の公序は，準拠法として選択指定された実体法がわが国の実体法の公序に反するものであってはならないとする趣旨である。広く一般的に実体的法律関係を規整する法律と個別の法律関係について裁判所が判断した判決は，法的関係を実体的に整理し，規整する点では共通している。したがって，外国判決を承認・執行することによって外国判決の内容がわが国に及ぶ場合には，準拠法におけると同様に公序則を要件としているのであって，東京高判昭和57年3月31日が判示するとおり，目的は共通でこの意味で，国際私法

(137) 平成17年3月29日法務省民事局参事官室「国際私法の現代化に関する要綱中間試案補足説明」90頁，123頁を参照。

(138) 東京高判昭和57年3月31日民集37巻5号632頁，判例時報1042号100頁，判例タイムズ471号123頁，金融法務事情1007号45頁，金融・商事判例652号34頁。

の「公序」と国際民事訴訟法の「公序」には違いがないというべきであろう。

② 旧民事訴訟法200条３号と現行民事訴訟法118条３号

旧民事訴訟法200条３号は「外国裁判所の判決が日本における公の秩序または善良の風俗に反せざること」と規定していた。この規定では，外国判決の内容はともかく，訴訟手続においてわが国の民事手続法が予定していないような手続がとられた外国裁判所の判決が３号要件を充足するか否かが問題となっていた。旧民事訴訟法の下でも，３号の「公序」には「実体的公序」と「手続的公序」の２つがあるとの解釈に立っていたが，①でも引用した東京高判昭和57年３月31日は，「当該外国裁判所の判決が詐欺により取得されたものであるとか，第三者の不法行為により成立したものである等判決の成立手続に司法の独立の侵害とか民事訴訟の基本原則に対する違背の重大な瑕疵が存するときは，その外国裁判所の判決を承認することはわが国の公序良俗に反して許されないものと解され，かように判決の成立手続に関するものも右第３号に含まれるとすることは，当該判決の内容の実体的当否の調査を禁止している民事執行法第24条第２項に違反するものではない」としていた。その第一審判決（東京地判昭和54年９月17日）[139]においてすでに，旧民事訴訟法200条３号の要件は「外国裁判所の判決内容のみならず，判決の成立手続もわが国の公序良俗に反しないことを要するものと解すべきである」とした。同事件の上告審判決である後記【事例34】の最三判昭58年６月７日も，３号要件について「外国裁判所の判決の内容のみならずその成立も我が国の『公ノ秩序又ハ善良ノ風俗』に反しないことを要するとしたものと解するのが相当である」と述べている。現行法は明文で公序には実体的公序と手続的公序があるとしたものである。

(139)　東京地判昭和54年９月17日民集37巻５号622頁，判例時報949号92頁，判例タイムズ401号91頁，金融・商事判例586号28頁。

③　法律違反と公序

つぎに３号について，外国の裁判所の判決の内容がわが国の法律に違反する場合，公序に反するのかという問題がある。つぎの事例を見てみよう。わが国の外国為替及び外国貿易管理法（現在は外国為替及び外国貿易法）に反する契約の事例である。

【事例31】　外国為替管理法に反する契約――東京地判昭和44年９月６日(140)

わが国の会社がアメリカのテレビ映画会社からテレビ映画上映権を買い付ける契約を結んだが，わが国の会社が代金を支払わなかったために，アメリカの会社がアメリカ仲裁協会に仲裁を申し立て，同協会によりわが国の会社に支払いを命じる仲裁判断がなされた。

つぎにテレビ映画会社は，アメリカ・カリフォルニア州の裁判所にアメリカ仲裁協会の仲裁判断の確認を求め，同裁判所は同社の求める外貨の支払いをわが国の会社に命じる判決を言い渡した。さらにテレビ映画会社はこの外国判決の執行判決を求めてわが国の裁判所に訴えを提起した。

この裁判において，被告のわが国の会社は旧外国為替管理法の下では，大蔵省外国為替管理局がテレビ用外国映画の上映権にかかる役務契約の許可をテレビ放送局に対してのみ与え，テレビ放送局に外貨割当を行なつていたので，このわが国の会社は買い付け契約を結ぶことができなかったと主張した。したがって買付契約は旧外国為替管理法の規制に違反した契約となり，執行判決の裁判では契約違反を理由として損害賠償を命ずる外国判決がわが国の公序に反するかという点が争われた。裁判所は，「対外取引をなすことは本来自由であるべきものであつて，外為法（外国為替及び外国貿易管理法）が対外取引契約ならびにこれに基く外貨の支払について制限をなしているのも国民経済の復興と発展に寄与することを目的として暫定的に制限しているに過ぎない」のであり，「仲裁判断の前提となつた契約およびこれに基く外貨の支払が外為法に違反し刑事責任を生ずるからといつて，公の秩序善良の風俗に反するものとすることはできない」としてわが国での執行を認めた。

---

(140)　東京地判昭和44年９月６日判例時報586号73頁，判例タイムズ242号263頁。

また，後記【事例48】の最三判昭和50年7月15日も外国為替管理法違反の契約（保証契約）の事件であったが，その第一審判決（名古屋地判昭和45年1月31日）[141]は「本来自由になさるべき対外取引について，各種の行政上の制限措置を規定することからすれば，前示規制規定を含む同法ないし外為令は，国民経済の規制を目的とするいわゆる統制法規に属するものと解される。そして，同法ないし外為令の規定する各種の規制措置は，主として行政上の制限を賦課する形態をとることから看取される如く，本来自由になさるべき対外的な私法上の取引の基本秩序を，これらの規制措置を設定する方法によつて，新たに形成，維持しようとするものではなくて，既存の対外取引の自由を，前示国民経済上の要請から，外部的に行政権力によつて一部制限しようとする趣旨のものであるにとどまる」として，契約の効力を認め，控訴審判決（名古屋高判昭和47年10月24日）[142]は「外国為替及び外国貿易管理法第30条ないし外国為替管理令第13条第1項，第2項本文の規定はこれに違反した取引の私法上の効力を否定する強行法規たる性格を有するものではなく単なる取締法規であると解し，大蔵大臣の許可なくして締結された本件保証契約は私法上有効であるとした原審の判断は相当」であるとした。最高裁も，為替管理法令の「各規定は，外国為替政策上の見地から本来自由であるべき対外取引を過渡期的に制限する取締法規にすぎないから，同法，令に違反しても，そのためその行為の私法上の効力に影響を及ぼすものではなく，その行為は，私法上有効であると解すべきである」とした。

なお，つぎの2つの事例は執行判決の請求事件ではなく，わが国の裁判所が直接管轄を持って裁判を行った事件であるが，いずれも法律に違反する契約の効果について判断しているので，ここで紹介しておこう。

---

(141)　名古屋地判昭和45年1月31日民集29巻6号1042頁，下民集21巻1・2号196頁，判例時報602号90頁，判例タイムズ244号187頁，金融・商事判例473号16頁。

(142)　名古屋高判昭和47年10月24日民集29巻6号1051頁，金融・商事判例473号13頁。

1つは，国際取引法で取り上げる【事例83】の東京高判平成12年2月9日がある。わが国に駐在し，帰国することとなったアメリカ人が所有する家財道具を転居先に送る途中で，高価なイラン製の絨毯が紛失したもので，イラン製品はアメリカでは輸入禁止であった。輸送品に保険契約をしていた保険会社が「被保険利益は適法でなくてはなら」ないとしたが，東京高裁は「貨物につき締結された貨物保険を有効と判断したからといって，それが一般的に密輸を容易にし，かつ，助長することにつながるものとも考えられず，それを無効にしなければ現在の国際関係の中で国際間の協調と平和を求める日本の公序が保たれないとまで断言することもできない」として，損害保険会社に対して運送会社と連帯して支払うように命じた。

また，東京地判平成5年1月29日(143)は，アメリカ・ネヴァダ州法人のホテル会社が日本人団体旅行客にホテルのカジノで賭博をさせ，賭金債権を日本国内で徴収し，日本国内において運用することとしていたが，集客の代表者の日本人が賭金回収にあたって暴力行為があったとして逮捕され，賭金債権の回収金が押収され，国庫に帰属することとなったために，ホテル会社が国（日本国）を相手に不当利得返還請求の訴えをわが国の裁判所に提起したものである。わが国刑法185条は賭博を処罰し，民法708条は不法原因給付の返還請求を認めていない。東京地裁は，「一般的には賭博を違法としてこれを禁止する法制の下における例外として，主宰者を賭博免許保持者に限定したうえで，ネヴァダ州法並びに同州賭博委員会及び賭博管理局の規則の規制と州賭博管理局の管理の下に行われている公認のものであって」，「そこでは公正の確保，弊害の防止及び財源の確保の観点から賭博の種類，方法，主宰者，従業員等について厳重な管理がなされており，日本人が彼地において円貨をもって返済するとの約束の下に信用によって賭博を行うこと自体は，私法上，公法上又は刑事法上，これを違法とする理由は全くな」く，このような「契約関

(143)　東京地判平成5年1月29日判例時報1444号41頁，判例タイムズ818号56頁。

係は，内国社会との牽連関係において間接的かつ希薄である」として請求を認容した。

④　懲罰的賠償と公序

実体的公序の要件についてはつぎの事例が重要である。

これは，アメリカの懲罰的賠償(144)の支払いを命じる判決が民事訴訟法118条3号要件を充足するか否かが問題となった事例である。懲罰的賠償（punitive damages）または見せしめ賠償（exemplary damages）の制度は13世紀の英国法にさかのぼり，アメリカでは1818年判決で認められている(145)。従来は，懲罰的賠償額認定は，名誉毀損，誹毀，誹謗，暴行もしくは野蛮な行為のような物理的行為，大きな結果をもたらす故意もしくは不注意な行為などの無法な行為に限定されていたようであるが，1950年代末期および1960年代初期に米国における消費者運動が力をつけるにしたがって変化し始めた(146)とされている。全国的には統一懲罰的賠償法（Uniform Law Commissioner's Model Punitive Damages Act）がある。なお，懲罰的賠償の金額は巨額化する傾向があったが，1996年5月20日，連邦最高裁はアラバマ州裁判所が実際の被害額の500倍に達する懲罰的

(144)　その詳細は，ブラッドほか（大隈ほか訳）『懲罰的賠償額』（保険毎日新聞社，1995）を参照。

(145)　The Amiable Nancy, 16 U. S.（3Wheat.）546, 4. L. Ed. 2d 456（1818）. 本件は，適法にトウモロコシを積んでカリブ海を航行中のハイチ船籍のアミアブル・ナンシーをアメリカ船籍の武装船スカージが襲い，貨物金銭を奪取し，航海許可証を取り上げ，アミアブル・ナンシーの船員に暴力をはたらいた事件である。ストーリ判事はアミアブル・ナンシーが被った損害に加え逸失利益などを加えて支払を命じる判決を言渡した。

(146)　ブラッドほか（大隈ほか訳）『懲罰的賠償額』（保険毎日新聞社，1995）21頁。懲罰的賠償制度は現在，46の州で定められているが，ミシガン，ネブラスカ，ニューハンプシャーおよびワシントンの4州は懲罰的賠償を認めていない。ただし，ミシガン，ニューハンプシャーの両州では，補償的損害賠償に非経済的賠償額を含むとされているので，懲罰的賠償額となる可能性がある（前掲書84頁）。

賠償を命ずる判決について，憲法第14条の適正手続条項に反し違憲であるとの判断を示した[147]。アメリカの懲罰的賠償支払いを命じる判決の承認・執行についてはわが国以外の国でも問題が生じている。

わが国を含む大陸法諸国は公法と私法を峻別するが，アメリカではこの区別がないために生じる問題である。

【事例32】　懲罰的賠償を命じる判決と公序――最二判平成９年７月11日[148]（萬世工業事件）

日本の会社である萬世工業の子会社であるアメリカ・カリフォルニア州法人マルマン社は，同国オレゴン州の不動産開発業者であるコンソーシアム社と独占開発者契約書を結んだ。マルマン社はオレゴン州の工業団地区画の取得を目的として結成されたパートナーシップであるノースコンＩとの間で賃貸借契約を結んだが，マルマン社はカリフォルニア州サンタクララ郡上位裁判所にノースコンＩ，コンソーシアム社その他を相手として上記賃貸借契約には強制力がないことの確認とノースコンＩとコンソーシアム社の構成員が欺罔的行為を行ったことを理由に損害賠償を求める訴えを提起した。一方，ノースコンＩ，コンソーシアム社はマルマン社に対して

---

(147)　事件は，1990年にアラバマ州のBMW公認ディーラーからBMWの新車として購入したが，実は再塗装された車であったと知った原告がBMWアメリカに対して50万ドルの損害賠償請求の訴えを提起したもの。BMWは製造または輸送過程での損害の修繕費用が小売価格の３％以下の場合には，修繕後も新車と扱っていた。事実審において，BMWの再塗装車は新車に比べて10％減価するとの証言があったことから，原告は被害額を4,000ドル，BMWが全米で約1,000台の再塗装車を新車として販売したとして400万ドルの懲罰的賠償を請求し，陪審は原告請求どおり評決した。その後アラバマ州最高裁は，賠償額を200万ドルに減額した。連邦最高裁は，州の懲罰的賠償を命ずる権限を認めたが，適正手続の要求する３つの指標，すなわち，①被告の行為が批判さるべき程度，②補償的賠償と懲罰的賠償との比率，③同等の違反に対して課せられる懲罰的賠償との比較，以上３指標に照らして，200万ドルの懲罰的賠償は正当化されないとして，差戻しを命じた。

(148)　最二判平成９年７月11日民集51巻６号2573頁，判例時報1624号90頁，判例タイムズ958号93頁，金融・商事判例1039号28頁。

主位的に賃貸借契約の履行，予備的に萬世工業らに対して欺罔的行為を理由とする損害賠償を求める反訴を提起した。

カリフォルニア州の第一審は，賃貸借契約には法的拘束力がないことを確認したが，萬世工業とその代表者に対して補償的損害賠償を，萬世工業には補償的損害賠償の約３倍に相当する懲罰的損害賠償の支払いを命ずる判決を言い渡した。第一審判決に対して双方が控訴し，カリフォルニア州控訴裁判所は控訴を棄却し，判決が確定した。第一審判決の後コンソーシアム社は破産申立てを行った。

ノースコンＩは，カリフォルニア州裁判所の判決の執行判決を求める訴えをわが国の裁判所に提起した。

第一審判決（東京地判平成３年２月18日）(149)は，懲罰的賠償と（旧）民事訴訟法200条３号のわが国の公序との抵触について「薄弱な根拠に基づき本件訴え提起時の邦貨換算にして約１億5,000万円にも上る巨額の懲罰的損害賠償を命ずる外国判決の執行を容認することは，我が国における社会通念ないし衡平の観念に照らして真に忍び難い，過酷な結果をもたらすもの」であり，「本件外国判決のうち懲罰的損害賠償を認めた部分の我が国における執行を認めることは，我が国の公序に反するものというべきである」として，外国判決を補償的損害賠償を命じる部分と懲罰的賠償の支払いを命じる部分に分け，前者については執行判決を認め，後者については請求を棄却した。このため，両当事者が控訴した。

原判決（東京高判平成５年６月28日）(150)は，懲罰的損害賠償には予防的効果（加害者や他の一般人が再びそのような不法行為をすることを防止すること）と抑止的効果（被害者に被った実損害以上の賠償を得させることにより，この種の不法行為を告発する動機を与え，ひいては不法行為の発生を抑止すること）等があり，このために懲罰的損害賠償の額は，被害者の被った損害の評価でなく，加害者の行為の反社会性によって決せられるもので，カリフォルニア州民法典第3294条は「本質的には加害者の行為の反社会性を処罰する」

(149)　東京地判平成３年２月18日民集51巻６号2539頁，判例時報1376号79頁，判例タイムズ760号250頁，金融・商事判例882号31頁。

(150)　東京高判平成５年６月28日民集51巻６号2563頁，判例時報1471号89頁，判例タイムズ823号126頁，金融・商事判例927号３頁。

ことに重点を置いているとした。さらに，「民事法と刑事法の区別自体，国の司法政策上の判断によって決せられる面があることを考慮すると，ある国の法的制度が他の国からみて実質において民事法と理解されるべきか刑事法と理解されるべきかは，例えば金銭の支払先が国とされているか私人とされているかというような形式的な基準のみによって判断するのではなく，その法的制度が設けられた趣旨，目的，その制度が果たすべきものとして期待されている役割等を考慮し，当該法制度の本質を実質的に検討して，これを我が国の法制度の下においてどう評価するかという観点から判断すべきものと解するのが相当」であり，「我が国においては，不法行為による損害賠償は現に被害者に生じた損害を填補することを目的とするものとされ，懲罰の目的で現実に被害者に生じた損害を越える賠償を命ずることは，不法行為による損害賠償制度の予定しないところであるばかりか，むしろ許されないとされているところであ」り，懲罰的損害賠償の制度は「むしろ我が国の法制度上は罰金に近い刑事法的性格を持つものとみるべきこと，民事執行法24条，（旧）民事訴訟法200条にいう『外国裁判所の判決』というのは，我が国からみてその外国裁判所の判決が我が国の民事の判決に当たると認められるものであることを要すること（この点は改めて論ずるまでもないであろう。）を考えると，懲罰的損害賠償を命ずる米国の裁判所の判決をもって民事執行法，民事訴訟法の右各条が予定する外国裁判所の判決といえるかどうか自体が疑問である上，これが右各条にいう外国裁判所の判決に当たると解しても，（旧）民事訴訟法200条３号の公序の要件の適合性が問題とならざるを得ず，我が国の法秩序のありかたからいって，本件外国判決の執行を認めることは我が国の公序に反すると解される」として両当事者の控訴をいずれも棄却した。この判決に対して第一審原告のノースコンがわが国の会社とその代表者を相手に上告した。

最高裁は，まず「外国裁判所の判決が我が国の採用していない制度に基づく内容を含むからといって，その一事をもって直ちに右条件を満たさないということはできないが，それが我が国の法秩序の基本原則ないし基本理念と相いれないものと認められる場合には，その外国判決は右法条にいう公の秩序に反するというべきである」とし，「カリフォルニア州民法典の定める懲罰的損害賠償の制度は，悪性の強い行為をした加害者に対し，実際に生じた損害の賠償に加えて，さらに賠償金の支払を命ずることにより，加害者に制裁を加え，かつ，将来における同様の行為を抑止しようとするものであることが明らかであって，その目的からすると，むしろ我が国における罰金等の刑罰とほぼ同様の意義を有する」が，「我が国の不法行為に基づく損害賠償制度は，被害者に生じた現実の損害を金銭的に評価し，加害者にこれを賠償させることにより，被害者が被った不利益を補てんして，不法行為がなかったときの状態に回復させることを目的とするものであり（最高裁昭和63年(オ)第1749号平成５年３月24日大法廷判決・民集47巻４号3039頁参照(151)），加害者に対する制裁や，将来における同様の行為の抑止，すなわち一般予防を目的とするものではな」く，「我が国においては，加害者に対して制裁を科し，将来の同様の行為を抑止することは，刑事上又は行政上の制裁にゆだねられているのである。そうしてみると，不法行為の当事者間において，被害者が加害者から，実際に生じた損害の賠償に加えて，制裁及び一般予防を目的とする賠償金の支払を受け得るとすることは，右に見た我が国における不法行為に基づく損害賠償制度の基本原則ないし基本理念と相いれないものであると認められる」として会社について上告を棄却，代表者について請求を却下した。

外国判決の承認・執行における公序は，判決の内容と訴訟手続の両面にわたる。したがって，外国判決の承認・執行を排する場合に，公序則を理由とすると公序則という理由づけが拡張されるおそれがある。公序則の適用はわが国の民商事法の原則との抵触など重大な対立が生じる場合にかぎるべきであろう。

また公序則を適用することは，判決の内容についてわが国の公序との

(151)　最大判平成５年３月24日民集47巻４号3039頁は，事故によって死亡した者の相続人が，地方公務員等共済組合法の規定する退職年金を受給していた被相続人が生存していればその平均余命期間に受給することができた退職年金の現在額などを同人の損害として，その賠償を求めた事件で，最高裁は「不法行為に基づく損害賠償制度は，被害者に生じた現実の損害を金銭的に評価し，加害者にこれを賠償させることにより，被害者が被った不利益を補てんして，不法行為がなかったときの状態に回復させることを目的とするものであるるものである」と判示した。

整合性を確認することであり，民事執行法24条２項が「執行判決は，裁判の当否を調査しないでしなければならない」と規定していることと関係が微妙となりうる。執行判決の裁判はあくまでも外国判決の手続・内容の形式的な点検であり，上記【事例32】でいえば，執行判決の裁判で検討されるのは，被告であるわが国の会社に懲罰的賠償の支払いを命じることの是非ではなく，その執行を認めることの是非である点に注意を要する。

⑺　承認要件――相互の保証

最後に，民事訴訟法118条４号は，外国判決の承認の要件として「相互の保証があること」を設けている。この要件は，明治23（1890）年の民事訴訟法が1877年ドイツ民事訴訟法の継受を基本として行われたことに由来する。

執行判決を求める訴えで相互の保証が論点となった事例は比較的多い。現在では，比較的広く「相互の保証があること」を認めており，この要件は実質的な意味を失いつつあるが依然として規定としては残されている。万一，予測しなかった事態が生じた場合に備えた「最後の安全弁」の役割を期待されているようである。

ところで，相手国に相互の保証があるとは具体的にはどういう状況を指すのか，判例には変動があった。まず，次の【事例33】は相互の保証があることを「わが国判決の当否を調査することなくして（旧民事訴訟法）第200条の規定と等しきか又はこれより寛なる条件の下にわが国の判決の効力を認むること」と制限的に解釈した。すなわち，相互の保証があるためには，①相手国がわが国の裁判所の判決を承認するときにわが国裁判所の判決の内容を再審理しないこと（わが国民事執行法24条２項），②承認の要件がわが国の要件と等しいかより緩和されていることを要すというのである。この解釈はその後長く維持され続け，【事例34】はその一例である(152)。その後，【事例35】の第一審判決はより緩やかな解釈を採用し，その上告審判決も同様に解釈し，判例が変更された。

【事例33】　大審院昭和８年12月５日判決(153)

マックスマイヤーなどの個人７人とわが国の法人であるゼーウィトコフスキー合資会社はパートナーシップを構成していたが，アメリカ・カリフォルニア州の裁判で敗訴判決を受けた。その後，ゼーウィトコフスキー合資会社とわが国に住所を有する個人３人を相手にわが国の裁判所に執行判決を求める訴えが提起された。上告人のゼーウィトコフスキー合資会社らは上告理由で当事者の同一性について争うとともに（上告論旨第１，２点），「外国判決の内容をさらに調査せずして執行判決を与えるについては⑴その国の人民と他国の人民と差別なき法制の下に，⑵裁判所法制に不公平なく，⑶判決を得るための詐欺なく，⑷かつ当合衆国民が国民礼儀を尽す必要なき特別事情存せざる限りなる４個の重要なる条件をその外国判決が具備することを要」するが，「北米合衆国は移民法その他の法制上日本人の入国につき厳重なる制度を設け，ためにその入国がきわめて困難なることは顕著な事実」であり，「北米合衆国は結局法制上わが国民に対し明らかに不公平差別的取扱をなせる以上」，わが国とアメリカ合衆国とのあいだに真の相互主義はないと主張した。

大審院は，「（旧）民事訴訟法第200条第４号に所謂相互の保証あることとは当該外国が条約に依り若は其の国内法に依り我国判決の当否を調査すること無くして右第200条の規定と等しきか又は之より寛なる条件の下に我国の判決の効力を認むることとなり居る場合を謂うものとす原判決は甲第４号証に依り北米合衆国に於ける各州の判例に依れば前記の如き意味に於ける相互の保証あることを審明し本件北米合衆国当該州の判決は前記相互保証の要件を具備するものと認めたるものにして前記の証拠に依れば右の如く認め得ざるに非ず北米合衆国当該州に付第５点第９点所論の如き事情ありとするも又第７点所論の如き規定が北米合衆国当該州に存するものとするも前記の如き意味に於ける相互保証ありと云うの妨となるものに非ず論旨は総て之に反する見地に立脚するものにして理由なし」として上告を棄却した。

---

(152)　そのほか，東京地判昭和32年３月19日下民集８巻３号525頁，東京地判昭和45年10月24日判例時報625号66頁などがある。

(153)　大審院昭和８年12月５日判決法律新聞3670号16頁。

この判決で「(旧) 第200条の規定と等しきか又は之より寛なる条件」という原則が定立された。【事例25】の東京地判昭和35年7月20日もこの判例を踏襲している。東京地裁は，旧民事訴訟法の「第200条において相互保証の条約を結んでいない外国の判決でもその内容の当否を調査せずそれ以外の若干の点のみ調査してこれが執行判決を付与し得るとしているのに対し，ベルギー王国では，別紙(2)のとおりその民訴10条(154)をもつて相互保証の条約を結んでいる外国の判決に対してはほぼわが国と同様の態度でこれに執行判決を付与し得るとしているが，それ以外の外国の判決に対する執行判決付与の手続を定めた規定がないこと，並びに，右後者の相互保証の条約ある国以外の外国の判決に対するベルギー王国裁判所の取扱の実際は，何等規定がないからといつてこれが承認・執行を全然拒否するという訳ではないが，しかしその場合には，右10条

(154)　ベルギー民事訴訟法（1876年3月25日法）10条は「第一審裁判所は，民事及び商事につき外国裁判官のした判決を承認する。ベルギーと，判決をした国との間に，相互の基礎のうえに締結された条約が存在する場合には，その審査は左の5点にのみ及ぶ」とし，第1号で「判決がなんら公の秩序にもまたベルギー公法の原則にも反しないか否か」，第2号で「判決のなされた国の法律により，その判決が既判力を得たか否か」，第3号で「右と同一の法律により，判決の謄本が，その公正力に必要な条件を具備するか否か」，第4号で「防御の権利が尊重されたか否か」，第5号で「外国裁判所が，単に原告の国籍の理由だけによつて管轄権を有するものでないか否か」と5つの要件を定めているが，同国裁判所法570条2項は「ベルギーと当該裁判を行った国との間に条約がある場合を除き，裁判官は訴訟の実体とともに，①当該判決が公序やベルギー公法規則に反しないこと，②防御権が尊重されたこと，③外国裁判官が単に原告の国籍をもって管轄があるとされたものではないこと，④当該判決が行われた国で既判力を有すること，⑤送達が正当に行われたものであることを審査する」と規定している（F. Rigaux & M. Fallon, *Droit international privé*, 2e, II, Larcier, 1993, n. 854）。オランダ民事訴訟法431条は，外国判決はオランダでは効力がなく，オランダの裁判所が再審理しなければならないと定めている（René van Rooij & Maurice V. Polak, *Private International Law in the Netherlands*, Kluwer Law and Taxation Publishers, 1987, p. 71）。オランダもわが国では相互の保証がないことになる。

に基く調査の外――国際的礼譲により当該外国判決における事実認定及びこれと主文との結びつきは一応適法有効であるとの推定の上にたつてではあるにしても――当該判決の内容自体の当否をも更に調査するのが普通であり，その結果初めて，右判決を承認してこれに執行判決を付与するか，それともこれを拒否するかを決定していることなどの事実が認められ」，「わが民訴515条２項２号による同（旧民事訴訟法）200条４号にいう『相互ノ保証アルコト』とは，上述した右制度の趣旨からみて，当該外国のわが国判決に対する執行判決付与の条件が，わが国のそれと大体同一程度かまたはそれより軽いもの，少くとも重要な点で違いがない場合をいうものと解」されるが，「ベルギー王国とわが国とでは，この点に関して重要な相違があり，わが国はいわば不利な立場にたつている訳であるから，結局わが国とベルギー王国との間においてはその各相手国の判決の各自国での承認・執行につき相互保証がない」として執行判決を求める訴えを棄却した（下線は筆者)。

その後も概ね大審院判例に沿って，スイス・チューリッヒ州の裁判所の判決[155]，アメリカ・ハワイ州の裁判所の判決[156]について執行が認められた。最高裁が相互の保証要件について判断したのは，昭和58年６月７日判決が最初である。ここで当時の多数説にしたがって，相互保証の要件の解釈を緩和することになった。この解釈の変更は，当時，アメリカの州裁判所の判決についてわが国で執行判決を求める訴訟があいつぎ，州法の探索に６ヶ月以上かかっていたという事情が影響したと言われている[157]。国際取引の増加，拡大が相互の保証の要件の解釈の緩和を余儀なくしたものといえよう。

【事例34】 相互の保証の意義――最三判昭和58年６月７日[158]

本事例は３号要件について実体的公序に加えて以外に手続的公序の充足

(155) 東京地判昭和42年11月13日下民集18巻11･12号1093頁，判例タイムズ215号173頁。

(156) 東京地判昭和45年10月24日判例時報625号66頁，判例タイムズ259号254頁。

(157) 藤田泰弘『日／米国際訴訟の実務と論点』（日本評論社，1998）389頁。

を要するとした点で重要な判決であるが，上告理由はとくに４号要件を上げていたため，判決はこの点に焦点をあて，最高裁として初めて４号要件について見解を示した。

アメリカの会社であるバロース社は，わが国の会社とその代表取締役のＡ氏を共同被告として，アメリカ・コロンビア特別行政区連邦地方裁判所に売掛金請求の訴えを提起した。Ａ氏らは直接訴状を受理し，同地区において資格を有する弁護士に事件を委任した。同弁護士は前記の裁判所に代理人として出頭し，同裁判所の裁判管轄権を認めた。同裁判所は，共同被告の会社に対しては４万7,000ドルの支払を命じる判決を言い渡し，確定した。

一方，Ａ氏には宣誓供述のための出頭命令を発したが，同氏は出頭せず，同裁判所は同氏に対して５万ドル余の支払いを命じる判決を言い渡し，確定した。そこでバロース社は，Ａ氏に対する強制執行を行うため，東京地裁に執行判決を求める訴えを提起した。

第一審判決（東京地判昭和54年９月17日）(159)は，旧民事訴訟法200条の各要件を検証し，外国判決を行った裁判所の管轄権（１号要件）については，「民事事件について一般的に外国裁判所の裁判権を否定する趣旨の法令又は条約はなく，またアメリカ合衆国コロンビア特別行政区の地方裁判所が原被告間の売掛代金請求訴訟について，後記のとおり同裁判所の管轄権を認めた被告に対して裁判権を行使することを否定する法令もない」として，これを認めた。つぎに，２号要件（手続保障）については，「被告はアメリカ合衆国において現実に原告から訴状の送達を受け，かつこれに応訴したのであるから」，要件を充足しているとし，３号要件（公序）については，「本件外国判決は被告に対して売掛代金の支払を命ずるものであつて，その判決内容をみても何らわが国の公序良俗に反する事情は認められない」とした。最後に外国判決を行った裁判所の所在する国との相互の保証（４号要件）については，この要件は「国際関係における衡平を図るためのもの

(158)　最三判昭和58年６月７日民集37巻５号611頁，判例時報1086号97頁，判例タイムズ503号69頁，金融法務事情1053号40頁，金融・商事判例678号３頁。

(159)　東京地判昭和54年９月17日民集37巻５号622頁，判例時報949号92頁，判例タイムズ401号91頁，金融・商事判例586号28頁。

であるが，わが国と諸外国とは互いにその法制度を異にしているのであるから，外国裁判所の判決の承認の要件につき，あらゆる事項にわたつて外国の基準がわが国のそれと対比し常に同一か又は寛大であることを要するとするのは，いたずらに外国裁判所の判決の承認の道を狭めるものであつて，渉外生活関係が著しく発展，拡大し，国際化時代ともいうべき今日の国際社会の実情からみて妥当とはいえず，渉外生活関係の法的安定のため旧法よりその要件を緩和した現行（旧）民訴法200条４号の解釈としても，相互保証の要件は必ずしも厳格に解する必要はなく，わが国と外国との間の判決の承認の要件が著しく均衡を失せず，それぞれ重要な点において相互に同一性が認められる場合には，（旧）民訴法200条４号にいう相互保証の要件を充足するものというべきである」として，従来の判例である昭和８年大審院判決を緩和する判断を示した。原判決（東京高判昭和57年３月31日）[160]は控訴を棄却した。

最高裁は，相互の保証の要件について「外国裁判所の判決の承認について，判決国が我が国と全く同一の条件を定めていることは条約の存する場合でもない限り期待することが困難であるところ，渉外生活関係が著しく発展，拡大している今日の国際社会においては，同一当事者間に矛盾する判決が出現するのを防止し，かつ，訴訟経済及び権利の救済を図る必要が増大していることにかんがみると，同条（旧民事訴訟法200条）４号の規定は，判決国における外国判決の承認の条件が我が国における右条件と実質的に同等であれば足りるとしたものと解するのが，右の要請を充たすゆえんであるから」，「当該判決をした外国裁判所の属する国において，我が国の裁判所がしたこれと同種類の判決が同条各号所定の条件と重要な点で異ならない条件のもとに効力を有するものとされていることをいうものと解するのが相当である」として，「以上の見解と異なる前記大審院判例は，変更されるべきである」とした。

その後は本判例にしたがった扱いがされている[161]。現在までにアメ

---

(160)　東京高判昭和57年３月31日民集37巻５号632頁，判例時報1042号100頁，判例タイムズ471号123頁，金融法務事情1007号45頁，金融・商事判例652号34頁。

(161)　名古屋地判昭和62年２月６日判例時報1236号113頁，判例タイムズ627号244頁，金融法務事情1153号81頁，金融・商事判例788号30頁は，スイスの会社がわ

リカの複数の州，ホンコン，イギリス，オーストラリアの複数の州，ドイツ，韓国などについて相互の保証があるとする判決がある。

⑻　外国判決承認・執行の具体例――サドワニ事件

つぎの事件は，サドワニ事件と呼ばれ，国際民事訴訟法の分野では，間接管轄，外国裁判所の決定への執行判決の可否，送達の有効性などの点で最高裁が判示した重要な判例である。ここまで見てきた外国判決承認・執行の具体例としてその中身を見てみよう。

【事例35】　国際裁判管轄――最三判平成10年4月28日(162)

インド国籍で香港に居住するゴビンドラム・サドワニ夫妻と夫の兄弟でインド国籍を有し日本に居住するキシンチャンド・サドワニらは，キシンチャンドが取締役を務める日本法人サドワニス有限会社がインド銀行から資金を借入れるにあたって，共同保証した。サドワニ兄弟は各国でそれぞ

が国の会社に対してライセンス契約にもとづくロイヤルティの支払請求の訴えを（旧）西ドイツ・ミュンヘン第一地方裁判所に提起し，勝訴判決を得て，わが国の裁判所に執行判決を求める訴えを提起した事件である。裁判所は，1967年11月15日ドイツ連邦最高裁判決，1968年5月8日ドイツ連邦最高裁判決などの近時の判例を考慮し，同国における当該外国判決の執行より「本質的により大きな困難をともなうものでない」場合には，これを肯定する態度をとっているとして，執行判決を言い渡した。そのほかに，東京地判平成3年12月16日判例タイムズ794号246頁（アメリカ・ネヴァダ州），東京地判平成4年1月30日判例時報1439号138頁，判例タイムズ789号259頁，家庭裁判月報45巻9号65頁（アメリカ・テキサス州），神戸地判平成5年9月22日民集52巻3号895頁，判例時報1515号139頁，判例タイムズ826号206頁（香港），東京地判平成6年1月14日判例時報1509号96頁，判例タイムズ864号267頁（アメリカ・ニューヨーク州），東京地判平成6年1月31日判例時報1509号101頁，判例タイムズ837号300頁（イングランド），大阪地判平成8年1月17日判例時報1621号125頁，判例タイムズ956号286頁（アメリカ・メリーランド州），東京地判平成10年2月24日判例時報1657号79頁，判例タイムズ995号271頁，金融・商事判例1039号20頁（ドイツ）などがある。

(162)　最三判平成10年4月28日民集52巻3号853頁，判例時報1639号19頁，判例タイムズ973号95頁。

れ会社を経営していたが，その後兄弟間で争いが生じ，各社の債務は会社の所在国に居住する者が保証することで合意し，1981年にキシンチャンドは追加の保証を行った。その後，サドワニス有限会社が振り出した手形が不渡りとなり，インド銀行が手形金の請求をしたので，サドワニス有限会社はインド銀行がゴビンドラムに対して保証債務履行請求の訴えを起こすこと，サドワニス有限会社はこの訴訟費用全額を負担すること，この訴訟と執行が完了するまでインド銀行はキシンチャンドらに対する訴訟を差し控えることの３点についてインド銀行とのあいだで起訴契約を結んだ。

インド銀行は起訴契約にもとづき，1982年にゴビンドラムを相手とする保証債務履行請求の訴え（第１訴訟）を香港高等法院に提起した。1986年，ゴビンドラムはインド銀行とキシンチャンドらを相手とする反訴（第２訴訟）を提起し，またゴビンドラムはキシンチャンドらの第１訴訟へ当事者参加を求める訴え（第３訴訟）を提起し，キシンチャンドらはゴビンドラムのみが保証債務を負担する旨の確認を求める訴え（第４訴訟）を起こし，香港高等法院には合計４件の訴訟が係属した。わが国の裁判所に執行判決が求められたのは訴訟費用の支払いを命じる香港高等法院の命令についてであり，命令が外国裁判所の確定判決に当たるかという点も問題となった。

第一審判決（神戸地判平成５年９月22日）(163)は，民事訴訟法の承認要件を個々に検討して，強制執行を認め，原判決（大阪高判平成６年７月５日）(164)は，第一審判決を支持した。

ここでは長くなるが，最高裁判決を見ておこう。

まず，１号の間接管轄の要件について，最高裁はこの要件は「我が国の国際民訴法の原則から見て，当該外国裁判所の属する国（以下「判決国」という。）がその事件につき国際裁判管轄（間接的一般管轄）を有すると積極的に認められることをいうものと解される。そして，どのような場合に判決国が国際裁判管轄を有するかについては，これを直接に規定した法令がなく，よるべき条約や明確な国際法上の原則もいまだ確立されていないことからすれば，当事者間の公平，裁判の適正・迅速を期するという理念によ

---

(163)　神戸地判裁平成５年９月22日民集52巻３号895頁，判例時報1515号139頁，判例タイムズ826号206頁。

(164)　大阪高判平成６年７月５日民集52巻３号928頁。

り，条理に従って決定するのが相当である。具体的には，基本的に我が国の民訴法の定める土地管轄に関する規定に準拠しつつ，個々の事案における具体的事情に即して，当該外国判決を我が国が承認するのが適当か否かという観点から，条理に照らして判決国に国際裁判管轄が存在するか否かを判断すべきものである」とし，「香港に国際裁判管轄を認めた原審の判断は，結論において是認することができる」とした。

つぎに，キシンチャンドとサドワニス有限会社は，「国際司法共助条約の定める方式を履践していないから，上告会社（サドワニス有限会社）に対する関係では民訴法118条2号所定の『送達』の要件を満たしておらず，また，攻撃防御を行うに先立ち香港の国際裁判管轄を争っていたのであるから，同号所定の『応訴』の要件も満たしていない」と主張したことについて，最高裁は「民訴法118条2号所定の被告に対する『訴訟の開始に必要な呼出し若しくは命令の送達』は，我が国の民事訴訟手続に関する法令の規定に従ったものであることを要しないが，被告が現実に訴訟手続の開始を了知することができ，かつ，その防御権の行使に支障のないものでなければならない。のみならず，訴訟手続の明確と安定を図る見地からすれば，裁判上の文書の送達につき，判決国と我が国との間に司法共助に関する条約が締結されていて，訴訟手続の開始に必要な文書の送達がその条約の定める方法によるべきものとされている場合には，条約に定められた方法を遵守しない送達は，同号所定の要件を満たす送達に当たるものではないと解するのが相当である」として，前述したとおり，被上告人（ゴビンドラム）らから私的に依頼を受けた者による直接交付の方法による送達は民事訴訟法118条2号所定の要件を満たさない不適法な送達であるとしたが，キシンチャンドらは香港高等法院の裁判で応訴しており，「被告が『応訴したこと』とは，いわゆる応訴管轄が成立するための応訴とは異なり，被告が，防御の機会を与えられ，かつ，裁判所で防御のための方法をとったことを意味し，管轄違いの主張したような場合もこれに含まれ」るとして，「本件命令等は，民訴法118条2号所定の要件を具備している」と判断した（被告が無管轄の抗弁を出すとか原告の請求棄却を求める陳述をしたときに応訴したことになるのか議論があり，応訴一般に手続の瑕疵の治癒を認めることには難点がある）。

さらに3号要件について，上告理由では懲罰的賠償の性質がある，あるいは被上告人が判決を詐取したと主張したようであるが，最高裁は「訴訟費用の負担についてどのように定めるかは，各国の法制度の問題であって，実際に生じた費用の範囲内でその負担を定めるのであれば，弁護士費用を含めてその全額をいずれか一方の当事者に負担させることとしても，民訴法118条3号所定の『公の秩序』に反するものではな」いとし，詐取の疑いについても，「その実質は，右本案判決における認定判断が証人の誤導的な証言の結果によるというものであって，証拠の取捨判断の不当をいうものであるところ，我が国の裁判所としては，右のような証拠判断の当否については調査し得ないものであり（民事執行法24条2項），論旨は採用することができない」とした。

最後に，相互の保証要件について最高裁は，前記【事例34】の最三判昭和58年6月7日を挙げ，「民訴法118条4号所定の『相互の保証があること』とは，当該判決等をした外国裁判所の属する国において，我が国の裁判所がしたこれと同種類の判決等が同条各号所定の要件と重要な点で異ならない要件の下に効力を有するものとされていることをいうと解される」とし，「(1)香港においては，外国判決の承認に関して外国判決（相互執行）法及び同規則が存在し，香港総督の命令により，相互の保証があると認める国を同規則に特定列挙していたこと，(2)我が国は，相互の保証のある国として同規則に列挙されてはいなかったこと，(3)しかし，香港においては，外国判決の承認に関して，制定法に基づくもの以外に英国のコモン・ローの原則が適用されていたこと，(4)コモン・ローの下においては，外国裁判所が金銭の支払を命じた判決は，原判示の要件の下に承認されていたことが認められ」，「コモン・ローの下における右外国判決承認の要件は，我が国の民訴法118条各号所定の要件と重要な点において異ならないものということができ」るとして，香港とわが国とのあいだには，外国判決の承認に関して相互の保証があると判示し，キシンチャンドらの上告を棄却した。

5　人事・家族関係事件の国際裁判管轄

(1)　人事・家族関係事件の直接管轄

わが国民事訴訟法は4条で普通裁判籍による管轄を定めている。さらに5条は，財産権上の訴え，手形・小切手による金銭の支払いを求める訴え，事務所・営業所の業務に関する訴え等を挙げている。したがって，財産権に関する事件では国際裁判管轄の判断基準は，最高裁平成9年判決が定立したとおり，わが国土地管轄があれば原則としてわが国の国際裁判管轄を認め，「特段の事情」があればこれを否定するという新逆推知説によることになる。

一方，民事訴訟法は人事事件に関する管轄についてはとくに規定を設けていない。

法の適用に関する通則法は，後見等の開始の審判（5条），失踪宣告（6条）について一定の場合にわが国の裁判所が審判または宣告を行うことができるとしている。（改正後の旧）法例24条2項は「日本に住所を有する外国人の後見」についてわが国で後見開始の審判を行うことを認めており，法の適用に関する通則法35条2項2号は「日本において当該外国人について後見開始の審判等があったとき」には日本法によることを認めている。つぎの事例は，わが国在住の外国人の後見人選任の事件である。

【事例36】　外国国籍の未成年者の後見人選任――横浜家審昭和34年2月17日[(165)]

日本在住の中華民国人である未成年者について，後見人の選任の申立てがなされた事案である。家裁は「（平成元年改正前の旧）法例23条1項によると，未成年者の後見は，未成年者の本国法によるべく，本件においては中華民国民法によるべきことになる」が，「中華民国民法1091条によると本件は後見開始の事由ある場合に該当するけれども，1094条には監護人とな

(165)　横浜家審昭和34年2月17日家庭裁判月報11巻5号109頁。

るべきものは法定せられ，その順位も法定されており裁判所の選任による後見の規定は存在しない。しかしながら，(改正前の旧）法例23条２項には日本に住所を有する外国人の後見は，その本国法によれば後見開始の原因あるも後見の事務を行う者なきときは日本の法律によるべきことと規定せられ」るので「後見人選任は日本民法を適用する(166)」として，申立人の申立てどおり選任した。

さらに，2004年４月１日に施行された人事訴訟法は，人事訴訟に関する手続を定めているが，そこでいう人事訴訟は，婚姻の無効および取消しの訴え，離婚の訴え，協議上の離婚の無効および取消しの訴えならびに婚姻関係の存否の確認の訴え，嫡出否認の訴え，認知の訴え，認知の無効および取消しの訴え，父を定めることを目的とする訴えならびに実親子関係の存否の確認の訴え，養子縁組の無効および取消しの訴え，離縁の訴え，協議上の離縁の無効および取消しの訴えならびに養親子関係の存否の確認の訴えとされている（２条)。人事訴訟法は人事に関する訴えについて「当該訴えに係る身分関係の当事者が普通裁判籍を有する地またはその死亡の時にこれを有した地を管轄する家庭裁判所の管轄に専属する」と規定する（４条１項)。しかし，国際的な人事に関する事件の管轄について人事訴訟法はなんら規定していない。このため解釈に委ねられるが，同法４条１項により，国際的な人事事件でも当事者の住所によると考えざるを得ない。しかし，問題は当事者の所在が分からないときである。とくに遺棄，行方不明などを理由に離婚の訴えを提起するときに，人事訴訟法４条１項の規定では国際裁判管轄を判断できない(167)。

(166)　民法840条は「前条の規定により未成年後見人となるべき者がないときは，家庭裁判所は，未成年被後見人又はその親族その他の利害関係人の請求によって，未成年後見人を選任する」と定める（家事審判法９条１項甲類14号)。

(167)　東京地判平成16年１月30日判例時報1854号51頁は，日本人女性とフランス人男性が婚姻し，フランスで居住していたが，男性からたびかさなる暴力を受けた女性が子をつれて日本に帰国し，日本の裁判所に離婚の訴えを提起した事件で，フランスで訴訟を提起することの事実上の障害を考慮してわが国の国際裁判管轄を認めた。

旧人事訴訟法の下であるが，昭和39年に２件の最高裁判決（うち１件は大法廷判決）は国際離婚事件でわが国の国際裁判管轄について判示した。

【事例37】　離婚訴訟の国際裁判管轄――最大判昭和39年３月25日[168]

以前日本国籍を有していた原告（妻）は，第二次大戦前に外国において外国人（夫）と婚姻し，夫と同じ国籍を取得した。戦後，原告はわが国に引き揚げ，夫の行方は不明になっていた。そして原告が離婚を求めてわが国の裁判所に訴えを提起した。

第一審判決（高松地丸亀支判昭和36年８月28日）[169]は，「外国人間の離婚訴訟については，原告が我が国に住所を有する場合でも，少くとも被告が我が国に最後の住所を有したことをもつて我が国の裁判所に裁判権を認める要件となすべき」としてわが国の裁判所の国際裁判管轄を否定し，原判決（高松高判昭和37年１月29日）[170]も第一審判決を支持した。

これに対して最高裁大法廷判決は，「離婚の国際的裁判管轄権の有無を決定するにあたっても，被告の住所がわが国にあることを原則とすべきことは，訴訟手続上の正義の要求にも合致し，またいわゆる跛行婚の発生を避けることにもなり，相当に理由のあることではあるが，他面，原告が遺棄された場合，被告が行方不明である場合その他これに準ずる場合においても，いたずらにこの原則に膠著し，被告の住所がわが国になければ，原告の住所がわが国に存していても，なお，わが国に離婚の国際的裁判管轄権が認められないとすることは，わが国に住所を有する外国人で，わが国の法律によっても離婚の請求権を有すべき者の身分関係に十分な保護を与えないこととなり（（旧）法例16条但書参照），国際私法生活における正義公平の理念にもとる結果を招来することとなる」として，原判決を破棄し，第一審判決を取り消し，本件を東京地方裁判所に移送すると判示した。

最高裁は離婚事件の国際裁判管轄は原則として被告の住所地であるが，原告が遺棄された場合や被告が行方不明である場合に，わが国に国際裁判

（168）　最大判昭和39年３月25日民集18巻３号486頁，判例時報366号11頁，判例タイムズ161号80頁，家庭裁判月報16巻３号90頁。

（169）　高松地丸亀支判昭和36年８月28日民集18巻３号493頁。

（170）　高松高判昭和37年１月29日民集18巻３号495頁。

管轄を認めないことは国際私法生活における正義公平の理念に反するとした（限定的被告住所地原則）。

【事例38】　最一判昭39年4月9日(171)

日本に在住しているアメリカ人の夫から，アメリカに残されたアメリカ人の妻に対して，婚姻を継続し難い重大な事由があるとして離婚訴訟がわが国の裁判所に提起された。被告の妻は日本に来たことがなく，日本に住所を有したこともなかった。

最高裁は前記【事例37】の最高裁判示部分を引き，本件では「上告人は1950年以来アメリカ陸軍軍属として単身で日本に来ているが，被上告人は日本に来たことがなく従って日本に未だかつて住所を有したことがないというのであり，そして上告人主張の本件離婚原因たる事実が前記判例に示すような上告人が遺棄された場合，被上告人が行方不明である場合その他これに準ずる場合に該当するものでないことは，上告人の主張自体から明らかである。しからば原判決が本件訴訟を不適法として却下した第一審判決に対する控訴を原判決判示の理由により棄却したことは，前記当裁判所の判例と趣旨を同じくするものであって正当である」とした。

つぎに前記の【事例29】の最二判平成8年6月24日も離婚事件であった。この事件では，妻が旧西ドイツの裁判所から離婚判決を得たが，この裁判の訴状の送達はドイツの公示送達の方法で行われていた。このため日本人である夫はドイツの離婚裁判で防御の機会を与えられず，わが国の裁判所に離婚の訴えを提起したものである。

最高裁は，「離婚請求訴訟においても，被告の住所は国際裁判管轄の有無を決定するに当たって考慮すべき重要な要素であり，被告が我が国に住所を有する場合に我が国の管轄が認められることは，当然というべきである。しかし，被告が我が国に住所を有しない場合であっても，原告の住所その他の要素から離婚請求と我が国との関連性が認められ，我が国の管轄を肯定すべき場合のあることは，否定し得ないところであり，どのような場合に我が国の管轄を肯定すべきかについては，国際裁判管

(171)　最一判昭和39年4月9日家庭裁判月報16巻8号78頁。

轄に関する法律の定めがなく，国際的慣習法の成熟も十分とは言い難いため，当事者間の公平や裁判の適正・迅速の理念により条理に従って決定するのが相当である。そして，管轄の有無の判断に当たっては，応訴を余儀なくされることによる被告の不利益に配慮すべきことはもちろんであるが，他方，原告が被告の住所地国に離婚請求訴訟を提起することにつき法律上又は事実上の障害があるかどうか及びその程度をも考慮し，離婚を求める原告の権利の保護に欠けることのないよう留意しなければならない」とし，本事件ではドイツ連邦共和国では「判決の確定により離婚の効力が生じ，被上告人と上告人との婚姻は既に終了したとされている」が，「我が国においては，右判決は（旧）民訴法200条２号の要件を欠くためその効力を認めることができず，婚姻はいまだ終了していないといわざるを得ない。このような状況の下では，仮に被上告人がドイツ連邦共和国に離婚請求訴訟を提起しても，既に婚姻が終了していることを理由として訴えが不適法とされる可能性が高く，被上告人にとっては，我が国に離婚請求訴訟を提起する以外に方法はないと考えられるのであり，右の事情を考慮すると，本件離婚請求訴訟につき我が国の国際裁判管轄を肯定することは条理にかなうというべきである。この点に関する原審の判断は，結論において是認することができる」として，わが国の直接管轄を認めた。これは，【事例37】の最大判昭和39年３月25日，【事例38】の最一判昭和39年４月９日とは「事案を異にし」ているのである。

このほかに，人事・家族関係事件の国際裁判管轄が争点となった事例としてはつぎのような事例がある(172)。

(172)　このほか，札幌家審昭和47年10月５日家庭裁判月報25巻３号116頁は，養子縁組許可事件について，国籍にかかわらず，養子となるべき者の住所地国であるわが国が国際裁判権を有するとした。東京家審昭和50年３月13日判例タイムズ334号335頁，家庭裁判月報28巻４号121頁は，夫婦ともにわが国に住所を有する外国人夫婦の離婚事件について，わが国に裁判管轄権を認めた。大阪地判昭和55

【事例39】 名の変更申立て事件――名古屋家審昭和44年12月1日(173)

わが国に居住する外国人が養子の名を変更することをわが国の家庭裁判所に求めた事件である。アメリカ合衆国国籍の養父とその妻が日本に施政権が返還される前の沖縄で養子縁組をした。子にはすでにカスリンという名前があったが，養父母は洗礼名（ドロテイ・ケイト）で呼んでいたため，わが国の家庭裁判所に同女の名を洗礼名に変更することの許可を求めた。

裁判所は，このような名の変更の申立ての裁判管轄について「人格権の一種とみられる氏名権の行使に関するものについては，その者の本国の公簿に登録される本国の管轄に専属するとする考え方もある。しかし，氏名の変更許可が本国で承認され，本国でその旨の登録がされるような場合についてまでも，日本の管轄権を否定するのは，あまりにせまい考え方であり，現代の国際私法の原則にも合致しない。そこで，本件のような名の変更事件についても，申立人の本国法によつても名の変更が許され，その登録がされうるような場合で，しかも申立人が日本に住所をもつかぎり，日本に国際裁判管轄権を認めるのが相当と思われる。以上の積極説の立場にたつて，本件については，後に述べるように管轄の要件が認定できるから，日本に国際裁判管轄権を認める。また申立人の住所は名古屋市内にあるから当庁が国内管轄権をもつことになる」とした。

⑵　外国の人事・家族関係判決の承認・執行

本来，人事・家族関係の事件は，婚姻の無効・取消などの形成の訴えや失踪宣告，後見開始の審判など非訟事件が多く，これらは執行判決になじまないとされている(174)。しかし，人事・家族関係事件でも，たとえば扶養料の支払いを命じる事件では，扶養料を支払わない敗訴被告に

年2月25日判例タイムズ425号144頁，家庭裁判月報33巻5号101頁は，日本人女性と外国人男性の婚外子として日本で生まれた日本人たる子の認知請求事件についてわが国の裁判管轄を認めた。

(173)　名古屋家審昭和44年12月1日判例時報581号69頁，家庭裁判月報22巻7号48頁。

(174)　外国の非訟裁判の承認については，鈴木忠一「外国の非訟裁判の承認・取消・変更」法曹時報26巻9号1頁を参照。

対する強制執行が必要となることがある。また，外国裁判所の離婚判決は，これをわが国で承認しないといわゆる跛行婚を生ずる結果となるので，外国判決を承認する必要がある。さらに，子の監護権者を決定する事件では，子の引渡しを要する場合がある。ここでは，人事・家族に関する外国裁判所の判決について承認と執行を分けて見ておこう。

①　承　認

人事・家族関係についての外国裁判所の判決について民事訴訟法118条は適用されるのだろうか。つぎの事例では外国の裁判所が行った離婚判決のわが国での効果が争われている。

【事例40】　東京地判昭和46年12月17日(175)

日本国籍の男性Ａと同じく女性Ｂはわが国で婚姻届を提出し，同居していた。その後，ＡはＢが自分を従属的に扱うような感じを抱き，Ｂとの同居生活を嫌つて，Ｂのもとを去り，他の女性と同棲した。ＡからＢを相手方として２回にわたつて離婚の調停申立てがなされたが，Ｂはこれに応じなかつた。Ａは，弁護士から，訴えを提起しても日本の裁判所では勝訴の見込がないと言われ，離婚の訴えは提起しなかつた。その後，Ａは国際版画展でその作品を認められたのを契機に，次第に版画家として有名になり，アメリカに渡り，当地の弁護士と相談し，住居地を離れたメキシコ共和国において，同国の民事裁判所で，Ｂを被告として離婚訴訟を提起した。Ｂに対し公示送達による呼出手続を経て，Ｂの不出頭のまま，離婚判決がなされた。Ａは再婚の資格を取得し，アメリカ国籍の女性と婚姻している。そこでＢがメキシコの裁判所の離婚判決の無効の確認訴えをわが国の裁判所に提起した。

裁判所は「一般に，外国においてなされた離婚判決の効力を，わが国において承認する要件については，(旧) 民事訴訟法200条の適用があるかどうかをめぐつて諸々の争いがあるところであるが，当裁判所は外国においてなされた離婚判決についても，同条がそのまま適用されるものと解する」とし，その理由として「同条は主として財産権上の請求にもとづく外国判

(175)　東京地判昭和46年12月17日判例時報665号72頁，判例タイムズ275号319頁。

決をわが国内において執行しようとする場合のことを念頭において立案されたものであるから，通常狭義の執行ということが考えられない身分法上の請求に基づく判決には，同条の適用はないと解し得る余地もないではないが，同じく外国判決承認問題の処理である以上，明文規定である同条の存在を無視する根拠は乏しく，前記のように解することが，同一の民事上の紛争の解決が各国において区々となることの不都合を避け，国際社会の利益のために，外国の裁判機関を信頼し，一定要件を充足するときは外国判決の内容を爾後審査することなく承認しようとする同条の立法趣旨によりよくそうものであり，かつ，実体法が各国によりそれぞれ異なる上，国際私法も統一を見ない現在において，一段と緊密性の要請される国際社会における私法生活の安定性を保障するに適するものであるというべきである」とした。本件では，外国裁判所での裁判については外国での公示送達により，訴訟開始に必要な呼出手続をされただけで敗訴の判決がなされたことが明らかであるから，当該外国判決は旧民事訴訟法200条２号の要件を欠くとして，メキシコの裁判所の判決は日本において効力を有しないことを確認した。

この事件で裁判所は人事・家族関係の事件でも民事訴訟法118条２号の要件が適用されることを述べている。しかし，その他の要件が適用されるか否かについては明らかにしていない。

この問題については，【事例26】の最三判昭和60年２月26日をもう一度見てみよう。

これは，イタリアの裁判所が裁判上の別居にしたがって，子の監護権を妻に認める緊急・暫定的命令を発した事件であり，妻が子の引渡しを求めて，わが国の裁判所にわが国人身保護法にもとづく人身保護請求を申し立てた。最高裁はイタリア裁判所の命令が「(旧) 民訴法200条にいう確定判決にあたらない」とした。これはこのような人事・家族に関する事件であっても現行民事訴訟法118条の承認の要件を充足する必要があることを前提としているが，どの要件が適用されるか明らかにしていない。

また，神戸家伊丹支審平成５年５月10日[176]では，アメリカの裁判所が子の監護権者を定める命令を行い，その後，わが国の裁判所に子の監護権者を指定する申立て[177]を行った事件であるが，わが国の裁判所は，この外国の命令がわが国（旧）民事訴訟法200条の外国裁判所の確定判決に該当するか否かが問題となるが，外国裁判所の確定判決にあたるとしても，現段階ではわが国において未成年者らの監護者を定めるのが相当であるとしており，人事・家族関係の外国判決が承認の対象となるかどうかについては明らかに述べていない。【事例30】の東京高判平成９年９月18日は，アメリカの裁判所の父子関係確認と養育費支払いを命じる判決についてわが国の執行判決が求められた事件であるが，裁判所は「養育費請求事件は，わが国においては家事非訟事件に該当するが，当事者の手続保障を特に考慮すべき争訟的性格の強い事件であるから，その裁判の執行については，（旧）民事訴訟法200条の適用を受ける」としたが，父子関係の確認については述べていない。

このように人事・家族関係の外国判決をわが国で承認する場合には，

(176)　神戸家伊丹支審平成５年５月10日家庭裁判月報46巻６号72頁。いずれも日本の国籍を有する女性Ａと男性Ｂが婚姻し，長女と長男が生まれた。その後，Ｂが勤め先の命令によりアメリカ・シカゴに転勤となり，４ヶ月してＡと２人の子がＢと同居した。Ｂはその後会社を退職し，以前からサイドビジネスとしてＡを名義上の代表者として設立していた会社の営業に専念した。しかし，Ｂがほかの女性と親密な関係にあることがわかり，Ａはその両親と相談するために２人の子を連れて日本に帰国し，Ｂと別居することになった。Ａは，別居後間もなく離婚の意思を固め，アメリカ・イリノイ州の裁判所に離婚訴訟を提起し，Ａに２人の子の一時的監護権を申立人に定める旨の命令を発したが，その後，一時的監護権がＡからＢに変更する旨の命令が出された。

(177)　民法766条は「父母が協議上の離婚をするときは，子の監護をすべき者その他監護について必要な事項は，その協議で定める。協議が調わないとき，又は協議をすることができないときは，家庭裁判所が，これを定める」と規定し，家事審判法９条乙類４号は「民法第766条第１項又は第２項（これらの規定を同法第749条，第771条及び第788条において準用する場合を含む。）の規定による子の監護者の指定その他子の監護に関する処分」を家事審判の対象としている。

民事訴訟法118条が適用されるのか，適用されるとして１号から４号まですべて適用されるのか，明らかでなかった。

つぎの事例では，外国裁判所の離婚判決については，わが国民事訴訟法118条（旧民事訴訟法200条）の要件のうち，１号，２号と３号を準用するとした。

【事例41】　横浜地判昭和46年９月７日(178)

日本国籍を有する女性Ａは，アメリカ国籍を有する男性Ｂと日本国内で婚姻の届出を了して夫婦となり，その後アメリカ・ハワイ州に居住し，さらにＢが勤務の都合で日本に赴任して以来，日本国内に本拠を構えて夫婦生活を営んできた。

しかし，Ｂの人種的偏見が原因でＡとＢとのあいだに離婚せざるを得ない事由が生じた。ＢはＡとの離婚の訴えをわが国の裁判所に提起したが，裁判所は家庭裁判所に調停の申立てをするように勧め，離婚訴訟はＢが同意して，取り下げられた。ところが，Ｂはわが国の家庭裁判所に調停の申立てをしないばかりか，Ａになんの連絡もせず，アメリカ・ネヴァダ州(179)へ赴き，同州裁判所にＡとの離婚訴訟を提起し，Ａの全く関与しないまま同裁判所で離婚判決を得た。一方，Ａはわが国の裁判所にＢとの離婚を求める訴えを提起した。

裁判所は「身分事項に関する外国裁判所の確定判決は，わが（旧）民事訴訟法200条１ないし３号を準用し，⑴当該外国裁判所が当該事件に関し管轄権を有すること，⑵敗訴の被告が日本人である場合は公示送達によらずに訴訟の開始に必要な呼出を受けたこと又は応訴したこと，⑶該外国判決の内容が日本の公序良俗に反しないこと，の各要件を具備する場合に限りその効力を承認すべきものと解される」とし，本件では⑵を充足しないので承認できないので，アメリカの離婚判決はわが国においては効力がないとして，わが国裁判所が離婚を言い渡した。

つぎの事例では第一審は民事訴訟法118条のすべての要件を適用し，

(178)　横浜地判昭和46年９月７日下民集22巻９・10巻937頁，判例時報665号75頁，判例タイムズ279号335頁。

(179)　アメリカ・ネヴァダ州は離婚手続が簡単なことで有名である。

控訴審は1号と3号の要件のみを適用した。

【事例42】　子の引渡しを求める執行判決――東京高判平成5年11月15日[180]

日本国籍を有する女性とアメリカ国籍を有する男性がアメリカ・テキサス州の法律にしたがって婚姻し，長女をもうけたが，その後同州の裁判所で離婚判決を得た。同裁判所はいったん，女性を長女の親権者と決定し，女性は長女を連れて日本に帰国したが，その後，男性が控訴し，アメリカの控訴審は男性を親権者と決定し，女性に対して長女を引き渡すこと，養育費を支払うことを命じる判決を言い渡した。男性が外国判決にもとづいて子の引渡を求める部分について執行判決を求めてわが国の裁判所に訴えを提起した。

第一審判決（東京地判平成4年1月30日）[181]は「被告（女性）は本件外国判決が，事情の変化に応じて変更可能な性質があり仮処分の性質を持つから，（旧）民事訴訟法200条及び民事執行法24条1項3項所定の外国裁判所の判決には当たらないと主張するが，本件外国判決の記載自体から，それが原告と被告との間の親子関係について，裁判宣告時点における最終判断であることが明らかであるから，裁判宣告後の事情の変化により，後の裁判により形成的に裁判の内容が変更される可能性があるというだけでは，本件外国判決が前記の『外国裁判所の判決』にあたらないとは言えない」として，1号から4号までの要件が充足されているかを検討し，執行を認めた。

これに対して控訴審は「民事執行法24条は強制執行に関する規定であるから，同条にいう『判決』は，強制執行に親しむ具体的な給付請求権を表示してその給付を命ずる内容を有した判決のみを指し，それ以外の判決を含まないことは明らかであるが，その余の点では，（旧）民事訴訟法200条にいう『判決』と異ならないと解される。そして，同条にいう『判決』に当たるかどうかは，法廷地法たる日本法によって決定すべきものであるから，実質的な観点から判決に該当するか否かで判断されるべきものであり，

---

(180)　東京高判平成5年11月15日高民集46巻3号98頁，判例タイムズ835号132頁，家庭裁判月報46巻6号47頁。

(181)　東京地判平成4年1月30日判例時報1439号138頁，判例タイムズ789号259頁，家庭裁判月報45巻9号65頁。

実体私法上の争訟すなわち一方より他方に対する権利主張について，相対立する当事者双方に審理に出頭する機会が保障されている手続により裁判所が終局的にした裁判であれば足り，その形式や名称は問わないものと解するのが相当である。そして，(旧）民事訴訟法200条にいう『確定』とは，判決国法上，形式的に確定していること，すなわち，通常の不服申立方法が尽きた状態にあることを意味するものと解される」とし，「争訟に当たらない事件についての裁判が非訟事件の裁判であるということができるところ，これについては，(旧）民事訴訟法200条が直接適用されるものではないと解され」，「非訟事件の裁判についても，これによって請求権が形成されると同時にその給付を命ずるいわゆる形成給付の裁判及びそれに従たる非訟手続の費用確定の裁判については，民事執行法24条が類推適用ないし準用され，執行判決を得て強制執行をすることができ，また，(旧）民事訴訟法200条１号及び３号の要件を具備するときには，外国裁判は承認されるものと解するのが相当である」とし，この外国判決の承認執行を認めれば，子が言葉の通じないアメリカ合衆国において，言葉の通じない支配保護者のもとで生活することを強いることになることが明らかであり，公序良俗に反し，３号要件を充足しないとして執行を認めなかった。

これに対して，つぎの事例では現行の民事訴訟法118条の１号から４号までのすべての要件を適用している。

【事例43】　横浜地判平成11年３月30日(182)

日本国籍を有する男性Ａと韓国籍を有する女性Ｂが韓国の方式により婚姻し，ＡとＢのあいだに長男が生まれた。その後，Ｂは韓国ソウル家庭法院においてＡとの離婚審判を得て，この審判は確定し，日本のＣ市の市長の許可により，Ａを筆頭者とする戸籍簿にこの裁判離婚の事実が記載された。これに対して，Ａが審判の手続は一切行われておらず，右審判書を含む一切の裁判記録は全部偽造されたものであるとして，Ｃ市市長によるＡとＢとの離婚の旨の記載が無効であることの確認を求めた。

この事件で裁判所は，民事訴訟法118条１号から４号のすべての要件の充足を検討し，１号要件（間接管轄）については，原告と被告の間柄は回復困

(182)　横浜地判平成11年３月30日判例時報1696号120頁。

難な程度に破綻しており，離婚審判の被告である本件原告の住所地国である日本のみが国際的裁判管轄権を有するとすることは，本件被告に酷であり，国際私法生活における正義公平の理念に沿わないから，被告の当時の住所地国である韓国の管轄裁判所にも本件離婚審判の裁判管轄権を認めるのが相当であると認め，２号要件については，訴訟の開始に必要な呼出し若しくは命令の送達を受けており，訴訟に出頭する機会を与えられたことを認め，３号要件については，本件離婚審判の内容，離婚審判の手続のいずれも日本における公序良俗に反するものでないと認めている。さらに，「韓国の民事訴訟法の203条１号ないし４号は，日本民事訴訟法118条１号ないし４号とほぼ同一の内容となっており，韓国において，日本の離婚判決が日本民事訴訟法118条１号ないし４号所定の条件と重要な点で異ならない条件のもとに効力を有するものとされているということができるから，同条４号の要件も充足している」として，請求を棄却した。

人事・家族に関する事件の外国裁判所の判決の承認にあたっても，民事訴訟法118条を適用することについては共通しているが，どの要件を適用するかについてはまちまちである。これまでわが国と相互の保証があるとされた国・州は前記のとおりであり，韓国は含まれるが，わが国と経済的・社会的な関係が緊密である東アジア・東南アジア諸国については判断が出ていない。現在，財産関係事件では４号要件（相互の保証）が相当に緩和されているようであるが，人事・家族関係事件においても緩く解釈しなければ跛行婚といった事態を招きかねない。

② 執　行

外国裁判所の人事・家族関係事件についてのわが国での執行については，まず，きわめて古い事例を見ておこう。本事件の外国裁判所は本案の裁判ではなく，仮処分事件であるとして，柱書の要件である「確定」した判決ではないとした。本判決は外国の裁判所が行った子の監護権にもとづく子の引渡しを命ずる判決の執行判決事件である。金銭給付の判決のほかにも人事・家族関係の事件であっても，わが国における一定の行為を要する場合には，執行判決が求められることがあるが，確定判決ではないという判断は，民事訴訟法の規定する外国判決承認の要件を充足することを前提としていることをうかがわせる。

【事例44】　子の引渡しの執行判決―大審院大正6年5月22日判決(183)

アメリカ国籍のハリエット（妻）とジョン（夫）のルス夫妻は別居し，2人は子のオルガとナタリーの監護権を争った。アメリカ・マサチューセッツ州の裁判所は裁判で妻ハリエットに監護権を認めたが，一方，夫ジョンはオルガとナタリーを連れて，わが国に来日していた。そこで妻ハリエットは東京地裁にオルガとナタリーの2人の子の引渡しを求めて訴えを提起した。東京地裁，東京控訴院（大正5年11月4日判決）はいずれも，ハリエットの請求を認めなかったので，ハリエットが上告した。

大審院は「按ずるに本訴の原因は上告人（原告）が被上告人（被告）の妻にしてその本国たる『マサチユセツツ』の裁判所の裁判に因り幼児オルガ，ナタリー，イ，ルスを監護するの権を有するに至りたるを以て被上告人に対し該幼児の引渡を求むるに在ること本件記録に依り明白」であるが，「右裁判は仮処分たるの性質を有するに止まり確定力を有する終局判決の性質を有せざる」から「外国たる日本に於て効力を是認すべき筋合に非ざること固より当然」であるとして，上告を棄却した。

【事例45】　養育費の支払いを命じる外国判決――東京高判平成10年2月26日(184)

日本国籍の男性Aと同じく女性Bは結婚し，2人のあいだに長男が生まれた。出生の直前に，Bはアメリカ・ミネソタ州の裁判所にAが長男の父親であることの認定の訴えを提起し，Aが不出頭のまま事実審理が行われ，同裁判所はAが長男の父であること，およびAに対して長男の養育費を支払うことを命じる判決を言い渡し，同判決は確定した。この判決では，日本に居住するAの給与からの天引の方法による養育費の支払いが命じられたが，これはアメリカではこの種の事件でよくとられる方法であった。

(183)　大審院大正6年5月22日第1民事部判決民集23巻793頁。

(184)　東京高判平成10年2月26日判例時報1647号107頁，判例タイムズ1017号273頁。

Bはわが国の裁判所に，外国判決中の養育費の給付を命じる部分について，執行判決を求める訴えを提起した。一方，Aは，本件外国判決が，わが国において効力を有しないことを確認することを求める訴えを提起した。

第一審（東京地判平成8年9月2日）(185)は，個々に1号から4号の要件を検討し，「当該外国判決の給付を命じる部分が，わが国の強制執行にそぐわず，同部分につき執行を許可しても，そのままではわが国において強制執行をすることができないような内容を有する外国判決については，執行判決を求める利益がないのみならず，給付を命じる部分を承認し，執行を許可することもできない」として，養育費の支払いを求める部分を棄却し，「養育費の給付を命じる部分以外の部分は，(旧) 民事訴訟法200条各号の要件を充たしている」と判断した。

控訴審判決は，本件外国判決が「外国裁判所の確定判決であり，かつ，民訴法118条各号に掲げる要件を具備している」ことを認め，「養育費支払についての給与天引制度は，アメリカ合衆国の前記法律によって認められたものであって，我が国には存在しない制度であるから，我が国においては，本件外国判決によって，判決の当事者ではない被控訴人の使用者等に対し，差押え等を介することなく，一郎の養育費を被控訴人の給与から天引し，これを公的な集金機関に送金すべきことを命ずることができないのは明らかであるが」，「被控訴人に対し養育費の支払を命ずるものとして執行力を有しているというべきであるから，本件外国判決のうち養育費の支払を命ずる部分の執行力を，我が国においても外国裁判所の判決の効力として認めることができる」とした。

このように人事・家族関係の事件であっても，強制執行を要する判決内容であれば，請求の内容として養育費の支払いを求めるという執行になじむ判決であれば，不法行為による損害賠償請求事件などと同様に，民事訴訟法118条の1号から4号の要件が具備されていることを条件に執行判決が認められることになる。

---

(185)　東京地判平成8年9月2日判例時報1608号130頁。

6　国際裁判管轄と外国判決承認執行に関する国際条約

ヘーグ（ハーグ）国際私法会議などの場では，これまで，裁判管轄と外国判決の承認・執行について国際的な条約を作成する方向で検討が行われてきた。その動向を少し見ておこう。まず，この分野では国際法協会の努力を挙げることができる。

国際法協会では，1956年に外国判決承認・執行の問題を検討する委員会を設け，1964年東京総会で「外国金銭判決の承認及び執行に関するモデル・アクト」を採択した(186)。同アクト2部4条は外国判決の原裁判所が裁判管轄を欠く場合，外国判決が欠席判決でなされ，かつ被告債務者に防御のために十分な期間内に訴訟手続の通知を受けなかった場合，適正手続の要請に合致する訴訟手続がとられなかった場合，強度の国際公序に反する請求原因にもとづいている場合，異なる判決の対象になったことのある請求原因にもとづく場合，詐欺によって判決が得られた場合には，当該外国判決は承認されないと定めていた。また，同3部7条は「この法律によって承認されうる外国判決が原裁判所所属国で執行可能なときは，判決債権者は，この法律にしたがって判決の執行の手続をすることができ」，「反対の証明のない限り，原裁判所所属国で執行可能なものと推定する」とした。同8条は「外国判決を執行するためには，判決債権者はその登録をえるものとする」としていた。

また，ヘーグ国際私法会議による作業も長年続けられてきた。第5会期（1925年），第6会期（1928年）に「外国判決の承認及び執行に関する条約案」が採択されたが，発効しなかった。さらに，第9会期（1960年）に改めてこの問題が審議されたが，結論に至らなかった。第10会期（1964年）で「外国判決の承認及び執行に関する条約案」が審議され，1966年には「民事及び商事に関する外国判決の承認執行に関する条約」が採択され，1971年2月1日に署名されたが，この条約は条約自体を批

(186)　沢木敬郎「外国金銭判決の承認と執行」海外商事法務27号（1964）2頁。

准するとともに，承認執行義務を生じさせるために，２国間で補足的合意をしなければならないとされ，キプロス，オランダ，ポルトガルのみが参加するにとどまった。

その後，1992年一般問題特別委員会において米国からヘーグ条約の見直しと新たな条約の作成が提案され，ワーキング・グループにその作業がゆだねられた(187)。新たな条約は，外国判決の承認執行と国際裁判管轄について規定する「ミックス条約」とすることとされた。特別委員会は，1999年10月30日に「民事及び商事に関する国際裁判管轄権及び外国判決の効力に関する条約準備草案」を採択した。しかし，2001年６月の外交会議での審議において，重要な問題について意見の隔たりが大きく，多くの国が受容可能な条文の策定が困難であることが認識された。その後，非公式な作業部会が2002年，2003年に管轄合意に関する条約案をまとめ，結局2005年６月30日に「裁判所の選択合意に関する条約」（管轄合意条約）成立したことは前述のとおりである(188)。

【４】 訴　え

1　財産関係事件の類型

(1)　訴訟の類型

国際的な私的法律関係の紛争には，不法行為や債務不履行を理由とする金銭給付を求める給付訴訟が多い。たとえば，【事例１】は労働契約に含まれる手当の支給を求めた事件であり，【事例２】は，損害賠償請求の訴えである。給付訴訟に比べると件数は少ないが，それ以外の類型の国際民事訴訟もある。たとえば，つぎの【事例46】は国際的な商取引

(187)　ヘーグ国際私法会議での作業については，南敏文「ヘーグ国際私法会議における国際司法の統一」ジュリスト781号186頁，道垣内正人「裁判管轄等に関する条約採択をめぐる状況」ジュリスト1211号80頁，1212号87頁等を参照。

(188)　道垣内正人「ハーグ国際私法会議の『裁判所の選択合意に関する条約作業部会草案』（上）」NBL772号８頁，773号57頁。

から生じた紛争において債務の不存在の確認を求めた訴えであり，【事例47】は株主総会決議取消しの形成の訴えである。

【事例46】　国際的な確認訴訟――静岡地浜松支判平成３年７月15日(189)

アメリカに居住している日本人Ａ氏が，わが国の会社であるＢ社のアメリカ駐在非常勤コンサルタントとして業務にあたっていた。そこで，Ｂ社がアメリカに現地法人を設立することになったため，Ａ氏を常勤コンサルタントとして雇用契約を結び，Ａ氏は同現地法人の建物に居住することになった。その後，Ａ氏はＢ社で勤務するように出向を指示され，単身でわが国に居住して業務にあたることになった。Ａ氏はＢ社に出向するにあたり，Ｂ社とのあいだで現地法人の建物（時価35万から40万ドルと言われている）を20万ドルでＡ氏に売却する旨の契約を締結し，同契約にはＢ社の代表取締役が署名した。

ところが，Ｂ社が売買に応じなかったため，Ａ氏がアメリカの裁判所に契約の履行を求める訴えを提起した。これに対して，Ｂ社がＡ氏を相手として，わが国の裁判所に当該建物を売却する債務のないことを確認する訴えを提起した。

裁判所は「被告が日本国内に普通裁判籍を有しない」こと，「義務履行地，財産所在地，不動産所在地，登記・登録地の各裁判籍はすべて米国にある」ことを認定し，「債務の中心は不動産の引渡及び登記登録等の公示の移転義務と考えられるところ，不動産の占有及び公示制度は不動産所在地国の土地法制に密接に関連するものであるから，不動産所在地国の判断を尊重すべき要請がある。したがって，日本が不動産所在地国でない場合には，不動産所在地国で訴訟を追行することが当事者には著しく困難であり，その裁判を受ける権利が害される等の右要請を上回るようなわが国で裁判をすべき必要性や実益が認められなければならないというべきである」として，わが国の国際裁判管轄を否定し，訴えを却下した。

【事例47】　国際的な形成訴訟――東京地判平成３年９月26日(190)

---

(189)　静岡地浜松支判平成３年７月15日判例時報1401号98頁。

(190)　東京地判平成３年９月26日判例時報1422号128頁，金融・商事判例897号30頁。

ノルウェーの親会社が倒産し，ノルウェーの裁判所によって破産管財人が選任された。一方，この会社の50％出資の日本法人が株主総会を開催し，ノルウェー人の取締役を排除し，新しい取締役を選任した。このため，ノルウェーの破産管財人が日本法人の株主総会決議取消の訴え（旧商法247条，会社法831条）をわが国の裁判所に提起した。

裁判所はノルウェーの倒産処理手続で選任された破産管財人の原告適格を認め，「原告に対してその通知を発しないで開催された本件総会における決議には，取消し事由に該当する瑕疵がある」として，役員選任決議を取り消した。

⑵　訴　額

①　外貨表示の請求と判決

わが国民事訴訟法８条１項は地方裁判所と簡易裁判所の事物管轄の判断にあたって「管轄が訴訟の目的の価額により定まるときは，その価額は，訴えで主張する利益によって算定する」と定めているだけで，訴額を円価とすべきことは求めていない。現実に，請求が外貨で行われ，外貨建ての金額の支払いを命じる判決が出されている。たとえば，国際取引法で取り上げる事例【76】の東京地判平成13年５月28日は，被告に221万3,788米ドルの支払いを命じている。東京地判平成14年７月11日[191]は，外国向為替手形取引契約にもとづき，外国向為替手形の手形面記載の金額での買戻請求権を行使した事件であるが，判決主文では「被告らは，原告訴訟引受人に対し，連帯して金54万3,000米国ドル及びこれに対する平成７年９月26日から支払済みまで年14パーセントの割合（年365日の日割計算）による金員を支払え」と命じている。また，東京地判平成12年11月24日[192]の事件は，イギリスの会社がわが国の会社を相手として「被告は，原告に対し，２万4,359.96スターリング・ポンド及びこれに対する平成10年８月６日から支払済みまで年21パーセントの

（191）　東京地判平成14年７月11日金融法務事情1675号66頁。
（192）　東京地判平成12年11月24日判例タイムズ1077号282頁。

割合による金員を支払え」との請求を行ったが，裁判所はわが国に英国の裁判所の専属的裁判管轄を認める合意が成立しているとして，訴えを却下した。外貨建ての請求を行うことに支障はない。

また，外国の裁判所で争われた給付請求の判決では，金額はほぼ常に外貨表示となる。そしてこうした外国判決についてわが国で執行判決の手続がとられることになる。ただし執行判決を求める訴えでは，当該外貨金額の請求の当否を審理しているのではなく，当該外国判決のわが国における執行の可否であるから，外貨表示であることは執行判決の裁判にとくに支障を生ずるものではない。ところで，執行判決は外国裁判所の給付判決と実質的には同じであるべきであるとする有力な意見があり(193)，現実には，執行判決は外国判決の給付を命じる文言を転記している例が多い。つぎの文言は，サドワニ事件の第一審判決の主文の抜粋である。

「右当事者ら間の香港高等法院1982年第4939号訴訟事件（同法院ナザレス判事が1988年４月27日に判決言渡）について，「被告らは，原告らに対し，同訴訟事件において，原告らが負担した訴訟費用120万2,585.58香港ドルを支払え。」との金銭給付義務を宣言した同法院ナザレス判事の1988年８月31日付命令及び同法院（訴訟費用算定主事オードネル）の1989年10月３日付費用査定書並びに同法院（同主事）の同年９月12日付費用証明書及び右金員に対する1988年９月１日から支払済みに至るまで別紙利息計算表記載の利率による遅延損害金支払義務につき原告らが被告ら

(193)　高桑教授は「執行判決は法律関係の発生，変更，消滅を宣言する判決ではないし，対世的効果も必要とするものではないから」，「外国判決における給付を命ずる裁判を請求原因とする給付判決と実質的には同じである」とし，「執行判決の主文では単に外国判決による執行を許可する旨の宣言だけではなく，外国判決の主文（給付を命ずる文言）を日本語で表示すべきである」としている（高桑昭「外国判決の執行」高桑昭＝道垣内正人『国際民事訴訟法』（青林書院，2002）390頁。

に対して強制執行することを許可する。」

しかしつぎのように「外国判決の執行を許可する」という記載もある（東京地判平成10年2月24日[194]の例）。この事件では別紙にそれぞれドイツ・マルクと米ドル表示の金額が記載されていた。

「ドイツ連邦共和国ベルリン地方裁判所が平成6年8月17日言い渡した別紙(1)の判決，同裁判所が同年11月8日にした別紙(2)の決定及び同裁判所が同年11月22日にした別紙(3)の決定に基づいて，原告が被告に対して強制執行をすることを許可する。」

②　外貨表示の判決の執行

わが国における給付の訴えにおいても，また執行判決で外貨建ての給付を命じる文言が記された場合にも，現に強制執行する場合には，3つの問題がある。まず，(1)判決が外貨建て金額の支払いを命じ，強制執行する場合，民事執行法の金銭執行の手続によるのか。つぎに，(2)仮に，判決に外貨建て金額で給付を命じられたが，債務者が任意に円貨で支払う，または円貨で強制執行する場合には，どの時点の為替相場で換算すべきなのか。さらに，(3)現在のように国内の金融機関に外貨建ての預金口座を開設できる場合，直接，判決の外貨金額をもって外貨預金に対する差押えはできるのか，という問題である。

第1の問題については，従来からわが国では民法403条が「外国の通貨で債権額を指定したときは，債務者は履行地における為替相場により，

(194)　東京地判平成10年2月24日判例時報1657号79頁，判例タイムズ995号271頁，金融・商事判例1039号20頁。ドイツの商業銀行がわが国の会社のドイツ現地法人と取引し，日本の親会社が現地法人の借入金について保証していたが，ドイツ現地法人が海外事業失敗により債権者銀行に対する債務を満たすことができなくなったため，ドイツの銀行が保証債務の履行を求めてドイツの裁判所に訴えを提起し，勝訴判決を得た。そのため，わが国の裁判所に執行判決を求めた事件である。

日本の通貨で弁済することができる」と規定していることにもとづき，いわゆる代用給付権があれば金銭執行の手続によるものとし，それがなければ動産引渡請求権の執行の手続によるとしている(195)。米ドル，ユーロ，スターリング・ポンドなどの主要通貨は，国外での交換可能性が認められているため，わが国で為替相場が公表されている。一方，厳格な為替管理をとり，自国通貨の国外流通を制限している国の通貨（韓国ウォン，人民元など）はわが国では為替相場が公表されていない。したがってわが国を履行地とするときに，これらの通貨では履行地であるわが国における為替相場がないから，日本の通貨で弁済することができず，上記の考え方によれば，動産執行の手続によらざるを得ないことになる。

一方，民法は「債権の目的物が金銭であるときは，債務者は，その選択に従い，各種の通貨で弁済をすることができる。ただし，特定の種類の通貨の給付を債権の目的としたときは，この限りでない」と定め（同法402条１項），同３項で「前２項の規定は，外国の通貨の給付を債権の目的とした場合について準用する」としている。402条にしたがえば，外貨建ての債権であっても当該通貨で弁済することができるのであるから，金銭債権であると考えることができる。国外での交換性のない韓国ウォンなどであっても当該国内ではウォン表示の債権は金銭債権なのであるから，わが国で強制執行するときに，わが国での為替相場があることを基準に金銭執行か動産執行かを区分けする必要性はないであろう。これはわが国と経済的・社会的な関係の緊密な韓国，中国の通貨に関する問題であるから重要であり，第１の問題については外貨であれ代用給付の可否によらずとも金銭執行の方法とすることでよいと思われる。

第２の問題は，技術的な問題であるが，民法403条の解釈として民法起草者は履行時の相場によるとしていたが，下記の事例は口頭弁論終結時の相場によるとしている。現在は外貨から円価への換算は口頭弁論終

(195)　詳細は，元永和彦「外貨通過の日本通貨への換算」高桑昭＝道垣内正人編著『国際民事訴訟法（財産法関係）』（青林書院，2002）379頁を参照。

結時の相場によるとするのが通説である[196]。

【事例48】　最三判昭和50年７月15日[197]

事件は施政権が返還される前の沖縄での事件である。アメリカがドル防衛政策の一環として，建設・電気工事を在沖縄会社に限ったことから，わが国の建設・電気工事会社が米軍工事入札部門にあたらせる法的主体として，沖縄に子会社を設けた。この子会社が沖縄所在の銀行から融資を受けるにさいして親会社が子会社の借入債務について，補償限度9,000万円（25万ドル，当時の固定相場360円で換算）の保証を行った。しかし，子会社が返済できなかったために銀行が親会社に保証債務の履行を求めた。なお，当時の外国為替及び外国貿易管理法30条には，政令で定める場合を除いては，何人も，居住者と非居住者間の債権，発生などの当事者となつてはならないとして，これら取引については外国為替管理令による大蔵大臣または主務大臣の許可を要することとされていたが，この保証は許可を得ていなかった。被告の建設・電気工事会社は許可を得ていない保証を無効であると主張した。

第一審判決（名古屋地裁昭和45年１月31日）は，単に保証の円価極度額9,000万円の支払いを命じた。控訴審も控訴を棄却した。

最高裁は前記のとおり為替管理法違反であれ，契約は有効であるとし，さらに「外国の通貨をもつて債権額が指定された金銭債権は，いわゆる任意債権であり，債権者は，債務者に対し，外国の通貨又は日本の通貨のいずれによつて請求することもできるのであり，民法403条は，債権者が外国

---

(196)　大阪地判昭和58年９月30日下民集34巻９～12号960頁，判例タイムズ516号139頁は，ホンコンと日本に支店のあるインドの銀行がインド人に対して同銀行の大阪支店と香港支店において供与してきた当座勘定取引契約の終了にもとづき，貸越残高を請求した事件で，当座勘定取引の対象貨幣単位が香港ドルとなっていたが，これは「契約締結地の通用貨幣単位であること以外に特段の理由が認められ」ず，「香港ドルをもつて計算の標準としたのは，支払貨幣を定めたものではなく，いわゆる勘定貨幣として使用しているものと推認できる」とし，香港ドルから円への換算について口頭弁論終結時の換算相場を適用している。

(197)　最三判昭和50年７月15日民集29巻６号1029頁，判例時報782号19頁，判例タイムズ328号235頁，金融法務事情765号32頁，金融・商事判例473号８頁。

の通貨によつて請求した場合に債務者が日本の通貨によつて弁済することができることを定めるにすぎ」ず，「外国の通貨をもつて債権額が指定された金銭債権を日本の通貨によつて弁済するにあたつては，現実に弁済する時の外国為替相場によつてその換算をすべきであるが，外国の通貨をもつて債権額が指定された金銭債権についての日本の通貨による請求について判決をするにあたつては，裁判所は，事実審の口頭弁論終結時の外国為替相場によつてその換算をすべきである」として上告を棄却した。

第３の外貨表記の判決の内容にしたがった外貨預金への執行の可否という問題については，現在までこのような事例はないと思われる。外貨建てであれ金銭債権であるから，わが国における法定通用力の有無にかかわらず，その執行を認めてよいと思われる。

2　人事・家族関係事件の類型

人事・家族関係では，婚姻無効または取消し，離婚，嫡出否認などの形成の訴えの類型にあたるものが多い。ただし，つぎの事例は，人事・家族関係の確認の訴えである。

【事例49】　離婚にともなう債務不存在確認──大阪地判平成８年１月17日(198)

わが国の大企業でそのアメリカにある子会社の社長を長年勤めた日本人の夫Ａとその日本人である妻Ｂについて，アメリカ・コネチカット州の裁判所において離婚判決が言い渡された。この判決にはＡにＢに対して一括扶助料として２万5,000ドルを，またＢが生存しかつ結婚しない限り，年３万ドルの扶助料を月払いすることが命じられていた。Ａは，在ニューヨーク日本国総領事の面前において，Ｂに対して離婚の慰藉料としてわが国に所在する不動産のＡの持分を譲渡することに同意する旨の書面を作成したが，その後，持分の移転に代えて，持分相当の一時金と毎月の扶助料を払うことにし，毎月の支払い分は1991年10月まで行われたが，その後支払いが滞った。このため，Ｂがアメリカ・メリーランド州の裁判所に離婚判決

(198)　大阪地判平成８年１月17日判例時報1621号125頁，判例タイムズ956号286頁。

にもとづく執行のために判決の登録を申し立て，同裁判所はＡの主張を排して，登録を決定した。一方，Ａは，わが国の裁判所にＢを相手として，扶助料支払い債務の不存在の確認の訴えを提起した。

裁判所は「外国判決が（旧）民事訴訟法200条の要件を満たす場合，その判決が判決国法上有する効力は我が国においても承認され，この理は同条の要件を満たす限り裁判の形式ないし名称の如何を問わないと解するのが相当である」とし，メリーランド州の決定に既判力を認めて，Ａの請求を棄却した。

この事例はアメリカにおける訴訟とわが国における訴訟が競合した事例である。

3　併合請求

(1)　客観的併合

１つの請求で，複数の請求を行うことを請求の併合という。民事訴訟法７条前段により，１つの請求の管轄権を有する裁判所に数個の請求をすることが可能であり，同法136条はこれらの数個の請求が同種の訴訟手続による場合に限り，１つの訴えで行うことができるとしている。同種の訴訟手続であるから，行政訴訟による請求と民事訴訟による請求の客観的併合や非訟事件と争訟事件の請求の併合はできない。１つの訴えで複数の請求を行う場合を請求の「客観的併合」という。また，同法は，数人の原告による，または数人の被告に対する訴えについては，訴訟の目的である権利又は義務が数人について共通であるとき，または同一の事実上及び法律上の原因にもとづくときに認めている（38条前段）。このように原告・被告が複数の場合を請求の「主観的併合」という。請求の併合は客観的併合と主観的併合を分けて検討する必要がある。

通説・判例は，国際民事訴訟における請求の客観的併合を認めている。前掲【事例22】の最二判平成13年６月８日（円谷プロ事件）では，原告（円谷プロ）が被告のチョイヨ・フィルムの経営者を相手に，①契約書が真正に成立したものでないことの確認，②原告がタイ王国において著作権を有することの確認，③被告が許諾による利用権を有しないことの確認，④被告が独占的利用権者である旨を表明することの禁止と⑤被告の損害賠償の支払いを求める訴えを提起した。

最高裁は，この事例で請求の客観的併合について「ある管轄原因により我が国の裁判所の国際裁判管轄が肯定される請求の当事者間における他の請求につき，民訴法の併合請求の裁判籍の規定（民訴法７条前段，旧民訴法21条）に依拠して我が国の裁判所の国際裁判管轄を肯定するためには，両請求間に密接な関係が認められることを要すると解するのが相当であ」り，これは「同一当事者間のある請求について我が国の裁判所の国際裁判管轄が肯定されるとしても，これと密接な関係のない請求を併合することは，国際社会における裁判機能の合理的な分配の観点からみて相当ではなく，また，これにより裁判が複雑長期化するおそれがあるからである」が，本件についてみると密接な関係があるということができる」として認めている。

また，民事訴訟法143条は請求の基礎に変更がなく，訴訟手続が著しく遅延しないかぎり，口頭弁論の終結に至るまで原告は請求を変更することができるとしている。これを訴えの変更という。訴えの変更には新たな請求を加える追加的変更と新たな請求によって既存の請求を代える交換的変更があり，国際民事訴訟においても国内事件の訴訟と同様に扱われる。たとえば，この円谷プロ事件では，控訴審で原告・控訴人は上記の②に代えて，「被告・被控訴人が日本国における著作権を有しないことの確認を求める」と請求を変更している。訴えの交換的請求について，控訴審判決（東京高判平成12年３月16日）は，旧請求が原告・控訴人の創業者が著作物を製作して，その著作権を取得し，この権利を被告・控訴人が承継していることを前提に，原告・控訴人が被告・被控訴人所在国でも著作権を有していることの確認を求めているものであり，新請求は，同創業者が著作物を製作して，その単独の著作権を取得し，この権利を原告・控訴人が承継し，被告・被控訴人は著作物の日本国における著作権を有しないことの確認を求めているものであることを認定して，「新請求と旧請求とは，権利の発生原因事実をも共通にしているのであるから，請求の基礎を同一にするものというべきであり，民訴法143条による訴えの追加的変更を許すのが相当である」とした。

つぎの2つの事例は人事・家族関係の客観的併合の事件である。

【事例50】　東京地中間判平成10年11月27日(199)

いずれも日本国籍を有する夫婦が長男とともにアメリカに居住していた。夫婦と子はいったん日本に帰国したが，その後，妻だけがアメリカに戻り，夫は子を連れて実家にとどまった。このため，妻はアメリカの裁判所に夫およびその母親の不法行為により損害を被ったとして5つの事実を挙げて，これらの事実にもとづく不法行為による損害賠償の請求の訴えを提起した。これに対して，夫の母は，妻がアメリカの裁判で挙げた5つの事実について5項目の債務の不存在を確認する訴えを提起した。

裁判所は「我が国の裁判所間での管轄の分配の問題であれば，仮に1つの裁判所において併合請求の裁判籍による管轄を認めたとしても，それによって不都合が生じた場合には，訴訟の全部又は一部を適当な裁判所に移送することによって，個々の具体的な裁判の適切な進行を図ることができるのに対し，本件のように，国際裁判管轄が問題となる事件においては，右のような処理をすることができないことから，我が国の国際裁判管轄の有無を判断するに当たっては，証拠収集の難易や被告となる当事者が我が国において訴訟活動を行うことにともなう負担等といった事情を考慮し，我が国の国際裁判管轄を肯定することが，当事者の公平や裁判の適正，迅速を期するという理念に合致する場合であることを要する」というべきであり，「我が国の国際裁判管轄の有無を判断するに当たって，旧民訴法21条（現行法7条前段）の併合請求の裁判籍に基づいて我が国の国際裁判管轄を無制限に肯定するのは相当ではなく，少なくとも，我が国の国際裁判管轄が肯定される請求と関連性を有するものについて，これを肯定すべきである」として，5項目の請求のうち，1項，4項と5項の各請求について国際裁判管轄を認め，2項と3項については請求を却下した。

---

(199)　東京地中間判平成10年11月27日判例タイムズ1037号235頁。

【事例51】　名古屋地判平成11年11月24日[200]（離婚等請求事件）

日本人男性とアメリカ人女性が日本国内で婚姻届を出した。その後，女性が長男と長女の２子を連れてアメリカに戻り，アメリカの裁判所で離婚と２子の親権者を指定する判決を得た。一方，男性は女性を相手として，わが国の裁判所に，①原告と被告とを離婚する，②原被告間の長男と長女の親権者をいずれも原告と定める，③被告は，原告に対し金500万円と利息の支払いを求める，④訴訟費用は被告の負担とするという４項目の請求を行った。

本件ではすでに女性によるアメリカの裁判所の判決があったが，原告がわが国裁判所に訴えを提起したので，わが国の裁判所は，請求それぞれについてわが国の国際裁判管轄を検討し，「本件離婚の訴えの国際裁判管轄は我が国にあり，かつ，米国確定判決中の原被告間の婚姻が終了するとの部分は」，「原告の住所地があり，原被告の婚姻共同生活地があった我が国は本件離婚の訴えの国際裁判管轄を有すると解するのが相当である」から「我が国において効力を有しない」ので，わが国の裁判所に提起された「本件離婚の訴えは適法」であるが，「親権者指定の裁判の国際裁判管轄は，離婚の訴えの国際裁判管轄を有する国及び子の住所地の所在する国が有すると解するのが相当である」から，子が居住する「米国確定判決中の親権者指定に関する部分は我が国において効力を有し，本件親権者指定の申立ては米国確定判決の効力に抵触するから，不適法」であり，「本件慰謝料請求の国際裁判管轄は我が国にあり，かつ，米国確定判決は本件離婚にともなう慰謝料請求に関する判断を含まないから，そもそも，本件慰謝料請求については，米国確定判決の我が国における効力を問題にする余地がない」ので，「慰謝料請求は適法である」とした。

⑵　主観的併合

つぎに，わが国の法人と外国の法人を共同被告としてわが国の裁判所に訴えを提起した場合，外国法人にわが国の国際裁判管轄が及ぶのだろ

(200)　名古屋地判平成11年11月24日判例時報1728号58頁，判例タイムズ1068号234頁。

うか。このような主観的併合は，訴えを提起する原告にとっては１つの訴えで複数の被告に対して請求できることからきわめて便利な手段であるが，一方応訴を余儀なくされる被告にとっては予期していなかった裁判所からの呼出しを受け，応訴に多大な手間と時間を要することになるおそれがある。学説は主観的併合については，全面的に否定する説が多数説であったが，現在は限定的に肯定する意見が多い(201)。客観的併合については請求相互の関連性を判断基準とするが，主観的併合については併合にあたいするだけの特段の事情がある場合にのみ併合を認めている。つぎの事例を見てみよう。

【事例52】　東京地判昭和62年７月28日(202)

日本の海上運送会社Ａ社が外国の会社Ｂ社に船舶を傭船に出し，さらにＢ社はこの船舶をパナマ籍の会社であるアッティカ社に再傭船したところ，事故が発生した。この船舶にはわが国の保険会社であるＣ社が損害保険を契約していたので，Ｃ社が外国会社のＢ社に保険金を仮払いした。この仮払金について，再傭船していたパナマ籍のアッティカ社がその償還請求権を有しているとして，Ａ社とＢ社に対して支払いを求めた。このため，Ａ社とＢ社が，保険会社であるＣ社とパナマ籍のアッティカ社を共同被告として償還債務の不存在確認の訴えをわが国の裁判所に提起した。なお，アッティカ社はいわゆる便宜地籍船会社であり，わが国に居住する個人が同社を支配していた。

裁判所は，本事件を分離し，アッティカ社を被告とする本事件において「(旧) 民事訴訟法21条（現行民事訴訟法７条前段）は，併合請求の関連裁判籍を規定するが，国内土地管轄の場合と異なり，国際裁判管轄に関して，主観的併合を理由に同条の法理に基づく併合請求の関連裁判籍を管轄原因として認めることは，原則として許され」ず，これは「このような管轄を認めることにより，自己と生活上の関連がなく，また自己に対する請求自体とも関連を有しない他国での応訴を強いられ被告の不利益は，一国内の

(201)　詳細は，櫻田嘉章「主観的併合による管轄権」高桑昭＝道垣内正人編著『国際民事訴訟法（財産法関係）』（青林書院，2002）128頁を参照。

(202)　東京地判昭和62年７月28日判例時報1275号77頁，判例タイムズ669号219頁。

場合に比して著しく過大なものとなるおそれがあるからである」とし，例外的に「主観的併合の場合であっても，固有必要的共同訴訟の場合その他特にわが国裁判所の裁判管轄権を認めることが当事者間の公平，裁判の適正・迅速を期するという理念に合致する特段の事情が存する場合には，わが国裁判所の裁判管轄権を認めることが条理に適うというべきである」が，本件ではそのような特段の事情はないとした。

つぎも海上運送と貨物海上保険にかかわる事例である。

【事例53】　東京高判平成８年12月25日(203)

パプアニューギニアから台湾に向けて航行していた船舶がルソン島沖合で沈没した。運送されていた貨物には韓国の保険会社と台湾の保険会社が保険契約を結んでおり，両者は荷主に保険金を支払った。これらの保険会社２社はわが国の海上運送会社Ａ社のほかいずれも香港法人である登録船主，実質船主，船舶管理会社を共同被告として，保険金代位にもとづいて損害賠償を請求した。第一審では，海上運送会社のＡ社は口頭弁論期日に出頭せず，答弁書等も準備しなかったため，原告の請求をそのまま認容した。

これに対して，わが国の海上運送会社Ａ社と香港の船舶管理会社が控訴した。その理由として「主観的併合の場合，国内裁判管轄については，(旧) 民事訴訟法59条前段の共同訴訟について同法21条（現行民事訴訟法７条前段）の併合請求の裁判籍の適用を認めるのが学説の多数であるが，国際裁判管轄に関しては，この基準をそのまま採用すべきではなく，当事者間の公平，裁判の迅速・適正の理念に合致する特段の事情がある場合でない限り，併合請求の裁判籍によって日本の裁判所に管轄を認めることはできないというべきである」と主張した。なお，わが国の海上運送会社Ａ社の発行した船荷証券には，わが国の裁判所を管轄裁判所とする旨の管轄条項があった。

東京高裁は，訴えの主観的併合の国際裁判管轄について「一般的に，自己と生活上の関連がなく，また，自己に対する請求自体とも関連を有しない他国での応訴を強いられる被告の不利益は，一国内における場合に比し

---

(203)　東京高判平成８年12月25日高民集49巻３号109頁。

て著しく過大なものとなり，原告の便宜に偏って，当事者間の公平を欠くおそれがあると考えられるばかりでなく，請求に関わる法的紛争とは人的にも物的にも関連性のない他国の裁判所における審理が，裁判の適正・迅速を期するという理念に適合するかも疑問であるから，訴えの主観的併合に係る渉外的民事訴訟について，その訴訟のわが国内における裁判籍が(旧) 民事訴訟法21条による併合請求の裁判籍の規定によって初めて認められるにすぎない場合においては，当該の具体的な事案に照らして，わが国の裁判所において裁判を行うことが当事者間の公平，裁判の適正・迅速を期するという理念に適合するものと認められる特段の事情が存在する場合において初めて，わが国の裁判所に国際裁判管轄があるとすることが，前示の条理に適うものというべきである」とし，本件は損害発生の原因が貨物船の沈没事故という同一の原因であり，これについての共同不法行為を請求原因とするが，同一の原因というにとどまり，控訴人らの普通裁判籍，不法行為地の裁判籍，船籍所在地の裁判籍などのわが国内に裁判籍を認めることができる管轄原因が存在しないから，「本件訴えについてわが国の裁判所において裁判を行うことが，裁判の適正・迅速という理念に適合するものと認めるべき特段の事情が存在するということはできない」として原判決を取り消した。

人事・家族関係事件としては，前記【事例30】の東京高判平成９年９月18日を挙げておこう。これは外国の裁判所の判決で父子関係が確認された相手に子の養育費の支払いを求めてわが国の裁判所に執行判決を求める訴えが提起された事件である。アメリカ・オハイオ州の裁判所における請求は，この裁判の原告である女性が婚姻関係にある訴外の男性とこの女性が以前関係していた男性の２人を共同被告とし，前者に対しては同人が子の父親ではないことの確認，後者に対しては同人が子の父親であることの確認と養育費の支払を求めた。前記のとおり，後者の父子関係の確認を請求されている男性は，アメリカ・オハイオ州の裁判所の送達吏からたまたま同州のホテルに滞在していたところに英文の訴状と召喚状を受け取ったが，破棄したというものである。同州の裁判所は被告欠席のまま，請求どおり父子関係の確認をし，男性に子の養育費の支払を命じる判決を言い渡した。そこで，アメリカの裁判所で勝訴判決を得た女性が本件外国判決の執行を求めてわが国裁判所に訴えを提起した。

東京高裁は，アメリカ・オハイオ州の裁判所に主観的併合による関連裁判管轄権が認められるかという点について，「わが国の国際民事訴訟法の原則において，本件のような場合に（旧）民事訴訟法21条を適用して，アメリカ合衆国オハイオ州の裁判所に主観的併合の場合の関連裁判管轄権を認めることは，日本に居住する被控訴人に著しい不利益を強いることとなるので，同条の適用を認めるべきものと解することはできない」とした。なお，わが国の執行判決を求める訴えについてみると，これは父子関係の確認と養育費の支払いという２つの請求が併合されていたが，「父子関係存在確認の訴えは，わが国における認知訴訟に該当すると解されるが，渉外認知事件の国際裁判管轄権については，渉外離婚事件に準じて，被告の住所地のある国の裁判所にこれを認めるのを原則とし，行方不明その他特別の事情がある場合には例外的に原告の住所地のある国にこれを認めるべきものと解するのが相当であるから，本件外国裁判所に提起された被控訴人との父子関係存在確認の訴えについて，アメリカ合衆国オハイオ州の裁判所に国際裁判管轄権を認めることはできず，養育費請求事件と被控訴人との父子関係存在確認の訴えとを客観的併合することにより同州の裁判所に養育費請求事件の国際裁判管轄権を認めることもできない」とした。

【5】　審理手続

1　ふたたび「手続は法廷地法による」の原則

これまで見てきたように，国際的な私的法律関係の紛争の解決がわが国の裁判所に提起された場合，わが国の裁判所に国際裁判管轄があるか否かを判断する基準はわが国の民事訴訟法の規定である。また，裁判手続はわが国の民事訴訟法にしたがって進められる。外国の裁判所が行った判決についてわが国の裁判所に執行判決が求められた場合には，この外国裁判所には間接管轄がなければならないが，この間接管轄の有無の判断基準もあくまでわが国の国際民事訴訟法である。いずれも「手続は法廷地法による」との原則があるからである。

さて，民事訴訟法は裁判所が職権で行うべきこととして，職権証拠調べ（14条），管轄違い等の場合の移送（16条等），送達（98条），（職権送達の原則等）などを定めている。裁判所の職権は国家主権の下で行われているから，その領域内では効果があるが，これは一国の主権的行為であるから，領域外では効果は認められない。そうすると送達や証拠調べは，国際民事訴訟ではどのように実施するのだろうか。

2　送　達

民事訴訟は，私人間の法的関係にかかわる紛争について国家が紛争の当事者等から提供される証拠から事実を認定し，法を適用して権利関係を判断する手続であるから，当事者の関与が不可欠である。このため，わが国民事訴訟法138条1項は訴状の被告への送達を定めている。被告に防御の機会を与えなければ，事実の認定が正しく行われないおそれがあるからである。この送達は裁判所の書記官が行うこととされている（98条2項）。

送達は，具体的方法として特別の定めがある場合を除き，郵便または執行官によってする（99条1項）こととされ，一般的には郵便によって行うことが多い。郵便で行う場合には郵便の業務に従事する者は送達をする公務員とすると定めている（99条2項）。また，裁判所書記官は，その所属する裁判所の事件について出頭した者に対して自ら送達をすることができる（100条）。

送達とは「当事者その他の訴訟関係人に対し，法定の方式にしたがって，訴訟上の書類を交付して，その内容を了知させ，現実に交付することができない場合には，交付を受ける機会を与え，かつ，これらの行為を公証する裁判機関の訴訟行為である」(204)と理解されている。国際的な私的法律関係の訴訟においても国内事件と同様に，被告に防御の機会を提供するために，訴状を被告に送達する必要があるが，送達はわが国民事訴訟法が規定する手続であり，わが国の裁判権が及ばない者にわが国の民事訴訟法にもとづいて送達することはできない。反対に，仮に外国の裁判所に係属した裁判で，訴状がわが国に所在する被告に送達されなかった場合には，わが国民事訴訟法118条2号により，わが国において当該外国判決が承認されることはなく，執行判決が言い渡されることもない。送達には一定の手続上の効力を発生させる機能と事実を通知する機能の2つの機能があり，同一の国家主権の下にある場合には，送達は単なる書類の通知という事実行為ではなく，送達を規定する法令の予定した効力の発生のためにとられる行為であるが，外国の裁判上の文書を国内で送達したり，わが国の裁判上の文書を外国で送達しても，その送達はこの文書の効力を承認するものではなく，単に文書が発せられた事実を通知する機能しか有していない。

国際民事訴訟について，民事訴訟法は「外国においてすべき送達は，裁判長がその国の管轄官庁又はその国に駐在する日本の大使，公使若しくは領事に嘱託してする」(108条) と定めている。これはわが国の民事訴訟法の規定であり，被告の所在する国がこの方法による送達の効果を認めるとはかぎらない。たとえば，国際的な私的法律関係の紛争がわが国の裁判所に係属し，外国に所在する被告に対する訴状の送達，期日の呼出しを同法108条による方法で行い，最終的にわが国の裁判所が被告の敗訴の判決を言い渡したと想定してみよう。原告は被告の所在する国の裁判所にわが国の裁判所の判決について同国の執行判決相当の手続をとることになろうが，この場合当該国裁判所が民事訴訟法108条による送達をもって適式の送達と認めるとはかぎらない。これは，前記【事例30】でアメリカ・オハイオ州の裁判所の送達吏が滞在中のホテルで被告に交付したが，わが国の裁判所は適式の送達とは認めなかったことのコ

(204) 三宅省三＝塩崎勤＝小林秀之編『注解民事訴訟法(2)』(青林書院，2000) 305頁［木村元昭］。

インの裏面である。

つぎに，民事訴訟法110条1項は「外国においてすべき送達について，第108条の規定によることができず，又はこれによっても送達をすることができないと認めるべき場合」（3号）と同法「108条の規定により外国の管轄官庁に嘱託を発した後6月を経過してもその送達を証する書面の送付がない場合」（4号）には公示送達をすることができると定めている。しかし，この規定によって公示送達を行ってわが国の裁判所が外国にいる被告の敗訴判決を出しても当該国で執行されるとはかぎらない。わが国民事訴訟法自体，外国判決の承認にあたっては，敗訴の被告への訴状の送達等が必要であるが，その送達には「公示送達その他これに類する送達」は含まれないとしているからである（118条2号）。これも前記【事例29】を見れば明らかであろう。

このように送達が効力を有するのは送達が行われる国の領域にかぎられるので，被告への防御の機会の提供という必要性を充足するためには，送達に関する国際条約が必要となる。

わが国と外国のあいだでの訴状等裁判上および裁判外の文書の送達について，2国間条約によって定めている国がある。たとえば，いわゆる日英領事条約（日本国とグレート・ブリテン及び北部アイルランド連合王国との間の領事条約）25条，いわゆる日米領事条約（日本国とアメリカ合衆国との間の領事条約）17条1項(e)は，送達を要請する国の領事館が派遣国の法例にしたがい，接受国の法令に反しない方法で接受国の国内の者に派遣国の裁判所のために裁判上の文書を送達する権限を認めている。

つぎに，ヘーグ（ハーグ）国際私法会議が条約を定めている。「民事訴訟手続に関する条約」（昭和45年6月5日条約第6号）（民訴条約）[205]と「民事又は商事に関する裁判上及び裁判外の文書の外国における送達及び告知に関する条約」（昭和45年6月5日条約第7号）（送達条約）[206]である。

---

(205)　ヘーグ国際私法会議において1954年3月1日に締結され，1957年4月12日に発効した。わが国は1970年3月12日に署名し，1970年5月28日に批准した。

(206)　ヘーグ国際私法会議において1965年11月15日に締結され，1969年2月10日わが国はこれら２つの条約を批准し，民事訴訟手続に関する条約等の実施にともなう民事訴訟手続の特例等に関する法律（昭和45年６月５日法律第115号）と同規則（昭和45年７月７日最高裁規則第６号）を整備している。

民訴条約は，裁判上および裁判外の文書の送達を定めるほかに，締約国間での証拠調べ等に関する司法共助の嘱託，締約国に住所を有する原告・被告に裁判にかかわる保証・供託を求めないことなどを定めている。送達については，民事または商事に関して，外国にいる者に宛てた文書の送達を，嘱託する側の国の領事官から受託する側の国の指定する当局にあてた要請にもとづいて，締約国において行なうこととしている（１条)。嘱託国から受託国への要請書には，転達される文書を発出した当局の表示，当事者の氏名および資格，名宛て人の宛先とその文書の種類を記載し，受託国の言語で作成することとしている。また受託当局は，送達を証明し又は送達を妨げた事由を明示する書類を前記の領事官に送付する。民訴条約にもとづいて裁判上の文書を送達する場合には，嘱託国の領事館から受託国の指定当局に送達を要請し，受託国の指定当局がこれを自国の法律上権限のある当局に転達し，権限ある当局が送達を実施することを原則としている(207)。

送達条約は，「外国において送達又は告知を行なうべき裁判上及び裁判外の文書をその名あて人が十分な余裕をもつて知ることができるための適当な方法を設けること」を目的としており（前文)，民訴条約と異なりもっぱら文書の送達のみを定めている。送達条約による場合には，嘱託国の権限ある当局または裁判所事務官から受託国の中央当局に要請して行う送達，派遣国の外交官・領事館による送達などが認められている。なお，民事訴訟手続の特例法は「民事又は商事に関する裁判上及び裁判外の文書の外国における送達及び告知に関する条約（以下「送達条

に発効した。わが国は上記の条約と同様に，1970年３月12日に署名し，1970年５月28日に批准した。

(207)　高桑昭＝山崎栄一郎「送達」高桑昭＝道垣内正人編著『国際民事訴訟法（財産法関係)』（青林書院，2002）194頁。

約」という。）第2条第1項の中央当局及び同条約第9条第1項の当局は，外務大臣とする」と定めている（24条）。

したがって，わが国に所在する被告に対して外国の裁判所に係属する裁判について訴状を送達する場合には，外務省を通じて行われるはずで，原告の訴訟代理人が訴状を直接郵送しても，有効な送達とはいえない。

3　証拠調べ

(1)　民事訴訟法の規定

つぎの事例はわが国の裁判において証拠として外国語の文書が提出され，翻訳が付されていなかったというものである。旧民事訴訟法248条は「外国語をもって作りたる文書にはその訳文を添付することを要す」と規定していたが，現行民事訴訟法は削除しているので，このような問題は起こらないものと思われる。

【事例54】　最二判昭和41年3月11日(208)

最高裁判決からは事案の詳細を読み取れないが，同判決から推測すると，外国の会社が日本国籍の個人に同社の佐世保出張所としての商号の使用許諾を与えていたところ，わが国の会社が同人と取引を行った。このわが国の会社が外国の会社に取引にともなう売掛代金の支払いを請求したが，外国会社が支払いを行わなかったためにわが国の裁判所に訴えを提起したもののようである。原判決は当該外国の会社に商法23条の責任があるとした。

これに対して，外国の会社が，「原判決は外国語を以て作った文書に其の訳文を添付しなかった」のであり，「外国語を以て作成された文書は訳文があって初めて証拠とすることができる」，「原判決の判断は明らかに法令の誤解である」として上告した。

最高裁は，「原審が訳文の添付がないのに外国語で書かれた文書を採証の用に供したのは違法な手続によるものではあるが，右文書の意味内容・立証趣旨が口頭弁論および証拠調の結果を通じて明らかにされ，当事者においてもこれを充分了知していること記録上明らかな本件においては，右文

(208)　最二判昭和41年3月11日判例時報441号33頁，判例タイムズ189号116頁。

書を事実認定の資料として採証の用に供しても，(旧) 民訴法248条の趣旨に徴すれば所論のように原判決を違法ならしめると解すべきものではない」として上告を棄却した。

問題は証拠が外国にある場合である。

民事訴訟は，前提として法規があり，当事者が提出した証拠にもとづいて事実を認定し，確定された事実に法規を適用するという過程をたどる。国際民事訴訟においても事情は同様である。証拠は当事者が提出するが，国際民事訴訟における証拠は必ずしも訴えが係属する裁判所の所在国にあるとはかぎらない。

わが国の民事訴訟法は「外国においてすべき証拠調べは，その国の管轄官庁又はその国に駐在する日本の大使，公使若しくは領事に嘱託してしなければならない」と定めている (184条)。また，「裁判所は，必要な調査を官庁若しくは公署，外国の官庁若しくは公署又は学校，商工会議所，取引所その他の団体に嘱託することができる」として外国の官庁への調査嘱託を規定している (186条)。しかし，外国に証拠がある場合や証人が外国にいる場合に裁判所が大使等に証拠調べを嘱託しても，証拠調べは1つの訴訟行為であるから，大使等の証拠調べは外国の主権との緊張を生みかねない。このために条約によって相互に外国での証拠調べの効果を認めることが有効な手段となる。しかし，わが国はこのような条約を批准していない。

(2)　ヘーグ証拠収集条約

国際的な証拠調べについては，すでにヘーグ（ハーグ）国際私法会議による「1970年３月18日民事又は商事に関する証拠の収集に関する条約」(ヘーグ証拠収集条約)(209)がある。

(209)　邦訳は，三井哲夫『国際民事訴訟法の基礎理論』(信山社，1995) 315頁，道垣内正人＝澤田壽夫編『解説国際取引法令集』(三省堂，1994) 430頁，柏木邦良「民事・商事事件の外国における証拠調に関する条約（下)」ジュリスト1067号103頁，多田望『国際民事証拠共助法の研究』(大阪大学出版会，2000) 223頁，同条約によれば，締約国は自国で本条約にもとづいて他の締約国からの嘱託を受ける中央当局を指定し（2条），締約国の司法当局は他の締約国の権限ある当局に証拠の収集などの裁判上の行為を嘱託することができる。同1条1項は「締約国の司法当局は，民事又は商事に関し，他の締約国の権限のある当局が証拠の収集その他の裁判上の行為を行うよう，自国の法律に従い，要請書により嘱託することができる」と定めている(210)。嘱託を受けた受託国の司法当局は，自国の手続にしたがって証拠収集等を行う（9条）。とくに同条約で注意を要するのは，締約国の外交官・領事官がその本国に係属する裁判のために，他の締約国の国内で証拠収集し（15条），他の締結国の国民からも証拠収集することができる（16条）。コミッショナーとして適法に指名された者が外国において証拠調べを行うことができるとしている（17条）。これは同条約締結国の相互間で外国の外交官等の証拠収集を認め合うものであり，わが国の国内法である民事訴訟法184条とは趣旨が異なるものである。しかし，わが国は批准していないので，同条約にもとづく外国での証拠調べを行うことはできない。このため，民訴条約第2章にいう司法共助の嘱託によるか，当事者自らが証拠や証人の存在する地の弁護士などに依頼して証拠などの提供をまたなければならない。民訴条約の司法共助には，ヘーグ証拠収集条約が規定するような外交官による証拠収集の相互承認はなく，規定も詳細ではない。また，自ら証拠収集することは大企業であれば可能かもしれず，国際民事訴訟の当事者のほとんどが海外に進出し，取引のある大企業であった時代にはこのような自助努力にまつことでも間に合ったかもしれないが，経済・社会のグローバリゼーションが進んでおり，個人も国際民事訴訟の当事者となる可能性が高まっており，国際的な証拠収集の対応が遅れることは問題を生じかねない(211)。今後の

菊池洋一「証拠収集に関するヘーグ条約の運用についてのヘーグ会議」国際商事法務14巻6号409頁を参照。

(210)　翻訳は，多田望『国際民事証拠共助法の研究』（大阪大学出版会，2000）223頁による。

課題である。

一方，経済的・人的関係が極めて密接な欧州連合では，2001年5月28日「民事または商事事件における証拠収集に関する欧州連合加盟各国の裁判所間の協力に関する規則」(ヨーロッパ証拠法) が定められている(212)。この証拠法では，欧州連合という閉じられた法域であるため，受託国による証拠収集を原則としつつ，嘱託する側の裁判所の直接の証拠収集も認めている。

(3)　アエロスパシアル事件と証拠調べ

わが国には，外国での証拠調べに関して公表された裁判例がないので，ここでは，外国での証拠調べに関する著名なアメリカの判例を紹介しておこう。外国での証拠調べについては，ヘーグ証拠収集条約があり，すでに発効している。また本事件の当事国であるアメリカとフランスの両国は批准している (わが国は批准していない)。

このような状況の下で，フランスの国有航空機メーカーであるアエロスパシアル社が製造したヘリコプターがアラスカで死者を出す事故を起こし，アメリカの裁判所に損害賠償を求める訴えが提起された。製造されたヘリコプターの設計が事故原因かどうかということが争点になった。同裁判所はフランスの会社である被告に対して証拠の開示を命じ，これに対して被告のアエロスパシアル社は，証拠収集はヘーグ証拠収集条約

(211)　国際私法の現代化にともなう法例の改正 (法の適用に関する通則法案) を審議した2006年6月13日の第164回国会・衆議院法務委員会の審議で伊藤外務大臣政務官はヘーグ証拠収集条約について「我が国にとってのメリットも余り大きくないものですから，締結の優先度は相対的に低いというふうに考えております」と答弁している。同条約には2005年11月16日現在でドイツ，フランス，イギリス，イタリアなど欧州各国のほか，アメリカ，中国が加盟・批准し，すでに発効している。また，欧州連合での先進的な状況や現在の経済・社会のグローバル化を考慮すると，少なくとも条約の批准の可否を検討すべきではなかろうか。

(212)　その詳細については，春日偉知郎「ヨーロッパ証拠法について」判例タイムズ1134号47頁を参照。

にもとづいて行うべきであると主張した。

判決は，「ヘーグ証拠収集条約がアメリカ連邦民事訴訟規則に優先する（override）ことを認めることは，裁判所の利害を不満足にするものであり（frustrate courts' interests），裁判所の利害は，アメリカ国民が問題のある製品（harmful products）を使用したことによる損害から保護し，損害賠償させることにおいて，製造物責任のケースでとくに問題となるものである（arise in products liability cases）」として，ヘーグ証拠収集条約はアメリカ国内の民事訴訟規則に優先する（override）ものではないとして，被告の申立てを棄却した。アメリカ国民保護は国際条約に優先するのである。

4　外国法の調査と証明責任

⑴　外国法の調査

民事訴訟では，適用すべき法規が大前提となっている。国内の民事訴訟ではほとんどの場合，適用される法規はわが国の法規であり，法規を知ることは裁判官の職責であるから，法規の存在やその内容は当事者が主張立証する事項ではない。一方，国際民事訴訟がわが国の裁判所に提起された場合，まず当該事案に適用されるべき準拠法を確定することになるが，このようにして確定した準拠法がわが国の法規でない場合，法規を知ることは裁判官の職責であるということができるだろうか。また，仮に準拠法である外国法の解釈や適用を誤った場合には，上訴理由となるのだろうか。

つぎの事例を見てみよう。本判決は，適用すべき法律の内容は裁判所が職権で調査すべきであるとしながら，国際的な私的法律関係の紛争に適用すべき法律がどこの国の法律かについては，当事者が主張・立証しなければならないと判示した。

【事例55】　大阪地判昭和35年4月12日[213]

本事件は戦前の中華民国・上海で締結された宝石の売買についての契約

にかかわるものである。スペイン人のＡ氏はもう１人の者と組合契約を締結し，上海においてＡ氏を代表者として宝石類の売買業を営んでいた。日本人のＢ氏は，Ａ氏とのあいだで，Ａ氏を委託者，Ｂ氏を受託者とするダイヤモンドの委託販売契約を結んだ。

Ａ氏とＢ氏は，ダイヤモンドが販売された場合には代金として12,254テールをＡ氏に支払い，販売できなかった場合にはダイヤモンドを返還することとした。しかし，Ｂ氏がダイヤモンドを返さず，代金も支払わなかったため，Ａ氏がＢ氏を相手に主位的にはダイヤモンドの返還，予備的に251万5,000円の支払いを求めて訴えを提起した。委託販売契約の準拠法について当事者間で明示の合意はなかった。Ａ氏はこの契約について日本法に準拠する旨の黙示の合意があったと主張し，Ｂ氏は合意がなかったので行為地法である中国の法によるべきであると主張した。金額の単位である１テールについて，原告のＡ氏はテールとは，当時中国において流通していた貨幣を指すものではなく，単に物の価値計算の単位として，銀のある一定量（１テールは約10もんめの銀に相当する）を表示していたに過ぎず，銀の価格は１テールあたり256円に相当すると主張したが，一方Ｂ氏は「テール」とは，原告主張の如く単に銀の一定重量を表示したものではなく，中国において流通していた貨幣の名称であると主張した。

大阪地裁は，まず本事件の準拠法を検討し「原，被告共に現に日本に居住していることから当然に日本法がその実体関係の準拠法となるべきものでな」く，本件の「法律関係に適用さるべき準拠法は，(旧) 法例第10条の物権準拠法ではな」く，「もとより事務管理，不当利得，不法行為等によつて生じた債権ではないが，当事者間の契約から直接生じた債権ではない点において，右の様な所謂法定債権とその性質を同じくするものであり，従つて，右損害賠償請求権については (旧) 法例第11条の適用によりその準拠法を定むべきである」として，「(旧) 法例第11条によれば，その債権の成立及び効力については，その原因たる事実の発生した地の法律に依るべきところ，本件填補賠償請求権の発生した地（被告が本件物件を第三者に転売する等本件物件の返還義務の履行を不能ならしめた地）が，何処の地であるかについては，原告の何等主張，立証しない」ので，本件「請求につき日

(213)　大阪地判昭和35年４月12日下民集11巻４号817頁。

本法の適用があるとする原告の主張は，その証明を欠く」とした。ついで「或る法律関係につき，適用さるべき準拠法たる特定の国の法律の内容が，如何なる内容であるかは，訴訟当事者の主張立証をまつことなく原則として裁判所が職権を以て調査すべき事項」であるが，「或る法律関係につき適用すべき準拠法が如何なる国の法律であるかは，単に民事紛争解決の尺度の問題であるに止らず，当事者間の紛争の内容そのものであるから」，「準拠法として特定の国の法規の適用を主張し，その法規の適用により自己に有利な法律効果の発生（請求権の存在）を主張する当事者において，特定の国の法律の適用があることを訴訟上主張，立証する必要がある」とし，原告が日本法に準拠するとした請求には根拠がないとしてＡ氏の請求を棄却した。

つぎの事例は，外国法の解釈適用の誤りを上告理由とした事件である。わが国の通説は外国法の適用違背は上告理由となるとする（積極説）(214)。本事例の最高裁判決は原判決に大韓民国法の解釈適用を誤つたものがあるとしている。

【事例56】　最一判昭和56年７月２日(215)

本事件は，大韓民国民法に準拠して相続手続がとられた事件である。

第一審判決（京都地裁昭和53年10月25日判決）(216)ではとくに大韓民国相続法についての記載はない。原判決（大阪高判昭和55年１月31日）(217)は，一審原告の控訴を棄却，一審原告の中間確認の訴を却下，一審被告の控訴にもとづき，原判決の金額を変更した。

これに対して最高裁は，「大韓民国の民法のうち相続に関する部分については1977年（昭和52年）12月31日公布の改正法によつて法定相続分等の改正が行われ，右改正に係る規定は1979年（昭和54年）１月１日から施行されたが，右改正法の附則５項により，改正法施行前に開始された相続について

(214)　溜池良夫『国際私法［第２版］』（有斐閣，1993）242頁。
(215)　最一判昭和56年７月２日民集35巻５号881頁，判例時報1019号65頁，判例タイムズ453号81頁，金融法務事情975号31頁，金融・商事判例632号３頁。
(216)　京都地判昭和53年10月25日民集35巻５号891頁，金融・商事判例632号９頁。
(217)　大阪高判昭和55年１月31日民集35巻５号894頁，金融・商事判例632号７頁。

は改正法施行後も旧法の規定を適用するものと定められている」とし，韓国の旧相続法の規定を仔細に検討したうえで，「原審の確定したところによれば，上告人の父で，戸主である全炳和は右改正法施行前の昭和48年6月23日に死亡し，その相続については法例25条（改正前）により大韓民国法が適用されるべきところ，同人には妻，長男である上告人を含めて男の子3名，他家の家籍にある女の子1名，同一家籍の女の子1名があるというのであるから，右相続について適用される前掲の法改正前の各規定に照らせば，上告人は全炳和の戸主相続人を兼ねた財産相続人として23分の6の法定相続分を有するものというべきである」が，「原判決は，前記改正後の法律によつて上告人の法定相続分を29分の6と認め，これを前提として本件預金払戻請求権のうち上告人に属すべき部分を算定しているのであつて，右は大韓民国法の解釈適用を誤つたものというべく，この違法が原判決中上告人の本訴預金払戻請求を棄却した部分に影響を及ぼすことは明らかである」として，原判決を破棄し，被上告人が上告人に支払うべき金額をあらためて指示した。

⑵　外国法の証明責任

前掲の大阪地判昭和35年4月12日は，当事者に準拠法国についての主張・立証を求め，準拠法として指定された外国法自体の内容については裁判所が職権調査するとしている。この判決に対して，松岡教授はわが国の通説的見解によれば国際私法はそれぞれの渉外的法律関係の性質に応じてそれを規律するにもっとも適切な法秩序を選んで準拠法としており，このような国際私法の目的からすると準拠法として選択されたかぎり，当事者の援用いかんにかかわらず，外国法であっても適用しなければならず，当事者が援用した場合にのみ外国法を適用するということになると現在は弁護士強制主義がとられていないから，不当な結果を招きかねず，外国法の適用を主張，立証しなかった原告の請求を棄却した大阪地判昭和35年4月12日は妥当でないとしている(218)。また，川又教授

(218)　松岡博「外国法の適用と裁判所」高桑昭＝道垣内正人編著『国際民事訴訟

は「裁判所は抵触規則に示された立法者の指示に従い準拠法を適用して判決するのであって，その判断基準としての準拠法適用は全く裁判所の職責であり，当事者の主張立証がなくとも職種で準拠法を探知し，当事者の一致した陳述があってもそれに拘束されることなく，たとえ準拠法が外国法であってもその内容を正しく確定して適用するように努めなければなら」ず，「今日わが国の国際私法学者には，この点に関しては異論がなく，本判決がここでも当事者の主張立証を要すると説くのは，判断の基準と判断すべき対象とを誤って同視し，国際私法における準拠法適用の意味を正しく捉えていないとの批判を免れない」と批判する[(219)]。

一方，外国では必ずしも事情は同じではない。外国法の適用についての主張責任と適用すべき外国法の内容の立証責任については，⑴いずれも裁判官の職責であるとする法制，⑵いずれについても当事者の主張・立証を要するとする法制，⑶外国法の適用を当事者が主張することを要するが，その採否は裁判官の裁量に委ねられているとする法制がある[(220)]。わが国の通説は⑴であり，またフランスでは過去に外国法の探査は裁判官の義務ではないとした判決があったが，民事訴訟法12条１項は「裁判官は適用すべき法規にしたがって紛争を解決する」と定めており，1988年10月の２件の破毀院判決[(221)]は同条が国内の紛争だけでなく，国際民事訴訟においても妥当し，当事者の主張立証の有無にかかわらず，

法（財産法関係）』（青林書院，2002）279頁。

(219)　川又良也・渉外判例百選（第３版）27頁。

(220)　この分類については，たとえばBrown, 44. 1 Ways to prove Foreign Law, 9 Mar. Law. 179（1984）を参照。

(221)　1959年５月12日破毀院判決（ビスバル事件）はスペイン人夫婦の離婚事件に抵触法の指定するスペイン法ではなく，フランス法を適用し，裁判官に職権で外国法を探査する義務はないとしたが，この判決には批判が多く，1988年10月11日破毀院判決は，アルジェリア人の親子関係確認の訴えで，職権でアルジェリア法の適用を判断しなかった原判決を破毀し，同月18日破毀院判決は贈与を目的とする虚偽の株式売買により，相続財産が奪われたとしてその回復を求めた事件で，被相続人の本国法（スイス法）を適用しなかった原判決を破毀した。

法廷地の抵触法により指定された準拠法を適用することを意味するとしており[222]，現在は(1)の制度である。一方，イギリスおよびコモンウェルス諸国は伝統的に(2)の法制をとっている。アメリカは従前，イギリスにならって(2)の法制であったが，1966年に連邦最高裁が連邦民事訴訟規則44.1を定め，外国法の適用を求める当事者はその旨の主張を要するが，その採否は裁判所の裁量であるとしている[223]。

国際的な民商事の紛争は必ずしもわが国の裁判所に係属するとは限らず，外国の裁判所，仲裁法廷に係属する可能性もある。一般に手続は法廷地法によるという原則にもとづいて行われるので，このような外国法適用の主張・立証責任の問題は法廷地選択の１つの要素となる。

【６】 訴訟の競合

1　二重起訴の禁止と国際訴訟競合

(1)　民事訴訟法にいう「裁判所」

わが国の民事訴訟法142条は重複する訴えの提起を禁止している（二重起訴の禁止)。わが国の国内の裁判所はわが国の裁判制度の下にあり，事物管轄と土地管轄によって管轄が定められているから，重複する訴えが提起されても管理することは可能である。一方，国際民事訴訟では事情が異なる。各国の裁判所はそれぞれ固有の国内法にもとづいて設けられており，国家間にはなんら裁判所制度の連絡や調整はないからである。

(222)　Mayer, *Droit international privé*, 6e éd., Montchrestien, 1998, p. 100, Lous-souarn et Bourel, *Droit international privé*, 5e éd., Dalloz, 1996, p. 262 以下も同旨である。

(223)　アメリカ連邦民事手続規則，Ⅵ審理（trials）の44.1（外国法の決定）は，「外国法について主張する当事者派，申立て（pleading）またはその他の合理的な方法で申し立てなければならない。裁判所は，外国法を決定するにあたって，当事者によるものであれ，連邦証拠規則が認めるものであれ，証言を含む関係する書面等や源泉を考慮することができる。裁判所の決定は法的問題を決めるものとして扱われる」と定めている。

A国で訴訟を提起している原告がB国で同一の訴訟物について訴えを提起することは妨げられない。

二重起訴はこのように原告が異なった国で提訴する場合にかぎらず生じる。所在国を異にする当事者間で国際的な私的法律関係の紛争が生じた場合には，しばしば一方が自国の裁判所に相手方の債務の履行を求め，他方はその自国の裁判所にこの裁判で争われている債務について不存在であることの確認を求めるということがある。互いに自国の裁判所に訴えを提起して，自らに有利な判決を得ようとするからである。これを妨げるものもない。

ヘーグ国際私法会議等における努力にかかわらず，全世界に普遍的な国際裁判管轄に関する条約は存在していない。各国の民事手続規定は裁判籍として普通裁判籍以外に特別裁判籍を認めており，さらに「特段の事情」の法理やフォーラム・ノン・コンヴェニエンスの法理は必ずしも相手方の当事者の所在国の裁判所の判断を踏まえて適用されるものではないから，当事者双方の所在国の裁判所が国際裁判管轄を認める可能性がある。民事訴訟では被告の住所地に裁判籍が認められ（普通裁判籍），普通裁判籍だけでは不法行為の被害者などはわざわざ被告の住所地に出向かなければならなくなり，事実上，裁判の拒絶（denial of justice）といった事態を生じかねないから，特別裁判籍を広く設けることになるが，この結果，裁判管轄が広く認められ，国をまたがった二重起訴や給付訴訟と給付義務の不存在の確認訴訟が競合することになる。

このような国際的な二重起訴または訴訟の競合をどう扱えばよいのだろうか。

第1の意見として，もとより民事訴訟法142条は国内の裁判所を想定しており，国際的な訴訟の競合は異なる法域の裁判所間での競合であるから，強制力を働かせることはできず，対応するとしても裁判所の自制に依らざるをえないとする説がある。

これに対して第2の意見として，国際訴訟競合においても対応を要するとする意見があり，その中にも，適切な裁判所での係属を優先するとする意見，将来自国で執行判決が求められる裁判が外国で係属している場合には，自国の裁判所での後の訴えを受理しないとする意見（承認予測説）がある。承認予測説は，経済関係がきわめて緊密化しているドイツやフランスが採用しているアプローチである。

民事訴訟を国家による私人の請求権保護の手段と理解すると，外国裁判所での係属はなんら自国の裁判に影響を及ぼさない。一方，民事訴訟を紛争解決の手段であると理解すると，紛争解決手段としては自国の裁判も外国の裁判も同列であるから，外国裁判所に係属したならば，それを考慮すべきであるということになる。後者の方が訴訟経済にも適うであろう。

⑵　国際訴訟競合の形

すでにこれまでの事例でもわが国の裁判所と外国の裁判所での訴訟が競合している事例があった[224]。たとえば，【事例８】の東京高判昭和32年７月18日では，中華民国は，わが国での訴えを提起する前にわが国における裁判の被告を相手に台湾の地方法院に貸金取立の訴を提起していた。この事例の被告は二重起訴の禁止に抵触すると主張したが，裁判所は「(旧) 民事訴訟法第231条にいう『裁判所』とは，日本の裁判所を意味し，外国の裁判所をふくまない」ので二重起訴の禁止にはあたらないとした。

また，【事例22】の最二判平成13年６月８日（円谷プロ事件）の原告は，わが国で訴えを提起する前に著作権を侵害しているとされたタイの被告に対してタイでも訴えを提起していた。この事件で最高裁は「本件訴訟

(224)　このような国際的な訴訟競合を回避する手段として，訴訟差止命令（Anti-suit injunction）が考えられる。これは，イングランドの裁判所に認められた差止命令で，国際的訴訟競合の場合，専属的合意管轄に反して，一方の当事者が提訴した場合および正義の実現のために裁判所が必要と判断した場合の３つの場合に認められるとされているが，インジャンクションは，エクイティ（衡平法）にもとづく手続であり，わが国では認められていない。

とタイ訴訟の請求の内容は同一ではなく，訴訟物が異なるのであるから，タイ訴訟の争点の1つが本件著作物についての独占的利用権の有無であり，これが本件訴訟の争点と共通するところがあるとしても，本件訴訟について被上告人を我が国の裁判権に服させることが当事者間の公平，裁判の適正・迅速を期するという理念に反するものということはできない」としてわが国の裁判管轄を認めている。

このように原告が内外で複数の訴訟を提起する事例もあるが，内外で原告・被告が入れ替わる事例もある。【事例49】の大阪地判平成8年1月17日では，離婚にともない元の妻がアメリカの裁判所に離婚判決にもとづく執行を申し立て，一方，元の夫は，わが国の裁判所に元妻を相手として，扶助料支払い債務の不存在の確認の訴えを提起している。この事例では，すでにアメリカの裁判所の判決に既判力があるとしてわが国の訴えが棄却された。【事例50】の東京地中間判平成10年11月27日も同様に内外で原・被告が入れ替わっている事例である。この事例で裁判所は「我が国内に不法行為地があると認められるにもかかわらず，我が国が国際裁判管轄権を行使することを差し控えるべきであると解すべき根拠は見出しがたく，例えば，州裁判所における判断と我が国の裁判所における判断とが食い違う可能性や，州裁判所における裁判が我が国において承認される可能性の有無等の事情を考慮する必要性もないというべきである。なお，この点，被告は，国際礼譲の法理に照らすと，本件においては，我が国の国際裁判管轄は肯定されるべきではないという趣旨の主張をするが，抽象的，一般的に右法理が適用される場合があるかどうかはともかく，本件においては，右法理を適用すべきであると解すべき事情は認められない」と述べている。

一方，【事例19】の東京地判昭和59年2月15日では，アメリカ・カリフォルニア州の裁判所と連邦地方裁判所で係属しているところにわが国裁判所に訴えが提起されたが，裁判所は外国の裁判所での訴訟係属を考慮し，「証拠蒐集，訴訟活動についてカリフォルニア州裁判所が便宜であ」り，「判決が矛盾，抵触するおそれもあり，また被告に二重に訴訟追行の負担を強いることになる」として，わが国の裁判所の管轄を否定し訴えを却下した。

2　国際訴訟競合の例

つぎの2つの事例，関西鉄工所事件と宮越機工事件は日本とアメリカで訴訟が競合した典型的，大型の国際訴訟競合の例である[(225)]。

【事例57】　関西鉄工所事件

この事件には4件の判決がある。

・アメリカ・ワシントン州最高裁判所1972年6月8日判決[(226)]

・大阪地中間判昭和48年10月9日[(227)]

・大阪地判昭和49年10月14日[(228)]

---

(225)　国際訴訟競合が問題となった大型の事例としては，このほかに東京地中間判昭和62年6月23日判例時報1240号27頁，判例タイムズ639号253頁，金融・商事判例792号23頁，東京地判平成3年1月29日判例時報1390号89頁，判例タイムズ764号256頁（真崎物産事件）などがある。

(226)　Deutsch v. West Coast Machinery Co., No. 42163, Supreme Court of Washington, 80 Wn. 2d 707; 497 P. 2d 1311; 1972 Wash.

(227)　大阪地中間判昭和48年10月9日判例時報728号76頁。これは，被告の丸紅アメリカ社は，民事裁判権は主権の一作用であるから民事訴訟の被告が外国にある外国人の場合には，その被告が進んでその裁判権に服する場合を除いて，民事裁判権は同被告に及ばないので，本件訴につき日本の裁判所には裁判権がない，と主張したために，裁判管轄についての中間判決を行ったものである。大阪地裁は，被告丸紅アメリカ社は，「本訴が先に係属した米国第2訴訟との関係でいわゆる二重訴訟（旧民事訴訟法第231条）にあたるから不適法である旨主張するが，同条にいう『裁判所』はわが国の裁判所を意味するものであって外国の裁判所を含まないと解すべきである」として，被告の丸紅アメリカ社の主張は理由がないと判示した。

(228)　大阪地判昭和49年10月14日判例タイムズ361号132頁。丸紅アメリカ社がワシントン州の裁判で敗訴した場合に，被告が行使を受ける右損害賠償債務についての原告（関西鉄工所）の同被告に対し負担すべき金9,900万円の求償債務が存在しないことの確認を求め，大阪地裁は，関西鉄工所の債務不存在の確認の請求を認容した。

・大阪地判昭和52年12月22日

日本の会社である関西鉄工所が発注者の指示にしたがってプレス機械を製造し，日本の商社の丸紅を経由して，アメリカ・ニューヨーク州の会社である丸紅アメリカ社が輸入し，別のアメリカの会社であるウェスト社に転売され，さらにアメリカの会社であるボーイング社が購入した。しかし，プレス機械を操作したボーイング社の従業員のドゥーチが操作中に指を切断した。そこで，ドゥーチがワシントン州裁判所に直接の販売会社であるウェスト社，輸入した丸紅アメリカ社および製造した関西鉄工所を相手に27万5,000ドルの損害賠償を求める訴えを提起した。その後，丸紅アメリカ社はワシントン州裁判所の裁判で万一，被害者が提起した訴訟で同社が敗訴した場合には，関西鉄工所がその損害を賠償する旨の関西鉄工所に対するクロス・クレイム（cross claim）(229)を提起し，ワシントン州裁判所は請求どおりの判決を行った。

この事件を図解すれば以下のとおりである。

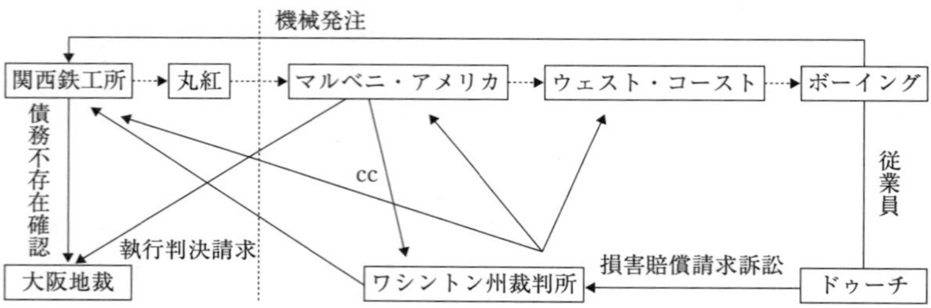

１）ワシントン州最高裁判所1972年６月８日判決

本判決はワシントン州キング郡裁判所が行った関西鉄工所に対して支払を命じる裁判について，関西鉄工所が丸紅アメリカ社のクロス・クレイムの訴状送達が行われていないとして，同裁判所の管轄を争ったことに対する上訴審判決である。関西鉄工所は，ワシントン州を含めアメリカ国内に販売代理店，サービス・ファシリティなどの人員を置いておらず，ワシントン州において宣伝，受注など同州の裁判権を根拠付けるような行為を行っていないと主張した。丸紅アメリカ社は同州訴訟規則 RCW 4. 28. 185

(229)　連邦民事訴訟規則13(g)が共同原告または共同被告間のクロス・クレイムを規定する。

（ロング・アーム・スタテュート）にもとづく裁判権を主張した。判決は同州裁判所の裁判権を肯定した。

関西鉄工所は連邦最高裁に上訴（certiorari）したが，却下された(230)。

2）大阪地判昭和52年12月22日(231)

丸紅アメリカ社が，関西鉄工所を相手に提起した米国ワシントン州上級裁判所の判決についての執行判決の申立てである。大阪地裁は「本訴提起の際に原告が執行判決を求める本件米国判決と同一事実について矛盾抵触する日本裁判所の確定判決があつた」ことを認め，「米国判決について（旧）民訴法200条各号の要件があるかどうか検討するに，同一司法制度内において相互に矛盾抵触する判決の併存を認めることは法体制全体の秩序をみだすものであるから訴の提起，判決の言渡，確定の前後に関係なく，既に日本裁判所の確定判決がある場合に，それと同一当事者間で，同一事実について矛盾抵触する外国判決を承認することは，日本裁判法の秩序に反し，民訴法200条3号の『外国裁判所の判決が日本における公の秩序に反する』ものと解するのが相当である」とした。すなわち，上記の大阪地判昭和49年10月14日と抵触矛盾する外国判決の執行は不可としたものである。

【事例58】　宮越機工事件

・アメリカ・オハイオ州北部地区東部地裁1990年5月2日判決(232)

・東京地中間判平成元年5月30日(233)

図解すれば以下のとおりである。

(230)　Kansai Iron Works, Ltd. v. Marubeni-IIda Inc. et al., Supreme Court of the United States, 409 U. S. 1009（1972）.

(231)　大阪地判昭和52年12月22日判例タイムズ361号127頁。

(232)　Gould, Inc., Plaintiff v. Mitsui Mining & Smelting Co., Ltd., et al., Defendants No. 85-3199, United Staes District Court for the Northern District of Ohio, Eastern Division, 750 F. Supp. 838（1990）. なお，このほかにフランス国有企業であったペシネーの主権免除問題が争われた裁判 853 F. 2d 445（1988）などがある。

(233)　東京地中間判平成元年5月30日判例時報1348号91頁，判例タイムズ703号240頁。

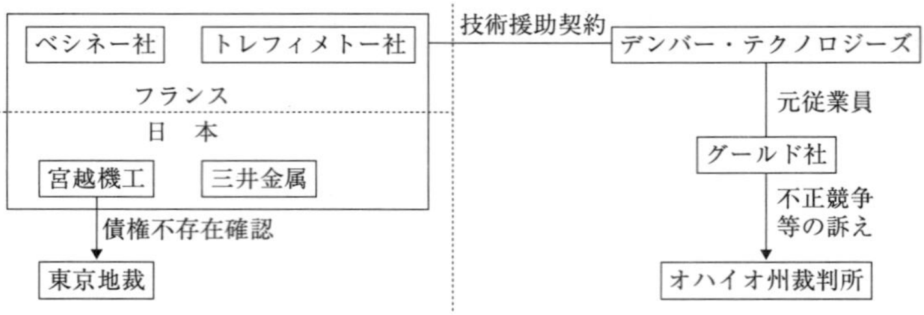

1985年10月21日，アメリカの会社であるグールド社は，フランスの会社であるペシネー社とトレフィメトー社および日本の会社である宮越機工と三井金属を共同被告として，不正競争，企業機密の盗用，不当利得及び組織犯罪取締法に違反したとして，オハイオ州北部地区東部地方裁判所に提訴した。グールド社は，宮越機工らが新規事業の展開のために，グールド社の銅フォイル事業情報を得てそれを日本において利用することを企図し，グールド社の元社員デイル・デンバーが設立した訴外会社デンバー・テクノロジーズとのあいだで，新しい銅箔表面処理システムについての技術援助契約を締結し，技術指導を受け，違法に銅フォイル情報を入手したと主張し，また，本件契約交渉及び契約書への署名並びに技術指導は，いずれも東京で行われたと主張した。

一方，宮越機工はグールド社の請求する不法行為による損害賠償債務の不存在の確認の訴えを東京地裁に提起した。

東京地裁は，まず「不法行為による損害賠償債権の消極的確認を求める本件訴訟は，不法行為地がわが国内にあるときは，我が国の裁判所が管轄権を有するものと解する」としてわが国の裁判管轄を認めた。つぎに，(旧) 民事訴訟法231条が二重起訴の禁止を定めていることについて，「同条にいう『裁判所』とは，我が国の裁判所を意味するものであって，外国の裁判所は含まない」ので，本件訴訟は二重起訴に当たらないとした。その上で，「そもそも，国際的な二重起訴の場合は，国内的な二重起訴の場合と異なり，これをいかなる要件のもとにどのように規律すべきかについて実定法上の定めがない上，内国訴訟においては，原告が選択した管轄裁判所で審理することが被告に著しい損害を与える場合には他の管轄裁判所に移送する制度（民事訴訟法31条）が存するのに対し，外国の裁判所に係属した事件についてはそのような制度がなく，また，主権国家が並存し，各国家間に統一された裁判制度も国際的な管轄の分配に関する一般的に承認された原則も存在しない現状においては，安易に先行する外国訴訟に常に優位を認めることも適当ではない」とし，(旧) 民事訴訟法「200条が一定の承認要件の下に外国判決の国内的効力を承認する制度を設けている趣旨を考え，国際的な二重起訴の場合にも，先行する外国訴訟について本案判決がされてそれが確定に至ることが相当の確実性をもって予測され，かつ，その判決が我が国において承認される可能性があるときは，判決の抵触の防止や当事者の公平，裁判の適正・迅速，更には訴訟経済といった観点から，二重起訴の禁止の法理を類推して，後訴を規制することが相当とされることもあり得る」が，「現段階でいまだ本案審理も開始されていない米国訴訟の判決が同号の要件を具備するものと断定することもまた困難である」ので，「米国訴訟が先に係属していることを理由に二重起訴の禁止の法理の趣旨を類推して本件訴えを不適法として却下し，その審理を拒絶することは相当ではない」とした。本判決は承認予測説に理解を示しつつ，本事件のアメリカでの裁判の進行状況を考慮してわが国での裁判の進行を認めている。

なお，これは裁判管轄に関する中間判決であり，終局判決として東京地判終局判決は(234)，グールド社が，裁判所の求釈明にもかかわらず，宮越機工によって不当に侵害された旨主張するノウハウを選びだして特定することを公開の法廷ではできないとして拒み，提訴から6年半余，当裁判所が裁判管轄権を有する旨の中間判決から2年余を経過した今日に至るまで，ノウハウの内容の具体的な特定を拒否し続けてきたので，グールド社には審理において被侵害利益の主張立証を尽くす意思がないものと考えざるを得ないとして，宮越機工の求めるグールド社に対する債務不存在の確認を行った。

(234)　東京地判平成3年9月24日判例時報1429号80頁，判例タイムズ769号281頁，金融・商事判例901号36頁。

【７】 国際保全と国際執行

１　国際的な保全・執行の必要性

国際的な私的法律関係の紛争が生じると当事者間の話合いで解決できなければ，裁判か仲裁によってその解決を図ることになるが，裁判や仲裁が終結するまでには相当の時間がかかる。裁判の判決や仲裁判断が出るまでに被告が財産を移したり，隠したりすることがあり，紛争の状況を保全する必要が生じることがある（国際的な民事保全）。

また，国際的な私的法律関係の紛争について判決が出た場合にこの判決を外国で執行するにはわが国でいえば執行判決の手続を要する。しかし，執行判決の手続には，そのための訴状の送達など通常の裁判手続と同様の手続を要する。そうすると紛争自体の解決のための本案の手続と執行判決の手続という２つの手続を要し，最終的な満足までに長い時間を要することになる。こうした時間を回避するために，外国に所在する被告の財産に対して本案の判決を担当した裁判所がそのまま執行裁判所になれば，執行に要する時間を圧倒的に短縮することができる。しかし，はたしてこのようなことは可能だろうか（国際的な民事執行）。

国際的な私的法律関係の紛争の解決では，国内の事件と同じように紛争自体の解決という本案の裁判の前に，財産や状況の保全の問題があり，また本案の裁判が終わったところで執行の問題が生じる。

つぎにこれらを見ておこう。保全については，国際的な保全管轄と外国裁判所の保全命令の承認という問題，執行については金銭債権執行の場合の第三債務者の二重払いのリスクという問題がある。

⑴　国際民事保全の国際裁判管轄

①　事　例

保全処分も１つの裁判であり，国際的な私的法律関係の紛争では判決手続と同様に，国際裁判管轄（保全管轄）の問題が生じる。民事保全法は「保全命令事件は，本案の管轄裁判所又は仮に差し押さえるべき物若しくは係争物の所在地を管轄する地方裁判所が管轄」し（12条1項），「仮に差し押さえるべき物又は係争物が債権であるときは，その債権は，その債権の債務者（以下「第三債務者」という。）の普通裁判籍の所在地にあるものとする」（3項）と定めている。また，「仮に差し押さえるべき物」というときの「物」は特別に民事執行法38条1項の「目的物」と同じく，債権その他の財産権を含むと解されている(235)。また同50条により，第三債務者がどの債権について仮差押えの効力が及んでいるのかについて認識できるように，また裁判所としても無益執行や超過執行を排除し，差押え禁止の有無を確認する必要があるので，仮差押えに当たっては差押債権を基礎づける法律関係の概括的な特定が最低限必要であるとされている(236)。

したがって本来民事保全法によれば仮差押えの目的物があることによって保全裁判所の国際裁判管轄は根拠づけられることになる。しかし，単に仮差押えの目的物の所在だけで保全管轄が認められるのか，本案の裁判の管轄が認められることが国際的な保全の場合の国際管轄の根拠として必要なのかかならずしも明らかではなかった(237)。つぎの【事例59】は本案の裁判の管轄を経由して保全管轄を認めているようであり，【事例60】も本案の裁判の管轄があることを理由に保全管轄を認めている。

【事例59】 関東庁高等法院昭和元年12月27日上告部決定(238)

本事件は，旧商法543条（商法689条）の船舶の差押え・仮差押えの制限と仮差押えにかかわる国際裁判管轄に関する事件である。商法689条は，差押

(235) 竹下守夫＝藤田耕三編『注解民事保全法（上巻）』（青林書院，1996）123頁［高野伸］。
(236) 竹下守夫＝藤田耕三編『注解民事保全法（下巻）』（青林書院，1996）81頁［相澤哲］。
(237) 詳細は拙著『金銭債権の国際化と民事執行』（信山社，2004）209頁参照。
(238) 関東庁高等法院昭和元年12月27日上告部決定法律新聞2687号4頁。

えおよび仮差押えの執行は「発航の準備を終わりたる船舶に対しては之を為すことを得ず」と規定しており，事件ではもっぱら当該仮差押えの目的たる船舶が発航の準備を終了したか否かが争われたが，同時に保全管轄についても争われている。

中国在住の英国人ジョーヂ・ルイス・ショーが，中国法人人和航業に対する消費貸借契約にもとづく債権の執行を保全するために，中国の安東県に船籍を有する人和航業所有の汽船永和号が関東州大連港に入港したさいに，これに対して仮差押えを申し立てた。関東庁大連地方法院は，英国人ショーに保証金の供託を命じて仮差押えの決定をした。人和航業はこれを不服として，本件は外国の領土において外国人のあいだに行われた法律行為の成立とその効力もしくはその履行に関する係争事件であり，「関東庁法院は該事件に対し本案の裁判管轄権を有せざるは勿論其の他の我帝国裁判所の孰れに於ても之を有せざる」とし，「裁判管轄権無き以上本案判決の執行保全を目的とする仮差押えを許すべき理由を缺く」として裁判管轄権を争った。さらに送達が不適法であること，同船舶は船籍港において発港準備を完了していたこと，債権は弁済期にないことを理由に覆審部に抗告し，一方，英国人ショーは旧民事訴訟法17条により財産所在地として関東庁法院に本訴訟の管轄があるなどとして争った。

関東庁法院覆審部(239)は，抗告人人和航業の第3の主張である発港の準備を終えた船舶に対する差押え，仮差押えを禁じていることについて，最初の港（安東）より出帆する準備を終わったことをもって，発港の準備を終わりたる船舶と解釈して，仮差押えは「許可すべからざるもの」として，仮差押命令申請を却下した。これに対して，英国人ショーが上告部に旧商法543条の解釈を不当，審理不尽として抗告した。

関東庁法院上告部は，旧商法543条は，発港の準備とはその目的とする航海をなす準備，客観的な支度の整頓であるとし，大連港においては発港準備ができていなかったとする一方で，相手方の「財産たる船舶の所在地として裁判籍を有することに基づき，本案訴訟の管轄裁判所たる関東庁地方法院」が仮差押えの決定をしたことを相当であるとして，関東庁地方法院の管轄権を認め，覆審部決定を破棄した。

---

(239)　関東庁高等法院大正15年11月2日覆審部決定法律新聞2686号5頁。

【事例60】 横浜地判昭和41年９月29日(240)

オランダの会社が所有する船舶がわが国の領海内で事故を起こし，１名が亡くなった。遺族はオランダの会社に対する損害賠償請求の訴えを準備していたが，同社はわが国に営業所・事務所を持たず，また財産を有していなかった。このため，同社の他の船舶がわが国の港に入ったさいに同船舶の仮差押えを申し立て，仮差押決定がだされた。これに対して同社は「被差押船の船長は当該船の当該航海とは何ら関係ない他船の衝突事故により生じた損害賠償債権を被保全債権とする仮差押書類の送達を受ける何ら権限も有しないから本件仮差押は違法である」と主張した。

横浜地裁は，「(旧) 民訴法８条は差押うることを得べき被告の財産があれば被告が外国人で日本に住所がなくともその財産所在地の日本の裁判所に土地管轄を認めている」とし，「差押うべき財産の所在地の当裁判所に対し債権者らはたとい債務者が日本に本店なく，支店なくとも，同社に対する損害賠償の訴を提起し裁判を求めることができ，当裁判所はその裁判権を有するものと解すべき」であり，「本案の訴につき裁判権を有する以上本案事件の執行保全のための仮差押事件につき裁判権を有すること論をまたない」として仮差押決定を認可した。

これらの事件では本案の裁判の国際裁判管轄があることを要件として，保全処分の国際管轄を認めた。一方，つぎの事例は正面から債務者の財産の所在を理由に，保全の管轄を認めている。

【事例61】 旭川地決平成８年２月９日(241)

造船・修理業を営む韓国の会社であるナムスン社と漁業を営むロシア共和国の会社バラクーダ社は，後者の所有する漁船の修理・再艤装の請負契約を結んだ。この契約は合意管轄として韓国プサン高等裁判所を専属管轄裁判所に指定した。

しかし，バラクーダ社は船舶の修理代金の過半を払わず，そのあいだにディーゼル発電機などが損傷した。そこで，ナムスン社とバラクーダ社は

(240)　横浜地判昭和41年９月29日下民集17巻９・10号874頁，判例タイムズ199号181頁。
(241)　旭川地決平成８年２月９日判例時報1610号106頁，判例タイムズ927号254頁。

請負代金の残金の分割弁済を合意し，当事者の過失による問題が生じたときは，ロシアの仲裁裁判所で解決することを合意した。すなわち，ナムスン社とバラクーダ社の請負契約については韓国の裁判所を管轄裁判所とし，弁済合意についてはロシアの裁判所を管轄裁判所とする旨の合意をした。その後も，バラクーダ社は分割弁済を実行しなかった。ナムスン社はこの漁船がわが国の稚内港に入港した際に，旭川地裁に仮差押命令を申し立て，仮差押命令が告知された。同地裁稚内支部の執行官が，漁船の船籍国籍証書等を取り上げ，仮差押命令を行った。この仮差押命令に対して，バラクーダ社が異議を申し立て「本案訴訟についての国際管轄が認められない場合」，「日本の裁判所に，保全事件のみの管轄権を認めるべきではな」く，仮に仮差押え目的物の所在地を管轄する裁判所に保全事件の国際管轄が認められるとしても，当事者間の合意管轄があり，日本の裁判所の管轄権は否定されると主張した。このあいだにナムスン社は，韓国・プサンの地方法院で本案訴訟を提起し，本案事件が受理された。

旭川地裁は，「仮差押命令事件の国際裁判管轄を直接規定した法律等は存在しないので，一般の民事訴訟同様，当事者間の公平，裁判の適正，迅速という理念により，条理に従って決するほかないが，仮差押命令は，本案判決後の強制執行に備えて債務者の責任財産を保全する緊急的，暫定的手続であるから，請求権の存否，内容や本案判決の執行の問題を考慮しなければならないという点で，本案事件に対する付随性が認められる一方，その執行の迅速性等，仮差押え自体の実効性の確保も看過することはできない」とし，「民事保全法12条１項は，仮差押命令事件の国内土地管轄について，本案の管轄裁判所と並んで，仮差押目的物の所在地を管轄する地方裁判所にも管轄権を認めているが，前者の管轄原因は，前述した本案事件に対する付随性によるものと解されるのに対し，後者については，仮差押えの実効性確保の観点から，本案管轄の所在とは無関係に，目的物の所在地に管轄権を認めることが合理的と認められることによるものと解され」，「仮差押命令事件の国際裁判管轄も，本案事件に対する付随性及び仮差押えの実効性の観点から検討を加えるべき点では国内土地管轄と同様であるから，民事保全法12条１項の準用により決すべきものと考えられ，日本の裁判所に本案事件の裁判権が認められなくとも，仮差押目的物が日本に存在し，外国裁判所の本案判決により，将来これに対する執行がなされる可能性のある場合には，日本の裁判所に仮差押命令事件についての裁判権が認められると解するのが相当である」とした。その理由として，「外国裁判所の仮差押命令を日本において直ちに執行する手続は現在のところ存在せず，目的物の所在地を管轄する日本の裁判所で仮差押命令を得てこれを執行することが，仮差押えの実効性の観点からは最も妥当である上，外国裁判所において請求権の存否内容が確定され，その判決によって目的物に対する執行がなされる可能性があれば，本案事件に対する付随性の要請も充たされると考えられるからであ」り，「外国の裁判所において将来下される判決の執行可能性の有無を判断するにあたっては，保全命令の段階では，(旧)民事訴訟法200条各号の要件を全て具備することまでは要求されないというべきであり，同条の1号及び4号の要件を一応充たす可能性があれば，執行の可能性についてはこれを肯定することができると解される」とした。

②　学　説

【事例59】の関東庁高等法院昭和元年12月27日上告部決定は，債務者の財産があることによって本案の裁判の管轄が認められるので仮差押えの管轄が認められるという論理を展開し，【事例60】の横浜地判昭和41年9月29日も本案の国際裁判管轄を経由して仮差押えにかかわる保全管轄を認めていた。一方，【事例61】の旭川地決平成8年2月9日は，請負代金の支払いという本案の裁判の管轄は韓国またはロシアに認められ，現に韓国の裁判所に係属しており，わが国の裁判所には本案の裁判についての国際裁判管轄は認められないが，わが国に財産があることを理由として仮差押えを許可している。この点で，【事例61】の旭川地決は民事保全法12条1項の解釈に忠実ということができる。

保全処分に関してわが国の国際裁判管轄を認める場合について，学説では，仮に本案判決が外国の裁判所で行われるとしたら，その外国判決をわが国の民事訴訟法にもとづいて承認できることを要するとする説(承認予測説)とそのような承認可能性の予測を擁しないとする説(承認予測不要説）があった。【事例61】の旭川地決は民事訴訟法118条の外国判決承認要件のうち１号（間接管轄）と４号（相互の保証要件）のみを適用し，「韓国の裁判所において将来下される本件本案判決については，日本で執行される可能性が存在すると認められる」とした。部分的な承認予測説のようである。

この問題について，大正年間にすでに井上教授は「本案が外国の裁判所に繋属する場合は，是に本案の繋属ある場合として見るを得ない。外国裁判所に於ける訴訟の繋属は内国裁判所に於ける訴訟に対しては，権利拘束の抗弁を生じないのだから，内国の管轄裁判所は其本案審理に入るを妨げられざるを得る。したがって本案が外国裁判所に繋属あることは，内国の本案管轄裁判所が仮差押命令の管轄に適する事情に，何等の変動をも齎すものではない。加之，外国裁判所の仮差押命令は，内国に於て執行せられ得る効力を有せず，又其効力を与へらるる方法もないのだから，外国裁判所は之に本案が繋属する場合にでも，仮差押命令の管轄を有するものとは見るを得ない。故に本案が外国裁判所に繋属する場合は，全然本案の繋属なき場合と同様に見て，仮差押命令の管轄は決せられるべきである」(242)とし，承認予測を要しないとした。わが国法上，財産所在地の管轄は「債権者保護の迅速を得せしめ」るために認められたのであるから，迅速を要する仮差押えにおいて，外国判決の承認可能性を判断しなければ国際保全管轄の存否が決まらないとすることは，仮差押えを遅延させるおそれがある。したがって，わが国での外国判決の承認の可能性を保全命令の判断の要件とすることは，保全訴訟の基本構造と両立せず，外国本案判決の承認可能性を予測することは管轄判断の要素からは除外すべきであろう(243)。旭川地裁判決はこの点について保全管轄を認める時点では，民事訴訟法118条が規定する外国判決の承認のための１号から４号までの全要件を充足していることを検討するまで

(242)　井上直三郎「仮差押命令の管轄」『破産・訴訟の基本問題』（有斐閣，1971）167頁（初出は論叢，1921）。
(243)　小林秀之「国際民事保全法序説」上法38巻１号51頁。

もなく，本案事件の係属した裁判所の国際裁判管轄と係属した裁判所の所在国とわが国との相互の保証のあることのみで足りるとした点は評価することができよう。ただし，4号要件まで必要か否か疑問なしとしない。

⑵　国際民事執行

①　国際的な執行の必要性とその事例

さらに判決の国際的な執行の問題がある。国際的な私的法律関係の紛争を裁判で解決する場合には，前記のとおり国際裁判管轄が認められる地の裁判所で本案の裁判を行うことになる。そして，被告の敗訴の判決が言い渡され，確定したという場合に，被告が任意に判決の命じる給付を行なえばそれで紛争は解決し，満足を得るが，仮に支払わなかったら，強制執行をする必要がある。しかし，執行の対象となる被告債務者の財産が判決を行った裁判所の属する国に存在するとはかぎらないこともこれまで説明したとおりである。国際的な執行管轄の問題が生じる。

通常は，勝訴判決を得てから，原告債権者は被告債務者の財産の所在する地を管轄する外国の裁判所に執行判決を申し立て，当該国の執行判決を得て強制執行を行う。しかし，この通常の方法をとることができない，または適当でない場合がある。たとえば，①執行判決の裁判は通常の裁判であり，対審構造で行われ，被告に対する訴状の送達や期日への呼出しを要するが，被告債務者が執行を逃れるために，財産を移動させるおそれがきわめて高くなるとき，②同様に，被告の所在が不明で，送達ができないときもあり，③民訴条約または送達条約による送達ができないときもある。とくに問題となるのは，④イギリスに被告債務者の財産がある場合である。イギリスの場合には，被告債務者の財産の国外への移動を禁じる差止命令の制度（マリーバ・インジャンクション）があり，まずこの申立てを行うことになるが，イギリスではこの差止命令はエクィティにもとづく対人管轄（action in personam）の事件であり，被告債務者本人への訴状の送達を必要とする。しかし，イギリス国外への送達については裁判所規則（Rules of the Supreme Court）に規定はあるが，限定的であり，送達が認められずにイギリスに所在する財産には執行ができないという事態が生じる可能性があるからである(244)。

わが国の裁判所において勝訴判決を得たが，執行が可能な被告債務者の財産が外国にある場合に，当該財産所在国での執行判決の手続をとることなく，わが国の裁判所が差押命令を発すれば手続は簡便・迅速になる。つぎの事例は，わが国の裁判所が差押命令を発し，外国の第三債務者に差押命令を送達した唯一の事例である。債権執行については，債務者の普通裁判籍の所在地を管轄する裁判所，この普通裁判籍がない場合には，差し押さえるべき債権の所在地を管轄する裁判所が執行裁判所として管轄する（民事執行法144条１項）。債務者は日本国内に普通裁判籍を有するが，第三債務者が外国に所在する場合，わが国の裁判所が執行裁判所として差押命令を発することができるかという点については議論があった。第三債務者はインドネシアに所在し，同国とのあいだには送達にかかわる取り決めが存在しない。本事件では，第三債務者が債権者の実質的な子会社であるという特別の事情が存在し，この点が考慮されたことは否めない。

【事例62】　大阪高決平成10年６月10日(245)

歯磨き剤などを製造販売する日本の会社ライオン本社は，日本の会社である協光を経由して，インドネシアの会社であるライオンインドジャヤ社に原材料を輸出し，現地生産させていた。協光とライオンインドジャヤ社のあいだの決済は，ライオンインドジャヤ社が船荷証券発行日の90日後ま

---

(244)　このような事例として，シスキナ事件 Siskina（owners of cargo lately laden on board）and other respondents and Distos Compania Naviera S. A.［House of Lords］［1979］AC210 とメルツェデス事件 Mercedes-Benz AG v Leiduck［1996］a AC 284,［1995］e All ER 929,［1995］2 Lloyd's Rep 417,［1995］3 WLR 718 がある。詳細は拙著『金銭債権の国際化と民事執行』（信山社，2004）48頁参照。

(245)　大阪高決平成10年６月10日金融法務事情1539号64頁。

でに協光のわが国の銀行口座に振り込む方法によることとなっていた。ライオン本社は，その関連会社と合算でライオンインドジャヤ社の資本金の48%を出資し，さらに取締役副社長など幹部を出向させ，実質的に子会社化していた。

ライオン本社が協光に原材料を販売し，協光がこれをライオンインドジャヤ社に転売したところ，ライオンインドジャヤ社が協光に決済する前に協光が破産宣告を受けた。ライオン本社は協光に対する売掛代金を回収するため，協光のライオンインドジャヤ社に対する債権に対して動産売買代金先取特権の物上代位として差押えを申し立て，大阪地裁は，差押命令を発し，外務省を通じる管轄裁判所送達の方式により，ライオンインドジャヤ社に対する差押命令の送達手続をとった。

協光の破産管財人は，本件差押えは日本に住所を有しないインドネシア法人を第三債務者とし，債権差押えは，債務者だけでなく第三債務者に対しても弁済禁止とその後の弁済を無効とする効力があり，第三債務者は二重払いのリスクを負うのであるから，わが国の国際裁判管轄権を認めるのは公平を欠き，不当であり，担保権にもとづいていない限り，わが国に住所もなく財産もない外国人に対しては強制執行の余地がなく，無益執行として許されないとして，執行抗告を行った。

大阪高裁は，まず差押命令の国際裁判管轄の判断基準について，基本的に「特段の事情」を勘案する新逆推知説をとった【事例21】の最判平成9年11月11日によるものとした。その上で，民事執行法144条1項，同2項により「債務者が日本に住所を有する日本人であり，第三債務者が外国に住所を有する外国人の場合にも，債務者の普通裁判籍の所在地を管轄する地方裁判所が，原則として，債権差押命令事件について，国際裁判管轄権を有する」とした。つぎに，債権差押命令が第三債務者に送達されると，第三債務者には弁済禁止効が発生し，第三債務者は二重払いの危険に曝され，陳述書提出義務，差押え債権の供託の権利と義務，執行裁判所への事情届の提出義務が生じること，第三債務者が外国に居住している外国人であり，わが国との接点がほとんどない場合には，第三債務者の被る不利益は甚大であるという問題があるとして，「(イ)債務者が日本に住所を有する日本人であり，第三債務者が外国に住所を有する外国人の場合にも，債務者の普通裁判籍の所在地を管轄する地方裁判所が，原則として，国際裁判管轄を有することになる。(ロ)しかし，前示最高裁判例が指摘している『特段の事情』を柔軟に解釈し，外国に居住する外国人たる第三債務者が置かれている立場に，充分配慮する必要がある。(ハ)例えば，第三債務者が外国に居住している外国人であり，日本との接点が，第三債務者にとっての債権者（差押命令の債務者）が日本に居住している日本人という一事である場合には，当然，上記『特段の事情』があるものと解する」とした。さらに「動産売買の先取特権に基づく物上代位権を行使するには，代位物（債務者が第三債務者に対して有する売掛債権等）が弁済によって債務者の一般財産に混入することを防ぎ，債権の特定性を保持するために，目的債権を差し押さえる必要がある（民法304条１項)」が，「本件差押命令を求めたのは，上記物上代位権の行使要件を充足する必要があるからにすぎ」ず，第三債務者は債権者の関連会社であり，「本件差押命令に基づき，相手方に対し差押債権を弁済することについては，異存はないものと推測される」ので，本件差押命令事件の国際裁判管轄権を大阪地裁に認めても「『当事者間の公平，裁判の適正・迅速を期するという理念に反する特段の事情がある』とは到底解せられない」とした。

また，無益執行原則違反という論点について，大阪高裁は本件差押命令が「およそ送達できないのであれば，無益執行禁止の原則に反する」が，「現在，外務省を通じての管轄裁判所送達の方式により，ライオンインドジャヤに対し，本件差押命令の送達手続中」であり，送達に長期間を要するとしても，送達は可能であり，無益執行禁止の原則に違反するものではないとした。

②　学　説

この事例は，わが国の裁判所が発した差押命令を外国の第三債務者に直接送達し，わが国の差押命令の効力を外国で生じさせるものである。この方法については，無益執行禁止の原則により，外国に居住する第三債務者がわが国の裁判所の発した差押命令を無視しない限り，執行は簡単かつ迅速に行われはするが，問題はわが国の主権に服さない当該第三債務者が差押命令を無視しない保障がないとする意見（国際金銭債権差押否定説）がある。中田博士は，民事裁判権の場所的限界は土地管轄規定から間接的に推論することになるが，旧民訴法595条の規定からは執行裁判所の管轄は第一次的に執行債務者の普通裁判籍，第二次的に第三債務者の普通裁判籍であるので，外国に居住する第三債務者に対する債権の差押えも許されるように読めるが，「差押命令は，第三債務者に対する支払禁止を本質的内容とし，そしてこの支払禁止はもちろん，その送達も一国裁判権の作用であるから，第三債務者が日本の裁判管轄外にある場合には，これに対する債権を目的として差押命令を発することは，理論上許されない」(246)として国際的な金銭債権執行を否定する。

その一方，国際金銭債権執行の事件についても判決手続の裁判所が執行手続の裁判所を兼ねることによって迅速な執行を可能にすることができるとして認める意見（国際金銭債権差押容認説）がある。中野教授は「わが国の強制執行の対象となるのは，内国の権利でなければならないが，そのためには，日本の裁判権（民事執行権）に服する執行債務者に属するとされる権利であれば足りる」とし，「第三債務者の普通裁判籍の所在や送達の可否に立ち入るまでもな」く，「実際上，送達ができない場合，あるいは執行が効を奏しない場合が，現在のところまだ多いだけのことであり，送達できなければ差押命令の効力が生じないにとどまる」として容認し(247)「債権が第三債務者の普通裁判籍の所在地にある

(246)　中田淳一「執行行為の瑕疵」『民事訴訟法講座４巻』（有斐閣，1955）1035頁。そのほか，宮脇幸彦『強制執行法（各論）』（有斐閣，1978）11頁，山本草二「国家管轄権の域外適用」ジュリ781号（1983）199頁，香川監修『注釈民事執行法(1)』（金融財政事情研究会，1983）81頁［田中康久］を参照。

(247)　中野貞一郎『民事執行法［新訂４版］』（青林書院，2000）566頁。そのほか，松岡義正『強制執行要論［中巻］（訂正第二版）』（清水書院，1925）1041頁，日比野泰久「債権差押えの国際管轄と差押命令の送達」名城47巻（1997）１号131頁，藤井まなみ「日本国内において債権差押えがなされた場合における外国の第三債務者への送達の適法性」法学政治学論究20号（1994）246頁，鈴木忠一＝三ケ月章編『注解民事執行法(4)』（第一法規出版，1985）369頁［稲葉威雄］を参照。

とされるのは，擬制」に過ぎないとされる。

国際金銭債権執行否定説は，強制執行が国家権力の行為である点を重視し，一方，容認説は差押命令の送達は権力行為ではない，あるいは強制執行の対象は国内にいる債務者でなければならないが，第三債務者は国内にいる必要性はないという立場に立っている。

わが国の裁判所が外国に住所を有する第三債務者に対する金銭債権を目的とする差押命令を発して，当該第三債務者に送達することは禁じられてはいない。上記の例では民訴条約と送達条約を批准していない国に所在する第三債務者であったが，仮にこれら条約を批准している国に第三債務者がいれば，外国の第三債務者への命令の送達も原則としてはこれらの条約にもとづいて行うことができる。ただ，問題は第三債務者に差押命令を送達したとしても，外国に住所を有する第三債務者に支払を強制する手段はないので，無益となるおそれがあることである。また，このように送達された差押命令は当該国内では法的効果をもたらすものではなく，単に命令があったという事実を通知する文書に過ぎないから，当該国の他の者が当該第三債務者に対して二重に差押えをする可能性はあり，第三債務者に二重払いのリスクがあることも確かである。したがって，外国の第三債務者への差押命令の送達は慎重な配慮を要しよう。

2　フォーラム・アレスティ

私的法律関係の判断という本案の裁判の管轄と被告債務者の財産に対する保全の管轄は，被告の財産の所在地によって異なることがあるが，【事例59】，【事例60】は本案の裁判の管轄から保全の管轄を導き出していた。これとはまったく逆に，保全の管轄があることから本案の管轄を根拠づける考え方がある。これをフォーラム・アレスティ（*forum arresti*）[248]という。被告債務者の財産があることだけで仮差押えを行い，

(248)　また，債務者の財産が所在することのみにもとづいて，差押手続や仮差押手続を経ることなく，国際本案管轄を認めることをフォーラム・パトリモニイ（*forum patrimonii*）という。

さらに仮差押えを理由に債権債務の法律関係に関する本案の管轄が認められれば，原告にとってきわめて便利である。しかし，フォーラム・アレスティは債務者にとっては不意打ちになるおそれがあり，応訴に手間と時間をかけざるを得なくなる。

ドイツ民事訴訟法23条は，財産が自国内にあれば，財産と無関係の事件についても国際裁判管轄権があると規定している。同種の規定は1987年スイス国際私法４条(249)にもあり，また，1979年のフランス破毀院判決は差押えの目的となる財産が自国内にあることを理由に裁判管轄を認めている。

しかし，一般に財産が所在することだけをもって管轄を認めることには批判が多い。たとえばベルリンのホテルにズボンを忘れたロシア人に対してベルリンの裁判所が国際裁判管轄を認めて10万マルクの給付判決を出した例，フランス人プロスキーヤーがオーストリア遠征中にホテルに残した忘れ物を理由に管轄を認めたオーストリアの裁判所の例が逸話として残っているほどである(250)。わが国においては，船舶，不動産を目的とする場合を除いて，民事訴訟法５条４項にもとづいて被告の財産の所在を理由にわが国の裁判管轄を肯定することは法外な管轄である(*for exorbitant*)(251)との批判がある。

---

(249)　同条は「法規がスイスの他の管轄を規定しないかぎり，仮差押え（attachment）の有効判決の裁判はスイスの仮差押え後に係属することができる」と定める（Karrer, Arnold & Patocchi, *Switzerland's Private International Law Statute of December* 18, 1987, Kluwer Law and Taxation, 1994, p. 31）。従来，スイス各州（カントン）の法では管轄の欠缺を回避するために差押え財産の所在地管轄を認めていたが，これを1987年国際私法が統合した。

(250)　Wood, *Law and Practice of International Finance*, Sweet & Maxwell, 1980, p. 65.

(251)　ヴォルケンはスイス国際私法４条を法外な管轄（fors exorbitants）であり，フォーラム・アレスティであるとしている（Volken, *Conflits de juridictions, entraide judiciaire, reconnaissance et exécution des jugements étrangrs, Le Nouveaux droit international privé suisse*, Univ. de Lausanne, 1989, p. 244）。

わが国では仮差押えから本案の管轄を導こうとした事例としてつぎの例がある。裁判所は「本件がわが裁判権に属するものと解すべき特段の事情は認め得ないから，結局当裁判所は本件訴につき裁判権を有しない」として却下した。

【事例63】　東京地判昭和34年6月11日(252)

アメリカの会社に雇用され，日本におけるセールスマンとして赴任した者が解雇されたため，帰国費用などを求めることとし，わが国に所在する債務者の雇用者の財産（商品見本など）の仮差押えをわが国の裁判所に申し立てて，仮差押えが認められた。そのうえで同人はさらにわが国の裁判所に本案として帰国のための運賃の支払いを求める訴えを提起した。

裁判所は，「国際的管轄の問題はいずれの国の裁判所が管轄権を有するかにより当事者はそこへの出頭の難易，言語法律の相違等において利害の関するところはきわめて大となり，かつそれをさける為の移送の制度の存しないことを考えると，国内法たる民事訴訟法の管轄の規定をすべてそのままわが裁判権の所在を決定するための標準とするのは相当でなく，その間前述の考慮にもとづく一定の限界が考えられなければならない」のであって，「被告がわが国内にいやしくも差し押えるべき財産を有する限り，その種類，数量，価額のいかんを問わずわが裁判権が及ぶものとするときは，わが国に現在し，少くともわが裁判所を択んだ原告の利便にはかない，かつ実効性を収めるものとは言い得ても，日本に現在しない被告にとつては著しい不利益を免れないこととな」り，「被告の財産がわが国土の一部である土地で，これを直接の目的とする財産権上の請求の如きものならば，その財産とわが国との関連が緊密であるが，その財産が動産の場合はその土地との結びつきはきわめてうす」く，本件財産は原告の主張する如き若干の商品見本その他であり，原告が日本のみならず極東各地にセールスマンとして行動していたことからすれば，それらの財産が本邦内に存在したのはたまたまそうであつたという偶然の結果に近い。「被告の財産が自国内に存するとの一事により，もしくはそれを差し押えることにより，自国の裁

(252)　東京地判昭和34年6月11日下民集10巻6号1204頁，判例時報191号13頁，判例タイムズ92号83頁。

判権を認める法制ないし実践をもつ事例もあるが，これと反対に単に財産の存在するだけでは自国に管轄権なしとする事例も多」いとして訴えを却下した。

また，不動産はまさに土地との関係が緊密な物権であり，不動産という財産を仮差押えれば，本案の管轄を根拠づけられると思われるが，不動産が所在することを理由として，わが国の裁判管轄を認めた事例は実際には多くはない(253)。つぎの事例を挙げておこう。ここでは仮差押えの目的物の所在だけではなく，被告のわが国との関連性が考慮されている。

【事例64】　東京地八王子支中間判平成３年５月22日(254)

アメリカ・ハワイ州に住所を有する日系アメリカ人のＡ氏は，訴外のハワイ州の会社Ｂ社の代表者から，同州に所在するＢ社所有の土地の売却を委託され，これを日本の会社に売却するべく，日本の会社のＣ社とＤ氏を買主の選定・交渉契約締結に関する代理人に選任し，Ｃ社とＤ氏に成功報酬として売買代金の３％を自ら支払うことを約した。Ｃ社とＤ氏の活動の結果，日本の会社であるＥ社に当該土地は売却されることとなったが，Ａ氏は，Ｃ社とＤ氏を排除し，Ｂ社とＥ社とのあいだで直接売買契約が締結された。そこでＣ社とＤ氏は，Ａ氏が共有持分を有する日本国内の土地について仮差押えを行った。その後に，主位的に手数料請求，予備的に不法行為による損害賠償を請求の訴えを提起した。Ａ氏は日本には住所がなかった。

東京地裁八王子支部は，「被告は原告らの主張するとおり，日本国内に不動産の共有持分を有していると認められる」ことを理由に旧民事訴訟法８条に規定する裁判籍を認め，また，Ａ氏がかつて日本国内に住所を有し，Ｃ社の仲介で売却したことがあること，Ａ氏が日本法人の取締役会長を務め，わが国に年に３，４ヶ月滞在すること，当該都内の不動産にはＡ氏の長男が住所を有し，Ａ氏のレターヘッドにはホームアドレスとして当該不

(253)　そのほかに東京地中間判昭和62年10月23日判例時報1261号48頁がある。

(254)　東京地八王子支中間判平成３年５月22日判例タイムズ755号213頁。

動産の住所が記載されていること，本件委任事務はわが国で遂行されたことを理由に，「被告と日本国との法的関連は強く認められる」として，わが国裁判所に本案の裁判管轄を認めた。

【8】 国際仲裁

1　国際仲裁とは

⑴　仲裁と裁判

国際的な私的法律関係の紛争の解決の手段は，国家の機関である裁判所における裁判だけではない。このほかに当事者が合意によって，仲裁廷における仲裁判断による解決がある（商事仲裁）。仲裁には，⑴上訴制度がないので迅速な解決ができる，⑵審理が公開されないので高度な技術情報や企業秘密などをめぐる紛争の解決に適している，⑶仲裁人を当事者が選任するので高度な知識を要する紛争の解決に適しているなどの利点がある(255)。

しかし，一方で当事者がその紛争を仲裁によって解決するという合意は，国家の裁判権からの逃避という側面があることも否めない(256)。

この点について，イギリスを仲裁地とする仲裁廷の仲裁判断について，わが国の執行判決が求められた大審院大正７年４月15日判決(257)で，上告人は当事者の私的自治の妥当する範囲は「任意に其準拠法を定め得る場合は」，「私法的法律行為の成立並効力に付てのみ」であり，英国法に

---

(255)　とくにイギリスでは国際的な私的法律関係の紛争の解決手段として商事仲裁が使われることが多い。ただし，銀行は仲裁をあまり利用しない。その理由は，銀行取引は書面が整備されているので，権利義務関係を訴訟で争うのに適していること，金融取引には専門性はあまり高くないことなどを挙げることができるが，１回で終局となることに対する懸念も強い。

(256)　ローマ時代には法廷での裁判政務官の前での法廷手続と審判人手続（裁判者の任務を委ねられた私人による審判）が並存した。後者の場合には，原告が審判人（iudex）または裁定人（arbiter）の任命を法務官に申し立てた。

(257)　大審院大正７年４月15日判決民録24輯865頁，民抄録78巻18061頁。

準拠するとの仲裁の「合意の効力は我国法の認めて保護せざる所にして無効」であって，外国法に準拠する合意は，わが国法と抵触しない限りで有効であると主張した。これに対して大審院は，「(明治23年制定) 民事訴訟法第786条以下に規定せる仲裁契約は仲裁人をして民事上の争訟を判断せしむる合意にして，その結果当事者は妨訴抗弁を有するに至り，又此契約に基きてなされたる仲裁判断は確定判決と同一の効力を有するに至るが故に，かかる契約は民事訴訟法上の契約にして実体法上の契約にあらず，従いて其内容の如きも実体法上の契約の如く自由なるを元則とせず吾民事訴訟法に於て特に認められある範囲に於てのみ始めて当事者の自由協定を許すものとす」るとして上告を棄却し，外国を仲裁地とする仲裁の合意の効力を認めた (現代かなづかいにした)。また，東京地判昭和34年８月20日(258)は，英国法に準拠した汽船の売買取引から生じた紛争に関するイギリスを仲裁地とする仲裁廷が行った仲裁判断の執行判決事件であるが，裁判所は「従来外国法に準拠して成立した仲裁判断に，内国法にもとづいて成立した仲裁判断と同一の効力を承認するかどうかは各国において法制を異にするところであつた」が，「各国の法律が仲裁制度の存在を認め，仲裁判断に既判力及び執行力を付与しているのは，当事者によつて，仲裁契約のうちに自由に表明されているところの仲裁人の判断に服従しようとする意思を尊重承認し，当事者の自由な意思によつて選任された仲裁人の判断に国家主権の発動にもとづいてなされる公権的判断である判決と同一の効力を認めようとするものであつて，かかる当事者の意思を承認するについては，これに領土的限界を画し，当該仲裁判断が如何なる国の法律に準拠して成立したか等の事由によつてことさら区別を立てるべき理由は存在しないのであり，この限りでは国家主権の発動によつてなされた外国判決承認の場合とは異るのであるから，外国仲裁判断についても一定の要件を充足する限り原則としてこれに内国仲裁判断と同一の効力を認めるのが相当である」としてお

(258)　東京地判昭和34年８月20日下民集10巻８号1711頁，判例タイムズ93号59頁。

り，仲裁による紛争解決は当事者自治の一形態ということができる。

従来の仲裁法は「当事者が係争物につき和解をなす権利ある場合」（旧仲裁法786条），現行の仲裁法も「当事者が和解をすることができる民事上の紛争」（同13条１項）について仲裁の合意の効力を認めている。当事者が処分可能な範囲では，仲裁によって紛争を解決することができる。

⑵　わが国の仲裁法

わが国では従来，公示催告手続及び仲裁手続に関する法律（明治23年法律29号）が仲裁手続を定めていた。2003年に仲裁手続は全面的に改正され，仲裁法（平成15年法律138号）が制定された。従来の仲裁法については，国際仲裁に対する対応が不十分であったこと，仲裁合意に書面を要しないこととされていて，国際的な原則から乖離していたこと，仲裁人の人数を原則として２人とし，国際的潮流と乖離していたこと，仲裁手続が開始されても途中で挫折する余地が広かったこと，仲裁判断がいったん出ても取消事由が広く認められていたこと，仲裁判断の執行の要件が重かったこと，これらの問題点が指摘されていた(259)。

新しい仲裁法は，国連国際商取引法委員会（Uncitral）が作成した仲裁のモデル法にもとづいている。旧法に対する批判として国際仲裁への対応が不十分であったとされた点については，仲裁の合意に書面要件を課し（13条２項），仲裁人の人数を原則として３人（16条２項）とするほか，仲裁人が紛争事案について当事者の仲裁合意にもとづいて解決である仲裁判断をわが国で執行する場合，執行決定の手続を新たに設けている。執行決定の対象はわが国が仲裁地となった場合のみならず外国に仲裁地

---

(259)　仲裁法の改正については，法務大臣の諮問機関である法制審議会ではなく，2001年12月に内閣に設けられた司法制度改革推進本部の下に仲裁検討会が設置され，ここで検討された。検討会を開催して，意見交換を行いながら，事務局と一体となって作業を進めるという方式がとられた（仲裁検討会第１回議事録での事務局長発言）。同検討会は2002年２月５日に第１回から2003年３月６日の第15回まで継続された。

がある場合も含むこととした（3条3項）。なお，外国裁判所の判決の執行にあたっては「執行判決」が必要とされるが（民事執行法22条6号，24条），外国の仲裁廷の仲裁判断のわが国での執行には執行「決定」で足りるとして，わが国での手続が軽減されている点は注意を要する(260)。

このほかに，わが国仲裁法は，当事者間に仲裁の合意が存在するときに，裁判所が関与するのは，仲裁人の数が3人以上であるが当事者間にその数について合意がないとき（16条3項），仲裁人の数が3人で，当事者が1人の仲裁人を選任したが，相手方が選任しないとき（17条2項），仲裁人が1人で当事者間に選任手続について合意がなく仲裁人が選任されないとき（3項），3人以上の当事者がいて仲裁人の選任手続の合意がないとき（4項），仲裁人選任手続の合意があるが仲裁人の選任が行われないとき（5項），当事者が仲裁人の忌避を申し立てたが仲裁人がその申立てに理由がないとしたとき（19条4項），一定の事由がある場合の仲裁人の解任（20条）など，当事者の申立てにもとづいて仲裁人の選・解任について裁判所が決定する場合のほか，裁判所の裁判機関としての固有の機能を利用する場合として，いずれも当事者の申立てにもとづいて，書面の送達（12条2項），仲裁手続の開始前またはその進行中に仲裁の対象となっている紛争に関して保全処分をとること（15条），組成された仲裁廷が仲裁権限を有するか否か(261)の判断（23条5項），証拠調べをする

(260)　新仲裁法に関する座談会で，谷口教授は仲裁判断の「執行のほうは取消しに比べると，もう少し気楽に執行力を与えるというのは，日本の執行法の体系の中で是認されると思」うと発言している。また，仲裁判断について執行「決定」でよいとすると外国判決について執行「判決」を要すとすることの比較権衡が問題となることについても同座談会では指摘されている（『新仲裁法の理論と実務』（有斐閣，2006）388頁，389頁）。

(261)　仲裁廷は，仲裁合意が存在するか否かなどその仲裁権限について自ら判断することができる（仲裁法23条1項）。これをコンペテンツ・コンペテンツの原則という。この原則はわが国仲裁法が参照した国連国際商取引法委員会（Uncitral）が作成した仲裁のモデル法16条に規定されており，これにならっている。仲裁は当事者の合意によるので，仲裁廷の権限は当事者が判断すべきであるが，

こと（35条1項），仲裁判断の取消し（44条）と仲裁判断の執行決定（46条）が規定されている。

(3)　国際商事仲裁とニューヨーク条約

現実の商取引では，取引の当事者が契約において紛争が生じた場合，仲裁によって解決すること，さらに国連国際商取引法委員会（Uncitral）の仲裁規則[262]あるいは国際商業会議所（ICC）の仲裁規則[263]によって仲裁人を選任し，手続をこれらの仲裁規則によること，などを合意しておくことがある。この場合には，仲裁人の数，当事者が仲裁人を選任しない場合の手続，仲裁廷の設置の手続などはこれらの規則による。こうして組成された外国を仲裁地とする仲裁廷が仲裁判断を行った場合，当該仲裁判断で給付を命じられた当事者が任意の支払いをしなければ，強制執行を行うことになるが，仲裁廷には執行権限はないので，国家の裁判権を利用することとなる[264]。仲裁判断の効力は，仲裁地においては認められるものの，その他の国にはかならずしもそのままではその効力は及ばない。そこで，国際条約において互いの仲裁判断の効力を承認する必要がある。

この点についてはまず，1923年にジュネーブ議定書（締約国所在の当事者間の仲裁条項を含む仲裁に適用）が結ばれている。さらに1927年に

当事者に仲裁廷の権限の判断を委ねると，当事者が仲裁手続の引き延ばしを図るために仲裁廷の権限に異議をたてるおそれがある。このため一義的には仲裁廷自身が権限の判断することを認め，二義的に裁判所に判断を求めることができるとしている。

(262)　詳細は，http://www.uncitral.org/uncitral/en/uncitral_texts/arbitration/1976Arbitration_rules.html を参照。

(263)　詳細は，http://www.iccwbo.org/court/english/arbitration/pdf_documents/rules/rules_arb_english.pdf を参照。

(264)　もとより，近代国家は仲裁を自らの裁判権の取り込もうとしてきた。一方で，裁判所の負担を考慮して，裁判と仲裁を使い分け，執行権は国家が手放さなかったと考えられる。執行権は直接的な権力の行使である。

ジュネーブ条約（外国仲裁判断の執行条約）が締結され，さらに1958年ニューヨーク条約（外国仲裁判断の承認・執行条約）が結ばれている(265)。これらは多数の国家の参加した条約であるが，そのほかに国連欧州経済委員会による1961年ジュネーブ条約（ヨーロッパ国際商事仲裁条約）などがあり，また，この他に，わが国はアメリカ，ソビエト及びロシア，イギリス，ハンガリーなどとのあいだで２ヶ国間条約の形式で仲裁判断の承認執行を定めている。基本的にニューヨーク条約加盟国同士のあいだでの仲裁判断の承認執行については，同条約が適用されるが，わが国とジュネーブ条約にのみ加盟している国とのあいだでは，ジュネーブ条約が適用される。

ニューヨーク条約はその３条で「各締約国は，次の諸条に定める条件の下に，仲裁判断を拘束力のあるものとして承認し，かつ，その判断が援用される領域の手続規則に従って執行するものとする」と定め，原則としてその承認を拒絶できない（５条)。ニューヨーク条約を経由して外国を仲裁地とする仲裁判断はわが国においても効果が承認され，わが国仲裁法46条にも続いて執行決定が付与されうる。同46条は仲裁判断にもとづいて民事執行をするためには，債務者を被申立人として，裁判所に対し，執行決定を求める申立てをすることができる旨を定めている。

⑷　仲裁機関

①　アド・ホック機関

国際的な民商事の紛争を仲裁によって解決するため仲裁判断を行う仲裁廷には，常設の機関が行う機関仲裁（institutional anbitration）と常設の機関ではなく，当事者の合意によって構成される個別仲裁（ad hoc anbitration）がある。個別仲裁の場合には，国連国際商取引委員会（un-

(265)　ニューヨーク条約はジュネーブ条約に代わるものであるが，ジュネーブ条約を批准しながらニューヨーク条約を批准していない国もあるので，こうした国との関係ではジュネーブ条約が適用される。

citral）の仲裁規則(266)にもとづいて手続がとられることが多い。これは，当事者が紛争の生じる前に契約において，または紛争が生じた後に仲裁によって紛争を解決することを合意するなかで，一定の仲裁規則にもとづいて仲裁廷を構成し，その仲裁判断に委ねることによって行われる。

②　常設機関

国際的な商取引に関わる紛争の解決では，アド・ホックの個別機関のほかに，各国に常設された仲裁機関を利用することも多い。たとえば，わが国の恒常的な国際仲裁機関としては，【事例４】の東京地判平成16年１月26日で登場した国際商事仲裁協会が名称変更した日本商事仲裁協会(267)のほかに，海運に関する紛争を専門とする社団法人日本海運集会所（Japan Shipping Exchange）の下にある海事仲裁委員会（TOMAC）がある。たとえば，アメリカのスカイ・リーファー事件判決(268)は，船舶を定期傭船した日本の会社が発行した船荷証券に関係する紛争であったが，この船荷証券の約款にはこの契約から生じた紛争について日本海運集会所の海事仲裁委員会で仲裁により解決する旨の条項があった。

このほかに各国に常設仲裁機関が設けられている。たとえば，ロンドン国際仲裁委員会（London Court of International Arbitration），アメリカにはアメリカ仲裁協会（American ArbitrationAssociation），中国国際経済貿易仲裁委員会などの機関がある。

2　外国仲裁判断の承認・執行

外国の仲裁廷が行った仲裁判断を国内で執行する手続については，ニューヨーク条約による。または例外的にニューヨーク条約を批准せず，ジュネーブ条約のみ批准している国の仲裁廷による仲裁判断については，

(266)　http://www.uncitral.org/pdf/english/texts/arbitration/arb-rules/arb-rules.pdf を参照。

(267)　http://www.jcaa.or.jp/ を参照。

(268)　Vimar Seguros y Reaseguros, SAv M/V Sky Reefer, 515 U. S. 528（1995）.

ジュネーブ条約による。ニューヨーク条約は，「仲裁判断の承認及び執行が求められる国以外の国の領域内においてされ，かつ，自然人であると法人であるとを問わず，当事者の間の紛争から生じた判断の承認及び執行について適用する。この条約は，また，仲裁判断の承認及び執行が求められる国において内国判断と認められない判断についても適用する」（1条），「各締約国は，次の諸条に定める条件の下に，仲裁判断を拘束力のあるものとして承認し，かつ，その判断が援用される領域の手続規則に従って執行するものとする」（3条）と定め，5条で承認を拒絶することができる場合を挙げている。すなわち，合意の当事者の無能力（a号），適正手続がないこと（b号），仲裁判断が仲裁合意を超えるものであること（c号），仲裁機関・手続が合意に従っていなかったこと（d号），仲裁判断が確定していないこと（e号）である。

わが国民事執行法22条は，債務名義として「確定した執行決定のある仲裁判断」（6号の2）を挙げ，仲裁法45条は同2項に掲げる事由がない場合には，「仲裁判断は，確定判決と同一の効力を有する」とし，この仲裁判断は，仲裁地が日本国内にあるかどうかを問わないとし，同46条でわが国の裁判所での仲裁判断の執行決定の手続を定めている。

つぎの事例は，外国の仲裁判断についてわが国の執行判決が求められた例である。

【事例65】　大阪地判昭和58年4月22日(269)

本事件は，紛争解決をニューヨークにおける仲裁手続で行う旨を含む，日本の会社とイギリスの会社のあいだの傭船契約に関する紛争である。

イギリスの会社A社は日本の会社B社から一定期間，船舶を借り受ける旨の傭船契約を締結した。この契約に関して生ずる紛争については，アメリカ・ニューヨーク市で船主選定の仲裁人1名，傭船者選定の仲裁人1名および各選任された仲裁人両者選定の仲裁人1名計3名の仲裁に付するこ

(269)　大阪地判昭和58年4月22日下民集34巻1～4号169頁，判例時報1090号146頁，判例タイムズ501号182頁。

と，いずれの当事者も自らの選定した仲裁人の住所氏名及び仲裁にかけることを欲する紛争の要旨を明記した通知書を他方当事者の役員に送達することにより仲裁を要求することができ，他方当事者が右通知書の送達後20日以内に仲裁人を任命しない場合，仲裁申立人はさらに通知を要せず２人目の仲裁人を任命することができること，等を合意した。

しかし，傭船契約の履行にともなう貨物の汚濁，損傷事故及び契約の不完全履行により日本の会社Ｂ社はＡ社に対して損害賠償債務を負うことになったが，Ｂ社は支払いに応じなかった。Ａ社はＢ社に対して仲裁条項にもとづき賠償金の支払を求める仲裁の請求を行い，同時にＡ社の選任した仲裁人の住所氏名を通知した。一方，Ｂ社は仲裁人の選任を通知しなかったため，Ａ社は２人目の仲裁人を選任し，この２名の仲裁人が３人目の仲裁人を選任した。これらの仲裁人がＢ社に支払いを命ずる仲裁判断をし，改正前の民事執行法22条６号（確定した執行判決のある外国裁判所の判決または仲裁判断を債務名義としていた）にもとづき，Ａ社がわが国の裁判所に執行判決を求めた。これに対し，Ｂ社は執行判決の裁判で，正式に代理人を選任した事実がないにもかかわらず，仲裁手続はＢ社に充分な通知のないままＢ社の代理人と称する者により追行され，仲裁判断はＢ社になんらの防御の機会を与えないまま一方的に決定された瑕疵あるものであるから当然無効であると主張した。

裁判所は「本件仲裁判断についてはニューヨーク条約第３条によりその執行判決を求めることができ，その要件はもっぱら同条約の定めるところに拠る」が，「被告及びその代理人に対して審問の機会が保障されていたのであるから，本件仲裁手続において被告がその利益を防禦する機会を不当に奪われたということはできない」として，旧仲裁法の下で執行判決を言い渡した（注：現行の仲裁法の施行前なので執行決定ではなく執行判決となっている）。

3　仲裁の合意の妨訴抗弁

わが国仲裁法は，原則として「仲裁合意の対象となる民事上の紛争について訴えが提起されたときは，受訴裁判所は，被告の申立てにより，訴えを却下しなければならない」と定めている（14条１項）。仲裁の合意の対象として訴えを却下するように申し立てることを仲裁の妨訴抗弁という。仲裁は私的法律関係の当事者の合意によって，裁判という手段ではなく，第三者である仲裁人にその間の紛争の解決を付託し，その判断に服することを約すことによって解決する手段であるから，当事者間に仲裁の合意が存在するときに，一方の当事者が訴えを提起すれば，仲裁によって解決することが優先される。

つぎの事例は，仲裁条項を含む契約について債務者の不履行があった事案で，契約の当事者ではなく，その実質支配者に対して訴訟を提起した事件である。このため，仲裁合意の妨訴抗弁が問題となったのであるが，裁判の原告は，仲裁合意の相手方（会社）ではなく，その実質上の支配者を被告としているので，当事者が異なるから仲裁の合意はないとした。最高裁は会社の実質上の代表者にも「本件損害賠償請求についても本件仲裁契約の効力が及ぶものと解する」として，訴えを棄却した。

【事例66】　最一判平成９年９月４日[(270)]（リングリングサーカス事件）

教育関係の企画・プロデュースなどを行う日本の会社である教育社は，アメリカのサーカス運営会社であるリングリング社とわが国でのサーカス興行契約を締結した。リングリング社はレッドユニットとブルーユニットの２つのサーカス団を持っていたが，そのうちレッドユニットを日本へ派遣し，アメリカ・サンディエゴで行った興行と同規模，同質のサーカスを興行する旨の契約であった。なお，リングリング社の代表者のフェルド氏は同社の発行済み株式総数の過半数を有して，支配的株主であった。

興行契約には，「本件契約の条項の解釈又は適用を含む紛争が解決できない場合は，その紛争は，当事者の書面による請求に基づき，商事紛争の仲裁に関する国際商業会議所の規則及び手続に従って，仲裁に付される。リングリング社の申し立てるすべての仲裁手続は東京で行われ，教育社の申し立てる仲裁手続はニューヨーク市で行われる。各当事者は，仲裁に関する自己の費用を負担する。ただし，両当事者は仲裁人の報酬と経費は当分

---

(270)　最一判平成９年９月４日民集51巻８号3657頁，判例時報1633号83頁，判例タイムズ969号138頁。

に負担する」旨の合意（仲裁合意）があった。

1年目の興行成績は，有料入場者数比率が5割を割り込み，教育社にとっては約7億円の赤字となった。教育社はリングリング社に15億7,500万円の興行料を支払った。2年目の興行成績はさらに有料入場者数比率が14%に下がった。教育社はリングリング社が14項目にわたって手を抜いた公演をしたと非難し，同社の代表者であるフェルド氏を相手として，不法行為にもとづく損害賠償請求の訴えを東京地裁に提起した。一方，リングリング社とフェルド氏はアメリカ・ニューヨーク州の連邦地方裁判所に教育社と代表取締役を相手として，教育社との争いについてニューヨーク市で仲裁手続をとるように求める旨の仲裁付託及び差止命令を申し立てた。同地裁は，教育社らに仲裁条項にもとづき，国際商業会議所の規則にしたがい仲裁申立てを行うことを命じ，教育社の本件訴訟は仲裁条項に含まれるものであることを確認し，教育社と代表取締役は仲裁条項にもとづいて仲裁手続が進められているあいだ，日本での訴訟を進めてはならない旨を言い渡し，判決は確定した（ただし，この手続に教育社は呼び出しを受けたが欠席した）。

東京地裁における教育社の訴えに対して，被告のフェルド氏は，本案前の抗弁として，仲裁契約を理由とする妨訴抗弁と国際裁判管轄の不存在及び訴訟上の信義則違反・訴権の濫用を主張した。

第一審判決（東京地判平成5年3月25日）(271)は，「特段の事情がない限り，原告（教育社）が申立てた仲裁手続，あるいは，原告の申立てに基づく仲裁判断の承認や執行手続において，本件仲裁契約の成立及び効力が問題になった場合には，ニューヨーク市において適用されるべき法に従」うとして，訴えを却下した。教育社は控訴し，その理由として「仲裁契約を訴訟契約と解すれば，準拠法は『手続は法廷地法による』との原則から導かれるので，当然日本法となる。仲裁契約を実体契約と解しても，その仲裁契約が妨訴抗弁として訴訟に提起され，その効力を控訴人が争っている場合には，仲裁契約が控訴人の提起した訴えにどのような影響を及ぼすかについての判断は，訴訟法上の問題であって，その準拠法は『手続は法廷地法

(271)　東京地判平成5年3月25日民集51巻8号3687頁，判例時報1472号88頁，判例タイムズ816号233頁，金融・商事判例961号36頁。

による』との原則に従い，法廷地である日本法ということになる」と主張した。原判決（東京高判平成６年５月30日）(272)は，「仲裁契約の物的及び人的範囲の解釈並びに控訴人に対する仲裁付託命令の確定の事実等によれば，控訴人は，本件請求に係る損害賠償請求について，合衆国で被控訴人を相手方として仲裁判断を求めることができるものと解される」として，控訴を棄却した。

最高裁は「仲裁は，当事者がその間の紛争の解決を第三者である仲裁人の仲裁判断にゆだねることを合意し，右合意に基づいて，仲裁判断に当事者が拘束されることにより，訴訟によることなく紛争を解決する手続であるところ，このような当事者間の合意を基礎とする紛争解決手段としての仲裁の本質にかんがみれば，いわゆる国際仲裁における仲裁契約の成立及び効力については，（旧）法例７条１項により，第一次的には当事者の意思に従ってその準拠法が定められるべきものと解するのが相当である。そして，仲裁契約中で右準拠法について明示の合意がされていない場合であっても，仲裁地に関する合意の有無やその内容，主たる契約の内容その他諸般の事情に照らし，当事者による黙示の準拠法の合意があると認められるときには，これによるべきであ」り，「『リングリング社の申し立てるすべての仲裁手続は東京で行われ，上告人の申し立てるすべての仲裁手続はニューヨーク市で行われる』旨の仲裁地についての合意がされていることなどからすれば，上告人が申し立てる仲裁に関しては，その仲裁地であるニューヨーク市において適用される法律をもって仲裁契約の準拠法とする旨の黙示の合意がされたものと認めるのが相当」であるから，教育社の「本件訴えは，訴えの利益を欠く不適法なものとして却下を免れない」とした。

この事例は，国際民事訴訟における実体と手続の区別の問題についても有益な材料を提供している。すなわち，本項の冒頭にあげた大審院大正７年４月15日判決は，仲裁契約を「民事訴訟法上の契約にして実体法上の契約にあらず」としており，これが通説である(273)。本事件の原

(272)　東京高判平成６年５月30日民集51巻８号3709頁，判例時報1499号68頁，判例タイムズ878号276頁，金融・商事判例961号31頁。

告・上告人は，仲裁の合意が訴訟上の契約であるならばその解釈に適用すべき法は「手続は法廷地法による」の原則により日本法となるが，わが国では契約の当事者をその実質上の支配者に及ぼす法理はないと主張した[274]。しかし本事件では仲裁契約上，日本の会社が仲裁を申し立てるときは，相手方の所在するアメリカを仲裁地とする旨の合意があったので，原告である日本の会社はわが国の裁判所に訴えを提起しているが，仲裁合意のとおりにアメリカを仲裁地として仲裁を申し立てれば「仲裁について適用される法律は，アメリカ合衆国の連邦仲裁法と解され」，最高裁は「同法及びこれに関する合衆国連邦裁判所の判例の示す仲裁契約の効力の物的及び人的範囲についての解釈等に照らせば，上告人の被上告人に対するについては仲裁条項の適用はなく，妨訴抗弁の人的・物的範囲の問題は法廷地法によって判断される」として上告を棄却している。

【９】 国際倒産

1　倒産法制の改正

長年，わが国の倒産処理手続については「倒産５法」という言い方が使われてきた。すなわち，わが国の倒産法制は，破産法にもとづく破産手続，和議法にもとづく和議手続，会社更生法にもとづく更生手続と商法にもとづく会社整理と特別清算の５つの手続が並存してきたのである。しかし，バブル経済崩壊のあと，景気低迷が長引き，会社，個人の破綻が相次いでいたことを背景として，1996年10月８日に開催された法制審議会第120回において，法務大臣から「破産，和議，会社更生等に関する制度を改善する必要があるとすれば，その要綱を示されたい」という

(273)　小島武司＝高桑昭編著『注解仲裁法』（青林書院，1988）34頁［小島武司＝豊田博昭執筆］。

(274)　詳細は，山本和彦「『手続は法廷地法による』の原則の相対化」判例タイムズ841号15頁を参照。

諮問（諮問第41号）が行われ，倒産法制全体の抜本的見直しの作業が始められた。同年10月24日の法制審議会倒産法部会では，審議の進め方について「倒産法制全体について，概ね５年を目途として見直しを行っていく」ことを基本に作業が開始された。1997年12月に法制審議会倒産法部会が公表した「倒産法制に関する改正検討事項」では，倒産処理手続を「社会経済構造に適合したものとすることによって，現代の経済社会に合理的に機能し，利害関係人にとって公平かつ迅速な倒産処理を実現することが，当面する重要かつ喫緊の課題であるとの認識」(275)にもとづいて作業が開始されているが，「立法的手当てが求められている問題点の具体例」として，⑴消費者倒産への対応が必要であること，⑵中小企業等の再建手続の整備が必要であること，とくに⑶国際倒産事件への対応が必要であることが指摘されていた。

倒産法制の改正作業の成果は1999年以降立法となって現れ，この年に民事調停法の特例として，特定債務等の調整の促進のための特定調停に関する法律（特定調停法）（平成11年法律第158号）が設けられ，個人消費者を含む債務者が破綻する前に，裁判所の調停により，金銭債務に係る利害関係の調整を行うことが可能となった。また，⑵の指摘にそって，和議法に代わる新たな再建型倒産法制の制定が急がれたことから，1999年12月に民事再生法（平成11年法律第225号）が公布，翌年４月１日に施行され，中小企業向けの再建型倒産処理手続が整備され，従来の和議法が廃止された。民事再生法については，翌年2000年にも，小規模個人再生と給与所得者等再生の特則および住宅資金貸付債権に関する特則が加える改正が行われ，破産手続以外の消費者の多重債務処理の手段が多様化した（平成12年法律第182号）。そして，上記の⑶の指摘に応える形で，1999年，2000年に国際倒産への対応のための改正作業が行われた。また，会社更生法は2002年に全面改正され（平成14年法律154号），2004年には新し

---

(275)　法務省民事局参事官室編『倒産法制に関する改正検討事項』別冊 NBL46号（商事法務研究会，1998）「補足説明」３頁。

い破産法が制定され（平成16年法律75号），2005年１月１日から施行された。制定以来80余年ぶりの破産法の見直しである。また，旧商法に規定されていた会社整理と特別清算の手続については，2005年に会社法（平成17年法律86号）が制定され，その中で会社整理は役目を終わったものとして廃止され，特別清算については規定が詳細にされた。

2　倒産属地主義

前記のように2000年に廃止されるまで，旧破産法３条１項は「日本に於いて宣告したる破産は破産者の財産にして日本に在るものについてのみその効力を有す」，同２項は「外国において宣告したる破産は日本に在る財産についてはその効力を有せず」と規定していた。

このほか，旧和議法11条も旧破産法３条を準用し，旧会社更生法４条１項は「日本国内で開始した更生手続は，日本国内にある会社の財産についてのみ，効力を有する」，同２項は「外国で開始した更生手続は，日本国内にある財産については，効力を有しない」，同３項は「民事訴訟法により裁判上の請求をすることができる債権は，日本国内にあるものとみなす」と規定していた。このように倒産処理手続の効力の及ぶ範囲を自国内に限定することを「属地主義」（Territorialism）という。旧破産法が制定された大正時代には，国際倒産の問題に緊急性はなかったので，わが国破産法は「厳格な，徹底した属地主義」(276)を採用したとされている(277)。倒産手続は国家の公権力が行う執行手続であるとし，執行権限はその領域内にかぎられるとしてきたのである。つぎの事例は倒産属地主義を反映する例である。

(276)　従前の倒産処理手続の属地主義については，たとえば谷口安平「国際倒産の現状と問題」民事紛争処理研究基金編『企業活動と紛争』1993年４頁を参照。

(277)　加藤博士は破産の属地主義について「破産法は公の安寧秩序に関係する法律なるが故に」，「属地破産主義を主張するは破産の執行的性質よりするを最も可なりとす」とする（加藤正治「破産法研究第一巻」有斐閣，1922年，310頁）。

【事例67】　大審院明治35年6月17日判決(278)

ハワイに住所を有する日本人がハワイの裁判所で一旦破産宣告を受け，その後巡回裁判所で免責命令を受け，破産宣告当日に存在した債務の免除を得たが，同人が他の日本人に約定金の返還請求を行ったため，請求された者が契約上の債権の支払いを求めて反訴を提起した。原審はハワイ州裁判所の免責命令の効力を認め，破産財団に対する債権はすべて消滅したとして，請求を棄却した。

大審院は「破産により破産者は其の権利行使中多少の制限を受くることあるも，其の為破産は強制執行たるの性質を有せざるものというを得ず。既に破産にして一の強制執行に外ならざる以上は，破産宣告は宣告裁判所所属国の裁判が執行力を有する地域内に限り効力を有すべきものにして，しかして裁判は特別の法令もしくは国際条約あるにあらざる以上は領域内に限り執行力を有するもの」，「布哇（注：ハワイ）に置ける破産手続に関する裁判は我が国においても其の効力を有するものと判断したるは不法たるを免れず」として，原判決を破棄差戻した。

この事例の判決に示された倒産属地主義は，その後も東京高判昭和34年1月12日(279)，大阪地判昭和58年9月30日(280)などの事件で踏襲されていた。

---

(278)　大審院明治35年6月17日判決民録8輯6巻85頁。

(279)　東京高判昭和34年1月12日下民集10巻1号1頁，判例時報180号39頁は，施政権返還前の琉球・宮古島に所在する破産者の財産について，「破産手続は破産者の財産に対する一般的強制執行の手続であるから，強制執行の対象とならない財産は破産財団を構成しない」とした。

(280)　大阪地判昭和58年9月30日下民集34巻9～12号960頁，判例タイムズ516号139頁は，外貨（香港ドル）の換算に適用すべき相場が口頭弁論終結時の相場であることを判示した例としてあげたが，被告である当座貸越契約の債務者は香港において破産宣告を受け，香港にある被告所有の財産に対し破産手続が進められていた。裁判所は「破産に関する裁判は，特別の法令若しくは国際条約がない以上，破産宣告裁判所所属国の裁判が執行力を有する地域内に限り効力を有するものであるから，香港において宣告した破産は日本においてその効力を有するものではな」く，「被告が香港において破産宣告を受けたからといつて，本件訴訟の当事者適格に影響を及ぼすものではない」とした。

3　倒産普及主義への方向転換

わが国の個人や法人が外国に財産をもたなかった時代には旧破産法等が規定する倒産属地主義で特段の問題は生じなかったが，その後，属地主義の問題が明らかになる事件が発生した。つぎの事例である。

【事例68】　高成丸事件(281)（ただしカナダ・オンタリオ州の裁判所の船舶差押事件）

海運会社Ａ社は，経営に行き詰まり，会社更生法手続を申立て，裁判所が開始決定した。Ｂ社はＡ社に対して高成丸という船舶の建設資金を貸し付け，同船舶に第１順位抵当を設定していた。Ｂ社は会社更生には反対であったため，更生手続開始決定に対して即時抗告を行うとともに，1978年にカナダの港に入港していた高成丸を差し押さえ，抵当権にもとづく競売をカナダ・モントリオールの連邦裁判所に申し立てた。同裁判所は差押令状を発し，差し押さえたため，Ａ社の更生管財人がカナダ連邦裁判所に異議申立てを行った。

同連邦裁判所は「日本の会社更生法の条文を自然かつ伝統的な意味合いにおいて解釈する限り（read in its natural and traditional sense），日本の会社更生法は債務者の在外資産に対してはその効力を有せず，したがって，本件船舶に対する差押え（すなわち船舶抵当権の実行）はカナダにおいて許容すべきである」として，更生管財人の異議申立てを棄却した(282)。

わが国の債務者が倒産しても，その債務者の外国にある財産にはわが国の倒産手続の効果が及ばないとすれば，この事例のように，倒産者の在外財産をいち早く見つけた者が得をするという早い者勝ちとなってし

(281)　Orient Leasing Co. Ltd. v. The Ship “Kosei Maru”, Federal Court Trial Division, [1978] 3 A.C.W.S. 371; 94 D. L. R.（3d）658, November 10, 1978, Decided。谷口安平「国際倒産の現状と問題（下）」NBL385号51頁，同「国際倒産の回顧と展望」金融法務事情1188号８頁，「トピックス」NBL167号４頁，小林秀之「カナダにおける我が国の倒産手続の効力と属地主義」金融法務事情1284号37頁を参照。
(282)　なお，事件は最終的に和解で終結した模様である。

まう。こうしたわが国の倒産属地主義による債権者のあいだの不平等を回避するためにつぎのような事例も見られるようになった。この事例は，わが国の更生会社の在外資産についてアメリカ連邦倒産法が規定する担保権等の行使の自動停止効を利用した事例である。

【事例69】　マルコー事件(283)（ただしアメリカの倒産手続を利用した）

日本法人株式会社マルコーは，日本のほかにハワイ，カリフォルニア，ニューヨークなどの米国各地やカナダ，オーストラリアなどにもホテル，ショッピングセンター，コンドミニアムを多数所有あるいは分譲・管理していた。1991年8月29日に，同社は東京地裁に更生手続開始を申立て，同年12月6日同裁判所は更生手続開始を決定した。更生計画は，その3年後の1994年7月1日に認可された。

一方，1991年10月30日，更生手続の保全管理人はマルコーの資産がカリフォルニア州南部に集中していたことから，アメリカ・サンディエゴのカリフォルニア州南部連邦破産裁判所に，連邦倒産法11章に規定される手続（チャプター・イレブン）を申し立てた。同破産裁判所も申立てから3年後の1994年2月4日に再建計画を認可した。

日本での更生手続を担当した弁護士および海外案件の管財人代理の弁護士によれば，すでに日本で更生手続を開始している日本法人について，さらにアメリカでチャプター・イレブンを申し立てた理由は，⑴事業の海外資産管理処分権の掌握，すなわち米国連邦倒産法における占有債務者（Debtor-in-possession）の地位の活用，⑵在外資産の保全（アメリカ連邦倒産法にいう付属手続を活用），⑶アメリカ以外の資産の保全（米国のチャプター・イレブン手続の倒産普及主義を活用）であった。

日本の会社更生法上，手続開始の申立て後に，担保権の実行や強制執行を停止させるためには，裁判所の中止命令・包括的禁止命令（会社更生法24条25条）を得る必要があるが，アメリカ法上，チャプター・イレブンの申立てによって，自動的に担保権の実行の禁止，強制執行の禁止，継続中の訴

(283)　阿部昭吾＝片山英二＝坂井秀行＝中島健仁「国際並行倒産の実務――更生会社マルコーの実務にみる米国倒産手続」NBL556号6頁，558号13頁，559号38頁，563号50頁，568号59頁，569号64頁。

訟の禁止，相殺の禁止等の効果のある「自動停止」(automatic stay) を得ることができる。また，占有債務者 (Debtor-in-possession) とは，占有を継続する債務者の意であり，わが国の現行の民事再生法は原則的に占有債務者を採用しているが (民事再生法38条1項)，本事件の当時にはわが国には同等の制度がなかった。さらにアメリカ法上は回避 (abstention) という手続があり，米国の倒産手続と外国の手続が競合した場合，一定の要件の充足を条件に米国の手続が終了されることとなっていた。米国の倒産手続は普及主義を取るため，日本で進行中の更生手続の債権者にアメリカ倒産手続の効果が及ぶことを避けるために，本事件では，管財人は日本の倒産手続についてアメリカでの回避命令 (abstention order) を申し立てて，破産裁判所からこれを得た。

このような国際倒産における属地主義の問題が認識されて，旧破産法等の明文の規定にかかわらず，属地主義を修正する意見が出された。まず，事実上の回復是認説は，倒産者が国外に有する財産 (在外財産) は破産管財人等の倒産管財人の管理処分の対象にならないが，日本における債権者は倒産管財人に個々に委任して在外財産への強制執行をすることができるとする意見である(284)。また，原則管轄・例外区分説は，旧破産法3条1項等の属地主義規定は，倒産者の生活や活動の本拠が日本にない場合に限定されるとした。さらに，財産・権限関係区分説は，倒産債権者が債権届けをしながら，その一方で倒産者の財産に対して抜け駆け的に強制執行を行ったような場合には，当該財産またはその対価を不当利得として破産財団等の倒産債権者の共通財産に回復することの請求を認めるべきであるとした(285)。最後に，包括的執行力区分説は，旧破産法3条1項等は，わが国の倒産処理手続の効果はわが国国内に限ら

(284)　山戸嘉一「破産」国際法学会編『国際私法講座第三巻』(有斐閣，1964) 892頁。

(285)　石黒一憲『国際私法と国際民事訴訟法との交錯』(有信堂高文社，1988) 250頁。青山善充「倒産手続のおける属地主義の再検討」民訴雑誌25巻1979年125頁。

れるが，倒産者の在外財産のある外国がこの在外財産についてわが国の倒産処理手続の効果を認め，執行することを妨げるものではないとした。裁判例でも属地主義を修正する対応がとられていた。たとえばつぎの例である(286)。

【事例70】　東京高決昭和56年１月30日(287)

スイス・ジュネーブ地方裁判所において破産を宣告されたスイス法人フィンカメラ社の商標権がわが国特許庁に登録され，権利名義人は同社となっていた。同社に対して売掛債権を有する日本の会社インターナショナル社は債権を保全するために，東京地裁にこの商標権の仮差押命令を申し立てた。同地裁は仮差押えを決定し，特許庁に仮差押えの登録が行われた。しかし，仮差押決定には「債務者は金150万円を供託するときは，この決定の執行の停止，または，その執行処分の取消を求めることができる」とあったので，フィンカメラ社の破産管財人は所用資金を供託し，東京地裁に仮差押決定執行の取消しを申し立て，取消しの決定を得た。インターナショナル社はこの決定を不服として抗告した。

インターナショナル社は（旧）破産法３条２項を引用し，「本件商標権はわが国特許庁に出願登録された権利であって，『日本にある財産』であるからスイス連邦国のジュネーブ地方裁判所において宣告された本件破産は本件商標権についてはその効力を有せず，その破産に伴って就任した破産管財人である相手方は本件商標権については管理処分の権限を有しない」と主張した。

東京高裁は，（旧）破産法３条２項が「外国において宣告された破産はわが国にある財産については当然にはその効力，特にその本来的効力（包括

(286)　なお，このほかに，【事例47】の東京地判平成３年９月26日では，日本の現地法人の発行済株式総数の50％を有するノルウェー法人親会社がノルウェーで破産宣告を受け，同国で破産管財人が選任された事例である。日本の現地法人の株主総会にあたって，破産管財人がその招集通知を受取っていないとして，株主総会決議の取消しを求め，東京地裁は同国破産管財人が「（旧）商法247条１項の『株主』の権利を行使する者として，本件訴えの原告適格を有する」とした。

(287)　東京高決昭和56年１月30日下民集23巻１～４号10頁，判例時報994号53頁，判例タイムズ438号147頁，金融・商事判例619号22頁。

執行的効力）が及ばないことを宣言したにとどまり，それ以上に，外国において破産の宣告がなされたことや，それに伴い破産管財人が選任されたこと自体を無視したり，その宣告の結果，当該外国において，その国の法律に従い，破産管財人が破産者の有する財産の管理処分権を取得するなどの効果が発生することを否定したりすることまで要求するものでない」として抗告を棄却した。

このように従来は厳格な属地主義の規定の下で，解釈によって法律関係の国際化に対応してきたが，倒産法制の全面的な見直しのおりに属地主義から普及主義への方向転換がなされた。まず，1999年に制定された民事再生法は「再生債務者は，再生手続が開始された後も，その業務を遂行し，又はその財産（日本国内にあるかどうかを問わない。第66条及び第81条第１項において同じ。）を管理し，若しくは処分する権利を有する」（38条１項）と定め，債務者が外国に財産を持っていても，民事再生手続の効果は，外国にある財産に及ぶことになった。前記のとおり，旧破産法３条，旧会社更生法４条の属地主義の規定は削除され，わが国の倒産処理手続の対外的効力（内国手続の対外効）が明記された。2000年11月には，外国倒産処理手続の承認援助に関する法律（平成12年法律129号）（外国倒産処理手続承認援助法）が成立，公布され，外国の倒産処理手続のわが国国内への対内的効力（外国手続の対内効）を付与する手続が設けられた。あたらしい破産法も「破産者が破産手続開始の時において有する一切の財産（日本国内にあるかどうかを問わない。）は，破産財団とする」と規定する（34条１項）。また会社更生法は「更生手続開始の決定があった場合には，更生会社の事業の経営並びに財産（日本国内にあるかどうかを問わない。第４項において同じ。）の管理及び処分をする権利は，裁判所が選任した管財人に専属する」と定めている（会社更生法72条１項，保全管理人については同法32条１項）。

4　国際倒産の処理

国際倒産として具体的に生じるケースとしては，(1)わが国の企業（または自然人）で外国に財産を保有している場合や外国の債権者に対する債務を負っている者がわが国において倒産手続を開始した場合がある。この場合には，わが国の内国の倒産処理手続が外国においてどのような効果を持つかという問題（内国倒産手続の対外効）があるが，倒産法制の改正の結果，わが国の倒産手続は倒産債務者の財産が日本にあると否とにかかわらず手続の効果が及ぶことが明記された。つぎに，⑵外国の企業（または自然人）でわが国に財産を保有している場合，わが国の債権者に対して債務を負っている者が当該外国において倒産処理手続を開始した場合，外国倒産処理手続がわが国においてどのような効果を持つかという問題（外国倒産処理手続の対内効）がある。さらに，⑶わが国または外国の会社（または自然人）で複数の国に財産を保有している場合，複数の国の債権者に対して債務を負っている者がいずれかの国で倒産処理手続を開始した場合（並行倒産）の問題がある。

⑴ 内国倒産手続の対外効

前記のとおり現行破産法はわが国における手続について破産者の財産が国内に所在すると外国に所在するとにかかわらず，わが国破産手続の効果が及ぶとして，対外効を認めており，民事再生法も同様である。現実には，破産者の財産が所在する国において，わが国破産手続開始決定につき，当該国の裁判所から執行判決を得て，換価手続を行うものと考えられる(288)。

---

(288) フランスにおける事例であるが，この処理をした事例として1986年２月25日破毀院判決がある。デンマークの会社（ハンセン社）がデンマーク・コペンハーゲン裁判所で破産を宣告された。フランスの会社クレベール社は，ハンセン社に対して500万フランを超える債権を有していた。ハンセン社は，フランス国内に評価額110万フランの不動産を有していたため，クレベール社は債権の一部を回収するために，フランスの裁判所に当該不動産の仮差押えと抵当権の仮登記を申立て，８月３日にこの旨が決定され，つぎにクレベール社は同裁判所に債務の支払請求の訴えを起こした。一方，デンマークの破産管財人はフランスの同裁判所にデンマークでの破産宣告の執行判決（exequatur）を求める訴えを起こし

しかし，わが国倒産処理手続は倒産債務者の全財産に及ぶといっても，わが国の倒産処理手続の効果は外国で承認されないかぎり効果がないから，債務者についてわが国国内で倒産処理手続がとられているとき，この債務者の債権者が当該債務者の在外の財産（銀行預金など）を探索して，財産所在国で強制執行を行い，債権の回収を行うことは可能である。この場合には，わが国の債権者のあいだで不平等が生じる結果となる。このために，破産法は外国の倒産処理手続によって配当を得た破産債権者は「他の同順位の破産債権者が自己の受けた弁済と同一の割合の配当を受けるまでは，最後配当を受けることができない」として債権者間の平等を図っている（破産法201条４項)。この処理の方法を「ホッチポット・ルール」という（民事再生法89条２項，会社更生法137条２項もこの原則を規定)。ただしわが国における倒産処理手続においては「破産債権者は，破産手続開始の決定があった後に，破産財団に属する財産で外国にあるものに対して権利を行使したことにより，破産債権について弁済を受けた場合であっても，その弁済を受ける前の債権の額について破産手続に参加することができる」(破産法109条。民事再生法89条１項，会社更生法137条１項も同様）と規定されている。議決権の行使はかぎられている（破産法142条２項。民事再生法89条３項，会社更生法137条３項も同様)

⑵　外国倒産手続の対内効

従来，外国倒産処理手続の対内効（わが国国内における効力）については，外国の破産宣告について，日本において執行判決を求めることができるかという点について積極説と反対説に分かれていた。

積極説は，外国の倒産手続における裁判は，わが国では当然には効力

た。同裁判所はまず，管財人の訴えを先行して審理し，執行判決を出し，一方1982年２月５日，クレベール社の訴えについては却下と仮登記の抹消を命ずる判決を出した。控訴審も第一審判決を維持した。最上級審である破毀院は，「フランスの国際公序の概念に反しない限り，フランスで執行力があるとされた判決は有効である」とした。

を有しないというにとどまり，外国倒産手続における申立人または管財人もしくはこれに相当する機関から日本の裁判所に対して執行判決の申立をすることが許され，日本の裁判所がこれを与えた場合にはその時から，外国破産の効力はわが国の財産に対してもその効力を有すると説明した。反対説は，日本の民事執行法の解釈として，外国破産宣告等に執行判決を与えることができるかという問題であり，対審手続にもとづく外国判決と外国の手続に関与していない内国の一般債権者・担保権者の権利行使に影響を与える，外国破産宣告等の効力の要件とは異なると説明した。

2000年に制定された外国倒産処理手続承認援助法は，「国際的な経済活動を行なう債務者について開始された外国倒産処理手続に対する承認援助手続を定めることにより，当該外国倒産処理手続の効力を日本国内において適切に実現し，もって当該債務者について国際的に整合のとれた財産の清算または経済的再生を図ること」（1条）を目的としており[(289)]，この問題は解決された。同法は，国連国際商取引法委員会（Uncitral）が1997年12月に採択したモデル法（Model Law on Cross-Border Insolvency with Guide to Enactment）を採用したものであり，外国の倒産処理手続をわが国で承認することによって，外国倒産処理手続の対内効を認めることとした。

外国で開始された倒産処理手続といってもその内容はさまざまである。外国倒産処理手続承認援助法は，外国倒産処理手続を「外国で申し立てられた手続で，破産手続，再生手続，更生手続又は特別清算手続に相当するもの」と定めるが，その判断は個々に行う必要がある（2条1

(289) Uncitralモデル法前文は「次の目標を促進するために国際倒産処理の効率的手段を提供することを目的とする」として，「国際倒産事件に関与する関係国の裁判所当局間の協力の確保，商取引・投資における法的安定性の保障，債権者および債務者を含む関係者の利益を保護するべく国際倒産手続を衡平かつ有効に処理，債務者財産の保護と価値の極大化，投資保護と雇用維持のための危機的企業の再生の促進」を挙げている。

号)[290]。外国で宣告された破産などの倒産手続について，外国で選任された破産管財人等は東京地方裁判所（専属管轄，4条）に当該外国倒産手続の承認を求めることができる（17条）[291]。

つぎに外国倒産処理の援助とは，承認された外国倒産処理手続をわが国で実効的に行うための手続であるが，わが国に所在する破産者の財産にすでに強制執行，競売などが行なわれている場合に，その手続の中止を求めることができ（25条，26条，27条），また包括的禁止命令を申し立てることができる（28条）[292]。また，外国倒産処理手続の目的を達成するために必要な場合には，わが国に所在する破産者の財産について，わ

(290)　たとえば，フランスは2005年に倒産法を大改正したが，その結果従来の倒産手続開始原因とされていた支払停止（ただし日本の支払停止概念と異なり，客観的な支払不能状態を意味する）にいたる前でも，倒産法上の手続を申し立て，手続がとることができるようになった。これを事業救済手続というが，これが外国倒産処理手続承認援助法２条１号にいう「破産手続，再生手続，更生手続又は特別清算手続に相当するもの」に確実にあたるか現時点では判然としない。

(291)　外国倒産処理承認と援助は，外国判決の承認と執行に対応すると考えると理解しやすい。つまり，外国倒産処理の「承認」は，民事訴訟法118条にいう外国判決の「承認」に相当する手続であり，外国倒産処理の「援助」は外国判決の「執行」と同様に外国判決を実効的に実現する手続である。ただし，外国倒産処理手続と外国判決手続は，対審構造をとるか否か，裁判所の裁量の余地などで異なった性質を持っているから，この対応はあくまでは表面的ではある。たとえば，外国倒産処理承認援助法21条は，外国倒産処理手続のわが国での承認要件を定め，これは外国判決の承認要件を規定した民事訴訟法118条に相当する規定であるが，倒産処理手続の承認には，当該倒産処理手続についての当該国の倒産手続管轄（民事訴訟法118条１号の要件）や手続保障（２号）と相互の保証（４号）は求められておらず，公序要件のみが共通であり，そのほかに費用の予納などを挙げている。

(292)　中止命令，包括的禁止命令は民事再生法でアメリカ連邦倒産法の自動停止（automatic stay）にならって設けられた制度であるが，まず1999年制定の民事再生法に取り入れられ（26条，27条），ついで会社更生法の改正に当たって採用され（24条，25条），さらに新しい破産法にも採用されている（24条，25条）。わが国では申立てによるか職権による。

が国に管財人（承認管財人制度，32条）を設けることができる。

⑶　並行倒産

わが国の外国倒産処理手続承認援助法では，すでにわが国で倒産処理手続がとられていて，外国倒産処理手続の承認の申立てがあった場合には，原則として承認の申立てを棄却することとしている（57条）。一方，外国倒産処理手続の承認を決定した後に，わが国の倒産処理がとられていることが明らかになった場合，あるいはわが国の倒産処理手続の申立てがあった場合には，裁判所は一定の要件の充足を確認し，わが国の手続の中止を命ずることができるとしている（59条，60条）。このように1人の債務者についてわが国の倒産処理手続と外国倒産処理手続承認援助法にもとづく外国の倒産処理手続のわが国における効果は重複することを回避することが定められている。これを「一債務者一手続進行の原則」と呼んでいるが，この場合の手続はわが国国内の手続にかぎられる。

一方，外国倒産処理手続がとられていても，わが国で外国倒産処理手続承認援助法にもとづく承認の申立てや援助の申立てがなければ，わが国において倒産処理手続がとられても，まったく別個・独立に外国倒産処理手続が進められるから，一債務者について内外で複数の手続がとられることはある(293)。これを「並行倒産」という。たとえば，前記の事例のマルコーの事件では，わが国における倒産処理手続のほかに，アメリカ，オーストラリアにおいても個々に倒産処理手続がとられた。

並行倒産の場合には内外で手続が並存し，管財人等が内外に設けられ

(293)　外国倒産処理手続承認援助法60条1項は，「承認援助手続が係属する裁判所は，外国倒産処理手続の承認の決定があった後，同一の債務者につき国内倒産処理手続の開始の申立てがされたことが明らかになった場合（前条第1項に規定する場合を除く。）において，同項第1号に掲げる事由がある場合には，同号に定める決定をしなければならない」と定めているが，これは外国での倒産処理手続の係属は，わが国での倒産処理手続の開始の申立ての障害にならないことを前提としている（深山卓也編著『新しい国際倒産法制』（金融財政事情研究会，2001）385頁）。

ることになるが，債務者は１人であるから内外の管財人等のあいだで協力することによって倒産処理手続を円滑に進めることができる。このために，外国倒産処理手続承認援助法はわが国に承認管財人を設けることを予定しているほか，破産法等は，倒産処理手続開始原因の推定の規定をおいている（破産法17条，民事再生法208条，会社更生法243条）。さらに管財人の相互協力（破産法245条，民事再生法207条，会社更生法242条），外国管財人の手続開始の申立ての権限（破産法246条，民事再生法209条，会社更生法244条），相互の手続参加の権限（クロス・ファイリング）（破産法247条，民事再生法210条，会社更生法245条）が定められている。

⑷　残された問題

国際倒産については，すでに民事再生法の制定，新しい破産法の制定，会社更生法の改正によって，わが国の倒産処理手続の対外的な効力が明示され，外国倒産処理手続承認援助法の制定によって，外国倒産処理手続についてわが国における効力も付与する道が開かれた。しかし，これらはいずれも債務者が直接，他国に有する財産についての国際倒産処理である。現在は企業が外国に現地法人を設けて，事業を展開し，財産を保有する場合が多いが，外国にある現地法人はわが国の会社とは別法人であるから，現状では倒産処理手続は別々に行わざるを得ない。すなわち，日本の会社が外国に別会社の形態で進出している場合には，あくまでも法人格が異なるから，日本の会社について倒産処理手続が始まっても，自動的には外国の現地法人について手続は始まることはなく，また日本の親会社と外国の現地法人（子会社）の両方について倒産処理手続がとられた場合，親会社と子会社とで別個に進められることになる[(294)]。

これに対して，欧州連合が2000年５月29日に定めた倒産処理手続規則

---

(294)　たとえば，わが国のヤオハンについて更生手続がとられたさいには，同社のシンガポールなどの現地法人について別個に手続がとられた。またアメリカの会社であるエンロン社がアメリカ連邦倒産法による手続を申し立てたさいには，エンロン社のわが国の現地法人についてわが国で破産手続がとられている。

（規則番号1346／2000）では，倒産処理手続の管轄について「利益の中心」という概念を導入することによって，親会社と欧州連合に加盟する他の国に所在する子会社の倒産処理手続を一体的に行うことを可能にしている。欧州連合という共通の基盤がある地域のなかではじめて可能な手続ではあるが，企業組織，企業活動が複雑さを増し，グループ化が進められているおりから，検討すべき方向性を示しているといえよう。子会社と取引をする債権者は，当該子会社の背後に親会社があることを前提として取引しているのであり，親会社子会社一体の倒産処理手続が望ましいことは確かであるが，倒産処理は多数の債権者の参加とその納得を得て進めるものであり，国によって破産債権者に認められた権利と義務が異なる以上，内外一体の倒産処理は極めて困難である[295]。

(295)　欧州連合域内ではすでにこの問題としてデイジーテック事件がある。CA Versailles（24e ch.）4 septembre 2003, Klempka c/ ISA Daisytek, D. 2003, comment. P. 2352, note J.-L. Vallens などを参照。

第3部　国際取引法

【1】 交渉と契約

1　国際取引とリスク

(1)　予防法務としての国際取引法

国際取引の中心は会社間取引である。会社における法務（企業法務）については，これを「臨床法務」,「予防法務」,「戦略法務」に分けることがある(296)。「臨床法務」とは，すでに発生した裁判などの紛争解決のための法務をいい，これに対して「予防法務」とはそのような紛争の発生を未然に防ぐための法務，具体的には契約交渉にあたって慎重な検討を加えることをいう。また,「戦略法務」とはたとえば会社法の規定にしたがって会社の組織の再編を行うとか他の会社に対して戦略的な企業買収をを仕掛けるなど，法令を事業展開，組織改変，新規事業などに利用することをいう(297)。企業法務ではいずれも重要な役割を果たして

---

(296)　わが国では，企業における法務の位置づけは，文書管理的なものにとどまっていたが，60年代なかばから，企業間の紛争の事前防止という「予防法務」あるいはその学習という意味で「予防法学」に対する意識が高まった。たとえば，座談会「法学教育における予防法学」ジュリスト301号15頁，坪田潤二郎「『予防法学』の実践」NBL205号15頁，207号38頁，柏木昇「契約締結前の法律プラクティスとしての予防法学」NBL242号36頁，244号35頁を参照。さらに80年代からは，戦略としての法務が意識され始めた。たとえば，座談会「予防法務から戦略法務へ」NBL392号４頁，393号20頁を参照。また，1987年の第４回経営法友会大会は「予防法務から戦略法務へ」というテーマを掲げている。

(297)　臨床法務，予防法務については概念がある程度整理されているが,「戦略法務」の概念はまちまちである。ここでは，前掲座談会での大隈室長の表現,「取

いるが，国際取引ではとくに「予防法務」の機能が重要である。予防法務とは，取引にかかわるリスクを法的に分析し，とらなければならないリスクがあれば，これに対する対応策を用意し，また取引の相手方とのあいだで取引にかかわる両者の権利・義務を配分し，契約の中身を交渉し，契約を締結することである。

大企業では何らかの形で法務担当部署を設けていることが多い。しかし，予防法務を駆使しても国際取引にかかわる紛争をすべて回避することは不可能である(298)。ただ，本来会社は営利を目的としており，紛争は生じないにこしたことはない。国際取引から生じる紛争を有利に解決するには，時間とコストがかかるのである。その意味で紛争を事前に予防するための予防法学がとりわけ重要とされる。田中教授は，アメリカの弁護士は「紛争が発生してから問題にタッチするだけでなく，契約書の作成などの段階から助言を求められて，いわゆる予防法学的活動をすることが多い」，「国際取引の面でも彼らの活動は大きい」(299)と説明している。たとえば金融取引ではわが国では銀行が用意する取引約定書にしたがって取引することがほとんどであるが，このような約定書を使わず，取引ごとに条件を交渉し，契約に規定する国の方が多いのであり，これらの国ではおのずから法務の役割が異なってくる。たとえば，大銀

引の仕組みづくりから考え」るという意味としよう。戦略法務の対象は日本法だけではなく，先進国や開発途上国各国の法制度である。なお，企業では戦略法務をビジネスとする場合も，法務専門の部署で行うわけではなく，顧客にもっとも近い部署で構想されることが多い。

(298)　柏木教授は「予防法学」を契約締結前の法律プラクティス全体を指すものとした上で，「一般には，『予防法学』とは紛争を予防することを目的とした法律学あるいは法技術の研究と考えられている」が，「法律学あるいは法技術が『紛争』を予防できるとは考え」られないとしている（柏木昇「契約締結前の法律プラクティスとしての予防法学（上）」NBL242号36頁）。予防の段階では思いつかなかったような事態は起きうるし，リスクの予測の中で可変要素としたことがリスクの予測幅以上にぶれることもある。

(299)　田中英夫『英米法総論　下』（東大出版会，1980）420頁。

行の再編に関する2004年７月18日日本経済新聞の記事「米，法務部門がチェック」は，「米国の銀行再編では法務部門が大きな役割を果たす。合併交渉には法務担当幹部が同席するのが一般的」と述べている。アメリカのトップバンクでは，法務部に数百人の弁護士資格者が採用されているが，日本の銀行では大手でもメガバンクでも10〜20人にとどまる。これは約定書の利用の違いのほかに，有資格者の絶対数の違い，成文法国・判例法国の違い，さらに日本の銀行では法務知識のある者が法務部門以外に分散しているといった基本的な土壌の違いが原因である(300)。

⑵　国際取引とリスク

①　コーポレート・リスク

国際取引と国内取引が大きく異なる点の１つは，取引の相手方の信用度・信用力（コーポレート・リスク）の負担である。

国内の取引では相手方の信用度について企業信用調査会社による調査や取引銀行を通じた照会，同業者・業界紙の情報などから仕入れることができ，また，営業状態について直接相手に確認することもできる。一方，国際取引についてはかならずしもこうした手段が使えるわけではない。国際的にも企業調査レポートがあり(301)，取引銀行経由で個別の照会することも行われる。しかし，国内の場合にはリスクについて理解が

(300)　坪田弁護士は「リスクに対して直ちに拒否反応を示すか，または逆にそれに盲目的にことを決行するかの両極端ではなく，それを回避しまたは建設的に解決するための法的スキームをダイナミックに考えていくところに，前向きの法的プラニングの意味がある。そのような意味において，企画法務には積極的な創造的かつ建設的任務の遂行が要求される」，「それは必然的に，戦略的思考に立脚して，システム分析的に最適の仕組みをつくりあげる創造的作業であると同時に，相手方の戦略を克服することも必要な知的ゲームである」としている（坪田潤二郎『国際取引実務講座Ⅰ（合弁事業・技術契約）』（酒井書店，1977）３頁）。

(301)　ダン・レポート（Dun & Bradstreet）がよく知られている。www.dnb.com/を参照。

ある程度までは共通と考えることができるが，たとえば，企業信用調査会社のレポートで，A国の企業の信用度とB国の企業の信用度が定量的な数値の上では同程度と評価されたとしても，信用度評価の基準が共通とは限らないので，その評価をそのまま受け入れることには躊躇せざるをえない。

国際取引については，取引相手方の信用度にかかわるリスク（コーポレート・リスク）が存在するため，いろいろなリスクの補完手段がとられている。たとえば，国際売買の買主のリスクを補完する手段としては，荷為替信用状，スタンドバイ信用状，保証状がある。国内取引であれば，当事者のあいだの取引で終結するものが，国際取引では信用補完手段が付け加わるので，取引に関与するものが国内取引に比べて多くなる(302)。そして，直接の取引当事者だけでなく，これらの取引関係者の信用力・業務遂行能力も取引の直接の相手方と同様に問題となる。たとえば，信用状を発行した銀行の信用度にかかわるリスクなどである。

② カントリー・リスク

国内取引では，当事者が国のリスクを意識することはまずないだろう。一方，国際取引では相手の所在国について配慮を怠ることはできない。先進国に所在する相手と開発途上国の相手では，おのずからリスクが異なる。このような取引相手方の所在国の信用度・信用力をカントリー・リスク（country risk）またはソブリン・リスク（sovereign risk）(303)とい

(302) 国際売買取引が国内の売買取引と異なる点として，シュミットホフは関係者が多数にわたり，契約関係が複雑（entwined）であることを挙げ，船荷証券などの輸出書類の引渡しが重要であることを強調している（d'Arcy, Murray & Cleave, *Schmitthoff's Export Trade*, 10th ed., Sweet & Maxwell, 2000, p. 2）。

(303) カントリー・リスクは，取引の当事者の所在国が異なることによって生じるリスクであるが，一般には，外国における経済的または政治的変化が当該国の関わる交易または金融取引の価値にマイナスの影響を与える可能性と定義され，カントリー・リスクは国内取引・金融取引には存在しない不可測性のすべての原因を含む。

う。

カントリー・リスクは広範な概念であり，当該国の対外収支バランスが破綻し，政府当局が金融機関等に対して対外決済を禁止または許可制をとるといった規制を課すリスクをいうトランスファー・リスク（transfer risk），当該国政府が同国内に存在する財産を収用するリスクを意味する収用リスク（expropriation, confiscation risk）などのほか，戦乱，暴動，内戦，侵略などの地政学的リスク（geopolitical risk）などの下位概念を含んでいる。

トランスファー・リスクとして，対外収支バランスが破綻して対外的な決済ができなくなった例に，1980年代の旧東欧諸国やヴェトナム，ラテン・アメリカ諸国がある。これらの諸国では深刻な外貨不足が生じ，対外決済が遅延するという事態が生じた。また，最近の例としては，1997年のアジア通貨危機がある。同年７月，タイを端緒として東南アジア各国に通貨危機が広がり，各国に所在する民間企業は対外的な支払を禁止された。この結果，これらの国に輸出した業者，これらの国の債務者に融資した金融機関債権者などは，返済を受けることができないという事態が生じた(304)。

収用リスクとしては，1975年旧南ヴェトナムが解放された後，臨時革命政府が旧南ヴェトナムに所在した外国銀行の資産を収用した例がある。地政学的リスクとしては，1990年の湾岸戦争の時期に，イラク向けの輸出が停止され，同国向けに輸送されていた商品・貨物は行き場を失った例がある。

カントリー・リスクのヘッジ手段としては，一義的には情報収集による状況の把握が重要であるが，それ以外に国際売買取引に関しては，日本貿易保険が提供する貿易保険制度がある。また，一種のクレジット・デリバティヴズによるリスクヘッジやリスクが高い国に対する資産に見

(304)　アジア通貨危機を経験した国は，経常収支にとくに問題があったのではなく，ヘッジ・ファンドがこれらの諸国からの資本流出を引き起こしたために，一時的な対外支払不能に陥ったものである。

合った債務を均衡させるといった手法が考えられる。

③　為替リスク

わが国から商品を輸出する場合，売買代金が円建てであれば，売主は円価で原材料を仕入れ，資金を借りているので，受け取る代金も円価であれば，売主には為替リスクはない。しかし，売買代金の決済が外貨建ての場合には売主は為替リスクを負うことになる。

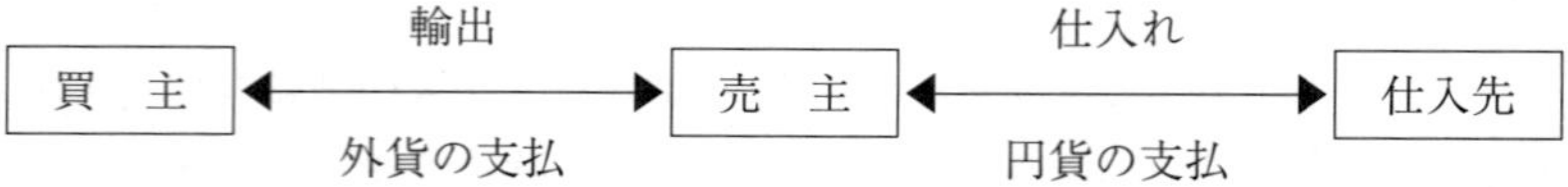

また，外国から商品を輸入する場合，代金の決済が外貨であるとするとわが国の買主（輸入者）は為替リスクを負うことになる。

現在，わが国の貿易取引では主として米ドルで決済されている。貿易取引通貨別比率（平成16年上半期）[305]によれば，アメリカへの輸出では代金の９割近くが米ドル建てであり，欧州諸国への輸出も５割以上がユーロである。この比率はわが国の輸入についても変わらない。欧州諸国からの輸入は円建てが５割となっているが，アメリカからの輸入の７割は米ドル建てである。このように対外決済が外貨建てとなる場合には為替リスクを負担することになる[306]。

---

(305)　http://www.customs.go.jp/toukei/shinbun/trade-st/tuuka.files/tuuka16fh.pdf を参照。

(306)　とはいっても，かならずしも常に為替リスクを負担するとはかぎらない。米ドルで代金を受け取るわが国の輸出者が米ドルで決済すべき輸入代金があれば為替リスクは解消される。要するに外貨建ての債権に見合う外貨建ての債務を負えば為替リスクは解消できる。これは為替取引の戦略・方針による。

・日本からの輸出　　（単位：％）

輸出先	通貨名	米ドル	円	ユーロ	英ポンド	豪ドル	その他
全世界	比率	46.8	40.1	9.4	1.0	0.9	1.8
アメリカ	通貨名	米ドル	円	ユーロ	英ポンド	豪ドル	その他
	比率	86.5	13.3	0.1	0.1	0.0	0.0
欧州	通貨名	ユーロ	円	米ドル	英ポンド	Sw. Kr	その他
	比率	54.8	27.5	11.0	6.3	0.2	0.2
アジア	通貨名	円	米ドル	Th. Baht	ユーロ	台湾ドル	その他
	比率	53.4	44.6	0.8	0.4	0.3	0.5

・日本の輸入　　（単位：％）

輸入先	通貨名	米ドル	円	ユーロ	SFR	英ポンド	その他
全世界	比率	68.0	25.3	4.7	0.5	0.5	1.0
アメリカ	通貨名	米ドル	円	ユーロ	SFR	英ポンド	その他
	比率	77.8	21.6	0.4	0.1	0.0	0.1
欧州	通貨名	円	ユーロ	米ドル	英ポンド	Dn. Kr	その他
	比率	51.3	32.4	11.8	3.0	0.5	1.0
アジア	通貨名	米ドル	円	Th. Baht	香港ドル	ユーロ	その他
	比率	70.2	28.4	0.4	0.2	0.2	0.6

国際売買の代金を自国通貨建てとするか相手国または第三国の通貨建てとするかは当事者の力関係や商品の取引慣行によって決定され，わが国の会社の意向のみによって決定されるものではない。為替リスクを負担せざるを得ない場合があり，為替リスクのヘッジ方法としては，為替予約の締結，先物取引，デリバティヴなどがある。

為替予約（forward contract）は，銀行と企業とのあいだで将来の一定の期間に外国為替売買取引をあらかじめ定める相場で行うことを約する契約である。その法的性質については売買とする説と予約とする説があり，売買説が有力である。為替予約取引を行うには，銀行取引約定書に加えて取引を行う銀行とのあいだで先物為替取引約定書を結ぶことを要する。為替予約取引では，通貨の種別，金額，売買の別，受け渡し期間・相場の５つの事項を取り決める。具体的には，たとえば企業側の売り・銀行の買いの為替予約を締結した場合，企業が米ドル決済の輸出取引を行い，銀行が買取代金を支払うさいに，所定の予約相場で円に換算し，輸出代金が支払われるというプロセスとなる。為替予約は，現に外貨の売買取引を実行して，予約を実行する（現物清算）取引であるが，先物取引（futures）は，為替予約取引と異なり，現物での清算を行わず，差額の決済によって清算する取引である。将来の一定時または期間の為替相場を設定し，現実の為替相場との差を差金決済する。

④　取引規制に伴うリスク

わが国では為替管理が自由化され，管理当局の許可認可を要しない取引であっても，外国では許可取得を要する場合がある。とくに国外で自国の通貨が流通することを禁じている国では，当該国の国内の会社が外国の債権者に対して債務を負担する場合にあらかじめ取引の登録を義務づけることがある。たとえばつぎのような場合に，保証人があらかじめ保証債務を登録していなかったならば，保証人は保証債務の履行がその所在国の為替管理法違反になることを理由に保証債務を履行しないことが予想される。

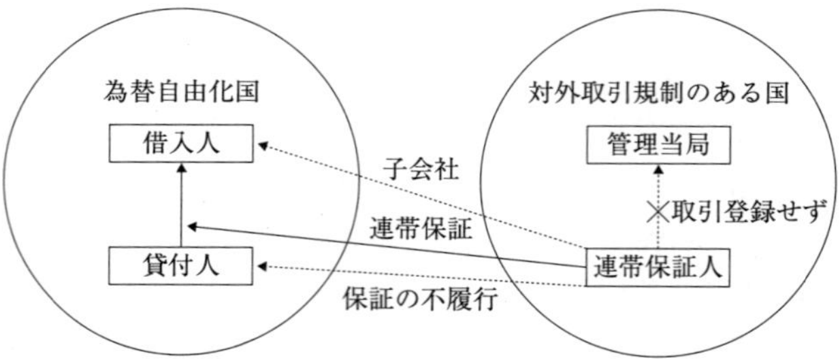

わが国でも外国為替管理法が対外取引を規制をしていた時期には，前記【事例31】の東京地判昭和44年9月6日，【事例48】の最三判昭和50年7月15日の事件のように，旧外国為替管理法の下で契約の無効を主張した例があった。

⑤　法律の違いから生じるリスク

経済のグローバル化がいくら進んでも，法律・司法がグルーバル化していないことは，前述のとおりである。国内取引であれば，同じ国の法令のもとにあるから意識することはないが，国際取引はそれぞれ異なる法令のもとにある当事者のあいだで行われるから，法令の違いをいつも意識しておかないととんでもないしっぺがえしを受けることになる。

たとえば各国の消費者法，労働法はその国の歴史，社会的環境などを反映しており，違いがある。このために，たとえば，雇用者の本拠と被用者が職務に当たる地が異なる場合，どちらの国の労働規定が適用されるかによって違いが生じることがある。たとえば，欧州連合のローマ条約（契約債務の準拠法に関するEC条約，Convention of the Law applicable to contractual obligations of 1980）は欧州連合域内の締結国での契約準拠法について当事者自治原則を定めているが（3条1項），同5条2項では当事者の準拠法合意にかかわらず，消費者を保護する旨を規定し，また，6条1項は労働者を保護する旨を規定している。

担保の方式も国によって異なる。わが国民法はフランス法やドイツ法の影響を受けているが，わが国と取引が極めて密接なアメリカ法上の担保制度(307)は大きく異なる。

商取引には，相当の普遍性があり，また国際的な法継受もあるので，商取引には各国間である程度の共通性があるが，法律構成や契約の成立や契約文言の解釈については違いがある。たとえば，わが国商法第3編

(307)　不動産に対するmortgage，動産に対するfloating chargeおよびlienなど制度が異なる。

の商行為編は商取引の当事者の権利義務を規定し，商法526条は「目的物を受取りたるときは遅滞なく検査し，瑕疵・数量の不足あることを発見したときは，直ちに通知を発するにあらざれば，契約の解除・代金減額・損害賠償の請求をなすことを得ず」として，買主の目的物の検査及び瑕疵通知義務を定めている[(308)]。

1980年ウィーン統一売買法条約（国際動産売買に関する国連条約）（ウィーン売買条約）38条１項は，「買主は，その状況に応じ現実的に可能な限り短い期間のうちに商品を検査し又は検査をさせなければならない」，同39条１項は，「合理的期間内に通知を与えない場合は，買主は商品の不適合に基づいて援用しうる権利を失う」と定めている。スイス債務法201条は「買主は受領した物の性状を検査し，瑕疵あるときは直ちに通知することを要す。検査を懈怠したるときは買受けた物を認容したものと看做す」と同様に定め，イギリス1979年動産売買法34条，アメリカ統一商事法典２-607条３項，ドイツ商法377条，378条に見られるが，フランス民法1641条は，売主の瑕疵担保責任を規定するが，同1650条は買主の義務としての代金支払，1651条は商品の引取りを規定するのみである[(309)]。買主の検査・通知義務は，買主注意せよ（*Caveat emptor*）というゲルマン法以来の慣習法に由来するもので，ドイツではローマ法を継受した後も生き残り，普通商法典に採用されたが，フランスはローマ

---

(308)　この規定について岸田教授は「民法では，売買の目的物に瑕疵や数量不足があった場合には，買主は相当長期の間（権利の消滅まで→原則として１年間），契約解除，代金減額請求，または損害賠償請求ができ（民570条，566条，564条，565条参照），売主は長期にわたって不安定な状態に置かれる。そこで商法では，商人間の売買においては買主に目的物の検査・通知義務を課し，これを懈怠した買主は目的物の瑕疵や数量不足の場合に救済を求めることができないものとする。この規定は，商人間の売買であるかぎり，特定物の売買，不特定物の売買を問わず適用される（最判昭35・12・５民集14巻13号2893頁）」と説明する岸田雅雄『ゼミナール商法総則・商行為法入門』（日本経済新聞社，2003）220頁。

(309)　石原全「買主の責問義務に関する一考察」判例タイムズ635号16頁，柚木馨『売主瑕疵担保責任の研究』（有斐閣，1963）394頁を参照。

法を継受し，ゲルマン法の影響が小さかったため，フランス法には買主の検査・通知義務に関する明文規定がない。

また，執行制度(310)も国によって相当に異なる。また，同種の法制度があっても意味が大きく異なる場合がある。

⑥　株主代表訴訟リスク

もともと会社（営利社団法人）は事業を行い，収益を上げ，株主に配当することを目的としている。契約交渉，契約書の作成・署名は事業を行うための１つのステップであり，事業展開すればなんらかの紛争が生じることは避けられない。しかし，紛争が生じること，生じた紛争を解決することは本来の会社の目的ではない。したがって会社としては早く紛争を解決したいと考える。たとえば紛争の解決の手段として相手方との和解がある。しかし，これは安易に行うことはできない。株主代表訴訟が懸念されるからである。すなわち，和解金を支払うことは会社に損害を生じさせることである。もとより訴訟を続けても，長い時間がかかり，勝敗の予想はつけがたいから解決方法として和解を選択するのであるが，その判断の合理性が問われる。たとえば，東京地判平成16年５月20日(311)は，日本の会社がアメリカにおける反トラスト法違反に問われ，カルテルの教唆・幇助があったとしてアメリカで起訴され，罰金を払った後で，商品の購入者からアメリカの裁判所に損害賠償を求める訴えを提起され，原告に和解金を支払った後で，日本で株主代表訴訟が提起された事件である。東京地裁は反トラスト法違反に組織的関与はなく，役員に忠実義務違反はなかったとして請求を棄却したが，外国の裁判で

(310)　アメリカの強制執行制度については，古い資料（1971年12月以降連載）であるが，座談会「アメリカの強制執行」ジュリスト494号46頁，495号102頁，496号198頁，497号82頁，498号115頁，499号108頁がある。アメリカ執行の現状を視察された井関判事補とアメリカの実情に詳しい坪田弁護士を中心に執行の実際をめぐって質疑と意見交換が行われている。

(311)　東京地判平成16年５月20日判例時報1871号125頁。

あっても和解に応じることにはリスクがあることを注意する必要がある。

⑶　国際取引と外国法の知識

国際取引はわが国と外国の当事者間の取引であるが，では，相手方の国の法律の知識が必要なのだろうか。外国といっても国の数は百数十におよぶが，どこまで必要なのだろうか。また，国際売買については，実体法の統一が図られており，具体的な成果として，国連国際商取引法委員会による1980年ウィーン売買条約（CISG）(312)やユニドロワによる1994年国際商事契約原則（PICC）(313)などがあり，これらは国際商事仲裁でも判断の基準となっているが(314)，このような国際条約の規定についての理解やこれらの条約の規定とわが国民商法の規定の相違の理解は不可欠なのだろうか。

まず，外国法の知識については，必須とまでいうことはできず，法律事務において具体的に外国法の知識が必要になった場合には，専門家である当該国の弁護士に確認することになろう。ただし，国際取引にかかわる法律事務を行なう上では，法系を全く異にする英米法の基本的な理解は必要であろう。国際取引において英米法に準拠する例が増加しており，わが国の企業も好むと好まざるにかかわらず，英米法を前提とした国際取引を行っている。そのさいに，契約書の点検，契約交渉についての助言，契約から生じる紛争の解決など，多くの局面でわが国の法体系と異なる英米法を前提として対処することが求められる。英米法の個々

---

(312)　United Nations Convention on Contracts for the International Sale of Goods（ウィーン売買条約）（CISG）。1980年4月10日ウィーンにて採択されたあと，1988年1月1日に発効した。同条約の原文はつぎのHPを参照。http://www.nomolog.nagoya-u.ac.jp/~kagayama/civ/contract/cisg/cisgj.html 参照。その翻訳は，曽野和明＝山手正史『国際売買法』（青林書院，1993）を参照。

(313)　Unidroit Principles of International Commercial Contracts（PICC）。その邦訳はつぎのページを参照。http://www.law.kyushu-u.ac.jp/~sono/cisg/picc-j.htm。

(314)　国際商事仲裁でウィーン売買条約またはPICCが基準とされた例については http://www.unilex.info/ を参照。

の知識については当該国の専門弁護士に確認することができるが，では，英米法に準拠した場合と日本法に準拠した場合とでどのように違うのかということについては，英米の弁護士の承知するところではないから，最低限の英米法の知識を得ておくことが望ましいようである(315)。

つぎに，国際取引の実体法規定であるウィーン売買条約などに関する知識であるが，わが国はウィーン売買条約を批准していないので，一見すると不要のようである。しかし，同条約の１条は「この条約は，営業所が異なる国にある当事者間の物品売買契約につき，次の場合に適用する」として，「ａ：これらの国が，いずれも締約国である場合，または，ｂ：国際私法の準則が，ある締約国の法の適用を導く場合」としているので，仮にわが国の国際私法によって売買契約に適用される法律がウィーン売買条約加盟国の実体法である場合には，同条約に加わっていないわが国の企業であっても本条約の適用を受けることになる(316)。また，上記のユニドロワの国際商事契約原則はあくまで解釈原則であり，拘束力はない。したがってこれらの国際条約の知識についても必須とま

(315)　英米法に関する教科書としては，田中英夫『英米法総論上・下』（東大出版会，1980），田中和夫『英米法概説』再訂版（有斐閣，1981），伊藤正巳・田島裕『英米法』（筑摩書房，1985），望月礼次郎『英米法』新版（青林書院新社，1997）等がある。

(316)　【事例71】の東京高判平成11年３月24日の第一審判決である東京地判平成10年３月19日は，日本の会社とアメリカ在住の日本人とのあいだのビンテージ・カー売買契約の準拠法について，「黙示に同州内において本件のような国際取引がされた場合に適用される法律（国際取引であることから，州法ではなく，米国が1986年12月11日に加盟した国際物品売買契約に関する国連条約（注：ウィーン売買条約）を含むアメリカ合衆国連邦法であると考えられる）が指定されたものと見られないわけではない」とし，「義務履行地も日本になく（なお，前示国際物品売買契約の関する国連条約31条ａ号では，売買契約が物品の運送を予定する場合には，買主に送付するため物品を第一の運送人に交付する場所が引渡の場所であると定められている）」としている。このようにわが国が同条約の加盟していなくても，私人間の取引の準拠法が相手国に指定され，相手国が同条約に加盟していれば，同条約がわが国の会社等に適用される可能性がある。

ではいえない。しかし，国際売買の当事者があらかじめその取引に適用する準拠法をウィーン売買条約を批准している国の法令としている場合，当事者が準拠法の合意をしていない場合にも，わが国の法の適用に関する通則法８条により選択指定される取引の準拠法が同条約を批准し適用を受ける国である場合には，同様に同条約の適用を受けることになる。また，国際的な商事仲裁で紛争を解決する場合にも同様の可能性がある。この観点からは，ウィーン売買条約などに関する理解は必須ではないものの，望ましいことはたしかである。

2　取引の基準と国際私法

(1)　国際取引の法的基準を設ける方法

取引を行えば，売主の商品の引渡しが遅延する，買主の代金の支払いが遅延する，商品に瑕疵があった，など紛争はつきものである。国内取引であれば当事者の権利と義務，紛争の解決の基準は当事者が合意したところにしたがうことになり，仮に当事者間に合意がなければ民法，商法にもとづくことになる。

国を異にする当事者間の取引である国際取引でも，まずは当事者がその権利義務や紛争解決について合意し契約に規定することになる。しかし，契約にすべてを盛り込むことは不可能であるし，効率的でもない。しかし，契約に規定がない事項についてはなにを基準に判断すればよいのか，一義的には決まらない。

国際取引に一定のルールを設ける方法としては，①ウィーン売買条約やヘーグ・ウィスビー・ルールのような処理方法（統一法的処理）がある。そのほか，②国際機関が一定の模範的な法律案を作成し，各国がこれを採用することによって，国家間で可及的に国際取引法を共通にする方法（モデル法的処理），③信用状統一規則などのように一定の範囲について，国家自体ではなく，金融機関などの業界が共通に同一の基準を採用する方法（統一規則的処理）がある。

① 統一法的処理

国際取引法の統一として，もっとも効果的な方法は国際取引にかかわる実体手続を条約にして，全世界の国際取引が共通の法基準にそって行われるようにすることである。「一定の法律関係に関する各国の私法の規定を統一するための法規範」(317)を統一法という。

この方法は効果的であり，基準として明確であるが，統一法を作ることは並大抵の作業ではない。

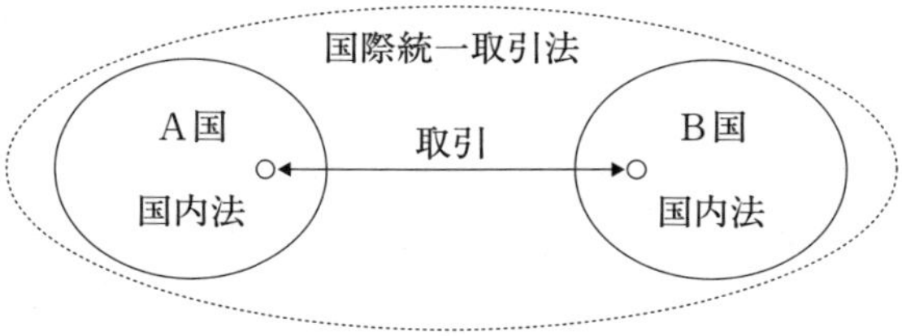

統一法的処理として，すでに手形法・小切手法の統一条約がある。しかし，イギリス，アメリカは手形法条約に加わっていないため，手形法，小切手法については大陸法系と英米法系の二つの体系が存在しており，完全な統一になっていない。

国際民事訴訟法のなかで説明した「民事及び商事に関する国際裁判管轄権及び外国判決の効力に関する条約」がヘーグ国際私法会議において検討されながら，結局「管轄合意条約」にとどまったこと，国連国際商取引法委員会（Unsitral）においても，たとえば国際的な債権譲渡に関する準拠法等を定めた国連国際債権譲渡条約（United Nations Convention on the Assignment of Receivables in International Trade）の作業の過程で，アメリカ法に特有の「プロシード」の概念をめぐって議論があったこと(318)などに見られるように，各国の実体法がそれぞれ歴史・経緯

(317)　高桑昭『国際商取引法』（有斐閣，2003）12頁。

(318)　詳細は池田雅朗「国連国際債権譲渡条約の論点分析と今後の展望（上）」金

を背景として形成されているために，実体法を統一することが困難であるからである。売買国際売買については，1980年ウィーン売買条約があるが，その成立までには50年を要したのである。

統一法的処理としては，ユニドロワによる1964年ハーグ統一売買法条約（1964年有体動産の国際的売買に関する条約＝ULIS と1964年有体動産の国際的売買契約の成立に関する条約＝ULFIS)，国連国際商取引法委員会による1974年国連物品の国際的売買における債権の期間制限に関する条約（時効条約)，1980年ウィーン売買条約（CISG）などがある。ハーグ統一売買法条約は成功したとは言いがたいが，ウィーン売買条約は多くの国によって批准されている。

②　モデル法的処理

条約の形式ではないが，国際取引法の統一の方法としてモデル法がある。モデル法の例は，国際民事訴訟法の分野に多く，Uncitral の国際商事仲裁モデル法，国際倒産モデル法などがある。国際商事仲裁モデル法はわが国仲裁法の制定のさいの参考とされており，また国際倒産モデル法は外国倒産処理手続承認援助法の参考にされている。

国際取引については，1994年のユニドロワ国際商事契約原則（PICC）は，各国が国際取引モデル法として利用することも想定して作成されている。なお，CISG と PICC は国際商事仲裁における判断基準にも利用されていることに注意する必要がある。

③　統一規則的処理

統一規則とは「一般に，国際商取引にかかわる業界，団体等によって作成され，一定の取引に適用される規則」(319) をいう。この分野では，前述したように国際商業会議所の成果が豊富であり，信用状統一規則，

融法務事情1640号24頁を参照。

(319)　高桑昭『国際商取引法』(有斐閣，2003）13頁。

取立統一規則，請求即時払い保証に関する保証契約統一規則，請求払い保証統一規則などがあり，さらに国際売買の取引条件としてインコタームズを設けている。

このほかに契約の書式・様式を統一するという方法がある。たとえば，金融取引の分野では国際スワップ・デリバティブ協会（International Swap Dealers Association）は，デリバティブ取引に関わるマスター・アグリーメントを定め，各国の金融機関はマスター・アグリーメントにもとづいて契約を取り交わしている。また，国際的な証券取引についてはユーロ債の中央決済機関であるユーロクリアーやクリアストリームのフォーマットが標準書式となっている。

さて，こうした統一法的処理，モデル法的処理，統一規則的処理ですべてが解決するほどことは簡単ではない。経済はグローバル化しても，法律・司法はグローバル化していないから，どこまでも国家の枠に制約されるからである。そこで国際私法による抵触法的処理がとられる。その理由を説明しよう。

国際取引に適用する基準・規則といっても，各国は基本的に国内で行っている取引法と全く異なったルールを採用することには消極的である。モノの売買など商取引は貨幣経済と所有権，信用制度があれば，いつの時代にも，どこでも行われてきた取引であり，性質としては普遍的である。したがって，取引に関する法的基準も他の法分野に比較すれば国際的な統一になじみやすいと考えられるものの，中身に立ち入ってくると，契約の成立，危険負担，所有権の移転，検査，販売代金に対する追求効など取引の個々の点については各国の国内法に相当の違いがある。このため，国際取引に関する実体法を統一すると，国内法に直接跳ね返ってくることになりかねない。国際取引法の統一の努力が続けられてはいるが，わが国がウィーン売買条約を批准していないことに示されているように，各国はかならずしも統一法的処理に積極的とはいえない。

また，国際機関がモデル法を作成しても，その採用は各国の任意であって，モデル法に拘束力はなく，必要がなければ導入することはない。信用状統一規則などの作成は，民間企業とその団体のイニシアティブによるものであるが，企業は本来営利を目的としており，多大な作業を伴うような統一規則の制定は本来の会社の目的ではないから，好んで行うものではない。また，信用状は過去数世紀にわたる商慣習あるいはレックス・メルカトリア（*lex mercatoria*）という前提があって初めて可能であったのであり，このような共通の理解がないような場合，つまりまったく新しい取引がでてきたら，すぐにその取引規則を統一することは容易ではない。

このように統一法的処理，モデル法的処理，統一規則的処理といった方法がむずかしいとなると，すでにある法律を適用することで解決するしかない。幸いなことに，マルチナショナルな企業であっても，それぞれいずれかの国に所在しているから，どこかの国の法律を基準にすればよい。したがって取引の当事者は個々に協議して，当事者がそのあいだの取引に適用される法律を取り決めることによって，国際取引に適用する基準・規則の問題を解決するという方法がとられる。

また，当事者双方が合意していない場合には，当事者間の取引にもっとも密接な関係をもつ法として，当事者のいずれかの国の法律を適用することによって解決を図ることになる。このように，共通ルールではなく，いずれかの国の法律を基準とすることを当事者のあいだで決める，あるいは当事者がこの基準について合意していない場合には，取引との関係からもっとも密接な国の法を基準・規則として適用するという方法をとることになる。これを抵触法的処理といい，その基準が国際私法である。抵触法的処理は，各国の実体法には手をつけず，いずれの国の法律を適用するか，といういわば選択指針を定める方法であり，抵触法的な処理であれば，実体法に触れないだけに国家間の合意を得やすい。これが，国際条約で統一法的処理を取るのではなく，抵触法的処理という，いわば迂遠な方法をとる理由と考えられる。国際私法はそれぞれの国が個々に定めており，「国際」ということばが付いてはいるが，国内法である。

④　抵触法的処理

抵触法的処理を図示すれば，次のとおりである。

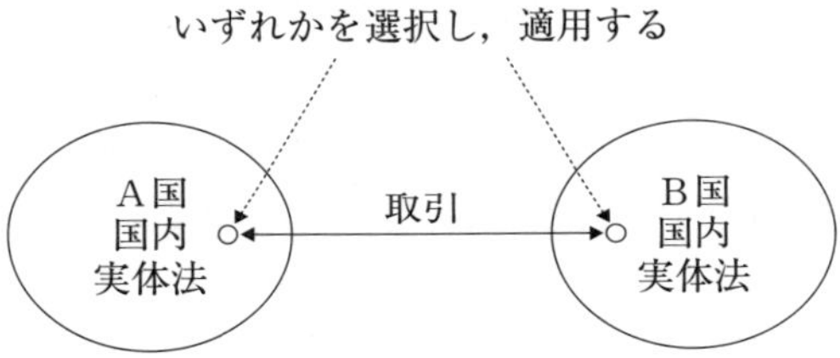

抵触法的処理のための法的規準，国際私法は国内法ではあるが，一部の分野では国際私法についても国際的な条約がある。遺言の方式と扶養義務についてである。

ヘーグ（ハーグ）国際私法会議が制定した「1961年10月５日遺言の方式に関する法律の抵触に関する条約」を批准し，同条約にもとづいて「遺言の方式の準拠法に関する法律」（昭和39年法律第100号）を定め，「1973年10月２日扶養義務の準拠法に関する条約」を批准し，同条約にもとづいて「扶養義務の準拠法に関する法律」（昭和61年法律第84号）を定めている。これら２つの法律は，本来わが国の国際私法に規定するべきところを，別に独立の法律を設けているもので，わが国国際私法の一部を構成している。

さらに，ヘーグ（ハーグ）国際私法会議では，「1955年有体動産の国際的性質を有する売買の準拠法に関する条約」（1964年発効），同じく「1958年有体動産の国際的性質を有する売買における所有権移転の準拠法に関する条約」と「1958年有体動産の国際的性質を有する売買における合意管轄に関する条約」（いずれも発効していない），1955年条約に代わるものとして作成された「1986年国際動産売買契約の準拠法に関する条約」などを定めているが，わが国はいずれも批准していない。

⑵　国際私法

前述のとおり，国際私法は国内法である（通説）(320)。国際私法の性質について，19世紀には国際私法国際法説と国際私法国内法説が対立していた。現在では，各国が国内法として国際私法を独自に制定しており，たとえば，連邦国家であるスイスでは，従来は各州（カントン）がそれぞれその国際裁判管轄，国際私法を定めていたが，連邦は1989年1月1日にスイス国際私法(321)を施行し，全国的な国際私法ルールを定めている。

わが国の国際私法である「法の適用に関する通則法」が適用されるのは，国際的な要素のある私的な法律関係から紛争が生じ，その解決のためにわが国の裁判所に訴えが提起された場合である。たとえば，つぎの事例を考えてみよう。わが国の会社Ａ（売主）と甲国の会社Ｂ（買主）がＡ社の商品の国際的売買契約を結び，Ａ社が契約どおりにわが国の港から甲国の港に向けて輸出し，Ｂ社の指定した甲国の港で商品が通関され，倉庫に保管された。倉庫に保管されてから５ヶ月経過してから，Ｂ社が商品の検品を行ったところ，商品が故障していたので，Ｂ社がわが国の裁判所にＡ社を相手として債務不履行による損害賠償の請求の訴えを提起した。ただし，Ａ社とＢ社の売買契約には，契約の成立と効果に関する準拠法の指定がなかったものとする。

仮に，Ａ社とＢ社の売買契約にわが国の法律が適用されるのであれば（日本法が準拠法であるならば），商法526条に「商人間の売買において，買主は，その売買の目的物を受領したときは，遅滞なく，その物を検査しなければならない」とあるので，Ｂ社が商品を引き取ってから５ヵ月後に検品したことの妥当性が問題となる。

一方，仮に甲国の商法に「国際売買の場合，買主は６ヶ月以内に商品

---

(320)　溜池良夫『国際法講義』［第2版］（有斐閣，1999）20頁。

(321)　Pierre A. Karrer, Karl W. Arnold, Paolo Michele Patocchi, *Switzerland's Private International Law*（2nd ed.），（Kluwer Law and Taxation Publishes, 1994）.

を検査しなければならない」とあって，A社とB社の売買契約に甲国の商法が適用された場合には，B社には検査の遅滞はなかったことになる。

(3)　法の適用に関する通則法

各国はこのような抵触法的処理を行うための法規として「国際私法」（抵触法的処理のための法）を制定し，あるいは実体法に国際私法に関する規定を設けている(322)。国際私法は国際的な私法関係に適用すべき法律を指定する基準であり，「法の法」または「適用規範」と呼ばれる。私的な法律関係に適用される法律は，民法，商法などの実体法であるが，国際私法はどの国の実体法を適用するべきかを振り分け，指定する法なので，一種の「上位法」ということもできる。このように，国際的な私法関係に適用される基準を指定する法律であって，当事者の意向にかかわらず，適用される「強行法規」の性質を有している。

わが国では，明治31年に制定された「法例」（明治31年法律第10号）がながくわが国の国際私法として存続してきたが，2006年６月15日に両院で可決成立し，同年６月21日に公布された「法の適用に関する通則法」（平成18年法律第78号）（今後，「通則法」という略称が使われると思われるが，まだ略称として定着していないので，ここでは正式名称で条文を引用することにした）によって全面的に改正され，2007年１月１日から施行されている。「法の適用に関する通則法」は，わが国の国際私法のもっとも主要なもので，そのほかに「遺言の方式の準拠法に関する法律」（昭和39年法律第100号）と「扶養義務の準拠法に関する法律」（昭和61年法律第84号）がある。さらに，手形法88条から94条，小切手法76条から81条には手形の振出しなどの行為能力の準拠法などの抵触法的処理のための規定がある。

旧法例も法の適用に関する通則法も私的な法律関係にいずれの国の実

(322)　フランスは単独法としての国際私法を持たない。国籍について民法典３条，養子について同311-14条から311-18条，離婚について310条などがあり，国際条約も国際私法として適用される。

体法を適用すべきかを指定する法律である。わが国の私的法律関係に関する基本的な実体法は，民法であるから，旧法例と法の適用に関する通則法の規定は，民法の規定にならっておかれている。つまり，まず自然人の能力・後見・失踪に関する規定をおき，ついで法律行為（民法第１編第５章）がつづいている。つぎに物権，債権の規定がおかれ，そのあとに親族と相続の規定がおかれている。民法の規定と法の適用に関する通則法の規定の配列が共通であることは認識しておくことが必要である。

もちろん民法やその他の実体法に規定された法律関係すべてについて適用すべき法律（準拠法）を指定することも可能ではある。しかし，旧法例も法の適用に関する通則法もそのような規定のしかたをとっていない。代表的なところでは，法人の能力については規定がなく，また法律関係として代理（民法99条以下）や債権質（民法362条363条）の規定はなく，また特別法である信託法にもとづく信託の準拠法の指定に関する規定もない。これを抵触規定の欠缺という。しかし，旧法例や法の適用に関する通則法の規定は恣意的に選択されたものではなく，代理と債権質については多くの国で規定がなく，解釈に委ねられていることなどが考慮され，また信託については英米法（エクィティ）の制度であって，かならずしも普遍的な制度でないことが考慮されて規定されていない。一方，旧法例にはなかったが法の適用に関する通則法があらたに設けた規定として消費者契約，労働契約という法律関係や名誉毀損という不法行為がある。今後の経済社会関係の変化によって，規定の新設や改廃が行われよう。

３　国際取引の準拠法

(1)　契約前の交渉

①　国際取引における契約の重要性

国際取引の当事者のあいだでは双方の権利義務を明らかにし，万一の紛争に備えるために書面による契約を結ぶことが多い[(323)]。しかし，当事者間で交わされる文書がすべて契約であるとはかぎらない。

たとえば，1981年の事件であるが，わが国の銀行がアメリカの銀行の東京支店に渡した文書の性質が問題となったことがある。これはわが国の銀行がある取引先に対して追加の融資ができず，このためこの取引先をこのアメリカの銀行に取引先として紹介するために「紹介状」(または，コンフォート・レター）を渡したというものである。その後この取引先が倒産（更生手続）したために，アメリカの銀行の東京支店が紹介したわが国の銀行に対してアメリカ・ニューヨーク州の裁判所に保証の履行を請求した。紹介者である銀行は単なる融資先の紹介状であるといい，アメリカの銀行は債務保証であるとして対立した事件である（最終的には和解で決着した)。

この事件からは国際取引の場合には，わが国国内の商慣習がそのまま通用するとはかぎらないという当然の教訓を引き出すことができる。本格的な国際化の始まる前の時代のこととはいえ，国際取引では契約の文章の構文が複雑になりがちなので，この教訓は認識しておきたい。

②　契約に近いが契約ではない文書

契約とは，取引の当事者がすぐに合意して締結されるものではない。たとえば，Ａ国の商品見本市にバイヤーとして出かけたＢ国のＣ社が，たまたま見本市会場でＡ国のＤ社の製品を気に入り，買い付けようとしてもその場で売買契約が成立するものではない。

契約とは交渉を重ねたうえで成立するものであり，一種のプロセスである。

このような契約の締結を最終目標として，まずは交渉を開始するために，一方が他方に取引の開始に関心がある旨を示す文書を提出することがある。こうした文書をレター・オブ・インテント（letter of intent）ま

(323)　鈴木教授は「商行為法には契約自由・方式自由の原則が支配し，その規定は原則として任意法規である」としている（鈴木竹雄『新版商行為法・保険法・海商法』(弘文堂，1965）４頁)。

たはレター・オブ・インタレスト（letter of interest）といい，一方的な契約開始意思の表示行為である。契約は申込と承諾という意思の合致を条件とするから，レター・オブ・インテントまたはレター・オブ・インタレストの段階では契約はまだ成立しておらず，こうした文書を提出したからといって法的に拘束されることはないのが原則である(324)。

また，契約は交渉を重ねたうえで達成される最終目標であるから，そこにいたるまでには紆余曲折がありうる。そこで，契約交渉が一定の段階まで達したが，まだ契約締結までには合意できていない条項が残っているといった場合，それまでの交渉を無に帰さないために，交渉の当事者のあいだで契約交渉の了解事項を取り交わすことがある。これをメモランダム・オブ・アンダースタンディング（memrandum of understanding）という。日本では「覚書」と訳されたり，単に「メモ」と呼ばれる。メモランダム・オブ・アンダースタンディングは，相互の了解事項を書き記したものであり，当事者の意思の合致がないから契約ではない。ただし，その記載の方法によっては契約か否か疑義を生じることがある(325)。

---

(324)　東京地判平成４年９月28日判例時報1482号105頁は，船舶建造のファイナンシャル・リース取引で，リース会社（レッサー）からリースを受けた船舶管理会社（レッシー）が当該船舶を別の会社に定期傭船に出すことを示すレター・オブ・インテントをこの別の会社に提出していた事件で，レッシーがリース取引の成立を争った。判決ではレター・オブ・インテントであっても本事件では法的拘束力がないとはいえないとした。レター・オブ・インテント自体は本来法的拘束力がないが，他の取引の前提となっているような場合には拘束力が認められる点に注意を要する。

(325)　東京高判平成12年４月19日判例時報1745号96頁は，アイスランドのコンピューター・ソフト開発会社（ライセンサー）が同社の開発したソフトについて，わが国の会社（ライセンシー）とのあいだでライセンス契約を締結するために交渉している途中で，交渉の場所であったホテルのフロントに備付けのメモ用紙にライセンサー代表者が書き記したメモにライセンシー側の者が署名していた事件で，このメモが契約にあたるか，メモランダム・オブ・アンダースタンディングか，が争われた。判決はこの種のライセンス契約一般に詳細を記すので，このメまた，最終的に契約という形式にいたらなくても，ある程度の契約交渉をしてきた場合には，交渉の当事者のあいだに契約締結への期待が形成されることになる。このために，相当契約交渉をしてきたにもかかわらず，交渉の当事者の一方が交渉を一方的に取りやめたような場合には，契約締結上の過失の法理によって，相手方に損害賠償請求が認められる可能性もある[326]。

⑵　契　約

①　契約における準拠法選択の当事者自治原則

さて，このようなプロセスとしての交渉をつづけ，当事者が合意に達すれば契約が成立する。

当事者が締結した契約をいずれの国の法によって成立したものとするか，あるいは契約の条件の会社の基準とするかについては，当事者が自由に準拠法を定めることができる。これを契約における準拠法選択の当事者自治原則（parties' autonomy）と呼んでいる。

わが国の国際私法では，契約の法的性質を法律行為としている。法律行為には，契約のほかに，贈与などの単独行為も含まれるが[327]，国際

モでは契約にあたらないとした。この事件は，ホテル備付けのメモ用紙に手書きしたものでも契約になりうること，メモに両者が署名すれば契約にもなりうることを教えている。

(326)　東京高判昭和62年３月17日判例時報1232号110頁，判例タイムズ632号155頁，金融・商事判例775号22頁は，マレーシアの実業家とインドネシアでの開発事業を行うことを交渉し，基本契約案まで作成し，署名するだけの状況にあったが，日本の会社が事業の中止を申し入れた事件で，東京地判昭和60年７月30日判例時報1170号95頁，判例タイムズ561号111頁は，「原告の期待を侵害しないよう誠実に契約の成立に努めるべき信義則上の注意義務」違反があったとし，高裁判決もこの趣旨の判決を行った。

(327)　法律行為には，契約と単独の法律行為の両方が含まれる。法例と法の適用に関する通則法はいずれも単位法律関係として「契約」ではなく，「法律行為」としている。これは「単独行為」を含む趣旨で，信託宣言など（わが国も信託法

取引ではもっぱら契約が問題となるといってよい。

旧法例７条１項は「法律行為の成立および効力については当事者の意思にしたがいそのいずれの国の法律によるべきか定む」としていたが，法の適用に関する通則法７条も「法律行為の成立及び効力は，当事者が当該法律行為の当時に選択した地の法による」と定めている。したがって当事者はその所在地にかかわらず，原則として自由に契約の準拠法を定めることができる。たとえば，船荷証券を電子化するプロジェクトとして世界的に展開されているものとして後述のボレロ（Bolero）プロジェクトがある。このプロジェクトの参加機関は，ボレロ・インターナショナルが定めるルール・ブック（rule book）の内容を承諾し，ルール・ブックにしたがって取引を行うこととされているが，同ルール・ブックが一種の事実上，統一国際取引法となっており，イギリス法に準拠することとしている(328)。また，金融機関や事業会社が資金取引や事業にともなう取引のリスクのヘッジとして，いわゆるデリバティヴ取引を行っているが，国際スワップ・デリバティブ協会が定めるマスター・アグリーメントを取引の当事者間で取り交わし，取引を同契約にもとづいて行うこととされており，このマスター・アグリーメントは当事者間で個別に締結するスケジュール（schedule）で，同アグリーメントにもとづく取引は，当事者の所在にかかわらず，イングランド法かアメリカ・ニューヨーク州法に準拠することと規定している(329)。

の改正により可能になるが，従来は認められていなかった）国によっては一定の行為を単独で行うことができるとしている例があるために，契約ではカバーできない法律関係が生じることから，「法律行為」という単位法律関係を維持している（平成17年３月29日「国際私法の現代化に関する要綱試案補足説明」23，24頁）。

(328)　ボレロ・ルール・ブック2．5条は，準拠法（applicable Law）について，「このルール・ブックはイングランド法に準拠し，解釈されなければならない（is governed by and shall be interpreted in accordance with English Law）と定める。

(329)　ISDA マスター・アグリーメント13条は「本契約は，スケジュール所定の法

②　当事者の準拠法についての合意がないとき－黙示の合意の探査

では，当事者が準拠法について明示で合意しなかった場合にはどうなるのだろうか。

法の適用に関する通則法8条1項は，当事者の明示の合意がないときは「法律行為の成立及び効力は，当該法律行為の当時において当該法律行為に最も密接な関係がある地の法による」こととし，同2項で「法律行為において特徴的な給付を当事者の一方のみが行うものであるときは，その給付を行う当事者の常居所地法を当該法律行為に最も密接な関係がある地の法と推定する」こととしているので，当事者が明示の合意をしなかったときはすぐに同法8条によって判断をすると理解してしまいそうである。しかし，法の適用に関する通則法のもとでは，当事者の明示の合意がないときには，いったん黙示の合意がないか，探査することとされている(330)。旧法例下でも，準拠法の選択について明示の合意がな

令に準拠し，同法に従い解釈されるものとする」と定め，同条にいうスケジュールのスケジュール第4部雑則は「準拠法」として，「本契約は，[英国法][(法選択の原則に関係なく）ニューヨーク州法]＊に準拠し，これに従って解釈される」と規定する。(＊はいずれかを削除する)

(330)　「黙示の意思による準拠法選択を認めることについて，法律行為の準拠法選択に関する明確性が阻害され」る，「黙示の意思の認定は，広く様々な諸事情を考慮して行われているが，仮に，黙示の意思を探求するという名の下に，当事者の仮定的意思の探求をして準拠法を決定しているとすれば，当事者の現実の意思に基づかずに法律行為の準拠法を決定していることにな」るとの批判があるとしながらも，法例の改正作業では，「当事者による準拠法選択は，明示的であるか又は法律行為その他これに関する事情から一義的に明らかなものでなければならないものとする」A案か，「黙示の意思による準拠法選択に関する特段の規定は設けない」とするB案のいずれとするか検討され，結局，B案を採用した。準拠法の選択合意を明示的にするとするA案を採用しなかったことは，明示的でない合意も考慮することを含意しており，法の適用に関する通則法のもとでも黙示の合意の探査が行われることになるようである（平成17年3月29日法務省民事局参事官室「国際私法の現代化に関する要綱中間試案補足説明」29頁～31頁）を参照。

い場合にも，原則として黙示の合意を探査するとされていた(331)。

では，黙示の合意とはどういう場合に認められるのだろうか。

過去の裁判例を見ると黙示の合意が認められた事例としては，属地的である不動産の売買にかかわる契約の場合(332)，属地性のある知的財産権を対象とする契約の場合(333)，ペーパーカンパニーを当事者とする契約の場合(334)，仲裁付託が合意されている契約の場合(335)がある。これではどのような場合に黙示の合意があると認められるか，よく分からない。

欧州連合のローマ条約（EC Convention on the Law applicable to Contractual Obligations）の3条1項は「契約の準拠法の選択は，明示の合意または契約の条件または当該の場合の事情から合理的な確かさをともなっ

---

(331)　最一判昭和53年4月20日民集32巻3号616頁，判例時報890号83頁，判例タイムズ364号183頁，金融法務事情862号26頁，金融・商事判例549号3頁は，外国の銀行の東京支店の定期預金に対する差押命令と転付命令と同銀行の香港支店の質権の行使が問題となった事件であるが，最高裁は「準拠法を決定するには，まず（旧）法例7条1項に従い当事者の意思によるべきところ，原審の確定したところによれば，当事者の明示の意思表示を認めることはできない」，「上告人（外国銀行）東京支店は，当時日本に居住していた華僑のAと円を対象とする本件定期預金契約をし，同預金契約は，上告人東京支店が日本国内において行う一般の銀行取引と同様，定型的画一的に行われる附合契約の性質を有するものであるというのであり，この事実に加えて，外国銀行がわが国内に支店等を設けて営業を営む場合に主務大臣の免許を受けるべきこと，免許を受けた営業所は銀行とみなされること（銀行法32条）等を参酌すると，当事者は本件定期預金契約上の債権に関する準拠法として上告人東京支店の所在地法である日本法を黙示的に指定したものと解すべきである」として，黙示の意思による準拠法選択を認めた。

(332)　前橋地桐生支判昭和37年4月9日下民集13巻4号695頁。

(333)　東京地判平成18年6月8日（法律雑誌未掲載），東京高判平成16年1月29日判例時報1848号25頁，判例タイムズ1146号134頁，東京高判平成13年5月30日判例時報1797号131頁，判例タイムズ1106号235頁，東京高判平成2年9月26日判例時報1384号97頁などがある。

(334)　東京地判平成13年6月20日判例時報1797号36頁。

(335)　【事例66】最一判平成9年9月4日。

て示されるものでなければならない」として，明示の合意とともに合意の推定（inference）を認めているので，これも見ておこう。

同条約に関するジュリアーノ・ラガルド・レポートは，典型的には仲裁または裁判による紛争解決の管轄国の定めがあれば，他に反対の解釈を要するような事情がなければという条件が付くが，当該国を準拠法の国とすることになるとし，また，保険におけるロイズのように，契約の書式が特定の地に結びついている場合はその地が考慮されるであろうし，当事者の過去の取引で明示的に準拠法が選択されていれば，事情の変更がなければ，裁判所は過去の実績を勘案すると思われるとしている。また，契約のなかで特定国の法律の特定の条文が言及されていれば，当該国法と推定できるし，当事者間の他の関係する取引に準拠法があれば，推定できるとしている。

旧法例のもとでは，明示の合意がない場合には明示の合意も黙示の合意も認められない場合には，行為地によるとしていた。行為地は当事者双方に分かりやすく，一義的に決めやすい。明示の合意がない場合にいっそくとびに行為地によるとすると当事者の予期していない結果になることもあり，黙示の合意の探査が考慮されてきた。

新しい法の適用に関する通則法が行為地を連結点としておらず，当事者の合意がないときは最密接関係地法によることにしているので（8条），旧法例の不都合は解消されている。そうすると黙示の合意の機能は，明示の合意と最密接関係地の調整ということになる。この意味で【事例１】の東京地判平成９年10月１日が参考になる。この事件では，労働契約の履行はわが国を主としており，最密接関係地を連結点とすると日本となった可能性が高いが，一方，判決は労働契約の内容を点検し，ドイツ法によるとする黙示の合意があったと認定した。このように法の適用に関する通則法のもとでの黙示の合意の機能が明示の合意と最密接関係地をつなぐものであるとすると旧法例での機能とは異なることになる。

③　当事者の準拠法についての合意がないとき－最密接関係地・特徴的給付の理論

旧法例では，明示の合意も黙示の合意もない場合には，行為地法によると定めていた（旧法例７条２項)。たとえば，当事者が一か所に集合して契約を締結すれば，契約の締結地の属する国の法律が準拠法となったのである。

法の適用に関する通則法は，こうした行為地にもとづく準拠法の指定を排除した(336)。

法の適用に関する通則法のもとでは，当事者の合意による「選択がないときは，法律行為の成立及び効力は，当該法律行為の当時において当該法律行為に最も密接な関係がある地の法による」（８条１項）とされ，この場合に「法律行為において特徴的な給付を当事者の一方のみが行うものであるときは，その給付を行う当事者の常居所地法を当該法律行為に最も密接な関係がある地の法と推定する」（２項）とした。１項は「最密接関係地法」を準拠法とする規定であり，２項は「特徴的給付の理論」と呼ばれている。

もともと，旧法例のもとでも黙示の合意の探査によって当該契約にもっとも密接な関係地が探査されていたが，あたらしい法の適用に関する通則法はこの趣旨を明文で定めて，さらに特徴的給付の理論による推定規定を設けている。

特徴的給付（characteristic performance）とは，当該契約を特徴づける履行（proformance）を当事者のいずれが行なうかを探査し，その履行を行うものの所在地法によるとする理論である。たとえば国際取引でもっ

---

(336)　行為地によって（行為地を連結点として）準拠法を定めることについては，法律行為には様々な類型のものがあり，一律に行為地法を適用するのでは具体的妥当性を確保した準拠法の決定をすることは困難であること，現代の国際取引において行為地（契約締結地）は重要な意味を持たないことから批判があった（平成17年３月29日法務省民事局参事官室「国際私法の現代化に関する要綱中間試案補足説明」31頁）。

とも多い国際売買の場合には，販売する商品のために原材料を調達し，労力を使い，工場を使って製造する側が当該国際売買契約においては特徴的な履行を行っていると考えられ，買主のほうは単に代金を支払うという行為を行うだけであるから，この場合には売買の売主に特徴的給付があり，その所在地の国の法を準拠法と推定することになる。

前述した欧州連合のローマ条約は，当事者の明示の準拠法の合意がなく，合意の推定もできないときには，5条1項で最密接関係地（the law of the country with which it is most closely connected）によるとし，同2項で特徴的給付によって推定するとしている（the country where the party who is to effect the performance which is characteristic of the contract has）。

なお，あたらしい法の適用に関する通則法で特徴的な点は，消費者契約と労働契約について法律行為の特則を設けている点である。これらはいずれも取引における相対的弱者の保護を目的としている。消費者契約について，法の適用に関する通則法11条1項は「消費者がその常居所地法中の特定の強行規定を適用すべき旨の意思を事業者に対し表示したときは，当該消費者契約の成立及び効力に関しその強行規定の定める事項について」，労働契約については，同法12条1項は「労働者が当該労働契約に最も密接な関係がある地の法中の特定の強行規定を適用すべき旨の意思を使用者に対し表示したときは，当該労働契約の成立及び効力に関しその強行規定の定める事項について」，「その強行規定をも適用する」旨を定めている。これを「強行法規の特別連結」という。各国は，弱者の保護のために社会的政策として消費者契約法，労働契約法を設けているが，業者側が自己の有利な約款を設けることによって，あるいは営業拠点を自由に設定することによって，国際的な取引においてこれらの各国の固有の保護法規を逃れるおそれがある。こうした社会的観点からの法規逃れを抑止するためには各国が強行法規として設けている規定を反映させる必要があるからである。

④　当事者の準拠法についての合意がないとき－行為地による準拠法の探査の廃止

大規模な国際取引ではしばしば関係者が集合して契約書に署名することがあった。これをサイニング・セレモニーといい，さらに大規模な金額の国際債券発行ではしばしば金融関係の国際的な新聞に関係者を列挙した公告（トゥーム・ストーンという）を公表することも見られた。しかし，規模が小さい取引のために時間をかけて当事者が集まって契約書に署名するまでもない。とくに国際売買では，買主と売主のあいだでファックスなどによって売買交渉を行い，売買について合意が形成されたところで契約成立とされることが多い。この場合には，契約は１か所で行われず，当事者双方が離れた地で申込みと承諾を意思表示することによって契約が成立する。このような隔地者間での契約の準拠法については，旧法例は９条で「法律を異にする地にある者に対してなしたる意思表示についてはその通知を発したる地を行為地とみなす」（１項），「契約の成立および効力については申込の通知を発したる地を行為地とみなす」（２項前段）と規定していた。新しい法の適用に関する通則法はこの規定を削除している。現代では，国際取引を行うのに場所は重要な意味を持たないのである。しかし，旧法例にはこのように申込みの通知をした地を行為地とするという規定があり，さらに同７条２項は準拠法の選択について「当事者の意思が分明ならざるときは行為地法による」と定めていたので，どこで行為したか，当事者の意思表示のうちどちらが申込みでどちらが承諾になるか，ということは重要な意味があった。新しい法の適用に関する通則法では生じない問題であるが，行為地という連結点の問題として見ておいたほうがいいだろう。つぎの事例がある。

【事例71】　東京高判平成11年３月24日(337)

わが国の会社Ａの代表取締役Ｂは，アメリカに居住する日本人Ｃにビン

(337)　東京高判平成11年３月24日判例時報1700号41頁。

テージ・カー２台の買付けを依頼した。Ｃは適当な候補があったので，その旨をＢに連絡したところ，Ｂは購入したいと答え，Ａの名義でＣに指定されたＣの銀行口座にそれぞれ約1,000万円の金額を送金し，Ｃは代金をビンテージ・カーの販売業者に支払った。各自動車は，Ｃが完全に修復の上，引き渡すべき約定であったが，Ｃは自動車を引き渡されなかったので，ＡがＣを相手にわが国の裁判所に支払った代金と自動車の転売による期待利益金額を請求する訴えを提起した。

第一審（東京地判平成10年３月19日）[(338)]は，「自動車の購入に関しては，被告とＢ又は原告との間では契約書が作成されていないし，明示による準拠法の指定もされていない」とし，「契約は隔地者間の契約となり，(旧)法例９条２項の規定により申込の通知を発した地の法律が準拠法となる」が，「何れの行為を『申込』と認めるかについては，法例自体の立場で決定すべきであ」り，本件でＣは，「具体的な金額を提示して，これを被告(C)の銀行口座に振り込むように指示したことが申込に当たり，右指示を受けて，Ｂが原告(A)名で７万8,000ドルを送金したことが承諾に当たると認めるべきであ」り，「そうすると，本件の契約の準拠法は，被告が申込を発した地の法律であるアメリカ法ということとなる」としつつ，「わが国の裁判所において本件訴訟に応訴することを被告に強いることは，当事者間の公平や裁判の適正・迅速を期するという理念に反するものであり，原告による訴えの変更後の本件については，わが国の国際裁判管轄を否定すべき特段の事情がある」として訴えを却下した。

これに対して控訴審では「被控訴人(C)は，日本に住民票上の住所を有しており，数年に一度は日本に帰国し，被控訴人の住民票上の住所宛に送付された郵便物等は右住所に居住する両親等を通じて被控訴人に届けられ得る状況になっていたことが推認される」としてわが国の裁判管轄を認め，「被控訴人(C)が具体的な金額を提示してこれを被控訴人の銀行口座に振り込むよう指示したことは単なる代金の支払方法の指定に過ぎ」ず，「(旧) 法例７条２項，９条２項の行為地法の原則により準拠法はいずれにせよ日本法となる」として，原判決を取り消し，Ｃに支払済みの代金の支払いを命じた。

---

(338)　東京地判平成10年３月19日判例タイムズ997号286頁。

⑤　意思表示等の法律行為の方式の準拠法

法の適用に関する通則法は，法律行為の実質に関して行為地によって準拠法を探査するという規定を削除し，一方，隔地者間の法律行為の方式については，方式の準拠法を明確化することとした。原則として「行為地法に適合する方式は，有効とする」と規定している（10条２項）。これは，場所は行為を支配するの原則（*locus regit actum*）である。したがってわが国の買主が外国の売主に申込みを通知する場合，その意思表示については，わが国の法律にしたがう。わが国の法律にしたがうとは，契約が申込みと承諾によって成立するので，買主の意思表示が申込みとして成立することを意味する。そして，隔地者間での意思表示については「その通知を発した地を行為地とみなす」こととしている（10条３項）。また，隔地者契約の方式については，「申込みの通知を発した地の法又は承諾の通知を発した地の法のいずれかに適合する契約の方式は，有効とする」（10条４項）と規定して，隔地者間の契約については申込地または承諾地のいずれかの法律によることができるとした。

なお，契約の当事者双方が自分に都合のよい契約書式を一方的に相手方に送りつけて，契約が自分の書式にしたがって成立したとすることを「書式の争い」（battle of forms）という。これは契約の成立の時期と契約実体法の問題である。契約は申込みと承諾により成立するのが普通であり，申込みの条件と承諾の条件が一致しなければならないことを鏡の原則または鏡像の原則（mirror image rule）(339)という。わが国民法でも，申込みに対して条件を付けると，申込みの拒絶とともに新たな申込みをしたとみなしている（528条）。一方的に書式を送りつける書式の争いでは，申込みと承諾の一致がないが，仮に紛争が生じれば，申込みに対して，条件を付した承諾（新たな申込み）があることになるので，最後に送

(339)　ウィーン売買条約19条も原則として変更を含んでいる承諾の形をとった申込みに対する回答は，申込の拒絶であり反対申込み（counter offer）であるとしている。

られた書式にしたがって契約が成立したと解釈されることになろう。ただし，すくなくとも金融の分野では書式の争いは見られない。

⑥　準拠法の分割指定

準拠法の分割指定とは，契約のなかで一部の条項はA国法に準拠することとし，その他の条項はB国法に準拠する，あるいは契約の成立についてはC国法を準拠法とし，その効力についてはD国法に準拠するというように，1つの契約について準拠法を複数指定することであり，さらに契約にかぎらず，1つの法律関係に適用される準拠法が複数になる場合も意味するようになっている。フランス語で細切れにすることを意味するデプセ（dépecer）の名詞形を使って，準拠法の分割指定をデプサージュ（dépeçage）という。

準拠法の分割指定については，つぎの事例がある。

【事例72】　東京地判平成14年2月26日(340)

わが国の古美術商（株式会社）が，わが国のある画廊から欧州の著名画家の名作を代金5億2,000万円で販売することを依頼され，これを受託し，目的物の引渡しを受けた。古美術商はわが国の損害保険会社とのあいだで貨物海上保険契約を締結した。保険契約には，この保険は一切の請求に対する責任およびその決済に関しては，イングランド法および慣習(341)に準拠するものであることを了解し，かつ約束する旨の条項（準拠法条項）があった。

古美術商はその後，イギリスの会社とのあいだで，イギリスの会社がロンドンで購入者を見つけるために，古美術商が絵画をロンドンに手持ちで空輸し，イギリスの会社の使用人に交付し，その後，同使用人が責任をもってイギリスでの交渉と絵画の保管を行う旨の販売委託契約を締結して，実行した。販売希望金額は金5億7,200万円であった。しかし，イギリスの会社の使用人は，この絵画を横領し，回復が不可能になったため，古美術

(340)　東京地判平成14年2月26日は法律雑誌未掲載のようである。
(341)　イギリスでもイングランド・ウェールズとスコットランドは法律が異なる。

商が損害保険会社に保険金5億7,200万円の支払いを求めて東京地裁に訴えを提起した。

裁判で，被告の損害保険会社は，保険証券には英国法準拠条項があり，「填補責任の有無，その範囲は，英国法によるのと同一の範囲とすることが意図されており，かかる領域においては英国海上保険法及びそれに関する判例の適用が同約款において規定されて」おり，「本件保険契約に関して生じる告知義務及び損害防止義務の問題については，同約款により英国法が指定され」，「本件保険契約に関する告知義務違反及び不実表示を理由とする保険契約の取消しについては，英国海上保険法が適用される」ところ，「英国海上保険法18条1項は，被保険者は，自己の知っている一切の『重要な事情』を契約締結前に保険者に告知しなければならず，被保険者は，通常の業務上当然知っているべき一切の事情についてはこれを知っているものとみなされ，被保険者がかかる告知を怠るときは，保険者はその契約を取り消すことができる旨規定」しており，「同法20条1項は，契約締結の交渉中であって契約が締結される前に，被保険者又はその代理人が保険者に対して行った一切の『重要な表示』は，真実でなければならず，それが不実であるならば，保険者は契約を取り消すことができる旨規定する」と述べ，原告の古美術商に「重要な表示」の告知義務違反・不実表示行為があったとし，さらに「同法78条4項は，損害を防止又は軽減するために合理的な措置をとるべき義務を被保険者及びその代理人に課しており，これに違反した場合，英国の判例法上，損害防止義務違反により保険者に生じた損害について，保険者は，被保険者に損害賠償請求することができ，これと保険金請求権とを相殺することが認められている」と主張した。

これに対して，原告の古美術商は告知義務違反について，「本件保険約款中の英国法準拠条項の意味するところは，保険契約に関する法的論点のうち，『一切の請求に対する責任及びその決済に関して』という限定的な側面についてのみ英国法が適用され，保険契約自体の有効性及び航海事業の適法性については日本法に準拠する」と主張した。

東京地裁は，本件保険証券について「この保険は，一切の請求に対する責任及びその決済に関しては（as to liability for and settlement of any and all claims），イングランドの法及び慣習に準拠するものであることを，了解し，かつ約束する」との条項が存在することを認め，「本条項は，本件保険契約に関する法律問題のうち，『一切の請求に対する責任及びその決済に関して』は英国法を適用し，それ以外の事項・法律問題については，(旧) 法例7条により，行為地法である日本法を適用する旨のいわゆる準拠法の分割指定を定めたものと解される」とし，「英国法準拠条項は，保険者の塡補責任と保険金決済に関する限り英国法に準拠するが，それ以外の一切の事項・法律問題については，日本法に準拠すべきであるとするものであると解される」として，被告の抗弁を排し，塡補責任については「英国法準拠条項の『一切の請求に対する責任及びその決済』に当たり，英国法が適用される」とし，英国法上，原告には損害の発生を防止する義務があり，原告は横領した者の協力者から取り戻しの機会を聞いていたにもかかわらず，その回復をしなかったので，損害保険会社には英国法上古美術商に対する損害賠償請求権が生じたものとして，保険金と損害賠償請求権を相殺し，損害保険会社に2億3,750万円の支払いを命じた。

この事例のように，商取引の当事者は合意によって準拠法を定めることができ，紛争が生じ裁判で争われる場合にも，合意された準拠法が原則としてそのまま適用される。ただし，契約上準拠法の合意があっても，必ずしもこの準拠法がすべてに適用されるものではない。上記の事例では，準拠法条項は「一切の請求に対する責任及びその決済」についてのみ規定しており，保険契約の成立などについては，旧法例の7条にしたがい，契約の締結地である日本法が適用された。

準拠法の分割指定について，法の適用に関する通則法にはとくに規定がないが，旧法例のもとでも裁判例では，準拠法の分割指定は認められていた(342)。法例の改正の検討作業では，準拠法の分割指定を肯定する

(342)　東京地判昭和52年5月30日判例時報880号79頁，金融・商事判例542号32頁は，契約の準拠法の分割指定ではなく，貿易貨物の海上保険の支払いにかかわるものであるが，裁判所は保険契約自体の有効性と航海事業の適法性については日本法に準拠するが，保険金請求に関する保険者の塡補責任の有無とその決済については，英国の法と事実たる慣習に準拠する商慣習があると認定した。保険の約款については，第3部【2】4の国際貨物海上保険の項を参照。【事例76】の東京地判平成13年5月28日は，海上運送について日本法を準拠法とする当事者の意

意見が多数を占め，規定は設けずに解釈に委ねることにしているが，従前どおり認めてよいであろう。

⑦　準拠法の事後的変更

契約においていったん当事者間で準拠法を指定したあとに，変更することができるだろうか。この点について旧法例は規定を設けなかったが，法の適用に関する通則法は明文で，準拠法の事後的変更を認めている（９条前段）。準拠法の事後的変更にいう「事後的」とは，法の適用に関する通則法７条が準拠法の選択を「当該法律行為の当時に選択」としているので，契約締結などのあとであればいつでも可能ということになる(343)。しかし，当事者間の契約について第三者の利害がかかわるときは，第三者の信頼を損なうことは許されない（９条後段）。

法の適用に関する通則法10条１項は法律行為の方式に関する規定であるが，「当該法律行為の後に前条の規定による変更がされた場合にあっては，その変更前の法」を法律行為の方式に適用すべき法である，とかっこ書きしている。これは準拠法の事後的変更をする場合には，変更後の準拠法にもとづいて法律行為の方式を判断するのではなく，あくまで従前の準拠法によることを定めたものである。

⑶　不法行為による債権・債務

国を異にする当事者のあいだで，たとえば売買契約を結んだが，契約

思を認定したが，ブラジルでの引渡しという履行部分の準拠法をブラジル法とすることは「法律関係を複雑にするとともに，荷送人又は船荷証券所持人の立場を不安定にする」として分割指定を認めなかった。契約の条項は確定的ではないから，契約に書かれていないこともあり，分割指定を否定するまでもないと思われる。

(343)　契約上ではＡ国法を準拠法としていたが，契約当事者間で紛争が生じ，わが国の裁判所に訴えが提起され，両当事者が日本法に準拠して主張したような場合，準拠法の事後的変更があったとされる（澤井敬郎＝道垣内正人『国際私法入門［第６版］』（有斐閣，2006）207頁）。

どおりの履行がないときに，当事者の一方が相手方に対して契約違反を理由として損害賠償の請求をするとともに，不法行為を理由に損害賠償を請求することがある。この請求の併合には，単純併合，選択的併合，主位的と予備的に分けた予備的併合がある。

では，この場合に，契約違反についての判断の基準となる準拠法と不法行為についての判断の基準となる準拠法はどういう関係になるのだろうか。

たとえばつぎのような場合である。わが国の会社Ａ（買主）と甲国の会社Ｂ（売主）が高級ハンドバッグ１万セットの国際売買契約を締結した。契約の準拠法は甲国法とすることを合意した。ところが，輸入された商品を点検したところ，粗悪品でまったく商品価値がないことが分かった。Ａは商品の販売先にすでに商品が近日中に届くことを予告していたので，販売先からは商品が届かなかったことを理由にきびしいクレイムを受けてしまい，そのうちの大半の販売先からは今後取引はいっさい断るといわれてしまった。

この場合，契約の準拠法は甲国法とすることで合意しているので，不法行為についても甲国法により判断するのだろうか。

法の適用に関する通則法は，7条で契約の準拠法の選択についての当事者自治を定めたあと，「不法行為によって生ずる債権の成立及び効力は，加害行為の結果が発生した地の法による」（17条）と定めている。

したがって，契約違反に関して判断する場合には甲国法であるが，不法行為についてはＡの損害が生じた地，すなわち日本の法律が準拠法となり，請求原因が異なることによって準拠法も異なることになる(344)。

---

(344)　たとえば，東京地判平成10年５月27日判例時報1668号89頁は，ドイツの会社とわが国の会社との医薬品原料の売買に関する紛争であるが，契約違反についてはドイツ法を準拠法とし，不法行為についてはドイツ法と日本法の重畳的適用により判断している。大阪地判平成７年５月23日判例時報1554号91頁，判例タイムズ886号196頁は，アメリカの大学の日本分校の過大表示の事例で，「準拠法は，不法行為については（旧）法例11条１項，債務不履行については（旧）法例７条１項により，いずれも日本法による」とした。

不法行為については，旧法例11条は「その原因たる事実が生じたる地」（原因事実発生地）を連結点としていたが，この点について，原因事実発生地とは加害行為があった地をいうのか，結果発生地をいうのか明らかでないとの批判があった。このため，法の適用に関する通則法17条は「加害行為の結果が発生した地の法による」として結果発生地主義を採用することとした。

また，法の適用に関する通則法20条は新しい規定であり，「不法行為によって生ずる債権の成立及び効力は，不法行為の当時において当事者が法を同じくする地に常居所を有していたこと，当事者間の契約に基づく義務に違反して不法行為が行われたことその他の事情に照らして，明らかに前三条の規定により適用すべき法の属する地よりも密接な関係がある他の地があるときは，当該他の地の法による」と定めている。これは具体的には，つぎの事件を考慮したようである(345)。

【事例73】　千葉地判平成9年7月24日(346)

わが国からカナダのスキー場にグループで旅行し，そこでグループのメンバー間でスキーの練習中に起きた事故に関する事件であるが，この事件では被害者が帰国後に入院し治療を受け，また主婦としての作業ができなかったことによる損害の賠償を請求した事件で，被害者加害者いずれも日本法に準拠することを合意していたため，外国法の調査を要しなかった。

裁判所は「本件事故はカナダ国内のスキー場で起きたものであるが，本件において原告の主張する損害は，いずれも我が国において現実かつ具体的に生じた損害である。そして，不法行為の準拠法について定める（旧）法例11条1項の『その原因たる事実の発生したる地』には，当該不法行為

(345)　法制審議会国際私法（現代化関係）部会の議論では，接触事故自体がカナダのスキー場で発生したにもかかわらず，原因事実発生地法を日本法とする判断をしていることについて「この裁判例については，現行法の解釈としては，学説上，批判もあるが，事案にかんがみると日本法を適用した結論は妥当であるとも考えられ」るとしている（平成17年3月29日「国際私法の現代化に関する要綱試案補足説明」73頁）。

(346)　千葉地判平成9年7月24日判例時報1639号86頁。

による損害の発生地も含まれるものと解すべきであり，加えて，本件では原告も被告も，準拠法についての格別の主張をすることなく，我が国の法律によることを当然の前提として，それぞれに事実上及び法律上の主張を展開しており，したがって両者ともに日本法を準拠法として選択する意思であると認められること，（旧）法例11条２項，3項が，外国法が準拠法とされる場合であっても，なお不法行為の成立及び効果に関して日本法による制限を認めていることの趣旨などをも併せ考慮すると，本件には日本法が適用されるものと解するのが相当である」として日本法を適用した。

また，法の適用に関する通則法18条は，「瑕疵ある生産物を生産して流通に置いたことに起因する生産物責任の特色から，生産物責任についていわゆる市場地法を準拠法とする基本的な考え方を採用し，具体的には被害者が生産物の引渡しを受けた地の法による」こととしている(347)。また，名誉毀損についてはその特性から被害者の常居所地を連結点としている(348)。

旧法例は法定債権（不法行為，不当利得，事務管理）をすべて11条に規定していたが，法の適用に関する通則法は，事務管理と不当利得について14条から16条に規定し，不法行為について17条から22条に規定を拡充した。

⑷　債権譲渡

現代では，金融機関などによる債権の流動化が極めて活発に行われている(349)。こうした債権譲渡は単に国内の金融機関などのあいだだけではなく，国際的に広く行われるようになっている。このために，国連国

(347)　小出邦夫「法の適用に関する通則法の概要」金融法務事情1778号68頁。

(348)　この点に関する参考になる事例として東京地判平成４年９月30日判例時報1483号79頁，判例タイムズ825号193頁がある。マレーシアの競馬で八百長レースの疑いを日本の新聞に掲載されたという事件である。

(349)　債権の流動化手法については，山本和彦「証券化と倒産法」ジュリ1240号（2003年）15頁，鈴木秀昭「信託の倒産隔離機能」信託法研究28号（2003年）99頁，福井修「資産流動化信託における法的問題」信託217号（2004年）46頁，渋谷陽一郎『証券化のリーガルリスク』（日本評論社，2004），西村ときわ法律事務所『資産・債権の流動化・証券化』（金融財政事情研究会，2006）などを参照。

際商取引法委員会が条約を定めたところである。

旧法例12条は，債権譲渡の第三者に対する効力のみを取り上げて，「債権譲渡の第三者に対する効力は債務者の住所地法による」と定めていた。これに対して，法の適用に関する通則法23条は「債権の譲渡の債務者その他の第三者に対する効力は，譲渡に係る債権について適用すべき法による」と定め，その規定する内容は大きく異なる。

法制審議会の部会における議論では，旧法例12条が債権譲渡の債務者及び第三者に対する効力を債務者の住所地法によるとしていた理由を，法例の立法時には，債務者の保護のためには債務者の住所地法上の対抗要件を必要とすべきであること及び債権の所在地は債務者の住所地とみなすことができるので物権の得喪と整合的に説明できること等が挙げられていたと述べている(350)。

旧法例の債務者住所地法主義の規定に対しては，学説では，債権譲渡の債務者に対する効力は債権自体の効力の問題であるから譲渡対象債権の準拠法によるべきであり，債務者保護は譲渡対象債権の準拠法によっても図ることができるとして，対する批判が強かった。また，実務では，異なる国に住所を有する債務者が混在している多数の債権を一括譲渡する場合に，各債権について債務者の住所地法上の対抗要件を備える必要が生じ，債権の流動化の阻害要因となっていると指摘されてきた。国連国際債権譲渡条約29条などは，債権譲渡の債務者に対する効力は，譲渡対象債権の準拠法によることとしており，法の適用に関する通則法は，債務者住所地法主義をとらず，譲渡対象の債権の準拠地法とすることとした（譲渡対象債権準拠法主義）。

なお，債権譲渡の準拠法については，こうした債権譲渡の第三者と債務者に対する効力の問題のほかに，債権譲渡の成立と譲渡の当事者間の効力の問題があるが，旧法例，法の適用に関する通則法ともに規定していない。

---

(350)　平成17年３月29日「国際私法の現代化に関する要綱試案補足説明」93頁。

後者の問題について，従来から，通説は債権譲渡の原因となる行為（売買・贈与等）とは別に債権の帰属の変更を目的とする処分的行為（準物権行為）である債権譲渡行為を観念し，これを譲渡対象債権準拠法によらしめるべきであるとしたが，これに対して，債権譲渡行為を原因行為と区別して独立に観念せず，債権譲渡は債権的法律行為であるから，その準拠法は法例第７条により定まるとする有力意見があった。法の適用に関する通則法には規定がなく，この問題は解釈に委ねられている。

4　国際私法の具体的な適用

(1)　単位法律関係への性質決定

国際私法は，国際的な要素のある私法的な法律関係に適用すべき法律を指定する法であるから，まず問題となっている事実を一定の法律関係に還元しなければならない。この作業を「法的性質決定」または「法性決定」（classification, qualification）という(351)。

法性決定で分類される法的性質には一定の枠があり，これを「単位法律関係」という。これがわが国の実体法の基本である民法にそっていることは前述のとおりである。

法の適用に関する通則法は，「人の行為能力」（４条），「法律行為」（７条ほか），「消費者契約（法律行為の特則）」（11条），「労働契約（法律行為の特則）」（12条），「物権」（13条），「事務管理と不当利得」（15条），「不法行為」（17条），「生産物責任（不法行為の特則）」（18条），「名誉毀損（不法行為の特則）」（19条），「債権譲渡」（23条），「婚姻の成立と方式」

(351)　法性決定の基準は，なにを基準とすべきかについて，法廷地の実質法によるべきであるとする「法廷地法説」（lex fori），国際私法上の準拠法によるべきであるとする「準拠法説」（lex causae），特定の国の実質法によるのではなく，国際私法自体によって行うとする「国際私法自体説」がある。準拠法説は論理的に困難であり，法廷地法説か国際私法自体説が妥当するが，わが国のように民法という実体法に対応した法の適用に関する通則法が設けられている国では，法廷地法説によることなく，国際私法自体が法性決定の基準であると考えてよい。

(24条),「婚姻の効力」(25条),「夫婦財産制」(26条),「離婚」(27条),「嫡出親子関係」(28条),「非嫡出親子関係」(29条),「準正」(30条),「養子縁組」(31条),「親子間の法律関係」(32条),「その他の親族関係」(33条),「親族関係についての法律行為の方式」(34条),「後見・保佐・補助」(35条),「相続」(36条),「遺言」(37条) を単位法律関係として挙げている(352)。

したがって,具体的に国際的な私法関係の問題が生じた場合には,その問題をこれらの単位法律関係のいずれかに法性決定することから作業を開始する。

これらの単位法律関係は,実体法,すなわち民法に規定されている法律関係を基準としているが(353),わが国民法に規定された法律関係がすべて取り上げられているわけではないことは前述のとおりである。代理や債権質,信託がないほかに「内縁」や「婚約」という法律関係もない(抵触規定の欠缺)。

(2) 連 結 点

すでに「連結点」ということばは,契約の準拠法の探査のさいに行為地を連結点とすることを廃止した,と述べた個所で使っていた。このことばの意味と国際私法での意義を説明しよう。

法の適用に関する通則法の条文は,個々の単位法律関係について「〜による」と規定している。この「〜」にあたるものは,「本国法」,「当事者が選択した地の法」,「法律関係に最も密接な関係がある地の法」,「所在地法」,「事実が発生した地の法」,「常居所地(354)法」などである。

---

(352) 改正前の旧法例に比較すると,消費者契約,労働契約,生産物責任,名誉毀損が追加されている。

(353) 商法は,基本的に商人間の商取引を規整する法律であり,商人間の取引は契約という法律行為によることがほとんどであるから,「法律行為」にすべて含まれることになる。

このように法性決定した単位法律関係について，最終的に指定される法を導き出す基準となるものを「連結点」(point of contact) という。

したがって，いったん法性決定された法律関係について，連結点である「本国法」,「所在地法」などが指示するところにしたがって，準拠法を選択して，指定するという作業手順となる(355)。

たとえば，わが国に長年居住し，甲国の国籍を有するＡ氏がわが国の

---

(354)　常居所とは，単なる一時的な居所ではなく，相当長期間滞在する場所をいうが，その要件については法例の一部を改正する法律の施行に伴う戸籍実務の取扱いに関する平成元年10月２日民二第3900号法務省通達（最終改正平成４年１月６日民二第155号）が参考となる。①日本人については，住民票の写し（発行後１年以内のものに限る）の提出があれば日本に常居所がある。住民票が消除された場合でも，出国後１年以内であれば，常に日本に住所があり，出国後１年以上５年以内であれば，永住目的等で外国に１年以上滞在している場合を除き，同様とする。②日本における外国人の常居所は，入管法による在留資格に応じて認定され，通常は５年以上の滞在を必要とするが，永住目的等の場合には１年以上の滞在で足りる。また日本で生まれて一度も出国していない者，在日韓国人，朝鮮人，台湾系中国人及びそれらの子孫は，日本における常居所を認める。逆に短期滞在者，外交官，不法入国者や不法残留者は，一律に日本に常居所がないものとする。③外国における日本人の常居所は，旅券などにより当該国に引き続き５年以上滞在していることが判明した場合，当該国に常居所があるものとして取り扱う。ただし，永住目的等の場合には，1年以上の滞在で足りる。④外国人の国籍国における常居所の認定は，上記の①に準じて取り扱い，国籍国以外の国における常居所の認定については，上記②に準じて取り扱う。

(355)　このように連結点の指示するところにしたがって適用すべき法律を選択指定するので，国際的な要素のある私法関係の問題が生じた時点では，どの国の法が適用すべき法，すなわち準拠法に指定されるか予測できない。このような結果予測可能性がないことを，ドイツの国際私法学者ラーペ（Raape）は「暗闇への跳躍」と呼んだ。国際私法による準拠法の選択指定に当たっては，指定されうる法の実質的内容を考慮することを提唱した。この考え方は，アメリカの国際私法学者カリー（Currie）（アメリカ抵触法革命の中心人物）にも見られる。なお，アメリカ抵触法革命は「統治利益の理論」(governmental interest analysis) と呼ばれ，国際私法による準拠法選択に当たって，政策的な利益を考慮することを提唱する意見である。

国籍を有するB氏と養子縁組をする場合，法の適用に関する通則法31条1項は「縁組の当時における養親となるべき者の本国法」を連結点としているから，A氏の本国である甲国の法律（具体的には甲国の民法または相当の法律）によることになる。

⑶　反　致

国際取引では起ることはないが，人事・家族関係の事件では，「反致」ということがありうる。

抵触法的処理は，以上の法性決定と連結点の確定，その結果指示される準拠法の選択決定という作業で終了するが，国際私法は各国がそれぞれ国内法として定めており，そのあいだは基本的に調整されていない。

たとえば上記のA氏とB氏の養子縁組の例をもう一度取り上げると，養親となるべきA氏の本国法である甲国法によることとされているが，甲国の国際私法が，たとえば「養子縁組は養親となるべき者の常居所地法による」と規定していると仮定すると，いったんわが国の国際私法によって養子縁組の準拠法として甲国法が選択指定されたにもかかわらず，甲国の国際私法はこんどは常居所地であるわが国の法を準拠法に選択指定することになる。

これは連結点が「本国法」の場合に起きる可能性がある事態である。つまり法律関係が問題となっている者が国籍を有する国の法律によるという場合，当該国の国際私法によって，いったんその国の法律が準拠法に指定されたのに，またわが国にもどってきてしまうことがある。一種のキャッチ・ボールである。このようにわが国の国際私法によって選択指定された準拠法国の国際私法の規定が，わが国の国際私法の準拠法の指定と異なるために，準拠法がわが国法に復帰するような事態を「反致」（renvoi）という。

国際取引では，本国法を連結点とすることはないから，このようなことはおきない。

広義の反致には，再致（転致），二重反致などがあり，前者はわが国の国際私法が本国法として，A国法を選択指定し，A国の国際私法によるとB国法によるというように，国際私法の選択指定が別の国を指定することをいい，後者はA国の国際私法によればB国法が準拠法に指定され，B国の国際私法によれば本来はA国法が準拠法に指定されるところ，A国の国際私法による反致をあらかじめ認めて，B国の法を準拠法とすることをいう[(356)]。

わが国の法の適用に関する通則法は，「当事者の本国法によるべき場合において，その国の法に従えば日本法によるべきときは，日本法による」と定めて（41条）[(357)]，再致，二重反致を認めず，わが国とわが国の国際私法の指定する国とのあいだの単純な反致のみを認めることを明記している。

⑷　単位法律関係はどこまで支配するか

国際取引では，ほとんどが契約違反か不法行為を請求原因とするから，ひとつの紛争について単位法律関係が複数になることはない。単に契約違反という請求原因と不法行為という請求原因が併合されることがあるだけである。この場合には，単位法律関係が異なるから，それぞれ単位法律関係に分解したあとは，それぞれの連結点にもとづいて異なった準拠法が指定される。

人事・家族関係の事件でも同様である。

たとえば，わが国の国籍を有する女性Aと甲国の国籍を有するBが長年わが国で婚姻生活を送り，2人のあいだに子がいたが，AとBが不和

(356)　このほかに「隠れた反致」という概念がある。これは国際民事訴訟において国際裁判管轄と適用する法を一致させるアメリカに固有の問題であり，わが国など大陸法系諸国と異なる考え方をとっている。アメリカでは自国に国際裁判管轄がある場合，常に自国法を適用するが，仮にアメリカ以外に国際裁判管轄が認められるとすると，当該国の法を準拠法に適用することになり，一種の反致が起こる。

(357)　改正前の旧法例32条前段と同旨である。

となり，ＡがＢとの離婚を望むようになったと仮定する。法の適用に関する通則法27条は，離婚について婚姻の効力に関する25条を準用し，さらに「夫婦の一方が日本に常居所を有する日本人であるときは，離婚は，日本法による」とあり，前掲の場合にはわが国民法に準拠することになる。子の監護については，子の福祉という観点から離婚という単位法律関係には含まれず，親子間の法律関係と法性決定され，法の適用に関する通則法32条に準拠して判断することになる。

かつては子の監護も離婚の効果として，離婚という単位法律関係に包含されるという考え方があったが，現在では，子の保護を中心に考慮することとして，離婚の効果というより親子間の法律関係ととらえる意見が通説である。

⑸　単位法律関係が複数ある場合

国際取引での契約違反と不法行為はいずれかに法性決定されれば済むことであるが，人事・家族関係の事件では，１つの事件を単純に１つの単位法律関係に還元することができず，複数の単位法律関係からとらえなければならなくなることがある。つぎの事例では，「不法行為」と「相続」という法律関係が重畳的に生じた。

【事例74】　大阪地判昭和62年２月27日(358)

語学研修のため，アメリカ・カリフォルニア州に留学していた日本人のＡ，Ｂ，Ｃ，Ｄは，Ａの運転する車でドライブをしていた。その途中，車は反対車線に進入し，対向車に正面衝突し，運転していたＡは死亡した。Ｂは事故によって傷害を受け，現地の病院に入院したが結局労働能力をすべて失った。Ｂは運転していたＡの両親を相手にわが国の裁判所に損害賠償の請求の訴えを提起した。

事件は旧法例の下で裁判が行われている。大阪地裁は「（平成元年改正前の旧）法例25条によれば，『相続ハ被相続人ノ本国法ニ依ル』と規定されているので相続開始の原因・時期，相続人の範囲・順序・相続分，相続財産

(358)　大阪地判昭和62年２月27日判例時報1263号32頁，判例タイムズ639号232頁。

の構成及び移転等の問題は，すべて被相続人の本国法に準拠することになり，本件の場合は，Ａの本国法たる日本法によることになるので，本件債務はＡの相続財産を構成し，Ａの死亡により直ちにその相続人たる被告らに承継されるものといわざるをえないかのごとくである」が，一方，「(旧) 法例11条１項は，『不法行為ニ因リテ生スル債権ノ成立及ヒ効力ハ其原因タル事実ノ発生シタル地ノ法律ニ依ル』ものと規定しており，この規定によれば，不法行為にもとづく損害賠償債権債務関係の成立の問題のほか，損害賠償の範囲及び方法，損害賠償請求権の時効，不法行為債権の譲渡性・相続性その他不法行為の効力に関するすべての問題は不法行為地法によることになるものと解さざるをえない」として，単位法律関係が２つあることを述べた後，「加州法において，債務の相続性が認められず，被相続人の債務は相続の対象にならないものとされていることは当事者間に争いのない」ところであり，「本件債務の相続性につき，(旧) 法例11条１項と同25条とは，相矛盾する内容の二個の準拠法の適用を命じているものといわなければならず，しかも，そのうちのいずれかを優先的に適用すべきものとする根拠も見当らないといわざるをえないのである。そうであるとすれば，本件債務の相続性を肯定しこれが相続によつて被告らに承認されることを肯認するには，不法行為準拠法である加州法も相続準拠法である日本法もともにこれを認めていることを要するものといわなければならず，そのいずれか一方でもこれを認めないときは，結論としてそれを否定すべきものと解するよりほかはない」として，本事件については「相続」準拠法であるわが国の法律と「不法行為」準拠法であるアメリカ・カリフォルニア州の法律を累積的に適用し，原告の請求を棄却した(359)。

このように不法行為と相続という２つの法律関係が生じたときには，不

(359)　大阪高判平成10年１月20日判例タイムズ1019号177頁は，不法行為のみの事件であって，相続は争点になっていないが，アメリカ・カリフォルニア州に出張中の日本人がレンタ・カーを運転中に事故を起こし，同乗していた同じく出張中の日本人に傷害を与えた事件である，原判決の大阪地判平成８年３月15日は事故の発生したアメリカ・カリフォルニア州法を適用し，請求を一部認容して，運転していた当人と同人の使用者（会社）に支払を命じた。控訴審でも同州法を適用した。

法行為準拠法と相続準拠法を累積的に適用するとする説が通説であり，本判決も通説にしたがっている。しかし，この判決および通説に対しては批判があり(360)，個別の事情に応じて判断すべきであるという有力な意見がある(361)。

(6)　先決問題

たとえば，わが国に居住する外国国籍の者が死亡し，相続が問題となるときに，当該の被相続人の配偶者であり，相続人であると称する者がいた場合，相続という単位法律関係について判断する前に，婚姻の成立という法律関係を判断して，相続人としての適否を解決する必要が生じることがある。このように複数の単位法律関係に先後の関係がある場合に，これを先決問題という。上記の例で言えば，先決問題である婚姻の成否は，本来の争点である相続（本問題という）の前提でしかないが，では，先決問題は本問題で適用される国の法律にもとづいて判断するのか（本問題準拠法説），それとも先決問題も独立した法性決定の問題であるとして，法廷地の国際私法が指定する法によるのか（法廷地国際私法説），という問題がある。判例は法廷地国際私法説である(362)。

---

(360)　大村芳昭「判批」国際私法判例百選第70事件142頁。

(361)　溜池教授は，本件のような場合をこのような物権（相続）の準拠法と債権（不法行為）の準拠法の関係の問題であると整理され，その上で，相続はさまざまな財産を包括的に対象とするので，これを総括財産とし，総括財産に関する準拠法を総括準拠法ととらえ，一方，不法行為による財産（消極財産を含む）は不法行為という個別の原因にもとづく財産であるから個別財産であって，個別財産の準拠法を個別準拠法ととらえる。さらに，一般に「個別準拠法は総括準拠法を破る」という原則があり，本件のような場合には，原則として，不法行為という個別の財産に関する準拠法を適用することになるが，そのために，相続人がいずれの準拠法によっても保護されない結果におちいることがあるので，不当な結果にいたる場合には適応により妥当な解決を図るべきであるとしている（溜池良夫『国際私法講義［第2版］』（有斐閣，1999）318頁）。

(362)　最一判平成12年1月27日民集54巻1号1頁，判例時報1702号73頁，判例タ

【2】 国際売買

1　国際売買契約

(1)　取引の構造

つぎの図は同一の国に属する売主・買主間の売買取引である。取引はすべて一国内で完結し，関係者も比較的少ない。

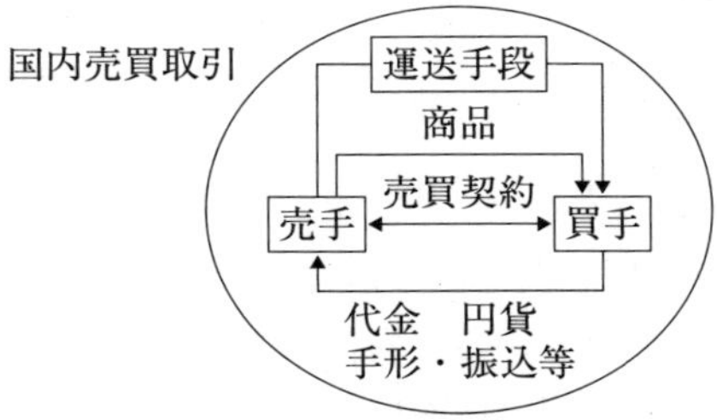

これに対して国際売買の場合には，当事者に加えてさまざまな関係者が関与し，取引が複雑になっている。これは国際取引には国内取引とは異なるリスクが存在するため，リスクを回避することが必要だからである。

イムズ1024号172頁，金融法務事情1592号33頁，金融・商事判例1091号33頁は，親子関係の確認と相続という２つの法律関係にかかわる事件であるが，最高裁は「準拠法の選択について」と題して，「渉外的な法律関係において，ある一つの法律問題（本問題）を解決するためにまず決めなければならない不可欠の前提問題があり，その前提問題が国際私法上本問題とは別個の法律関係を構成している場合，その前提問題は，本問題の準拠法によるのでも，本問題の準拠法が所属する国の国際私法が指定する準拠法によるのでもなく，法廷地である我が国の国際私法により定まる準拠法によって解決すべきである」と判示している。

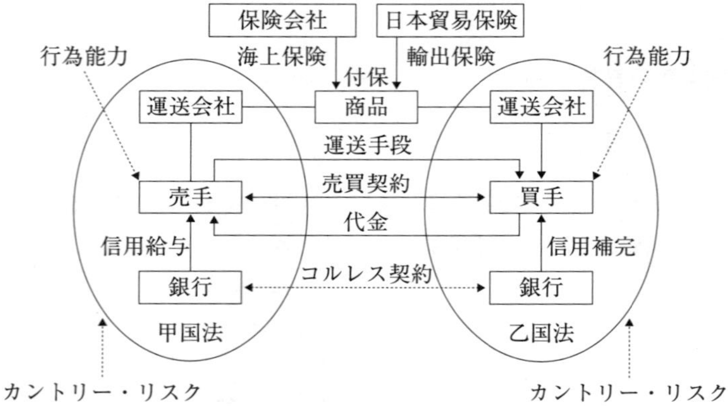

国際売買の場合には，売主から運送会社を経由して買主に商品（モノ）が動くとともに，買主から金融機関を経由して売主に代金（カネ）が支払われる。これを取引の段階に応じて分けると以下のとおりである。

① 売買契約から運送契約締結まで

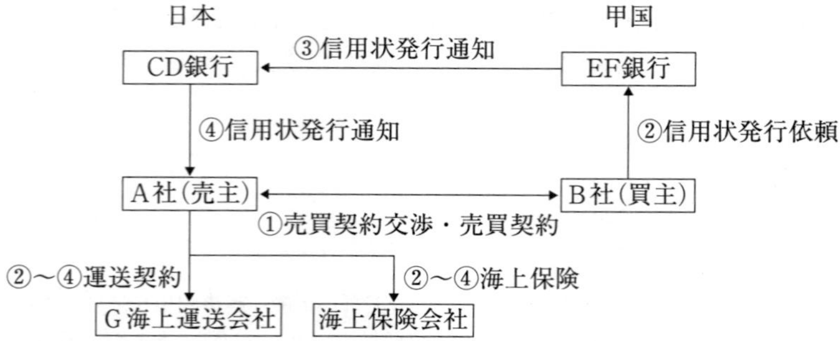

まず，売買の当事者であるA社とB社が売買契約の交渉を行い，双方が合意した時点で売買契約が成立する。A社は商品代金を回収できなくなる事態を避けるため信用状を要求しその後，買主であるB社は，取引銀行のEF銀行に信用状の発行を依頼する。EF銀行はこれに応じて信用状を発行し，A社の所在する国の取引銀行であり，EF銀行とも信用

供与にかかわる取決め（コルレスポンデント・アレンジメント）を結んでいるCD銀行に対して，信用状の発行を通知し，A社への通知を指示する。CD銀行はEF銀行の指示にもとづいて，信用状を通知する。そのあいだに，A社はB社に売るべき商品を準備し，その海上運送についてG海上運送会社とのあいだで海上運送契約を手配し，同時に海上運送中の保険を手配する。なお，後述するインコタームズのFOBとC&F（CFR）条件のときは，海上保険は買主が付保するのが原則であるが，現実には，売主が買主のために保険を付保している。

②　運送契約締結後の輸出書類の送付まで

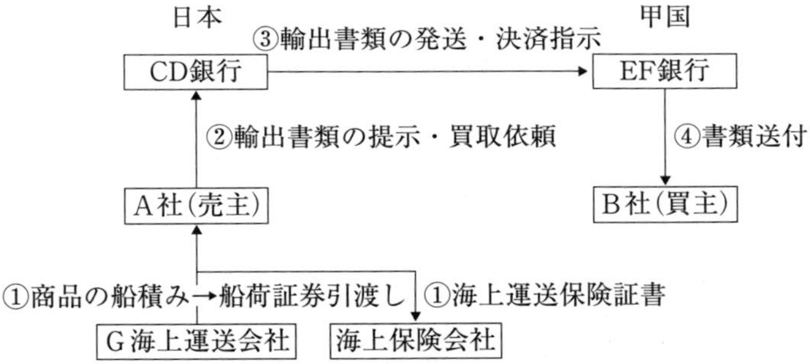

信用状がA社に通知され，A社が商品の運送について海上運送会社とのあいだで海上運送契約を締結すると，海上運送会社は船荷証券を発行し，これをA社に引き渡す。A社は入手した船荷証券に送り状（インボイス）などの書類を添付して，信用状を通知してきた取引銀行であるCD銀行に書類の買取を求め，CD銀行は信用状条件と提出された輸出書類とのあいだに齟齬がないことを点検確認したあとに書類の買取を実行し，その上で，信用状を発行したEF銀行に輸出書類を郵送する。

③　輸出書類の送付後，代金決済まで

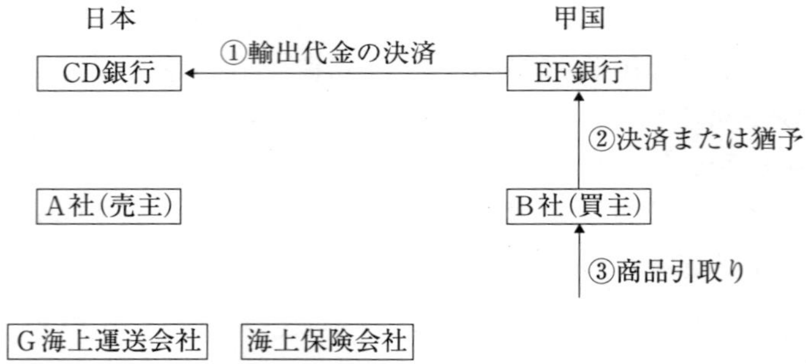

EF銀行は受領した書類と信用状の合致を確認した上で，輸出書類に表示された金額をCD銀行に支払う。同時に，B社に対して代金の支払いを求めるか，あるいは一定期間の支払の猶予を認める。B社はＥＦ銀行から輸出書類，とくに船荷証券を受け取り，これを運送会社に提示し，商品を引き取る。

⑵　インコタームズ

国内の売買取引では代金決済の期間・頻度や方法，引渡しの条件などについて一定の商慣習が成立していることが多く，また取引当事者が長年の取引関係にあって取引条件が決まっていることも多い。また当事者間に明示の条件の合意がなければ，わが国の民商法の規定が適用される。一方，国際売買ではかならずしもこのような商慣習が成立していない。また，かならずしも当事者が物理的に１か所に集合して契約交渉をするものではなく，ファックス，e-mailなどの通信手段によって契約を行うことが多い。この場合に，売買の条件について，双方の了解に齟齬があると，後になって紛争が生ずることになる。代金の決済や商品の引渡しに関しては，当事者のどちらが商品の引渡し不履行のリスクを負担するか，運送契約や保険を用意するのか，という問題があるが，こうした事項について，当事者間で詳細にわたって定めることなく，両者が了解することのできる一定の基準（符牒とでもいうべきもの）があり，この符牒を使うことによって，国を異にする当事者でも即座に条件を了解することができる。これがインコタームズ（International Commercial Terms）[363]である。国際商取引慣習として，世界的に使用されている標準的貿易取引条件を定めるものである。なお，アメリカは独自にイントラタームズという基準を設けているが[364]，わが国では利用されていない。

インコタームズは，取引条件の解釈のための国際商業会議所（International Chamber of Commerce，ICC）の公式規則である。

ICC はインコタームズの内容は，「売主と買主間の売買契約において，物品引渡の場所と日時，危険の移転，運送の手配と運賃の支払，保険の手配と保険料の支払，通関手続と関税の支払，及びその他の費用の分担に関する基本的な条件を定め」るものであるとしており[365]，1936年に各国で使用されていた貿易取引条件の解釈を11の原則に統一して制定した。その後6回の改訂を経て，2000年1月から「インコタームズ2000」

---

(363)　『インコタームズ2000』（国際商業会議所日本委員会，1999）は，「インコタームズの目的は，外国貿易において最も普通に用いられる取引条件の解釈について一連の国際規則を提供することである。こうした，異なる国でかような条件について異なる解釈が行われることによる不確実性が回避できるし，または，少なくともかなりの程度減少する」と記載している（同111頁）。

(364)　アメリカのイントラタームズは，アメリカの連邦レベルでの国家業績評価（National Performance Review）による連邦政府情報技術イニシアティブによる用語の語彙集であり，1995年に設けられた。イントラタームズのホームページによると「このイニシアティブの目的は国際通商データの収集，利用と普及のために統合された政府レベルでのシステムの設けることにある。このイニシアティブは1995年9月15日のゴア副大統領による『国際通商データシステムの履行』というメモランダムの下，1995年9月に認可を与えられ，1997年2月の『アクセス・アメリカ：情報技術を通じたリエンジニアリング』という報告書で再確認された」とのことである。

(365)　『インコタームズ2000』（国際商業会議所日本委員会，1999）のカバーページ裏面の「英和対比出版にあたり」から引用した。

が発効している。「インコタームズ2000」の序論では「しばしば，契約当事者は，おのおのの国における異なった商慣習に気付いていない。これが誤解，紛争および訴訟の原因となり，それに伴う時間と費用の無駄を招きかねない。これらの問題を解消するため，国際商業会議所は，1936年に一連の取引条件の解釈のための国際規則をはじめて出版した。これらの規則は，インコタームズ1936として知られた。その後，規則をその時々の国際貿易慣習と一致させるため，1953年，1967年，1976年，1980年，1990年，そして現在では2000年に，修正と追加が行われることになった」と説明している。

インコタームズは，アルファベットの略字で取引条件とくにリスク負担の条件を定めており，Eグループ（出荷），Fグループ（輸送費抜き），Cグループ（輸送費込み），Dグループ（到着）の4グループにより構成されている。

国際売買取引でよく使われる条件は，FOB，CIFとC&F（CFR）である。ここで，FOB，CIF，C&Fの主要な条件をまとめておこう。

手配の義務者	FOB	CIF	C&F（CFR）
商品製造・集荷コスト Cost	売　主	売　主	売　主
海上保険 Insurance	義務なし （買　主）	売　主	義務なし （買　主）
運送契約 Freight	買　主	売　主	売　主

	FOB	CIF	C&F（CFR）
売主の義務――引渡し	売主は，期日または合意された期間内に，指定船積港においてかつその港での慣習的な方法で，買主によって指定された本船上で，物品を引渡さなければならない	売主は，期日または合意された期間内に，船積港において本船上で，物品を引渡さなければならない	売主は，期日または合意された期間内に，船積港において本船上で，物品を引渡さなければならない
売主の義務――危険の移転	売主は，Ｂ５の規定には従うが，物品が指定船積港において本船の手すりを通過する時まで，物品の滅失または損傷の一切の危険を負担しなければならない	売主は，Ｂ５の規定には従うが，物品が船積港において本船の手すりを通過する時まで，物品の滅失または損傷の一切の危険を負担しなければならない	売主は，Ｂ５の規定には従うが，物品が船積港において本船の手すりを通過する時まで，物品の滅失または損傷の一切の危険を負担しなければならない
運送および保険契約	ａ）運送契約――買主は，自己の費用で，指定船積港からの物品の運送契約を締結しなければならない ｂ）保険契約――いずれも義務なし	ａ）運送契約――売主は，契約記載の物品の輸送に通常使用されるタイプの海洋航行船で，通常の航路による指定仕向港までの物品の運送契約を自己の費用により通常の条件で締結しなければならない ｂ）保険契約――売主は，買主または物品に被保険利益を持つその他の者が保険者に直接保険金を請求する権利を持つような，契約で合意された貨物保険を自己の費用で取得し，かつ，保険証券その他の保険担保の証拠を買主に提供しなければならない	ａ）運送契約――売主は，契約記載の物品の輸送に通常使用されるタイプの海洋航行船で，通常の航路による指定仕向港までの物品の運送契約を自己の費用により通常の条件で締結しなければならない ｂ）保険契約――いずれも義務なし

FOBとは，Free on board（本船渡――指定船積港）を意味する。取引条件としてこの記載があれば，売買の当事者双方は，「物品が指定船積港において本船の手すりを通過した時，売主が引渡しの義務を果たす」意

味であることを了解する。すなわち，物品の通関は売主の義務であるが，船舶に積み込んだ段階で物品に関する危険負担は売主から買主に移転し，航海中に事故があれば，買主のリスクとなり，また海上運送料は買主が負担する。このため，海上保険は買主が付保することを要する。あるいは買主は売主に買主のために海上保険を付保するように依頼する。

CIF（運賃保険料込──指定仕向港）とは，Cost, Insurance, Freight を意味し，危険は物品の本船の手すりを通過した時に売主から買主に移転する。売主は海上保険を手配し，さらに海上運送料を支払わなければならない。

C&F は，インコタームズでは CFR と表示されるが Cost と Freight を意味し，運賃込──指定仕向港であり，CIF 条件のうちの I（保険）を買主が手配する条件を意味する。

売買にあたって売主の義務，買主の義務を危険の移転，運送料の負担，保険の手配など個々の事項にわたって個別に当事者間で合意することは可能であるが，インコタームズは簡単な略字によって取引条件を指定することができる点ですぐれている。

インコタームズは，売買契約に関し，売買対象の有形動産の引渡しについて，当事者の権利義務にかかわる事項を定めるものであって，輸送に関する事項を定めるものではない。注意すべきことは，インコタームズは国際取引に必ず適用されるルールではなく，当事者がこの基準による旨を合意しなければならないことである。当事者の契約不履行の場合の救済などについては規定がなく，あくまでも売買に伴う当事者の権利義務を明らかにすることに限られている（所有権の移転などの実体規定は，ウィーン売買条約などの統一法的国際取引法条約の領域である）。このような統一的な海上運送の条件の理解があることによって，国際的な売買契約が円滑に進められることになる。

2　船荷証券

(1)　船荷証券とはどういうものか

国際取引の中心は国際売買すなわち貿易取引である。

国際的な商品の輸送（国際運送）の手段には，船舶，航空機，鉄道，トラックや郵便局経由での運送などがある。さらに現代では，船舶と鉄道，航空機とトラックのように複数の運送手段が使われることがあるが(366)，国際的な貿易の中心的な手段は依然として船舶による海上運送である。

海上運送により貨物を運送する契約を海上物品運送契約という。海上物品運送契約には，運送人が荷送人からの貨物の輸送の依頼を引き受ける方式と船主が船舶全体またはその一部を傭船者に貸す方式がある。

前者を箇品運送契約（affreightment in a general ship）といい，小口の貨物など他の貨物との混載が可能な場合に利用される。船舶は定期船（liner）により一定の航路を運航する。運送人は荷物の運送を依頼する荷送人に船荷証券（bills of lading，bills of loading ともいう）を発行する。個品運送の場合に発行される船荷証券は，貨物の受取と船積みの事実を証する有価証券(367)であり，仕向港において，船荷証券と引換えに貨物が引渡される。

後者を傭船契約（affreightment in charter party）または用船契約(368)と

(366)　このような複数の運送手段が使われる場合を「複合運送」という。1970年以降，コンテナの利用が増えるに従って，複合運送が普及した。複合運送については，1980年に国際複合運送条約が作成されたが，現在まで発効しておらず，個々の複合運送契約によらざるを得ない。1975年に国際商業会議所は「国際複合運送証券に関する統一規則」を，また国連貿易開発会議（Unctad）と国際商業会議所が1991年に「複合運送書類に関する規則」を作成している。

(367)　国際海上物品運送法10条，商法584条。

(368)　一般には「傭船」と表記されるが，国際商業会議所日本委員会による信用状統一規則の和訳では「用船」の文字を使っている（同規則25条）。

いう。大量の貨物，たとえば石油，石炭，自動車などを運送する場合にこの方式をとる。傭船契約は傭船者の都合に応じて運行される不定期船（tramper）となることが多い。さらに傭船契約にはいくつかの種類がある。まず，裸傭船（demise charter，bareboat charter）とは傭船者が船舶のみを借り，船員を自ら手配する形式をいう。裸傭船は，船舶の賃貸借ということができ，標準的な解約書式として Barecon 89，Barecon 2001 などの標準書式がある。また航海傭船（荷主傭船）（voyage charter）とは船主または船主から傭船している者が船舶の全部または一部を荷主に利用させる方式をいい，バルチック国際海運同盟作成の Gencon 1976 書式，日本海運集会所作成の Nipponvoy 1963 などの標準書式がある。これは積出港から仕向港までの特定の航海を傭船者が傭船する契約である。さらに船主または船主から傭船している者が船員を乗せた船舶を一定の期間，傭船する方式を定期傭船（time charter party）(369) という。定期傭船についても Baltimore 1974 などの標準書式がある。現在では定期傭船の方式が重要性を増しているといわれている。

つぎに船荷証券の表面記載事項の例を挙げておこう。船荷証券にはさまざまな例があり，つぎに表示したのは，現実の船荷証券の実例を一部省略・変更したものである。

---

(369)　定期傭船契約の法的性質については，運送契約説と賃貸借説がある。

<table>
<tr><td colspan="2">Shipper</td></tr>
<tr><td colspan="2">Consignee</td></tr>
<tr><td colspan="2">Notify Party</td></tr>
<tr><td>Local Vessel</td><td>From</td></tr>
<tr><td>Ocean Vessel</td><td>Port of Loading</td></tr>
<tr><td>Port of Discharge</td><td>For Transhipment to</td></tr>
</table>

(Forwarding Agent)

B/L No.

ABC Shipping Co., Ltd.,

'SHIPPED' BILL OF LADING

SHIPPED on board in apparent good order and condition unless otherwise indicated herein,

(中略)

IN WITNESS whereof, the undersigned has signed on behalf of ABC Shipping Co., Ltd., the number of original Bills of Lading stated below.

<table>
<tr><td>Marks & Numbers</td><td>No. of P'kgs or Units</td><td colspan="3">Kind of Packages or Units: Description of Goods</td><td>Gross Weight</td><td>Measurement</td></tr>
<tr><td>Freight & Charges</td><td colspan="2">Revenue Tons</td><td>Rate</td><td>Per</td><td>Prepaid</td><td>Collect</td></tr>
<tr><td rowspan="2">Ex. Rate</td><td colspan="2">Prepaid at</td><td colspan="2">Payable at</td><td colspan="2">Place & Date of Issue</td></tr>
<tr><td colspan="2">Total Prepaid in Local Currency</td><td colspan="2">Number of Original Bills of Lading</td><td colspan="2">ABC Shipping Co., Ltd.,</td></tr>
</table>

船荷証券の裏面には，海上運送契約の約款が記載されている。その内容は，会社または書式によってさまざまであるが，とくにつぎのような事項が規定されている。

・パラマウント・クローズ（paramount clause）(370)

　至上約款と訳され，ヘーグ・ウィスビー・ルール（後述を参照）を国内法化した法律にしたがって船荷証券が効力を有するとの条項をいう。

・準拠法と裁判管轄（governing law and jurisdiction）

　この船荷証券によって表章される海上運送契約の準拠法を明示するとともに，海上運送契約から生じる紛争の解決にあたって管轄の裁判所を指定する。ここで裁判所の代わりに国際商事仲裁廷を指定することもある。

・責任期間（period of responsibility）

　運送人は貨物の船積前あるいは荷卸後の損傷・磨耗には責任がなく，また運送人の責任は貨物の引渡し後1年間に限定される旨を規定する。

・船舶の代替，積替え（substitution of vessel, transhipment and forwardimg）

・艀料（lighterage）

・船積み，引渡し（loading, discharging and delivery）

・デッキ上の貨物と動物（deck cargo and live animals）

---

(370)　パラマウント・クローズの例。This Bill of Lading shall have effect subject to the provisions of the International Carriage of Goods by Sea Act 1957 of Japan as amended in 1992, unless it is adjudged that any other legislation of a nature similar to the International Convention for the Unification of Certain Rules relating to Bill of lading signed at Brussels on August 25, 1924（including the Visby Amendments thereto contained in the Protocole signed at Brussels on February 1968, and the Amendments thereto contained in the S. D. R. Protocole signed at Brussels on December 21, 1979 - hereinafter collectively called ‘the Hague-Visby Rules’）compulsorily applies to this Bill of Lading, in which case it shall have effect subject to the provisions of such legislation. The said Act or legislation（hereinafter called the Hague-Visby Rules legislation）shall be deemed to be incorporated herein. なお，ここで International Carriage of Goods by Sea Act とはわが国の国際海上物品運送法を指し，International Convention for the Unification of Certain Rules relating to Bill of lading とはヘーグ・ルールをいう。

・オプショナル・デリヴァリー（optional delivery）
・運送料，担保とリーエン（freight, charge and lien）
・通知（notification）
・責任制限とクレームの解決（limitation of liability and settlement of claim）

運送人の責任による貨物の損傷・磨耗については，ヘーグ・ウィスビー・ルールにより一定の限度が設けられ，国際海上物品運送法13条がこれを国内法化しているが，船荷証券においてもその旨を明記している。

・積込みと貨物の保護（stowage and protection of the goods）
・引渡しの遅延（delay in delivery）
・危険・腐敗貨物（dangerous and perishable goods）
・共同海損（general average and salvage）

共同海損とは，航海中に船舶が座礁・衝突・火災などの海難事故に遭った場合，「船舶と貨物が共同の危険にさらされた状態」に陥り，一部の貨物の放棄など船長の判断で緊急処置をとることがあり，その結果，船舶と貨物の多くが危険を免れることができた場合には，船舶の一部の損害，一部の貨物の損害を共同で負担することになることをいう。共同海損の精算については1994年ヨーク・アントワープ規則があり，これに準拠して調整する旨を規定する。

・不可抗力（government directions, war, epidemics, ice, strikes）
・運送人従業員の免責（exemptions and immunities of all servants and agents of the carrier）
・オプショナル・ストエージ（optional stowage）
・運河・水路（canals and waterway）
・不知条項（unknown clause）(371)

---

(371)　不知条項の例。Any reference on the face hereof to marks, numbers, description, quantity, gauge, specification, weight, measure, nature, kind, contents, value, actual condition and any particulars of the goods (the 'Particulars') is as furnished by the Merchant and is unknown to the Carrier. When the Carrier has no reasonable means of checking the accuracy thereof, it shall not be responsible for the discrepancy between the Particulars and the actual particulars of the goods.

海上運送においてコンテナが利用されるようになってから，運送人は貨物を引き受けるのではなく，コンテナそのものを引き受けるようになり，コンテナ内の貨物については承知することができなくなった。不知条項とは荷送人の申告にもとづいて運送品の内容を船荷証券に記載し，その中身については承知していない旨の規定である。

⑵　船荷証券にかかわる紛争

前述した【事例２】の東京高判平成16年12月15日の事件のほかにも船荷証券にかかわる紛争は比較的多い。つぎの事例は船荷証券に関するヘーグ・ルールにかかわる紛争である。

【事例75】　東京高判平成13年10月１日(372)（運送人の免責の限界）

国際海上物品運送契約にもとづき，キプロス法人の国際海上運送会社がエクアドルのグアヤキル港で袋詰め魚粉を船積みしたところ，降雨のために貨物が濡れ，その後わが国の鹿島沖に到着したさいには，貨物が熱によって損傷していた。このため，貨物海上保険契約を締結していた保険会社は，荷主から船荷証券を取得した買主に約8,000万円の保険金を支払う一方で，運送会社に対して支払った保険金額相当の損害賠償を求める訴えを提起した。

なお，エクアドルは船荷証券に関するヘーグ・ルール（1924年８月25日にブラッセルで締結された船荷証券に関するある規則の統一のための国際条約）に加入しており，ヘーグ・ルールの適用を受けることになるが，同ルールの２条本文は，運送人の責任について，「運送人は，すべての海上物品運送契約において，物品の積込，取扱，積付，運送，保管及び荷揚に関し責任及び義務を負い，かつ，以下に定める権利及び免責を享受する」と一般的な義務を定めており，同３条２項本文で「運送人は，運送される物品の積込，取扱，積付，運送，保管及び荷揚を適切かつ慎重に行わなければならない」として運送人の運送に関する善管注意義務を定め，同４条２項において

---

(372)　東京高判平成13年10月１日判例時報1771号118頁，金融・商事判例1132号16頁。

「運送人及び船舶は，次のことから生ずる滅失又は損害については，責任を負わない」として一定の免責事項を列挙し，そのなかに「(m)物品の隠れた欠陥，特殊な性質又は固有の欠陥から生ずる容積又は重量の減少その他のすべての滅失又は損害」，「(q)その他運送人又はその代理人若しくは使用人の故意又は過失によらない原因」を挙げている。この損害賠償の例外の利益を主張する者は「運送人又はその代理人若しくは使用人の故意又は過失が滅失又は損害に関係のなかったことを立証しなければならない」としている。

原判決(373)は，貨物の抗酸化剤処理が不統一であったため発熱発火の危険があったが，被告の故意または過失によるものではなく，貨物の不足および不着損害として692万円余の支払いを命じる判決を言い渡した。これに対して，一審の原告・被告双方が控訴した。

控訴審判決は，貨物の発熱発火の原因が不十分な抗酸化剤処理であることを積極的に裏付ける証拠はなく，本件船積貨物が本件降雨によって濡れたことが原因である可能性がより高いものと認められるとして，ヘーグ・ルール４条の免責事由にあたらないとして，運送会社に6,325万円余の支払いを命じる判決を言い渡した。

【事例76】　東京地判平成13年５月28日(374)(船荷証券との引換えでない貨物の引渡し)

香港の会社（売主）はブラジルの会社（買主）に家電製品を売ることになり，日本の海上運送会社に運送を委託し，売主が船荷証券を受領した。売主は銀行経由の取立により，船荷証券を買主の所在地であるブラジルの銀行に送ったが，買主は代金の支払ができなかったので，船荷証券は銀行経由で売主に返送されてきた。ところが，海上運送会社は，買主が船荷証券を提示しなかったにもかかわらず，商品を引渡してしまった。このため，売主は海上運送会社を相手としてわが国の裁判所に総額約224万ドルの損害賠償を請求する訴えを提起した。

---

(373)　東京地判平成12年９月22日判例時報1771号135頁。

(374)　東京地判平成13年５月28日判例タイムズ1093号174頁，金融・商事判例1130号47頁。

東京地裁は「運送契約の債務不履行についての準拠法は日本法である」とし，「国際海上物品運送法３条１項，15条１項によれば，運送人は，自己又はその使用する者が，運送品の荷揚げ及び引渡につき注意を怠ったことにより生じた運送品の滅失につき損害賠償の責任を負うとされている」として，海上運送会社に請求金額の支払いを命じる判決を言い渡した。

【事例77】　東京高判平成12年10月25日(375)（海上運送会社の過失）

わが国の海上運送会社が耐火煉瓦の材料を海上運送する契約を結び，船に積んで中国から岡山の港まで運送したところ，到着時に貨物が塩水に濡れているのが発見された。このため，貨物海上保険契約を締結していたわが国の海上保険会社が保険金を支払った。保険会社は海上運送会社に対して主位的に，航海中の濡損事故であると主張し，予備的に，航海中の事故でないとしても，海上運送会社が荷送人に対して発行・交付した船荷証券には「本件貨物は外観上良好な状態で船積された（shipped in apparent good order and condition）」旨と記載（無故障文言）されているので，責任を負うなどとして，損害賠償を請求する訴えを提起した。原判決は海上運送会社の責任を認め，控訴審も原判決を支持した。

【事例78】　東京地判平成12年10月12日(376)（船荷証券との引換えでない貨物の引渡し）

日本の会社がチリの業者に家電製品を販売することになり，日本の海上運送会社と海上運送契約を締結した。ところが，海上運送会社の現地代理店は売主に無断で船荷証券の写しを原本としてしまい，荷受人である買主に交付したので，買主は代金を支払うことなく貨物を受け取ることができた。このため，売主が海上運送会社に損害賠償を請求した。

東京地裁は，「国際海上物品運送法３条１項の運送人の責任は，『自己又はその使用する者が『運送品の受取，船積，積付，運送，保管，荷揚及び引渡につき』行った過失行為について生じるが，同項にいう運送人の『使用する者』とは，運送人と雇用関係にある狭義の履行補助者に限られず，下請人，代理商等いわゆる履行代行者をも含むものと解するのが相当であ

(375)　東京高判平成12年10月25日金融・商事判例1109号43頁。

(376)　東京地判平成12年10月12日判例タイムズ1051号306頁。

る』」として，海上運送会社の責任を認めた。

【事例79】　浦和地判平成12年１月28日[377]（不知条項の限界）

コンテナの利用が盛んになってから，船荷証券には「不知条項」または「不知文言」が入れられるようになり，この条項があれば，海上運送人はコンテナの中身については不知であるとされる。

アメリカの酒販売業者（売主）がわが国の業者（買主）に酒を販売することとなった。しかし，売主は種類と数量を誤って発送して，買主に船荷証券を送付した。買主は商品を引き取り，これを販売することはしたが，売主とのあいだでは売買契約は成立していないとして，代金を支払わなかったため，アメリカの業者である売主が買主に対して，主位的に売買代金の支払いとして約５万ポンドの代金の支払い，予備的に被告の不当利得として約1,260万円の支払いを求めてわが国の裁判所に訴えを提起した。

浦和地裁は主位的請求について「貨物返送依頼状（Ship back letter）がなければ貨物を返送することができなかったため，被告は，（平成７年10月）７日及び12日の二度にわたり，原告に対してその送付を求めたが，当該貨物返送依頼状が送付されることになったのは，前記期限から１か月以上が経過した同年11月30日ごろになってからであった」とし，「特段の事情のない限り，原告と被告との間で，第一売買契約が成立したと認めることは困難である」として，原告の請求を認めず，さらに予備的請求について，当該船荷証券に「品物ないし明細は荷送人の提供」によった旨のいわゆる「不知文言」の記載された船荷証券に，原告の主張する物権的効力があるのかという点について，「船荷証券は，運送品の受領を証し，その引渡請求権を表章する有価証券であり，その引渡しは，運送品の引渡しと同一の効力を有する（国際海上物品運送法10条，商法575条）から，売主は，買主に対して船荷証券を引き渡せば，目的物の引渡債務を履行したものとして，債務不履行責任を免れるのが原則であ」り，「この場合，運送人は，船荷証券の不実記載につき注意を尽くしたことを証明しない限り，船荷証券の所持人に対し，船荷証券に記載された運送品を引き渡すべき責任を負うが（平成４年改正前の国際海上物品運送法９条），荷送人である売主は，運送品の種類

(377)　浦和地判平成12年１月28日金融・商事判例1093号35頁。

等に関する通告が正確でなかったために生じた損害について，運送人に対する責任を負うにとどまり（国際海上物品運送法8条3項），船荷証券の所持人である買主に対する債務不履行責任を負うことはない」が，「船荷証券に不知文言が記載されるのは，国際海上物品運送取引においては，荷送人が運送人に対して運送品の内容を通告したとしても，荷送人が既に運送品をコンテナに積み込んで封印しているなど，運送人において荷送人の通告が正確であるか否かを確認することが不可能な場合が少なくなく，そのような場合にまで運送人に対して船荷証券に記載された運送品を引き渡すべき責任を負わせると，当該取引が成り立たないおそれがあるため，船荷証券に記載されている運送品の内容は，荷送人が申し出たところを記載しているにすぎず，運送人は，その内容のいかんについて責任を負わないとする趣旨であると解されるから，このような不知文言の記載された船荷証券によって取引が行われた場合には当該船荷証券を交付した荷送人において船荷証券の所持人に対して運送品の内容について責任を負うべきであって，そうでなければ，船荷証券の所持人の利益が害されるのみならず，不知文言を記載した船荷証券による国際海上物品取引も著しく阻害されることになる」として，不知文言の記載された船荷証券には，「船荷証券一般に認められている物権的効力を認めることはできず，当該船荷証券の引渡しに運送品の引渡しと同一の効力を認めることはできないから，その荷送人である売主は，船荷証券の交付にかかわらず，売買契約の目的物の引渡しを立証しなければ，買主に対する債務不履行責任を免れることはできない」として，請求を棄却した（下線は筆者）。

【事例80】　東京地判平成10年7月13日(378)（不知条項の意味）

わが国の会社（売主）が外国の会社（買主）に中古バイクを販売することになり，買主の取引銀行は買主の依頼に応じて信用状を発行した。売主は売買契約にしたがい，商品をコンテナに積み込み，わが国の海上運送会社とのあいだで海上運送契約を結び，不知条項のある船荷証券を入手した。売主は船荷証券などの輸出書類を取引のあるわが国の銀行に提示し，同銀行は輸出書類を買取った。しかし，海上運送会社は船荷証券と引換えでは

(378)　東京地判平成10年7月13日判例時報1665号89頁，判例タイムズ1014号247頁。

なく，商品を引き渡したため，書類を買取ったわが国の銀行は信用状発行銀行からの支払いを受けることができなかった。そこで，わが国の銀行が海上運送会社に対して，船荷証券記載の商品代金約1,600万円の支払いを求める訴えを提起した。

東京地裁は，国際海上物品運送法９条では，船荷証券が原則として記載された文言どおりの効力を有することとしているとしたあとに，不知条項について「海上運送の実務においては，運送人が運送品の中身を確認することができない場合があり，このようなときに中身を確認しない以上船荷証券への記載に応じないとすれば，流通が阻害されるため，運送人において，船荷証券に不知文言を付した上で，荷送人が通告する中身である旨を記載した船荷証券を発行するという慣行が行われてきた」と一般論を展開し，「このような不知文言が付された場合には，船荷証券の文言に応じた効力の例外として，運送人は，船荷証券の所持人に対して証券に記載されたとおりの運送品があったことについて責任を負わない，換言すれば，運送品が何であったか表示されていなかったのと同様に扱うこととされ，学説もこのような解釈を支持してきた」のであり，一定の条件で運送人は，船荷証券の記載どおりの義務から免れるものと解されているとして，海上運送会社に運送貨物の時価相当額である123万円の支払いを命じる判決を言い渡した。

(3)　傭船契約船荷証券にかかわる紛争

個品運送の場合には船荷証券が発行される。一方，傭船契約による海上運送の場合は，前述した標準書式による傭船契約書（charter party, C/P）が作成され，船積が完了すると傭船契約による船荷証券（charter party B/L）が発行される。これは個品運送における船荷証券とは異なり，裏面約款が記載されていない場合が多い。また，後述する信用状統一規則25条ａ項は，「信用状が用船契約船荷証券（charter party bill of lading）を要求または許容している場合は，銀行は（要件を備えている書類を）……受理する」と規定しているので，買主が傭船契約船荷証券を許容するのであれば，信用状にその旨をとくに規定する必要がある。

なお，傭船契約船荷証券特有の条項としていわゆるデマイズ・クローズ（demise clause）がある。裸傭船は一種の船舶の賃貸借であり，デマイズとは賃貸借の意味であり，船舶を貸与する者は傭船者に対して，船荷証券の発行権限を与える。デマイス条項が問題となった最高裁判決事件としてつぎのジャスミン号事件がある。

【事例81】　最二判平成10年３月27日[379]（傭船契約船荷証券の場合）

わが国の会社である関汽外航はエビス・マリナ（船主）が所有する船舶ジャスミン号を定期傭船していた（定期傭船契約）。また，関汽外航はペーター社と米糠のペレットを輸送するための航海傭船契約（貨物をインドネシアのシレボンから韓国のインチョンまで運送する）を締結し，関汽外航は，航海傭船者であるペーター社ないしその代理店に船長のために船荷証券に署名する権限を与えた。船荷証券には「本船が関汽外航により所有または裸傭船されていない場合には，これに反する記載にかかわらず，本件船荷証券は，関汽外航の代理行為に基づき，本船船主または裸傭船者を契約当事者としてこの者としての契約としてのみ効力を有し，関汽外航は，本船船主ないし裸傭船者の代理人としてのみ行為し，上記契約に関するいかなる責任も負わない」旨のいわゆるデマイズ・クローズがあり，船荷証券のヘッディングには，定期傭船者の名があり，その代理店が「船長に代わって」（for the Master）として署名していた。

仕向港の韓国の港で荷揚げする前に表面に濡れ，固化，変色，黴付きの損害が発見された。このため海上運送保険契約を締結していた保険会社が保険金を支払ったうえで，関汽外航に対しては運送契約の不履行による損害賠償として，エビス・マリナに対しては運送契約の不履行による損害賠償または不法行為による損害賠償請求として，総額約２億ウォンの支払いを求める訴えを東京地方裁判所に提起した。

第一審判決（東京地判平成３年３月19日）[380]は，「本件船荷証券と同様に，

---

(379)　最二判平成10年３月27日民集52巻２号527頁，判例時報1636号18頁，判例タイムズ972号98頁，金融法務事情1517号34頁。

(380)　東京地判平成３年３月19日民集52巻２号632頁，判例時報1379号134頁，金融・商事判例878号14頁。

定期傭船者の社名を付してはいるものの，証券の上で，運送人としての責任を負う者を船主に限定する船荷証券は，海運実務において多数存在する。したがって，海運の実務に通じない一般人であればともかく，いやしくも船荷証券を取得することにより取引に入る者が，船荷証券上の運送人が船主であることを誤認するとは考え難い。そうすると，船荷証券面上に定期傭船者が運送人であるかのような外観が作出されているとみて，表見的な責任の法理を適用する必要も存在しないというべき」であり，「国際海上物品運送法3条は，船荷証券において運送人とされていない定期傭船者を，船荷証券上の責任者とするまでの効力を有するものではない」として訴えを棄却した。

これに対して一審原告が控訴したが，原判決（東京高判平成5年2月24日）(381)も控訴を棄却した。

最高裁は「いわゆるニューヨーク・プロデュース書式等に基づく定期傭船契約によって傭船されている船舶が運送の目的で航海の用に供されている場合において，右船舶に積載された貨物につき船長により発行された船荷証券については，船舶所有者が船荷証券に表章された運送契約上の請求権についての債務者となり得るのであって，船荷証券を所持する第三者に対して運送契約上の債務を負担する運送人がだれであるかは，船荷証券の記載に基づいてこれを確定することを要するものと解するのが相当である」として，上告を棄却した。

⑷　船荷証券の危機とボレロ

伝統的に海上運送は「紙」の船荷証券を売主・買主間で引渡すことで行われてきた。

一方，船舶の運行スピードの改善によって海上輸送にはあまり時間がかからなくなってきた。そうなるととくに近距離海上輸送の場合には数日で貨物が荷揚げ港に到着するようになる。荷物は到着したが，その引渡しを受けるための受戻証券である船荷証券が届いていないという事態

(381)　東京高判平成5年2月24日民集52巻2号651頁。

が生じる。本船が入港しても，船荷証券が到着せず，荷受人，運送人が困惑するという事態を「船荷証券の危機」「高速船の問題」という(382)。

本来，船荷証券が発行される場合には，貨物の引取りは船荷証券と引換えで行われるが，後段で説明するように輸出信用状にもとづく取引の場合，船荷証券は複数の当事者を経由し，かつ書類の点検を行うために，買主に到着するまでには時間がかかるから，船荷証券の到着前に貨物が到着することになる。

このような船舶の高速化を背景にして，船荷証券の電子化プロジェクトが進められている。いわゆるEDI（Electronic Data Interchange）が可能となり，人間の事務処理が介在しないために，一貫した電磁処理となり，ミスが少なくなるメリットがある。

ボレロ（Bills of Lading Electronic Registry Organization）はこのような船荷証券の電子化プロジェクトの1つであり，国際的な金融機関の決済ネットワークであるSWIFTと海運業者等の賠償責任保険相互組合であるTT CLubが共同出資して設立した民間会社であるボレロ・インターナショナルによって運営されている(383)。

ボレロの船荷証券は紙の現物ではないので，譲渡の方法などは通常の紙の船荷証券とは大きく異なり，電磁データの登録を意味するタイトル・レジストリー（title registry）の方式によって行われる。まず，海上運送会社が荷主から貨物を受取ると，Bolero Bills of Lading（BBL）を発行する。BBLの取引については，ボレロ・インターナショナルが管理するデータ・ベースに登録される。通常，輸出取引を行うと，輸出者（shipper）は船荷証券など信用状が要求する輸出書類を銀行に提示するが，ボレロの場合には提示するべき書類が物理的な現物としては存在しない。その代わりに，ボレロ・インターナショナルの運営するタイトル・レジストリー上で，輸出者が銀行にBBLが表わす貨物の担保的価

(382)　新堀聡『実践貿易取引』（日本経済新聞，1998）183頁。

(383)　ボレロの法的問題について，ルール・ブック（http://www.boleroassociation.org/downloads/rulebook1.pdf）を参照。

値（security interest）を銀行に与えるものとしている。輸出者側の銀行はタイトル・レジストリー上で pledgee holder となり，さらに信用状発行銀行に対してこの pledgee holder の地位を譲り渡すという構成をとる。BBL 上の受取人（consignee）は，BBL 上の受取人としての地位とタイトル・レジストリー上の権利の連続した譲渡がある場合には，貨物の適法な完全な所有者とされ，海上運送会社とのあいだで BBL が更改（novation）され，貨物の所有権をえると構成されている。

ボレロは民間のプロジェクトであるが，参加者はボレロに参加（enroll）することによってボレロのレジストリーの拘束を受けることになる。この登録データは民間会社が管理するものであるが，ボレロの参加者はボレロ・ルールブックを承諾することでボレロのタイトル・レジストリーの拘束を受けるという構成をとっている（参加者の債権的拘束力と理解される）。

これを図示すると以下のとおりである(384)。

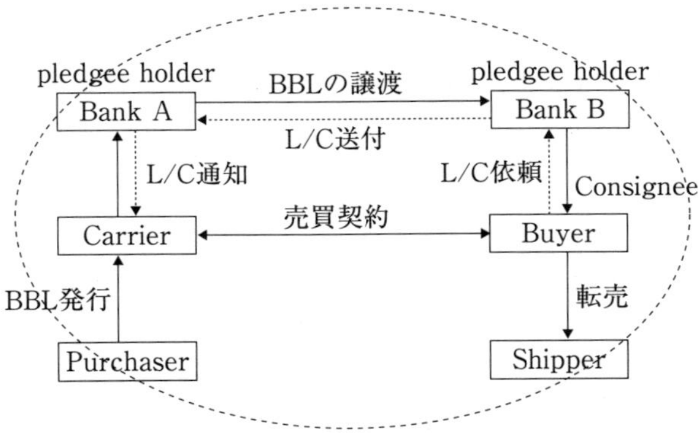

(384)　ボレロ・プロジェクトでは，銀行は担保的価値を取得すると構成されている（Carrier と Bank A，B とのあいだでは novation は生じない）。銀行とシッパーが取り交わす外国向為替手形取引約定書または外国為替取引約定書では，銀行が外国向為替手形を買い取る（外国向為替手形取引約定書１条６号は，外国向け為替手形の交付を受け対価としてその代り金を支払うこととしている）こととし，同約定３条で船積みされた荷物は「外国向荷為替手形の買取によって負担す

3　国際海上物品運送法

⑴　国際海上物品運送法と商法海商編

海上運送とは「湖川港湾以外の海上において行われる物品または旅客の運送」をいい(385)，船積港と陸揚港がいずれも本邦の内にある船舶による物品運送と船積港と陸揚港のいずれかが本邦外にある船舶による物品運送の２つがある。前者を内航運送，後者を外航運送(386)といい，商法海商編(387)の規定は内国港間の内航の海上物品運送に適用され，国際海上物品運送法（昭和32年６月13日法律第172号）１条にあるとおり，同法は「規定は船舶による物品運送で船積港又は陸揚港が本邦外にあるもの」，すなわち外航運送に適用される。

⑵　国際海上物品運送法の規定

同法は21条からなる比較的短い法律であり，海上物品運送で運送品に滅失，損傷，延着があった場合の運送人の責任を定めている。これらの規定は船荷証券の裏面約款に盛り込まれる。この法律は，万国海法会が定めた国際条約を国内法化したものである。したがってこの国際条約（ヘーグ・ウィスビー・ルール）と対応している。

る手形上，手形外の債務ならびにこれに付随する利息，割引料，損害金，手数料および諸費用の支払の担保として」銀行に譲渡されるとされている。銀行の約定は手形を買取るだけで，荷物および荷物を表章する船荷証券は担保であることになるからボレロの構成と適合しよう。

(385)　鈴木竹雄『新版商行為法・保険法・海商法』（弘文堂，1965）136頁。商法569条参照。

(386)　外航船舶建造融資利子補給臨時措置法（昭和28年１月５日法律第１号）２条を参照。外航船舶は船舶安全法（昭和８年３月15日法律第11号）にいう遠洋区域を運行する船舶。

(387)　わが国の商法海商編は，1807年フランス商法典海商編に起源を求めることができるが，1807年海商編はさらに1681年のルイ14世による王令（ordonnance）に遡る。

まず，国際海上物品運送法３条は運送人（海上運送会社など）の過失責任を明らかにし，同４条１項は，海上その他可航水域に特有の危険，天災，戦争・内乱，海賊行為，裁判上の差押え，検疫上の制限その他公権力による処分など同条２号に掲げる事項(388)を除き，運送人側に３条の注意を尽したことの立証責任を課している(389)。同６条は，運送人等は荷送人の請求があった場合には，船荷証券を引き渡す義務を定め(390)，同７条で船荷証券に記載すべき事項として，運送品の種類，容積・重量，外部から認められる状態，荷送人の氏名，荷受人の氏名，運送人の氏名，船舶の名称など12項目を挙げている。仮に，船荷証券に不実記載があった場合も，運送人は善意の第三者には対抗できないとしている（９条)。仮に，運送品に滅失や損傷があった場合には，荷送人または荷受人は運送人に書面で通知することを要し，滅失等をただちに発見することができない場合には，受取の日から３日以内に通知すればよいとしている(12条)(391)ので，この滅失・損傷の通知は遅滞なく行う必要があると解される。

同法で重要な規定は，13条の責任の限度の規定である(392)。同条１項は「運送品に関する運送人の責任は，１包又は１単位につき，つぎに掲げる金額のうちいずれか多い金額を限度とする」とし，１号で「１計算単位の666.67倍の金額」，２号で「滅失，損傷又は延着に係る運送品の総重量について１キログラムにつき１計算単位の２倍を乗じて得た金額」と定めている。同条にいう「計算単位」とは，SDR（Special drawing right）すなわち IMF（国際通貨基金）の特別引出権をいう(393)。した

(388)　ヘーグ・ウィスビー・ルール４条２項を参照。
(389)　ヘーグ・ウィスビー・ルール４条１項を参照。
(390)　ヘーグ・ウィスビー・ルール３条３項を参照。
(391)　ヘーグ・ウィスビー・ルール３条６項を参照。
(392)　ヘーグ・ウィスビー・ルール４条５項を参照。
(393)　IMF は，国際連合と提携する国際機関で，現在は150カ国以上が加盟している。IMF 協定では，その目的は，⑴通貨に関する国際協力を促進する，⑵貿易の拡大を助長し，加盟国の雇用・所得の促進に寄与する，⑶為替の安定を促進する，

がって，運送品の単位ごとに責任限度が設けられていることになる。ただし，同13条の2により運送人は，運送品に関する損害が，自己の故意により，又は損害の発生のおそれがあることを認識しながらした自己の無謀な行為により生じたものであるときは，一切の損害を賠償する責めを負うとされている。

また，同14条はいわゆる除斥期間の規定である。船荷証券の裏面約款では，責任期間（period of responsibility）(394)として規定される。

わが国の国際海上物品運送法は，後述のヘーグ・ウィスビー・ルール（the Hague-Visby Rules）を国内法化した法律であるが，同ルール3条6

⑷経常取引に関する多角的支払制度の樹立を支援し，為替制限の除去を援助する，⑸加盟国の国際収支不均衡を是正するため，基金の一般資金を一時的に加盟国に利用させる，および⑹以上により，加盟国の国際収支不均衡を短期的なものとし，かつその程度を軽減することにある。加盟国は，その経済力，貿易規模等を基準にして算出された自国の割当額（クォータ）に従い，出資払込みを行うが，現在，加盟国の割当額の総計は約2,127億 SDR（約35.9兆円）である。IMF は，国際収支困難や金融危機等に陥った加盟国に対し，コンディショナリティ等，一定の条件の下で融資を行う。わが国は，1952年8月に51番目の加盟である。現在のクォータ割当額は約133.1億 SDR（1.9兆円，割当額全体の6.23%）であり，加盟国中単独第2位の出資国である。1 SDR ＝約168.6円（2005年末現在）。

(394)　責任期間の規定の例：Notice of claim and time bar : In any event the Carrier shall be discharged from his liability for the Goods unless arbitration is filed pursuant to Clause 3 ⑵ hereof within one year from the date of delivery of the Goods or the date when the Goods should have been delivered in the case of the total loss or non-delivery of the Goods. 次は，条約に詳細を譲っている例：Period of responsibility : If any law compulsory applicable during said period forbids the Carrier from disclaiming or limiting such liability by contract, the Carrier shall be liable only in the respects in which disclaimer or limitation is forbidden, and shall be exonerated from liability in every respect in which exoneration is permitted. The Carrier shall in any event, as to said period, be entitled to the exemption from liability provided and to the benefit of the notice and time for suit provisions contained in Article 3, Section 6 and Article 4, Section2, a through p, of the Hague-Visby Rules, and any warranty of seaworthiness is waived by the Merchant.

項は，引渡しから１年以内に訴えが提起されない限り，運送人の責任は解除される旨を定めている(395)。

前述【事例２】の東京高判平成16年12月15日の原判決である東京地判平成16年４月26日は船荷証券の裏面約款の規定を「直接的には，後記のとおり，所定の起算日から１年以内に運送人の責任を問う訴訟が提起され，かつ，当該訴訟提起の通知が運送人にされたことがない限り，所定の起算日から１年の経過により，運送人の責任を消滅させる免責についてを定めた条項であるが，出訴期間（Time-bar）という見出し及び本件審理の経過に鑑み，同条項が定める権利行使に係る期間を『除斥期間』と同様なものと解して」いる。したがって，運送人の責任は，物品の引渡しから１年の除斥期間にかぎられることになる。

⑶　国際海上物品運送にかかわる国際条約

国際海上物品運送は，荷送人，荷受人，運送人の所在地が異なる国際的な契約であり，当事者の自治・契約自由に委ねていると，当事者の力関係が直接反映することになりかねない。現在は国際海上運送について条約があるが，条約が定められる以前は，船主が個々に約款を作成していた。20世紀に入り，船舶が大型化し，国際海上運送にも大型船舶が使われるようになると，いったん船舶の事故があった場合に，船主は膨大な額の損害を賠償しなければならない事態となった。このために，船主側は防衛のために，船荷証券に広範な免責約款を規定するようになったが，しかしかえって，荷主からの反発を呼び，免責約款を禁じることが必要であると認識された(396)。

---

(395)　ヘーグ・ウィスビー・ルール３条６項は「6bis の規定にしたがい，貨物の引渡しまたは貨物が引き渡されるべき日から１年以内に訴訟（suit）が提起されないかぎり，運送人と船舶は貨物についていかなる責任からも解除される。この期間は当事者が訴訟の原因が生じた後に合意するならば延長することができる」と定めている。

(396)　商法739条も免責約款の制限を規定する。

そこで，1924年に，船荷証券上の広範な免責約款に制限を加え，運送人と荷主とのあいだの危険負担を調整するために，万国海法会がベルギーのブラッセルにおいて，1924年船荷証券統一条約（船荷証券に関するある規則の統一のための国際条約）を定めた。これがヘーグ・ルール（Hague Rules）である。

その後，時代の変化に伴い，1963年に，スウェーデン・ストックホルムでの万国海法会において，ヘーグ・ルールの改訂が勧告され，1968年2月23日，再びベルギーのブラッセルにおいて，ブラッセル議定書が署名され，運送人の損害賠償の基礎となる通貨を「IMFの特別引出権SDR（Special Drawing Right）」に変更することとする「1979年SDR議定書」が署名された。1968年ブラッセル議定書，1979年SDR議定書を総称して，ヘーグ・ウィスビー・ルール（Hague Visby Rules）という。

ヘーグ・ルールまたはヘーグ・ウィスビー・ルールは，わが国を含む多くの先進国に採用されており，わが国は，国際海上物品運送法によって国内法化している。

ヘーグ・ウィスビー・ルールは運送人側を保護する面が濃く，また同ルールには開発途上国の意向が反映されていないため，あらたに統一法の制定が求められ，1978年3月30日，ハンブルグで開催された海上物品の運送に関する国連会議で国際連合海上物品運送条約が制定された。ハンブルグ・ルール（Hamburg Rules）である。

ハンブルグ・ルールは，国際連合開発会議（United Nations Conference on Trade and Development：UNCTAD）を中心とする開発途上国が中心となって作成したもので，運送人の責任を大幅に強化しており，開発途上国によって支持され[397]，1991年11月にザンビアが批准して，発効に必

(397)　ハンブルグ・ルールの批准国は，オーストリア，バルバドス，ボツワナ，ブルキナファソ，ブルンディ，カメルーン，チリ，チェコ，エジプト，ガンビア，ジョージア，ギニア，グルジア，ハンガリー，ヨルダン，ケニア，レバノン，レソト，スロヴァキア，マラウィ，モロッコ，ナイジェリア，ルーマニア，セント・ビンセント・アンド・グレナディン，セネガル，シエラレオネ，シリア，

要な20カ国の批准をクリアし，1992年11月に発効した。

わが国は，昭和32年（1957年）にヘーグ・ルールを批准し，国内法として国際海上物品運送法（昭和32年法律172号）を定め，1958年1月1日より施行し，平成4年（1992年）に，ヘーグ・ヴィスビー・ルールを批准し，国際海上物品運送法を改正し，1993年6月1日に施行した(398)。

なお，船舶による物品運送で船積み港または陸揚げ港が本邦外にある契約でも，当事者が外国法を準拠法とした場合には，国際海上物品運送法は適用されない。具体的にはつぎの事例のとおりである。

【事例82】　神戸地判昭和58年3月30日(399)

わが国の商社（買主）がインドのカルカッタでヘイスチングス社など（売主）からカーペット裏地を買付け，売主はインドの海上運送会社とのあいだで運送契約を締結し，船荷証券が発行され，買主のわが国の会社が売主に代金を支払い，船荷証券を入手した。船荷証券の約款27条には，準拠法としてインド共和国（連邦）の法を適用する旨の条項があった。また，わが国の損害保険会社は貨物の海上運送について貨物海上保険を引き受けた。

船舶がわが国の港に入港後，貨物には汐に濡れた損傷があったため，損害保険会社は買主に損害相当の保険金を支払い，海上運送会社に対して保険金支払額相当の約5,800万円の支払いを求める訴えをわが国の裁判所に提起した。

裁判所は「本件海上運送契約の準拠法はインド共和国（連邦）法である」とし，「インドにおいては，英領時代に，『1924年8月25日にブラッセルで署名された船荷証券に関する規則の統一のための国際条約』（注：ヘーグ・

チュニジア，ウガンダ，タンザニア，ザンビアの29ヶ国である。

(398)　ヘーグ・ルールとハンブルグ・ルールの違いについては，E. R. ハーディ・アイヴァミ（日本海運集会所訳）『概説海上運送契約』（日本海運集会所，1981）76～90頁を参照。この結果，国際海上運送については，ヘーグ・ルール，ヘーグ・ウィスビー・ルール，ハンブルグ・ルールの3つの体系が並存する結果となっている。アメリカは依然ヘーグ・ルールにより，イギリスはヘーグ・ウィスビー・ルールによる。

(399)　神戸地判昭和58年3月30日判例時報1092号114頁，判例タイムズ504号160頁。

ルール）の英文正文をそのまま国内法とした海上物品運送法（大正15年１月１日施行）が施行されて」いるとし，「インド法における国際海上物品運送における損害の算定に関する法規内容は，当裁判所においてこれを知りえないので，条理によって決するのほかはない」が，「前記インド海上物品運送法制定等の経緯及びインドの歴史にかんがみるときは，インドは英法系に属するものと理解されるので，条理の内容を決するについては英法（ないし英米法）が参酌されるべきであるが，同時に，国際海上物品運送をめぐる法律関係については，前記船荷証券統一条約の締結・批准等に見られるように，各国の利害を国際間で統一しようとの動きが存するのであるから，各国の法令・判例の動きをも参酌するのが望ましいと考えられ」，「当裁判所には，これら英（米）法の内容，各国の法令・判例も明らかでないが，おおむね被害者（荷受人）の原状回復を原則とし，そのために，一般に，到着時における貨物の正品市価から到着時における損品市価を控除して損害賠償額を決定し，あるいは到着時における正品市価に減価率を乗じて損害を算出する」方法を採用して，損害額を約2,600万円として被告のインドの海上運送会社に支払いを命じる判決を言い渡した。

4　国際貨物海上保険

⑴　国際貨物海上保険とは

海上運送には海難事故はつきものであるが，海難事故による損害を担保する手段として，国際貨物海上保険がある。

前述したインコタームズのCIF条件は，「売主は，買主または物品に被保険利益を持つその他の者が保険者に直接保険金を請求する権利を持つような，契約で合意された貨物保険を自己の費用で取得し，かつ，保険証券その他の保険担保の証拠を買主に提供しなければならない。この保険は，評判の良い保険業者または保険会社と契約せねばならず，かつ，別段の明示的合意がなければ，協会貨物約款（ロンドン保険業者協会）または同種の約款の最小担保によるものとする。保険担保の期間は，Ｂ５（買主の義務の危険移転の項）またはＢ４（買主の義務の引渡しの受取の項）に従う。買主の要求があった場合，売主は，もし取得できれば，戦争，ストライキ，騒擾および暴動の危険に対する保険を買主の費用で提供しなければならない。最低保険金額は，契約に定められた価格プラス10%（すなわち110%）とし，契約の通貨によって提供されなければならない」としているが[400]，このように国際売買にあたって保険を付保することが契約条件となることがある。

国際貨物海上保険（外航貨物海上保険）は，わが国ではいわゆる損害保険会社が提供している[401]。積載船舶の火災・爆発，船舶または艀の沈没・座礁，陸上輸送用具の転覆・脱線，輸送用具の衝突，地震・噴火・雷，海・湖・河川の水の輸送用具・保管場所等への侵入，船舶への積込・荷卸中の落下による梱包１個毎の全損，汗濡れ，盗難・抜き荷・不着，共同海損などが保険の事故とされている。

⑵　国際貨物海上保険にかかわる紛争

最近の事例としてつぎの事件がある。この事例では運送の目的物は輸入禁止品であり，このような品目についての保険契約の有効性が問題となっている（この事例は経済法違反の私的契約の有効性でも取り上げた）。

【事例83】　東京高判平成12年２月９日[402]

わが国に駐在していたアメリカ人がアメリカ本国へ帰国することになった。そこで所有する家財道具一式を転居先に送るために，わが国の会社であるA社と運送契約を締結した。また，運送契約に際して，A社は，わが国の損害保険会社であるB保険とのあいだで当該アメリカ人を被保険者とする貨物海上保険契約を締結していた。

同人は高級な中東製絨毯を収集していたが，運送品の中に高価なイラン製絨毯４枚があった。ところが運送された家財道具を転居先で開けてみた

---

(400)　『インコタームズ2000』（国際商業会議所日本委員会，1999）164頁。

(401)　国際貨物海上保険については，たとえば http://www.tokiomarine-nichido.co.jp/j0406/html/000.html を参照。

(402)　東京高判平成12年２月９日判例時報1749号157頁。

ところ，この高級絨毯が紛失していることが分かった。

このため，同人は運送人であるA社に対しては，運送契約の債務不履行または不法行為にもとづく損害賠償請求として，絨毯の時価相当額の9,642万円の支払いを求め，また，B保険に対して，保険契約にもとづく保険金支払請求として，A社と連帯して，絨毯の付保金額である時価相当額の支払いを求めるとともに，運送および保険引受，事故後の調査，訴え提起後の被告の不誠実な態度により，多大な精神的損害を被ったとして，不法行為にもとづく損害賠償として，慰謝料300万円と弁護士費用1,000万円の支払を求めて東京地裁に訴えを提起した。なお，貨物海上保険契約には英国法準拠を定める条項があった。なお，アメリカはイランとの国交がなく，イラン製品はアメリカでは輸入禁止となっている。

裁判においてA社は「絨毯が本件事故により紛失したとの事実は認められない」と主張したほか，「本件絨毯目録の提出が高価品の明告（国際海上物品運送法20条が準用する商法578条）に当たるとすると，原告は，同社に対し，本件絨毯について実価を著しく超える価格を故意に通告したものであるから，被告Aは，国際海上物品運送法13条3項により，本件絨毯の紛失についての一切の損害賠償責任を負わない」し，仮に同社に「損害賠償責任が認められるとしても，それは国際海上物品運送法13条1項により，1包み又は1単位につき10万円を限度とするから，本件における原告の請求のうち，40万円を超える部分については認められない」と主張した。

また，B保険は，「原告が提出した本件絨毯目録記載の絨毯の領収書等の中に，作成日と記載されている日より後の日に作成されたものが多数存在し，原告の本件絨毯の取得の事実に疑義」があり，「原告が本件絨毯を所有していたことは認められない」し，「損害保険契約が有効に成立するには，被保険利益の存在が不可欠であるところ，被保険利益は適法でなくてはならず，禁制品に関する保険契約は，当事者の善意，悪意を問わず，被保険利益を欠くから無効である」と主張した。

第一審判決（東京地判平成10年5月13日）(403)は，問題の絨毯が存在したことを認め，絨毯目録が商法578条にいう高価品の明告に該当し，国際海上物品運送法13条3項の適用はなく，また，損害賠償責任の限度を定めたとも

(403)　東京地判平成10年5月13日判例時報1676号129頁。

認められないので，同１項の適用もないとして，運送人であるＡ社の損害賠償責任を認め，絨毯の評価相当額9,642万円の支払いを命じる一方，損害保険会社の責任については，禁制品の輸入について「被保険利益は，保険の目的について保険事故が発生するか否かについて被保険者が有する経済上の利害関係をいうものと解されるが，利害関係は，それを保障することが法令の趣旨に反し，公序良俗に反するようなものであってはならず，取引を禁じられた物品の取引に基づく利害関係については，たとえ経済上の利害関係であっても，被保険利益として認められないものと解される」が，「本件保険契約は，米国への輸入が米国法上禁じられているイラン製絨毯を日本から米国に運送するに当たり，当該絨毯について生じた損害を填補することを内容とするものであること，本件保険契約に基づいて保険金を支払うことについても同様に禁じられており，右支払を行えば保険者が刑事訴追を受ける可能性も存在することが認められるところ，かかる保険契約の有効性を認めれば，結果的に違法な行為を助長することになるだけでなく，保険者において保険金を支払う必要が生じることになり，積極的に違法な行為を作出することになる」として責任を認めなかった。

この判決に対して，一審原告であるアメリカ人と被告のＡ社の双方が控訴した。

東京高裁は，Ａ社の控訴を棄却し，同社に支払いを命じた第一審判決を維持するとともに，Ｂ保険については，「貨物の到着地の法律によれば当該貨物を持ち込むことが違法であったとしても，その違法性の程度はさまざまであり，常にそれに関わる契約を無効としなければならないものとは到底解されず，イラン取引規則の制定趣旨が日本国憲法の趣旨に合致するものであっても右のことは同様であり，また，個人が住居地を移転するのに伴ってその家財道具を米国内の住居地に運送する場合にすぎない本件事案において，その貨物につき締結された貨物保険を有効と判断したからといって，それが一般的に密輸を容易にし，かつ，助長することにつながるものとも考えられず，それを無効にしなければ現在の国際関係の中で国際間の協調と平和を求める日本の公序が保たれないとまで断言することもできないというべきである」として，第一審判決を変更し，Ｂ保険に対してＡ社と連帯して評価総額を支払うように命じた。

国際貨物海上保険は，世界的な交易の中心地であったロンドンで発達した制度である。このためにわが国の保険会社との契約においても保険証書は英文で作成され，またつぎに挙げる特徴がある。契約の準拠法の分割指定の項で挙げた東京地判昭和52年５月30日において裁判所はこれらの特徴を指摘している。

・国際貨物運海上険は，英文保険証券（insurance policy）により付保険を引受けるのが日本の保険業界の商慣習であり，英文保険証券による以外の付保険引受は全く行なわれていない。
・輸入貨物の保険を日本の保険会社が引受ける場合には英文保険証券の発行を省略するのが通例であるが（請求があれば発行される），この場合にも英文保険証券による付保険引受がなされたものとして取扱うのが保険業界の慣習であり，このことは広く外国貿易に従事する者に周知徹底されている。
・英文保険証券には準拠法約款があり，それによれば，一切の保険金請求について，保険者に填補責任ががあるかどうか及び填補責任があるとすればその支払については，イングランド（以下英国という）の法と事実たる慣習によるものと定められている。

最後の準拠法の点については，国際貨物海上保険にたとえば下記の文言が約款として付されている。

This insurance is understood and agreed to be subject to English law and usages as to liability for and settlement of any and all claim.

すでに準拠法の分割指定の項で挙げたが，国際貨物海上保険の英文保険証券のこの約款は，保険契約自体の有効性と航海事業の適法性については当事者の指定する法に準拠するが，保険金請求に関する保険者の填補責任の有無と保険者に填補責任があるとするならばその決済については，英国の法と事実たる慣習に準拠する趣旨であり，かつ，そのように解するのが海上保険業界の慣習であるとされている。

これは保険制度がロンドンに拠点を置くロイズを中心に発達し，イングランドに実例，判例が蓄積されていることが考慮されたものである。

⑶　貿易保険

取引にかかわる保険制度として，国際貨物海上保険とは別に貿易保険がある。貿易保険は，通常の民間の海上保険などで対象とならない貿易取引や海外投資において生ずる取引上の危険（リスク）をカバーするもので，カントリー・リスクに対する補完の手段である。現在は独立行政法人日本貿易保険が独占的に業務を行っている(404)。

日本貿易保険のホームページによれば，貿易保険がカバーするリスクには，「非常危険」と「信用危険」があり，前者は「貿易などの海外取引で生ずる，当事者の責めに帰しえない不可抗力的な危険のことです。例えば，為替取引の制限・禁止，関税引上げ，輸入の制限・禁止，戦争，革命など取引の当事者以外の第三者の行為や，天災地変等が該当し」，「非常危険により輸出できなくなったり（輸出不能），代金の支払い，または前払金の返還が得られなくなったり（代金回収不能），海外投資で所得した株式等が没収されたりした場合，その損失が貿易保険でカバー」され，後者は，「貿易などの海外取引の相手方の責めに帰しうる危険のことです。例えば，輸出契約等の相手方の破産などの経営上の理由によって相手方が代金を支払わなかったり，融資を受けた者が融資金を返済しないなどで，輸出代金や融資金等が回収不能になることや，輸出前や輸入前に相手方が破産して輸出不能や輸入不能になった場合，貿易保険でその損失をカバーすることができ」るとされている。

---

(404)　従来，通商産業省が貿易保険を担当していたが，現在は独立行政法人日本貿易保険がこれを担当している。http://www.nexi.go.jp/ を参照。なお，本稿では輸出保険について説明していない。2004年９月23日付け日本経済新聞は「貿易保険業務民間に部分開放」として，経済産業省が従来政府が独占している貿易保険業務の一部を民間の損害保険会社などに開放する方針を決めたことを報じている。貿易保険は，海上損害保険とは異なり，輸出や海外投融資における回収リスクを補償する保険で，1950年以降通商産業省が行っていた。現在は，独立行政法人の日本貿易保険が行っている。

5　航空運送状

(1)　航空運送状とは

わが国では，現在も国際的な貨物の運送手段は海上運送が主流であるが，少量高価な商品，高付加価値商品の運送には航空の手段もよく利用される。航空運送の場合，航空運送状（Air Waybill）が発行される(405)。航空運送状は性質上，荷送人が作成して貨物とともに運送人に提出する書類であり(406)，船荷証券が運送人によって作成発行される書類であることと大きく異なっている。ただし，実際には，運送人またはその代理店が作成しているようである。

航空運送状には，売主の表示（shipper's name and address），荷受人の表示（Consignee's name and address），商品の表示などが記載されており，船荷証券に類似しているが，その法的性質は全く異なる。すなわち，船荷証券は有価証券であって，譲渡性があるが，航空運送状は単なる証拠証券であって，有価証券ではなく，譲渡性はない。この点は，「国際航空運送についてのある規則の統一に関する条約」（モントリオール条約）の11条に「航空運送状または運送取扱業者の受取証は，契約締結，貨物の受取りおよびその条件に関する一義的な証拠である」(The air waybill or the cargo receipt is prima facie evidence of the conclusion of thecontract, of the acceptance of the cargo and of the conditions of carriage mentioned therein）と規定しているとおりである。航空運送状については，その荷受人（consignee）として記載のある者が貨物を引き取る権限を有する（モントリオール条約12条）。

---

(405)　モントリオール条約は３条で，旅客について出発地と到着地を示す運送書類の作成を義務づけ，同３条３項で手荷物についてタグを付すことを求めている。さらに同４条で貨物については航空運送状を交付することとしている。航空運送状には発着地と重量を示すこととしている（同５条）。

(406)　モントリオール条約７条１項に規定されている。

船荷証券には譲渡性があり，船荷証券などの輸出書類を買い取る銀行は二重の債権の保全手段を確保することになるが，一方，航空運送状は譲渡性がないので，銀行が航空運送状を含む輸出書類を買い取った場合には，航空運送状に記載された貨物に対する担保権はない（詳細は後記の信用状取引の項を参照）。

信用状統一規則27条は「信用状が航空運送書類（air transport document）を要求している場合は，銀行は，信用状にほかに異なる定めのないかぎり，どのような名称のものでも，つぎの（ⅰからⅶまでの要件を備えている）書類を受理する」と規定し，船荷証券と異なり，航空運送状は信用状にそれを許容する明示がないかぎり，銀行は受け入れない旨を明らかにしている(407)。

⑵ モントリオール条約の規定

海上運送については，ヘーグ・ウィスビー・ルールなどによって運送人の責任が限定されているが，航空運送についても同様に国際条約がある。まず，「国際航空運送についてのある規則の統一に関する国際条約」（1929年成立，昭和28年条約第17号。ワルソー条約）があり，わが国は同条約を批准した。その後の航空事業の変化などを受けて，1955年に条約の改正議定書（ヘーグ改正議定書）が成立・発効し，わが国もこれを批准した。1999年にはモントリオール条約が制定され，わが国は翌年2000年に批准し，同条約は2003年11月4日に発効した。

モントリオール条約は全体で7章57条から構成され，第2章（3条から16条）で旅客や貨物についての運送書類の作成，第3章（17条から37条）で運送人の責任と賠償，第4章（38条）で複合運送，第5章（39条から48

(407) なお，ここでその他の運送手段にかかわる書類についての信用状統一規則の規定を見ておくと，同25条はすでに取り上げた用船契約船荷証券，同26条は複合運送書類について，信用状に明示の許容の旨の記載を求めている。また，同28条は鉄道，内陸水路などの運送書類，同29条はクーリエ業者（DHL, Fedex など）や郵便小包の受領書について同様の規定を設けている。

条）で運送人以外のものによる運送の場合について規定している。とくに18条2項では，ヘーグ・ウィスビー・ルールの4条2項に相当する免責事由が挙げられているが，海上運送にかかわるヘーグ・ウィスビー・ルールに比較すると，航空運送で運送人が免責とされるのは，貨物自体に問題があった場合，貨物のパッキング自体に問題があった場合，戦争，公的機関による行為に限定され，これらの事由によることを運送人が証明責任を負うとして，運送人の責任は厳しく規定されている。

ワルソー条約，ヘーグ改正議定書およびモントリオール条約は，貨物の運送に限らず，旅客の死亡または障害，旅客手荷物に生じた損害，旅客の延着について運送人の責任限度を定めている。従来は航空運送貨物について損害が生じた場合には，運送人の責任限度は250金フラン/KG（約2,800円）とされ，運送人について過失が推定されていたが，モントリオール条約では運送人の責任限度は17ＳDR/KG（約2,800円）としつつ，故意，重過失の場合も極度額は変わらず，運送人については無過失責任を原則とすることとされた。また航空運送に関する紛争が生じた場合，裁判管轄についてワルソー条約とヘーグ改正議定書は，①運送人の住所地，②運送人の主たる営業所の所在地，③運送人が契約を締結した営業所の所在地，④到達地の4つを定めていたが，モントリオール条約はこれら4つに加えて，⑤旅客の死亡または傷害のときには，事故当時旅客が主要かつ恒常的な居住地を有していた締約国の領域を加えている。被害者の側の便宜を考慮したものである。

6　国際売買とわが国の商法

商取引を行う場合，取引の当事者の合意によってその取引条件などを決定することができる。これは国際取引でも国際取引でも同様である。法の適用に関する通則法は，「法律行為の成立及び効力は，当事者が当該法律行為の当時に選択した地の法による」（7条）と規定する。これは旧法例が「法律行為の成立及び効力については当事者の意思にしたがいそのいずれの国の法律に依るべきかを定む」（7条）と同様である(408)。

つぎに，国際的な商取引で当事者が明示的に日本法に準拠することを合意した場合（法の適用に関する通則法７条），黙示的に日本法準拠を含意していたと認められる場合，あるいは同法８条１項により，法律行為のもっとも密接な関係を有する地が日本とされた場合には，国際的な売買取引であっても日本の民商法に準拠することになる。

たとえば，商法524条は「商人間の売買において，買主がその目的物の受領を拒み，又はこれを受領することができないときは，売主は，その物を供託し，又は相当の期間を定めて催告をした後に競売に付することができる。この場合において，売主がその物を供託し，又は競売に付したときは，遅滞なく，買主に対してその旨の通知を発しなければならない」として，売主による目的物の供託を定めている。同525条は，「商人間の売買において，売買の性質又は当事者の意思表示により，特定の日時又は一定の期間内に履行をしなければ契約をした目的を達することができない場合において，当事者の一方が履行をしないでその時期を経過したときは，相手方は，直ちにその履行の請求をした場合を除き，契約の解除をしたものとみなす」として，定期的な売買関係がある場合の履行遅滞による解除を規定する。さらに，同526条は，「商人間の売買において，買主は，その売買の目的物を受領したときは，遅滞なく，その物を検査しなければならない」として買主の検査義務を定め，同527条は，526条によって検査を行い，その結果，契約を解除する場合，買主は「売主の費用をもって売買の目的物を保管し，又は供託しなければならない」として，目的物の保管義務を定めている。国際売買にあたっては少なくともわが国商法の売買の規定（524条から528条）を理解しておく必要がある。

一方，当事者が日本以外の国の法律を準拠法に指定した場合には，当該国の法律にもとづいて契約の成立や効力が判断される。ふつう契約す

(408)　ただし，当事者の明示の指定がない場合の処理については，法例と法の適用の通則に関する法律では規定が異なる。

る時点では，当事者間に紛争が起きたらそのときに対処の仕方を考えようと安易に契約に望みがちであるが，この姿勢は改めるべきだろう。事前の準備は事後の対処にはるかにまさる（コストの点でも，意欲の点でも)。

【3】 国際売買の決済

1　外国為替とはなにか

外国為替とは極めて広範な概念である。本来は「貿易取引や資本取引などで発生する国際間の債権・債務を，直接現金を輸送することなく決済する方法で，その手段である為替手形，あるいは外国通貨そのものを指す場合もある」とされている(409)。債権の支払いやその他の理由から，離れた地に金銭を送らなければならないことがある。たとえば，代金の支払であったり，旅行費用の調達，子どもの遊学資金の送金などである。この場合に，現金を輸送することは費用や危険を伴い得策ではない。中世以来，離れた地のあいだで債権・債務の決済を現金現物で行うことは，保険などコストがかかり，危険でもあることから，「カワシ」＝為替の方法がとられてきた(410)。甲地のAが乙地のBに対して売買代金の支払等のため送金を要する場合に，甲地の銀行Cに現金を払い込んで，Cから乙地における支店または取引先を支払人とする為替手形を買受け，これを乙地のBに送付すれば，Bは乙地においてその手形により支払いを受け，Aから現金の輸送を受けたのと同様の効果をおさめることができ

(409)　岩本武和＝阿部顕三編『岩波小辞典国際経済・金融』(岩波書店，2003) 52頁。

(410)　ただし，ヨーロッパ中世では，金利を取ることを禁止する宗教的制約があったため，為替取引という隔地間取引（*distancia loci*）の体裁をとることによって，実際に金利を得ることが行われていた。これが為替取引の発展の要因であり，また為替手形が金融手段となった原因である。ヨーロッパにおける為替手形については，ジャン・イレール（拙訳）「フランス為替手形法史」広島法学28巻2号，3号，4号を参照。

る[411]。このように為替手形を使用すると，現金の輸送を回避することができ，利用されてきた。国内取引では，このような為替手形による送金は見られないが，現在行われている銀行振込み，郵便為替などは為替取引の一種である（外国為替に対して内国為替という）。国際取引では為替取引は支配的な地位を占めており，後記の信用状，取立，送金はすべて為替取引の一種であり，これらを総称して外国為替取引または外為取引と呼んでいる。

従来，外国為替取引については外国為替及び外国貿易管理法（昭和24年12月1日法律第228号）によって規制されてきた。たとえば，わが国の居住者が外国にある金融機関に外貨預金をする場合，信託勘定残高を含め合計で2億円相当額を超えるときは，大蔵大臣の事前許可を必要とし，円建ての預金口座を外国の金融機関に開設することは金額にかかわらず許可を必要とした。決済資金などを，外国為替公認銀行を経由しないで海外預金口座に預け入れる場合，大蔵大臣の許可を要し，預金残高が5,000万円相当額を超える場合，四半期毎に「海外預金等に関する報告書」を日本銀行経由大蔵大臣に提出することを要した。

このような外国為替に関する規制は，1996年に大きく転換する。「金融ビッグバン」という名の金融市場の開放が進められたためである。1996年（平成8年）11月，橋本首相（当時）はわが国市場を2001年までにニューヨーク，ロンドン並みの国際的な市場とするために，フリー（市場原理が働く自由な市場に），フェア（透明で信頼できる市場に），グローバル（国際的で時代を先取りする市場に）の3つの理念を原則として，金融システムの総合的な改革を実行に移すこととした。

この一環として，外国為替及び外国貿易法に改正され（つまり「管理」がなくなり），平成10年4月に施行された。同法は「外国為替，外国貿易その他の対外取引が自由に行われることを基本とし，対外取引に対し必要最小限の管理又は調整を行うことにより，対外取引の正常な発展並

(411)　鈴木竹雄『手形法・小切手法』（有斐閣，1957）58頁。

びに我が国又は国際社会の平和及び安全の維持を期し，もつて国際収支の均衡及び通貨の安定を図るとともに我が国経済の健全な発展に寄与することを目的とする」ことを目的とし（1条），銀行券，政府紙幣，小額紙幣及び硬貨，小切手，為替手形，郵便為替及び信用状外国通貨などの「対外支払手段」，貴金属，証券，金融指標等先物契約などを規制の対象としている。この改正によって，1998年4月1日以降，すべての企業や個人は海外の金融機関に外貨建てや円建ての預金口座を自由に開設することが可能となり，外国との資金取引は原則自由化されるところとなった(412)。

2　信用状取引

(1)　信用状とはなにか

信用状は，国際的な売買取引において，買主が売主への代金支払いを確実にするために，その取引銀行に依頼して，同銀行が依頼に応じて，売主の輸出を証する一定の書類（輸出書類）が呈示されることを条件に，売買代金の支払いを約する文書である。この銀行を信用状の発行銀行というが，信用状は発行銀行の一方的な支払いの確約である(413)。その歴史は古く，ヨーロッパ12世紀の為替取引に遡るといわれている(414)。前記のとおり，為替取引は現金の現物を輸送するリスクを回避して隔地間

(412)　なお，海外預金の月末残高が1億円相当額超の場合は，「海外預金の残高等に関する報告書」を翌月の20日までに日本銀行経由大蔵大臣に提出しなければならない。

(413)　後掲の【事例87】東京高判昭和59年4月26日の原判決である東京地判昭和52年4月18日は，「信用状は主として銀行取引において慣行的に生成発達してきた売買代金の支払を確実迅速ならしめることを目的とする制度であり，かつ発行銀行が買主に代って売買代金の支払をするものであるから発行銀行が信用状取引において主導的地位にある」としている。

(414)　Xiang & Buckley, *The Unique Jurisprudence of Letters of Credit : Its Origin and Sources*, 4 San Diego Int'l L.J. 91, 103（2003）.

の資金決済を行う手段であった。信用状を使うことによって相互に一定の信用力を有する金融機関が介在し，その信用力を利用しながら，資金の決済を円滑に行うことができる。ただし，現在のような信用状が発展したのは産業革命以後の19世紀中期以降である(415)。

国際売買の場合，買主があらかじめ代金を前払いすることもあるが，一般的には商品の到着を待ってから代金が支払われる。当事者双方は遠隔地に所在しているので，売主は買主の不払いリスクを負うことになり，リスクを残したままでは貿易取引の発展が阻害されかねない。このために，買主があらかじめ代金を支払う代わりに，買主以上の信用力を有する機関が代金の支払いを約することによって，売主が代金受領を懸念することなく，商品を輸送することができるように開発されたのが荷為替信用状（documentary letter of credit, commercial letter of credit）(416)または単に信用状（letter of credit）と呼ばれる支払手段である。この意味で信用状は国際売買取引，すなわち貿易を促進する手段であり，「国際取引の生命線」，「取引当事者間の取引の担保」となっている(417)。

信用状取引のプロセスは次のとおりである(418)。

① 売主と買主が売買契約で合意に達する。合意内容は，運送手段，代金決済方法，船積期限を含み，インコタームズによってリスク負担の条件を合意する。

---

(415) 1950年代に起案されたアメリカ統一商事法典（UCC）の第５編に信用状の規定がある。ただし，アメリカにおいても国際商業会議所（ICC）の信用状統一規則が支配的であり，国際的売買の信用状はICCのUCPに準拠すると記載し，UCCの信用状規定の適用を排除している。UCC第５編はアメリカ国内の信用状取引に適用されることになる。

(416) 荷為替の「荷」はdocumentaryの訳である。運送人に対する売買の目的物の引渡し請求権を表章する運送証券を伴うためである。

(417) 後掲のR. D. Harbottle（Mercantile）Ltd v Natiobnal Westminster Bank Ltd［1978］QB 146 at 155における表現である。

(418) 信用状取引のプロセス（http://www.bizhelp24.com/export_import/ letter_of_credit.shtmlを参照）。

② 買主は取引銀行に信用状の発行を依頼する。銀行は，取引先である買主の信用力を分析・評価し，場合によっては担保を徴求し，あるいは信用状の金額を減額する。

③ 買主の取引銀行は信用状を発行し，郵便またはファクシミリまたはSWIFTを経由して，売主の取引銀行に通知する。

④ 信用状の通知を受けた売主の取引銀行は，署名鑑とテスト・キー(419)にもとづいて，信用状が真正であることを確認した後に，取引先であり，信用状の受益人である売主に信用状を通知する。なお，このときに発行銀行または売主の依頼によってこの銀行が信用状に確認（コンファメーション）(420)を加えることがある。

⑤ 売主は受取った信用状が売買契約に合致しているかどうかを点検し，仮に合致していなければ，売主に対して信用状の改訂（アメンドメント）を求める。

⑥ 売主は売買取引の目的物である商品を輸出し，信用状が要求している書類を用意する。売主はこれらの書類（輸出書類）をいったん点検する。

⑦ 売主は，取引銀行であり，信用状を通知してきた銀行に買取のために提示する。銀行は輸出書類が信用状の条件に合致するか否か点検し，合致するのであれば，銀行は書類を買い取りその代金を売主に払う（銀行にある売主の預金口座に入金する）。そのうえで銀行は書類を買主の取引銀行であり，信用状を発行した銀行に送付する。

⑧ 信用状を発行した銀行は書類を受領すると信用状条件と合致するか点検し，合致するのであれば送付してきた銀行に対して償還する。

⑨ 信用状発行銀行は買主の預金口座から代金相当額を引き落とし，買

(419)　署名鑑，テスト・キーのいずれも銀行間であらかじめ取引について真正なものであることを確認する手段として取り交わしておく書類である。

(420)　信用状のコンファメーションとは，発行銀行の支払い義務とは別個の確認銀行の信用状受益者に対する支払い義務である。したがって，確認銀行は発行銀行の所在地の不可抗力を援用することができない。

主に書類を引き渡し，買主は貨物を引き取る。なお，この場合に，信用状発行銀行が買主の預金口座からすぐに代金相当額を引き落とさず，一定期間の支払猶予を与えることがある。

なお，上記のとおり売主の銀行は，売主が提出する輸出書類を買い取るが，銀行と取引先が信用状などの国際売買にかかわる決済取引を行うときには，銀行取引約定書のほかに，外国為替取引約定書などを取り交わす。外国為替取引約定書には，「付帯荷物および付属書類は，外国向荷為替手形の買取によって負担する手形上，手形外の債務ならびにこれに付随する利息，割引料，損害金および諸費用の支払の担保として銀行に譲渡する」旨が規定され，さらに外国向荷為替手形の代金相当額の償還が拒否された場合には，買取依頼人（売主）が買戻しに応じる旨を規定している（15条）。さらに，一般的に銀行取引約定書において，銀行は売主に対する買戻しの請求を認められている(421)。したがって，輸出書類の買取銀行には二重の保全手段がある。

買取銀行の売主に対する買戻し請求権についてはつぎの事例がある。

【事例84】　東京高判平成３年８月26日(422)

銀行が取引先である輸出者（売主）から輸出書類を買取ったが，代金が支払われなかったために，売主に買戻しを請求した事件である。

第一審判決(423)は「被告（売主）は，（外国向荷為替手形）約定書15条２項

---

(421)　銀行取引約定書６条を参照。

(422)　東京高判平成３年８月26日金融法務事情1300号25頁，金融・商事判例888号16頁。なお，大阪地判平成２年２月８日判例時報1351号144頁，金融法務事情1248号37頁は「信用状発行銀行が支払を拒絶したときは，再買取依頼銀行は，保証書等買戻しに関する約定書の交付を受けていなくても，信用状発行銀行の拒絶の理由の如何を問わず，再買取銀行から買戻しの請求を受けると，直ちに荷為替手形を買い戻さなければならない旨の外国為替公認銀行間の商慣習ないし商慣行（以下「本件商慣習ないし商慣行」という。）があり，右商慣習ないし商慣行は，外国銀行の在日支店間の取引も拘束することが認められる」としている。

(423)　東京地判平成２年11月19日金融法務事情1272号37頁，金融・商事判例862号17頁。

２号の規定により，本件手形を額面金額をもつて直ちに買い戻す義務を負担したことが認められる」として原告である買取銀行の請求を認め，また，「手形の買取は銀行の買取依頼人に対する与信の一種で，その可否等は買取依頼人の信用に依存してなされるのであるから，銀行が手形の代り金相当額の償還を請求され，支払義務者から回収した手形金の確保に不安が生じた場合に，与信の相手である買取依頼人に手形の買戻を請求できる旨定めたからといつて，直ちにこれが公序良俗に反し，無効であると解することはできない」と判示した。

控訴審判決は，「請求による手形の買戻の制度は，予め約定により，このような事態の生じたときは，銀行からの一方的請求により手形の再売買を成立させることを定めたものであるから，手形の買取銀行が再買取銀行から「手形の代り金相当額の償還を請求された場合」は，その請求が法律上根拠があるか否か，あるいはそれが正当か否かを問うことなく，買取依頼人にその買戻を請求できるものと解すべきである」として一審被告の控訴を棄却した。

このように，信用状は国際売買取引を円滑に進めるための重要な手段であるが，荷為替信用状は，その名称にかかわらず，信用を供与する手段ではなく，支払手段であり(424)，現実には，国際取引において買主（buyer）側の信用力に問題がある，または信用力が不明であるような場合に，買主本体ではなく，現地の銀行の信用力に依存して決済を行う取引である。このように買主から輸出書類を買い取る銀行は，信用状発行銀行のリスクを負担するという構成が本来の姿である。しかし，前述のとおりわが国では輸出書類を買い取る銀行は，売主から差し入れられた約定書において売主に対する書類の買戻請求権を確保しており，実際には信用状発行銀行のリスクというよりも売主のリスクで輸出書類を買い取っているようであり，これは約定書が支配するわが国固有の状況と思

(424)　Gavalda et Stoufflet, *Droit bancaire*, 5e éd., Litec, 2002, p. 512. 鈴木教授は「商業信用状は，手形の人的信用に運送証券の物的信用を加えた荷為替手形に，さらに銀行の人的信用を加えたもの」という見解を示している（鈴木竹雄『手形法・小切手法』（有斐閣，1957）60頁）。

われる[425]。

なお，信用状発行銀行と売主の取引銀行である書類送付銀行（買取銀行）とのあいだの資金決済については，買取銀行の指定する口座への送金によって決済する方法のほか，ニューヨーク・リンバース方式[426]などさまざまな方法がある[427]。

⑵　信用状の例

つぎに信用状の現物を見てみよう。信用状には銀行によってさまざまな書式がある。しかし，国際売買を円滑に行うために必要な項目を記載するという点ではすべて一致しており，また，たとえば，It is subject to the Uniform Customs and Practices for Documentary Credit（1993 Revision,Publication No. 500）など，信用状が信用状統一規則に準拠する旨の宣言はすべての信用状に共通する。

信用状には信用状発行銀行，売主に通知すべき銀行（おおむね買取銀行となる），受益者（売主），信用状発行依頼人（買主）の表示があり，商品の記載，商品の数量の記載，貨物に付すマークが指定され，さらに売主がその取引銀行（買取銀行）に提出すべき書類の種類と通数が指定される。この中には，インボイス（送り状）やパッキング・リスト（梱

(425)　江頭憲治郎『商取引法』［第２版］（弘文堂，1996）134頁。飯田勝人「輸出信用状に基づく手形の買取りとわが国の銀行慣習」金融法務事情1192号４頁を参照。

(426)　ニューヨーク・リンバース方式は，信用状発行銀行の所在地にかかわらず，買取銀行が代金の請求を信用状発行銀行の指定するニューヨークの銀行に請求する方式をいう。信用状発行銀行はニューヨークの銀行に対して支払いを授権しておくことにより，買取銀行による代金の回収が可能となる。

(427)　とくに，米ドル建てでアメリカへの輸出ではこの形式が多い。わが国の銀行は貿易取引や外国送金取引等の決済用として，アメリカの銀行に米ドル建ての預金口座を設けており，この口座に代金相当額を入金することになる。また，買主と売主とのあいだで，支払いに猶予期限を設けるユーザンス（Usance）方式もある。

包状)，原産地証明書（certificate of origin）などがある。また，船積の期限，運送中の積替えの許否などが細かく定められる。なお，つぎの例[428]では，CIF London と表記されている。これはインコタームズの決済条件であり，売主側で Insurance（海上運送保険）を付保し，Freight（運送料）を支払う必要がある。信用状条件でも，運送料が前払いされたことを明記した船荷証券であること（marked Freight Paid）を求めている。

(428)　Ray August, *International Business Law,* 4th ed., Pearson, 2004, p. 677 の例を参考にし，修正を加えている。

Irrevocable Letter of Credit No. 0000000	Issuing Bank ABC Bank, London Branch London, England
Place and date of Issue : London, dd mm yy	Beneficiary : B Company B, Tokyo, Japan
Date and place of expiration of the credit : London, dd mm yy, at the counter of the advising bank	Amount : £100, 000 (a hundred thousand pounds sterling)
Applicant : Company C, 76 Fleet Street, London, England	
Advising Bank : DEF Bank, Head Office Tokyo, Japan	Insurance will be covered by the shipper.
Partial Shipment : Transhipment :	Credit available with : [ ] sight payment [×] acceptance [ ] by negotiation [ ] defered payment at against the documents detailed here [ ] and beneficiary's draft at sight on Bank of GHI, xxx, xx-ku, Tokyo, Japan
Shipment/Dispatch from/at Tokyo for transportation to London	

Signed Invoice in Three (3) Copies certifying that the goods are in accordance with the order No. 0791 of dd mm yy.
Full Set of Clean on Board Bill of Lading to order and blank endorsed, marked Freight Paid and Notify C Comany, London, England.
Insurance policy for invoice value plus 10% covering marine and war risks and including all risks.
Certificate of Origin issued by a Chamber of Commerce in three (3) copies evidencing the goods' origin.
Packing List in triplicate
Covering 5, 000 T-shirts, CIF London

Additional conditions :

Documents to be presented within 7 days after date of issuance of the transport documents but within the validity of the dredit.

We hereby issue this Irrevocable letter of credit in your favor. It is subject to the Uniform Customs and Practices for Documentary Credit (1993 Revision, Publication No. 500 of the International Chamber of Commerce, Paris, France) insofar as they are applicable. The number and state of the credit and the name of our bank must be quoted in all drafts requested if the credit is available by negotiation, each presentation must be noted on the reverse of this advice by the bank where the credit is available.
This documents consist of 1 signed page.

signature
ABC Bank, London Branch

(3)　信用状統一規則とその法理

上記のとおり，信用状の末尾にはつねに当該信用状が信用状統一規則に準拠する旨を記載するので，信用状取引には信用状統一規則が適用される。信用状統一規則とは正式には，「荷為替信用状に関する統一規則および慣例」（Uniform Customs and Practices for Documentary Credits）といい，現在は1994年1月1日に発効した1993年改訂版（Revision 1993, UCP No. 500）が適用されている(429)。同規則の1条は「各信用状の本文にこのUCPが盛り込まれることを条件として，すべての荷為替信用状に適用される」と規定している。信用状統一規則の拘束力は，信用状の発行銀行がこの統一規則（UCP500）に準拠することを宣言することによるものである。なお，わが国では平成5年7月20日に全国銀行協会連合会（全銀協）理事会がUCP500を採択・実施した。全銀協理事会における決定は，全銀協との関係で会員銀行を拘束する。

信用状統一規則の歴史は70年ほどであり，国際商業会議所は1933年のウィーン会議で1933年版の統一規則を制定したことに始まる。これは，ヨーロッパ大陸とアメリカの銀行が個別に採用したが，当時国際貿易で重要であったイギリスとコモンウェルス各国は参加しなかった。その後，第二次大戦を経て，リスボンの会議で1951年に統一規則は改定され，多くの国がこれを採用したが，ふたたびイギリスとコモンウェルス各国は拒否した。ようやく1962年の改訂版にいたって，イギリスなどの国も信用状統一規則を採用するに至った。その後も，不定期に信用状統一規則は改訂され，コンテナによる運送の重要性を増したことを受けて，Uncitralの支援を得て1974年版が作成された。当時の社会主義各国は国際

(429)　UCP500運用上の注意事項によれば，1994年1月1日以後に発行されるすべての信用状は，原則としてUCP500にしたがうとあり，発行銀行が一方的に1993年版に先立つ1983年版規則（UCP400）に準拠する旨を宣言することも不可能ではないが，信用状取引では，信用状にUCP500準拠の旨の記載があるかどうかを必ずチェックするので，現実には1993年版に準拠せざるを得ないと思われる。

商業会議所とは関係がなかったが，この改訂作業に加わっている。さらにスタンドバイ信用状が国際市場で活発に利用されるようになったことから，1983年に改訂が行われ，さらに運送手段の高度化，ITなどのテクノロジーの発展を受けて，最近はほぼ10年ごとに改訂されている。信用状統一規則は，戦後，1951年，1962年，1974年，1983年，1993年とほぼ10年ごとに改訂され，現行のUCP500はすでに10年余の実績を有するが，現状UCP500の改訂のスケジュールはなさそうである(430)。

信用状統一規則の効力については，下記の事例がある。

【事例85】　東京地判昭和62年5月29日(431)

べっ甲製品などの輸出入を行っているわが国の商社（買主）はパナマの個人（売主）とのあいだでべっ甲製品の売買契約を結んだ。買主は取引先のわが国の金融機関に金額6万5,000ドル，売主への通知銀行をアメリカ銀行パナマ支店，買取銀行が代金を請求すべき補償銀行をアメリカ銀行本店とする信用状の発行を依頼した。ところが，信用状発行銀行は，補償銀行をアメリカ銀行本店とするのではなく，チェース・マンハッタン銀行本店とする信用状を発行した。

売主から輸出書類の提示を受けたアメリカ銀行パナマ支店は，書類を買い取らずに，代金を取り立ててから売主に支払うこととし，補償銀行であるチェース・マンハッタン銀行本店に支払いを求めたが，チェース・マンハッタン銀行本店が支払わなかったため，アメリカ銀行パナマ支店は代金を受取ることができず，売主は売買代金を得られなかった。このために，買主との新たな売買についてべっ甲製品を仕入れることができなくなり，買主であるわが国の会社は国内での転売の機会を失ったとして，信用状を発行したわが国の金融機関を相手に代金1,400万円の支払いを求めて訴えを

---

(430)　荷為替信用状に関する統一規則および慣例（UCP No. 500）は，国際商業会議所日本委員会で販売している。統一規則信用状の法的な検討を行った文献は，わが国では，現在まで伊澤孝平博士『商業信用状論』［増補］（有斐閣，1986）がある程度で，文献は少ない。

(431)　東京地判昭和62年5月29日金融法務事情1186号84頁，金融・商事判例781号38頁。

提起した。

東京地裁は，補償銀行のチェース・マンハッタン銀行本店が支払わなかったのは，「同銀行のコンピューター・システムに正確に入力するのが遅れたことがその主たる原因」であり，信用状発行銀行には責任がないとして買主の請求を棄却した。とくに信用状統一規則については，「荷為替信用状を発行している現在の我国の都市銀行，地方銀行及び信用金庫のすべてが，右統一規則を採用していること，従って，我国においては統一規則に準拠しない信用状は存在しないこと，更に，右銀行等のすべてが，右銀行等を発行銀行とする荷為替信用状開設契約の締結にあたって，信用状開設依頼書に右統一規則に準拠する旨の文言を記載していること」を認め，「右事実によれば，少なくとも我国においては，信用状が統一規則に準拠することは商慣習となっているものと認められ，また，信用状に基づく為替手形の決済は，発行銀行等の支店が全世界に存在しない限り，他行のサービスを利用せざるを得ない」としている点が注目される。

信用状統一規則にはコンファメーション，ネゴシエーション（買取）[(432)]などの固有の用語があり，下記の固有の法理がある。

① 原因契約からの無因・独立性（Principle of independence）（信用状統一規則3，4，15条）

統一規則3条a項は，「信用状は，その性質上，売買契約またはその他の契約に基づいていても，そのような契約とは別個の取引であり，かつ銀行は，たとえそのような契約についてどのような参照事項が信用状に含まれていても，当該契約とはなんの関係もなく，またそれにより拘束されるものではない（以下略）」と定める。このような信用状が売買

(432)　信用状にもとづく輸出書類の買取（ネゴシエーション）とは，輸出者の取引銀行が輸出者の輸出書類のもとづく債権の売買を行うことをいう。信用状統一規則は，輸出代金の回収方法として，輸入者の一覧払い，ユーザンス払い，発行銀行等の手形引受と通知銀行の買取の4つの方法を挙げている（9条）。買取の場合には，手形の裏書が連続しているので，買取銀行は輸出者に対する求償が認められる。

当事者の原因契約からは独立していることを信用状の無因性，独立性という。信用状取引は書面上の取引である。前提となっている売買契約については一切関知しない(433)。唯一，銀行が支払いを拒むのは明らかな詐欺があると考えられる場合である（fraud）(434)。

②　厳格一致（Principle of Strict Compliance）（信用状統一規則13条）

統一規則13条ａ項は，「銀行は，信用状に定められたすべての書類が，文面上，信用状条件を充足しているとみられるかどうか（on their face to be in compliance with the terms and conditions of the Credit）を確かめるために，相応の注意をもって点検しなければならない」とし，さらに後段で「銀行は，信用状に定めのない書類を点検しない」と定めている。さらに同14条ａ項は「発行銀行が，文面上，信用状条件を充足しているとみられる書類と引換えに，支払，後日支払（incurred payment）の債務負担，手形の引受または買取(435)を行うことを他行に授権した場合は，

---

(433)　ただし，現実には信用状発行銀行は貨物が買主の希望とは異なっていることを理由として，支払いに応じないことがある。買取銀行，発行銀行はいずれも信用状の文言に拘束されるのであって，貨物の現物には関与しないのであるが，貨物が希望と異なる場合には買主が信用状発行銀行に対して決済に応じず，このため，発行銀行が買取銀行に支払わないという状況におちいる。商品にともなうクレイムをマーケット・クレイムといい，本来，書類取引である信用状では考慮の余地はなく，いったん信用状取引について決済した後に売買の当事者間で紛争解決すべきであるが，信用状発行銀行が支払わずに，銀行が当事者間の売買の争いに巻き込まれることがある。

(434)　詐欺の抗弁が認められた例として，United City Merchants（Investments）Ltd. v Royal Bank of Canada［House of Lords］［1983］1 AC 168がある。イギリスからペルー向けの輸出で，Banco Continental SAが発行し，Royal Bank of Canadaが確認した信用状にもとづいて，ブローカーの第三者が詐欺行為を行った。控訴院は「荷為替は偽造書類であるから，カナダ・ロイヤル銀行は信用状の下でも支払い義務を負わない」とした。

(435)　信用状統一規則の和訳は，ネゴシエーションを買取と訳している（２条iii，５条ｂ，９条ａ-ivおよびｂ-iv，とくに10条ａ-ii）。アメリカのUCC§３-201

発行銀行および確認銀行（もしあれば）は，つぎの義務を負う」として「支払，後日支払の債務負担，手形の引受または買取を行った指定銀行へ補償すること」「書類を引取ること」と定めている。また同b項は「書類を受取ったときは，発行銀行および／または確認銀行（もしあれば），またはそれらの銀行のために行為する指定銀行は，文面上，書類が信用状条件を充足しているとみられるかどうかを，書類のみに基づいて決めなければならない（must determine on the basis of the documents alone）（以下略）」と定めている。

厳格一致とは，通知銀行は発行銀行の受任者（agent）であり，発行銀行は輸入者の受任者であり，委任関係の連鎖の中で，受任者はその受任の範囲内でしか動けないということを意味する。したがって，一見明らかに誤りと思われる場合であっても，通知銀行は融通を利かせることはできず，受益者が輸入者に信用状の条件の変更を行う必要がある(436)。

⑷　信用状の種類

信用状には多様な形態があるが，信用状統一規則に準拠する旨を記載すべきことは共通する。

①　取消不能信用状（irrevocable credit）と取消可能信用状（revocable credit）

信用状統一規則第6条a項は，信用状は取消可能信用状または取消不能信用状のいずれかとすることができると規定する。取消可能信用状とは，信用状発行銀行のオプションでその効力を取り消すことが可能な信

は，「買取は任意，非任意にかかわらず，発行者以外の者による他者への証券（instrument）の所有の移転であり，これによりその者が占有者（holder）となる」としている。

(436)　厳格一致の原則については，Equitable Trust Co., of New York v Dawson Partners Ltd.,（1927）27 L. I. L. R 49, Soproma SpA v Marine & Animal By-Products Corp.,［1966］1 Lloyd's Rep. 367 などを参照。

用状である。信用状取引は発行銀行の信用力に依存して行われる取引であり，取消可能信用状では売主としては信用補完の手段にならない。実務ではほとんどすべて取消不能信用状であり，取消可能信用状はほとんど見られず，ほぼ講学上の産物であるが，まったくないともいえないので注意を要する。銀行の輸出係は外国の信用状から信用状を受領した場合には，必ず取消不能であることを確認している。

②　レッド・クローズ付き信用状（credit with red clause）

売主は商品製造のために原材料の調達を要することがあり，このような輸出に当たっての資金調達を買主が提供することがある。この場合に，直接買主が売主に資金提供することもあるが，信用状の中で，輸出書類買取銀行に売主への融資（輸出前貸し）を提供することを条件とすることがある。このような文言は，通常赤く書かれているので，レッド・クローズと呼ばれる。

売主は取引銀行から信用条件にもとづいて融資の提供を受けて，この資金をもって商品を製造する。売主から輸出書類を提示され，これを買い取る銀行は買い取り代金をもって，前貸し資金を回収するとともに，信用状発行銀行からの支払いによって売主に支払いを行うことになる。

実務ではほとんど見られない(437)。

(437)　後掲【事例89】の東京地判平成６年10月25日では，シンガポールの会社（買主）と訴外のマレーシアの会社（売主）のあいだでレッド・クローズ付きの信用状が利用されている。このレッド・クローズ付き信用状は，シンガポールの会社の取引銀行である中国銀行シンガポール支店が発行し，別途，マレーシアの会社とわが国の会社のあいだの売買のために発行される信用状の金額の40％相当まで，マレーシアの会社の取引銀行に同社への前貸しを認める内容であった。数少ない事例である。

③　コンファメーション（確認）付き信用状（confirmed credit）（統一規則第９条ｂ項）

信用状は発行銀行の支払いの 確約であるが，発行銀行の信用力を補強するために，売主の所在国の銀行がさらに確認することがある。すなわち，売主としては二重の信用補完が得られることになる。

確認という行為の法的な性格については，主たる債務である発行銀行の支払い債務とは別個独立した確認銀行の支払い債務であると考えられている。確認付き信用状はたまに散発的に発行されることがあるが，余り多くはない。確認は，確認銀行にとって信用状発行銀行に対する与信行為(438)であって，発行銀行の信用度に応じてその是非を判断する。また，確認手数料は発行銀行から徴求する。

⑸　信用状にかかわる紛争

国際取引関連の裁判で，信用状にかかわる裁判例は比較的多い。ここでは最近の事例を見てみよう。

【事例86】　東京高判平成15年１月27日(439)

わが国の会社Ａ社（売主）は中国の会社Ｂ社（買主）とのあいだで非鉄スクラップの売買契約を結び，Ｂ社の依頼で中国のＣ銀行が信用状を発行した。信用状はアメリカ・ニューヨークのＤ銀行を経由して，日本のＥ銀行に通知され，Ｅ銀行はＡ社に信用状を通知した。

Ａ社は信用状条件にしたがって荷為替を含む書類を用意し，Ｅ銀行に買取を求め，Ｅ銀行はこれに応じた。Ｅ銀行は信用状条件にしたがい，ニューヨークのＤ銀行を経由して，Ｂ銀行に対して代金の支払いを求めた。しかし信用状発行銀行であるＣ銀行は，ニューヨークのＤ銀行を通じ，Ｅ銀行に対し，本件手形金の支払を拒絶する旨を電信により通知してきた。

---

(438)　与信行為とは受信行為に対立する概念で，銀行が相手先に銀行の信用力を享受させることをいう。

(439)　東京高判平成15年１月27日金融法務事情1675号63頁。

その支払拒絶の理由は，取引先の表示が異なることおよび船荷証券に船積港の記載がないであった。そこで，E銀行はA社に支払済みの代金の返還請求を，また取引約定書の上で保証人となっているその代表者に保証債務の履行を求める訴えを提起した。被告らは消滅時効が成立しているなどと争った。

第一審（東京地判平成14年7月11日）[440]は，手形買戻し請求権の消滅時効の成立を認めず，またE銀行が買主の支払拒絶はスクラップ相場の低下にともなう一種のマーケット・クレイムであると理解したことについて，「マーケット・クレイムを理由とした支払拒絶に対しては，信用状発行銀行に対してはあくまでも信用状条件にしたがった支払を求め，マーケット・クレイムについては輸出入業者間で直接を解決するように求め」た原告に注意義務違反はないとして請求を認めた。

A社らはさらにE銀行が買戻し請求権を放棄したこと，E銀行の信義則違反を加えて控訴審で主張したが，東京高裁は控訴を棄却した。

また，信用状取引は売主とその取引銀行である輸出書類買取銀行，買主と信用状発行銀行，さらに買取銀行と発行銀行という3つの関係から構成されるが，その関係の準拠法について，つぎの事例が取り上げている。

【事例87】　東京高判昭和59年4月26日[441]

わが国の会社A社はエジプトから亜麻材を輸入することとし，その取引銀行B銀行に取消不能信用状の発行を依頼し，B銀行はエジプトの銀行C銀行を通知銀行，受益者D社とする取消不能信用状を発行した。A社は信用状について，信用状の船積期限等の条件の変更（アメンドメント）を依頼し，B銀行はこれに同意し，C銀行にテレックスで通知した。ただし，受益者であるD社からの同意の通知はなかった。当時の信用状統一規則3条3項は，信用状の条件変更については，関係当事者全員の同意を要件とすると規定していた。その後，B銀行はC銀行から信用状に基づいた船積書

(440)　東京地判平成14年7月11日金融法務事情1675号66頁。

(441)　東京高判昭和59年4月26日高民集37巻1号39頁，判例時報1127号145頁，判例タイムズ530号211頁，金融法務事情1069号32頁，金融・商事判例700号18頁。

類等を受領したので，Ａ社に支払いを求めたが，Ａ社がこれに応じなかった。一方，Ｂ銀行はエジプトのＣ銀行に対する支払いを実行した。そのあいだに，Ａ社はＢ銀行から融資を受け，また商業手形の取立てなどを依頼した。その後，Ｂ銀行はＡ社の預金を受働債権，Ａ社に対する支払い請求権を自働債権として相殺を行った。これに対して，Ａ社が定期預金等の返還請求の訴えを提起した。

Ａ社は，Ｂ銀行には船積書類の内容が信用状の条件と合致しているかを点検する義務があるが，①船積書類に船積年月日の記載がない，②信用状は船積を10月に行うこととしているが，実際の船積は10月以前に行われている，という２つの不一致があったにも拘らず，Ｃ銀行に支払ったのであるからＡ社は支払義務を負わないと主張し，また，信用状のアメンドメントについて受益者の同意の通知がなかったが，受益者に明示ないし黙示の合意がないとしても，本件信用状取引の準拠法は日本法であり，商法509条の規定により，受益者は信用状条件変更に同意したと看做されると主張した。

第一審（東京地判昭和52年４月18日）[442]は，Ａ社が信用状取引には当事者の黙示の準拠法指定，または法例によりわが国商法509条の適用又は準用があるので，受益者には条件変更に対する同意が擬制されると主張した点について，「信用状条件変更の成否であるから，一般の債権関係であるところ，債権法関係については当事者自治の原則の適用があるので，黙示的準拠法指定の有無について考えると，信用状は主として銀行取引において慣行的に生成発達してきた売買代金の支払を確実迅速ならしめることを目的とする制度であり，かつ発行銀行が買主に代わって売買代金の支払をするものであるから発行銀行が信用状取引において主導的地位にあることは否定でき」ず，信用状による「債務が法律行為によって生ずるものであることは否定できないから，本件においては当事者の意思が分明ならざるものとして（旧）法例第７条第２項及び第９条第１項により行為地法たる日本法が準拠法になると解される」[443]が，商法509条は取消不能信用状の条件変更

(442)　東京地判昭和52年４月18日判例時報850号３頁，金融法務事情831号30頁，金融・商事判例532号31頁。

(443)　信用状に関わる準拠法の問題は，輸出入の当事者間の契約，買主と発行銀

には適用されないとして，原告の請求を棄却した。原告は控訴したが東京高裁は控訴人の請求を棄却した。

そのほかにつぎのような事例がある。

・東京地判平成12年12月18日[444]

銀行が顧客の求めに応じて発行予定の信用状番号を伝えたが，その後銀行が信用状の発行を拒絶したために損害が生じたとして，顧客が銀行を相手に訴えを提起した事例。

・東京高判平成10年３月24日[445]

銀行と信用状取引契約を締結していた取引先が，銀行に信用状の発行を依頼したが，これを拒絶されたために，債務不履行を理由に損害賠償を請求した事例。

・東京地判平成５年２月22日[446]

信用状にもとづく輸出書類を銀行が「買取」を行った場合，これは取立の委任か，売買取引かという法的性質が問われた事例。

・最三判平成３年11月19日[447]

信用状（スタンドバイ信用状）に記載された有効期限の基準地が争われ，信用状取引の独立抽象性が問題となった事案。

行の契約，売主と買取銀行の契約，信用状発行の準拠法，信用状自体の準拠法の４点に分解される。信用状開設契約の準拠法については発行銀行が最も重大な利害関係を有するので，信用状発行銀行の営業所の所在地法を準拠法とするべきという意見が多数である。信用状自体の準拠法については，UCP にも規定がなく，意見が分かれるが，これは信用状の法的性質をどう捉えるかの意見の違いが反映しているようである。

(444)　東京地判平成12年12月18日金融法務事情1612号88頁，金融・商事判例1119号57頁。

(445)　東京高判平成10年３月24日金融・商事判例1056号40頁。

(446)　東京地判平成５年２月22日金融・商事判例932号９頁。

(447)　最三判平成３年11月19日金融・商事判例901号３頁。原判決は，大阪高判昭和63年５月21日（法律雑誌等未掲載），第一審判決は，大阪地判昭和61年３月28日（法律雑誌等未掲載）。

3　送金決済

(1)　送金取引

送金は隔地間の債権債務の決済に使われる為替取引の１つであるが，資金の送金は国内であれ，外国であれ原則として銀行を通じて行う。国内での送金取引（内国為替）は以下のように行われる。

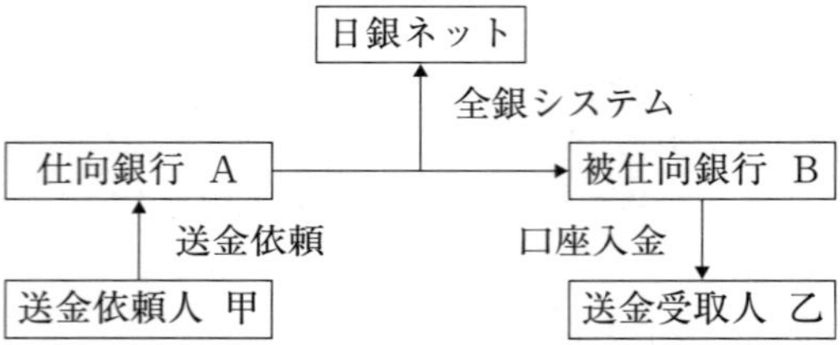

送金依頼人甲は取引先のA銀行のATMを利用して，B銀行にある乙の口座への振込をする場合，上記のとおり振込のデータはA銀行からB銀行へ全銀システムを通じて送られる。両銀行間では，A銀行のB銀行に対する支払を要するが，これは日銀ネット・システムを通じて決済される。

では，送金取引が国際的に行われる場合はどうだろうか。まず，スウィフトから説明しておこう。

(2)　スウィフトとはなにか

金融機関のあいだでの資金の送金については，スウィフト・フォーマットが標準的に使用されている。SWIFTとはSociety for Worldwide Interbank Financial Telecommunicationsの略称であるが，世界各国の金融機関の参加を得てベルギーの協同組合法のもとに設立された民間機関である。多くの国で中央銀行決済などの資金決済や証券決済といった国内のサービスとしても使われている。スウィフト・フォーマットは，Tagという数字によって送金依頼人，受取人，金額などの項目を指定し，そこに個々の取引内容を入力し，電子化されたデータを相手方銀行に送付する方式であるが，データをデジタル化することによって，送金の仕向銀行と被仕向銀行の双方でデータが自動処理され，迅速で間違いのない処理が可能となる。

金融機関が取引先などから送金の依頼を受けた場合には，その種類にしたがってスウィフトが定めたフォーマットによって送金データを発信する。受信側は，所定のフォーマットにしたがって指示を受領するために，マニュアルでの処理を行うことなく，コンピュータによる自働処理が可能になっている（一種の Electronic Data Interchange = EDI である）。

Status	Tag	Field name	Content
M	20	Sender's reference	16x
O	21R	Customer Specified reference	16x
M	28D	Message Index/Total	5n/5n
O	50a	Instructing Party	C or L
O	50a	Ordering Customer	G or H
M	30	Requested Execution Date	6!n
M	21	Transaction Reference	16x
O	21F	F/X Deal Reference	16x
M	32B	Currency/Transaction Amount	3!a15d
O	56a	Intermediaty	A, C or D
O	57a	Account with Institution	A, C or D
M	59a	Beneficiary	A or no option letter
M	71a	Details of Charges	3!a

（注：M = mandatory 必須項目，O = optional 任意項目）（ただし，主要項目のみ）

たとえば，顧客の送金依頼はスウィフト・フォーマット MT101 で処理される[448]。送金を行う銀行（仕向銀行）は，数値またはアルファ

(448)　スウィフトのフォーマット全般については，http://www.swift.com/index.cfm?item_id=42772，スウィフト・フォーマット MT101 については，http://www.swift.com/index.cfm?item_id=42773 を参照。

ベットにおきかえられたデータを相手先の銀行（被仕向銀行）に送る。両方の銀行はこのデータの意味することを了解しており，被仕向銀行は指示されたとおり処理する。通常は，コンピューター・システムが対応するので人による事務処理を介することなく自動処理される。

⑶　送金決済の方法

貿易決済の方法[449]は，信用状だけではない。送金による支払いの方式（cash with order）と手形の取立てによる支払いの方式（collection）がある。ただし，送金による支払いの場合，買主がかならず支払うとはかぎらず，売主は買主のリスクを負担することになる。送金支払いの流れは以下のとおりである。

日本のＡ（売主）がシンガポールのＢ（買主）とのあいだで国際売買取引の契約を結び，商品を売り渡した。売買代金は，Ｂの取引銀行からＡの取引銀行に米ドル建てで行うものとする。

シンガポールのＢは，ふだん米ドルの資金を用意していないから，Ｂの取引銀行に送金を依頼するときには，シンガポールの通貨であるシンガポール・ドル（Ｓ＄）で支払うことになる。また日本のＡは，米ドルで代金を受けとっても仕入先への支払いを米ドルで行うことができるわけではないので（可能な場合もあるが），Ａの取引銀行では受けとった米ドルを円に転換して口座に入金する。このように通貨の交換・転換を行

(449)　信用状取引については，江頭憲治郎『商取引法（第２版）』（弘文堂，1996）131頁が詳しい。

うことをイクスチェンジ（exchange）という。

Aの取引銀行とBの取引銀行のあいだでは，送金はつぎのように行われる。この例では通貨は米ドルであった。Aの取引銀行，Bの取引銀行のいずれにとっても外国通貨である。この場合は米ドルの取引がもっともさかんな地であるアメリカ・ニューヨークの銀行を経由して送金を行うことになる。前述の日本国内での送金で日銀ネットが果たしている役割をニューヨークの銀行が担うのである。

① A取引銀行，B取引銀行が同一のNew York Bankに預け金口座を有する場合

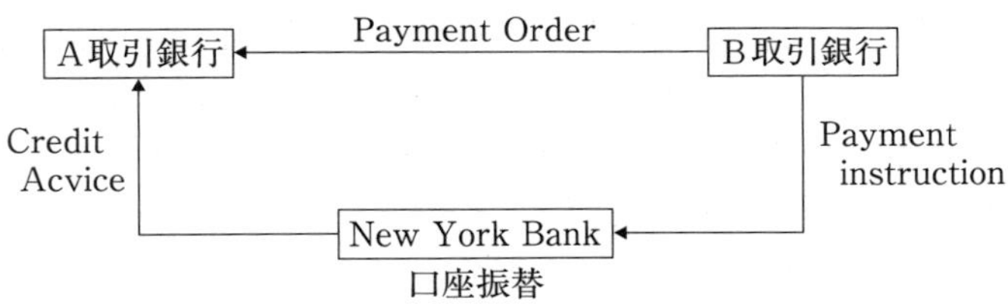

② A取引銀行，B取引銀行の預け金口座保有銀行が異なる場合

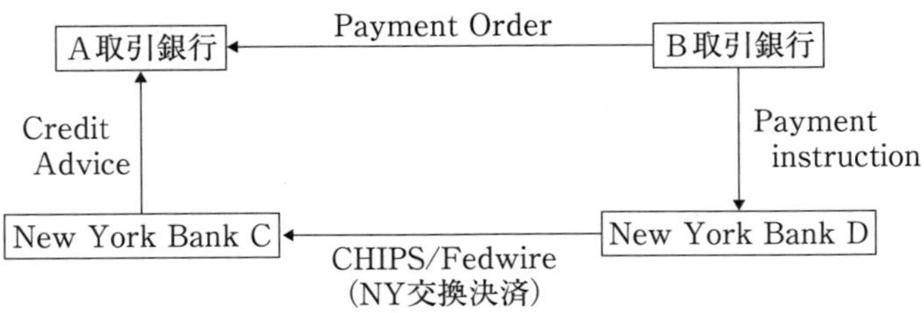

仮にAとBのあいだの決済が円建てであれば，Bの取引銀行はAの取引銀行（またはいずれかの日本の銀行）にある円建ての預け金を引落すようにAの取引銀行に指示する。仮に決済がシンガポール・ドル建てであれば，Bの取引銀行はそこに設けられているAの取引銀行などのシンガポール・ドル建ての預け金口座に代金を入金する。

4　D/P，D/A取引

(1)　D/P，D/Aとはなにか

国際売買の代金決済には，送金方式，取立方式と信用状方式があり，このうち信用状による方式が最もよく利用されている。D/P，D/Aとは，信用状を使わないで行う為替手形を使った国際売買の代金決済の方法であり，「信用状なし為替」である。これは為替手形を取り立てる方法をとるため「取立」と呼ばれる。取立，信用状のいずれにおいても為替手形が利用されることが多い(450)。これは，買主の支払いを確保すること，イギリスでは手形上の債権については略式手続（summary judgment）が認められていること，手形によって売掛債権が表章され，売主としては現金化が容易になること，買主にとっては一覧払いでない場合には期限の利益を享受することが出来る点にあるとされているが(451)，現実には輸出手形がわが国の市場に流通することはない。これは，国際売買取引の手形（Bill of Exchange）がジュネーブ条約に加わっていない英法にもとづいて振り出され，わが国の手形の要件を充足していないためである(452)。したがってわが国の取立銀行は国内の金融市場で手形のリファイナンスを受けることはないが，取立取引そのものは決済方法として頻繁に利用されている。

---

(450)　信用状を支払手段とする場合，信用状条件で売主または売主からの買取に応じる銀行が振り出す為替手形を求償の条件とする例が多い。

(451)　d'Arcy, Murray & Cleave, *Schmitthoff's Export Trade*, 10th ed., Sweet & Maxwell, 2000, p. 147.

(452)　1988年に国連国際商取引法委員会は国際為替手形約束手形条約（Convention on International Bills of Exhange and International Promissory Note）を制定したが，現在まで発効していない。これはジュネーブ条約にもとづく手形法を有する国（シビル・ロー法系）と英米法系を調整することを目的としていた。

⑵　取立統一規則

国際商業会議所は国際売買に伴う外国為替手形の取立にあたっての金融機関の取扱いに関して，「国際商業会議所取立統一規則」を定めている。現在の規則は，UCP322（1979年1月1日発効）に代わるものとして1995年に改定され，1996年1月1日に発効した（UCP522）。

通常，信用状を使わないで行う為替手形の取立の方式には，書類の引渡しとともに買主の支払いを求めるD/P（Document against payment）と書類の引渡し時には買主の為替手形への引受を要求するD/A（Document against acceptance）がある（取立統一規則7条）。

また，取立統一規則の定める為替手形の取立には，「クリーン取立」（インボイスなどの商業書類を伴わない取立）と「ドキュメンタリー取立」がある（取立統一規則2条）。

信用状統一規則は，信用状の無因性を定めているが（信用状統一規則3条a項），取立統一規則も「銀行は，書類の形式，十分なこと，正確さ，真正さ，偽造もしくは法的効力について（the form, sufficiency, accuracy, genuineness, falsification or legal effect），または書類に明記もしくは付加された一般条件および／もしくは特殊条件について義務も責任も負わない（以下略）」（13条）として，免責を定めている。

D/PまたはD/Aの場合にはつぎのような決済の流れとなる。

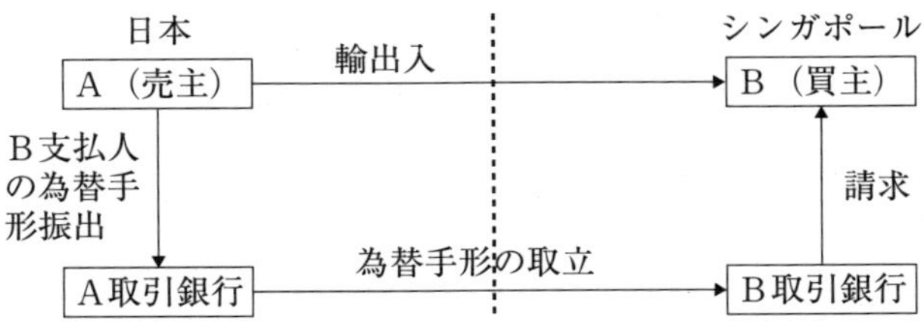

信用状が使われない為替手形の取立による決済の場合，売主は買主の支払能力のリスクを負わざるを得ない。しかし，リスク分析ができなけ

れば，売主としては売買に消極的にならざるを得ず，このままでは輸出意欲が損なわれてしまう。そこで，「海外取引に伴う危険をカバーすることにより，海外取引をする企業に対して『安心』を供与する」ものとして，前述した日本貿易保険が提供する「貿易保険」の制度がある。

5　貿易金融

貿易取引は国際的な売買取引であり，商品集荷，長距離の海上運送，売主への引渡し，代金の決済までのあいだに時間がかかる取引である。そのため，売主・買主の双方に一定の資金調達の必要がある。このために国際売買については一定の金融が必要になるが，これは売主・買主の取引銀行が供与することが多い。たとえば，売主が製造業者であれば，輸出する商品を製造するために，原材料を仕入れて生産することになり，仕入れ資金が必要になる。売主が商社の場合にも商品の仕入れ資金が必要になることがある。こうした場合，その取引銀行が特定の輸出取引に結びついた融資や輸出取引に恒常的に必要な資金の融資を行うことになる。

買主にとっては，輸入した商品の代金を支払ってから，商品を転売して，代金回収を図ることになるが，信用状発行銀行または為替手形取立銀行への代金支払いの資金は，転売代金であることが多いから，転売代金が回収されるまでこれらの銀行から信用供与を受ける必要が生じる。こうした買主に対する信用供与の方法は多様である。たとえば，信用状にもとづいて売主が用意した輸出書類が買取銀行経由で信用状発行銀行に到着したときに，本来は買主の代金支払いと引換えに輸出書類を引渡すのであるが，買主が銀行に対して代金の支払いに猶予を求めることがある。この輸出書類（このうちもっとも重要なものが船荷証券である）は買いとった（輸入した）商品の引取りと通関のために必要なので，買主は信用状発行銀行（買主の取引銀行）に輸出書類の引渡しを求めることになる。買主は，こうして輸出書類を手に入れ，商品と引取り通関して，国内で転売し，代金回収を図る。信用状発行銀行にとっては，船荷証券に表章された貨物引渡請求権を買主に引き渡すことは，信用状発行に伴うリスクの担保を失うことであるが，一方，買主にとって船荷証券がなければ支払い資金を得ることができないという状況にある。このため，買主の信用力を十分に考慮した上で，船荷証券を買主に渡すことになる。この場合，買主は銀行に「輸入担保荷物保管証」を提出する。この取引を荷物の貸渡しまたはトラスト・レシート（Trust receipt）[(453)]と呼んでいる。輸入担保荷物保管証の書式は銀行に用意されており，銀行からの連絡を受けて買主は保管証を提出することになる。なお，輸入担保荷物保管証の標準的な書式では，「買主は荷物の陸揚，通関，倉入，検査，付保，売却について銀行の代理人として行う」こととされている。

また，前述したように最近のように船舶の速度が速くなると，場合によって，輸出書類が到着する前に貨物が荷揚港に到着することがある。この場合，輸出書類のうちの船荷証券が信用状発行銀行や買主の手元に届いていないので，買主は本来，貨物を引き取ることはできない。しかし，貨物を引き取らないまま荷揚港の倉庫に保管すれば倉敷料がかさむことになり，また商品によっては販売時期を逸する可能性もある。ただし，くり返しになるが，運送された貨物自体は信用状発行銀行の担保と考えられ[(454)]，貨物を買主に引き渡すことは信用状発行銀行にとっては最終的な債権保全手段を失うことになりかねない。そこで信用状発行銀行は，買主の信用力を充分に検討した上で，貨物を買主に引き取らせることを認め，船荷証券がないにもかかわらず海上運送会社が買主に貨物を引き渡すことができるように，銀行保証を提供することがある。これ

---

(453)　アメリカ国内ではよく見られる取引である。わが国ではT/R取引を行う場合には，買主は銀行に輸入担保荷物保管に関する約定書と同追加約定書を差し入れておく。

(454)　信用状取引約定３条１項は「付帯荷物および付属書類は，信用状取引によって買主が負担する債務ならびにこの取引に付随する利息，割引料，損害金，手数料，保証料および諸費用の支払担保として，銀行に譲渡する」と規定している。

を保証渡し（Letter of Guarantee）といい[(455)]，銀行と買主が連帯して，運送会社に保証する。

一方，買主自身が通関業者に貨物の引取りのために保証することがある。これをシングルL/Gといい，通常の保証渡しと区別される。シングルL/Gは，買主自体の保証であり，その信用力は銀行の保証とは大きく異なる。

保証渡しは[(456)]，船荷証券がないにもかかわらず貨物を引渡す取引であり，かつては旧商法344条（現商法584条）に違反するとされたことがある。判例が保証渡しを認めたのは，大審院昭和5年6月14日判決が最初である。

【事例88】　大審院昭和5年6月14日判決[(457)]

判旨：

運送業者が船荷証券と引換にあらずして貨物を引渡すもなんら船荷証券所持人の利益を害せざるべきことを信じ，ただその害すべき万一の場合を予想し，この場合における損害の賠償につき銀行の保証を得て，右の引渡をなし万一その引渡によりて所持人の権利を害したる場合には自己の過失の有無をいわず，所持人に対してこれによる損害の賠償をなす商慣習あることは当院に顕著なる事実にして，近世発達したる海運による商業取引の実際に鑑みれば，この商慣習は公序良俗に反せず，商法第629条によりて船荷証券に準用せらるる場合における同法第344条の規定もこの商慣習を排斥するものにあらずして，この商慣習は即，適法なる商慣習なりと解するを妥当とす。

ゆえにこの商慣習にしたがい運送業者が銀行の保証を得，船荷証券と引換にあらずして貨物を引渡すは違法の行為にあらずして右保証の有効なること言うをまたず。今原判決を見れば，原審は運送業者たる被上告人が右商慣習にしたがい船荷証券と引換にあらずして本件貨物を荷受人たる訴外

(455)　坪田潤二郎『国際取引実務講座Ⅲ』（酒井書店，1991）1057頁以下を参照。

(456)　浜谷博士は，「保証状荷渡し」とする（浜谷源蔵（椿弘次補訂）『最新貿易実務』（同文舘，1999））415頁。

(457)　大審院昭和5年6月14日判決法律新聞3139号5頁。

合資会社高田商会に引渡すも船荷証券所持人の権利を害せざるべきことを信じ，ただその害すべき万一の場合を予想し，この場合における損害の賠償につき上告銀行の保証を得たるにより右の引渡をなしたる事実を認めたるものなること自ら明白なるがゆえに，その保証は有効なるものというべし（現代かなづかいに改めた）。

一方，つぎの２つの事件は買主自体が提出したシングルL/Gに関する事例である。

【事例89】　東京地判平成６年10月25日(458)

海上運送会社が船荷証券を発行したが，船荷証券との引換えではなく，貨物の引渡しを受けた会社が発行した保証書と引換えに貨物（木材）を引き渡してしまった。

東京地裁は，保証書を出して貨物を引き取った会社について「本件船荷証券が発行されており，これを同被告が受領できず，第三者が所持することがあり得ることを認識しながら，本件船荷証券を引換えることなく，いわゆる保証渡によって本件丸太の引渡を受けた」とし，他方，海上運送会社について「第三者が本件船荷証券を所持することがあり得ることを認識しながら，本件船荷証券と引換えることなく，右保証渡によって本件丸太を」引渡したのであるから，「運送人において船荷証券と引換えることなく証券の表章する運送品の引渡をすることは，正当な証券所持人との関係においてはその有効性を対抗し得ないのみならず，所持人の権利を違法に侵害したとの評価を免れない」とした。

【事例90】　東京高判平成７年10月16日(459)

裁判所は「いわゆるシングルL/Gを差し入れさせて行った保証渡は，正

(458)　東京地判平成６年10月25日判例時報1546号100頁。なお，本件の原告はシンガポールの会社であるが，被告であり，貨物を引き取ったわが国の会社，海上運送会社とは直接の契約関係にはない。本事件のマレーシア産丸太の国際売買取引の当事者は，マレーシアの会社であるが，破綻し，原告のシンガポールの会社はマレーシアの会社から本件船荷証券を入手した。保証書を提出して貨物を引き取ったわが国の会社は支払済みであったようである。

(459)　東京高判平成７年10月16日金融法務事情1449号52頁。

当な船荷証券所持人の権利を侵害するという意味において違法であり，被控訴人らに債務不履行ないし不法行為に基づく損害賠償責任が発生した」として，保証渡しの慣行を違法であるとしている。ただし，「船荷証券約款25条２項の定める除斥期間（同約款25条２項は，厳密にいえば１年以内に訴権が行使されることを解除条件として右期間の経過により責任が消滅する免責特約を定めたものと解すべきであるが，本件審理の経過にかんがみ，以下，この特約による権利行使可能期間を「除斥期間」という。）が経過したことにより，右責任は消滅した」として請求を棄却した。

【４】 国際的契約の信用補完

１　国際的な保証

(1)　国際取引における保証

国際取引には，国際的な商品の売買取引のほかにも，たとえばわが国の建設業者が外国で建設工事を行うなどの開発案件がある。またこうした開発案件では多量の資材が必要となるが，建設工事契約（Construction Contract）とは別に資材の供給が必要となり，開発地で資材を調達することもあるが，建設業者が自国から輸出することもある。この場合には資材供給契約（Procurement Agreement または Supply Agreement）が締結される。また，国際的な開発案件では，資金調達方法としてプロジェクト・ファイナンスが用いられることがある。プロジェクト・ファイナンスは事業の将来の収入（キャッシュ・フロー）を返済原資とする資金調達手段（ファイナンス・スキーム）であり，このようなキャッシュ・フローが当面見込めない場合にはプロジェクト・ファイナンスは困難である。

大規模な開発契約の場合，発注した施主は受注者に開発工事の所要資金を前払いし，工事の工程の進捗にしたがって分割払いする旨を定めることがある。これは，施主による受注者へのファイナンスの一種である。この場合，受注者が工事の途中で破綻したり，あるいは工事を中止し，

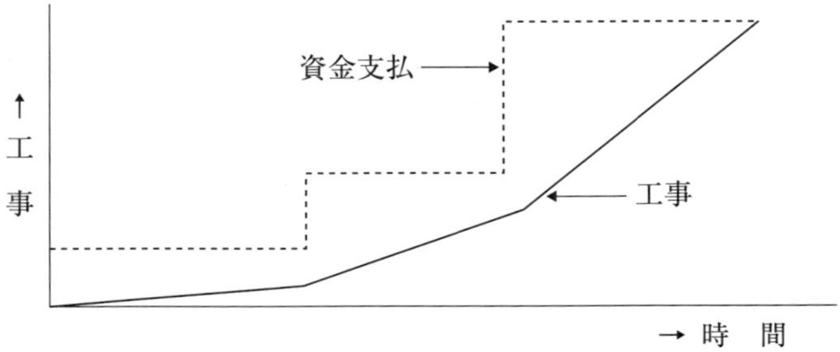

前渡し金を返済しない事態もありうる。

施主は資金を前払いするので，前払い金額について受注者のリスクを負うことになる。万一，受注者があらかじめ定められた工事の工程を守らなかった場合，あるいは前払い資金を他の用途に充当したような場合，施主は注文どおりの履行を受けられないことになる。そこで，施主はあらかじめ前払い金額の返済について有力な金融機関の保証を求めることになる。これを前渡し金返還保証（refundment bond）という。

つぎに，たとえば，発展途上国における大規模な工場，プラント設備の建設などの場合には，まず施主（発展途上国の国営企業，国有企業であることが多い）は，工事の明細を公表し，業者の入札を募る（invitation to tender)。しかし，いったん入札結果にもとづいて落札者を決定したが，落札者に受注能力がなかったり，工事に入る前に破綻したりするおそれもある。そこで，受注を希望する業者の入札にあたっては，不誠実な入札者を排除する必要があり，金融機関の保証を求めることが多い。これを入札保証（bid bond または tender guarantee）という。

さらにいったん施主と受注者が契約したが，工事を始めてから受注者が破綻したり，契約どおりの工事を履行しないおそれがある[460]。このような受注者のリスクを回避するために，金融機関に保証を求めることがある。これを履行保証（performance bond）という。

(460)　とくに工事の開始後に追加の工事の発注をしたり，仕様を変更した場合には契約どおりに履行したかどうかが問題となることがある。

大規模な国際的な建設・建造工事の場合には，銀行が発行する前渡し金返還保証，入札保証，履行保証が要求されることが多い。施主の所在する国によっては，外国銀行の発行した保証を認めず，国内銀行の発行する保証を要求することもある。この場合には，受注業者は取引銀行に見返り保証（counter-guarantee）の発行を依頼し，取引銀行は施主の所在国の銀行に見返り保証を発行して，施主を受益者とする保証の発行を求める。

これらの保証を発行するにあたって，保証会社や金融機関は，保証債務を履行した場合，保証の依頼人が保証債務の履行後の求償に応ずることができるか，その信用力または担保差入れ能力を評価した上で，保証状を発行しており，このような信用評価を経ることによって，財政的基盤のない業者の入札あるいはこのような業者との契約が回避される結果となっている。

⑵　請求即時払い保証状とスタンドバイ信用状

①　請求即時払い保証状

前渡し金返還保証，入札保証，履行保証は保証状（guarantee），とくに請求即時払い保証状の形式で差し入れられることが多いが，スタンドバイ信用状（Stand by letter of credit）の形式で求められることもある。

保証は一般に主たる債務に附従する性質があるので，保証状の形式をとる場合，保証債務の履行を求める状況にあるか否かが争いになることが多い。このため，保証状には2つの形式がある。1つは，受益者が保証人に保証債務の履行を請求する場合に，請求の要件として，裁判所や仲裁機関などの第三者機関による受注者の契約不履行の証明書類を求めるものである。第2は，第三者機関の文書を要求せず，単に受益者である施主が保証人である金融機関に保証債務の履行を請求書するだけでよいとするもので，一般に後者の保証状を「請求即時払い保証」[461]（on

---

（461）　on first demand guarantee を，飯田教授は「請求払保証状」と訳し（飯田

first demand guarantee）または独立保証状と呼んでいる(462)。わが国で保証とは，原則として主たる債務に附従し，「主債務者の債務不履行の場合に，その履行の責めに任ずる」(463)債務であるとされているが，英米法上は，保証として surety と guarantee があり，保証の概念は必ずしも対応していない。

国際商業会議所は，請求即時払い保証について，1978年に保証契約統一規則（Uniform Rule for Contract Guarantee，URCG と略称）を公表した。その後，議論を経て，1992年に請求払保証統一規則（Uniform Rules for Demand Guarantee, ICC Publications No. 458，URDG と略称）を発表した。URDG の 1 条は「この規則は，保証人が発行指図をうけかつ ICC 請求払保証統一規則に準拠する旨を明示するすべての請求払保証およびその条件変更に適用され」るとし，同 2 条 a 項は，請求払保証とは「書面により支払請求を行なうとの約定にしたがって提示された支払請求書および保証状に明記するその他の書類の提示があれば，銀行，保険会社もしくはその他の組織体／人が金銭の支払をするとの保証，ボンドその他の書面による支払確約を意味する」とし，同 b 項は「保証は，その性質上，その原因となる契約又は入札条件とは別個の取引であり，それらが参照

勝人「請求払保証状（On First Demand Guarantee）の支払差止めをめぐるイギリスの判例」金融法務事情1128号46頁），宍戸教授も同様で（宍戸善一「国際的履行保証システムと紛争処理」ジュリスト1007号，53頁），橋本判事は「銀行保証状」とし（橋本喜一「銀行保証状（スタンドバイ・クレジットにおける法的諸問題(上)」判例時報1396号 3 頁），江頭教授は「請求払い無因保証」とし（江頭憲治郎「請求払い無因保証取引の法的性質」金融法務事情1395号 6 頁），柴崎助教授は「請求払補償」とする（柴崎暁「請求払補償またはスタンドバイクレジットの濫用と法律行為の社会的機能」判例タイムズ969号70頁）が，ここでは「請求即時払い保証」とした。

(462)　請求即時払い保証取引については，江頭憲治郎『商取引法（第 2 版)』（弘文堂，1996）132頁を参照。また，「請求払無因保証取引約定書案の制定」金融法務事情1395号 6 頁を参照。

(463)　坪田潤二郎『国際取引実務講座Ⅲ債権保全・国際金融』（酒井書店，1991）868頁。

事項として保証状に含まれていても，保証人はその原因となる契約または入札条件とはなんの関係もなく，またそれらにより拘束されない（以下略）」[464]としている。

URDG の発表後，わが国の全国銀行協会連合会は，1994年に「請求払無因保証取引約定書試案」を発表しているが，URCG 発表以来，受益者の詐欺など不当請求に対する防御措置が不十分とする意見があり[465]，実務では必ずしも普及していない。

つぎはイギリスの教科書が挙げる請求即時払い保証状の例である[466]。

To : ABC Import & Export

Our Performance Guarantee No. 00000 dated 1st October 2006

We understand from our customer DEF Enterprises Ltd.（"the supplier"）that it has tendered for a contract for the supply and delivery of a quantity of 1, 000 metric tonnes of（goods）to you in two shipments as follows :

500 mt to be shipped no later than 1st January 2007

500 mt to be shipped no later than 1st March 2007

At the request of the Supplier and in consideration of your entering into a contract with the Supplier for the supply of the said goods on the terms and conditions aforesaid, in the event that the Supplier fails to fulfil any of its obligations under the said contract in accordance with its terms（or such variations thereof as may have been agreed with you in writing with the Supplier）we, The GHI Bank Ltd., of（address）, hereby irrevocably undertake to pay you promptly on demand and without proof or conditions, such amount as may be demanded by you in writing up to maximum of （amount）, being ten percent of the contract price.

（464）　和訳は国際商業会議所日本国内委員会発行「請求払保証に関する統一規則」による。

（465）　黒瀬雄三「請求払無因保証取引約定書試案制定の経緯とその概要」金融法務事情1395号12頁および高柳一男「ICC『請求払い保証統一規則』（URDG）の審議に参加して」国際商事法務19巻7号869頁。

（466）　Geraldine Andrews Q. C. & Richard Millet, *Law of Guarantee*, 3rd Ed., Sweet & Maxwell, 2000, p. 563.

Our undertaking herein shall not become effective unless and until we have been notified by the Supplier in writing that all conditions precedent otherwise required to bring the contract into effect have been fulfilled by you.

Our liability hereunder shall cease on whichever of the following events first occur, upon which event this Bond shall be returned to us for cancellation :

(1) On（date）unless before that date we have received your written demand at this branch.

(2) When we have paid to you the maximum amount for which we are liable under this Bond.

(3) On receipt of written notice from you that this Bond is to be discharged.

Yours faithfully,

(Signature)

GHI Bank Ltd.,

②　スタンドバイ信用状（スタンドバイ・クレジット）(467)

つぎに，受注者の信用度を補完するために保証状の形式ではなく，信用状の形式であるが，売買取引とは関係のない信用状の形式をとることがある。これをスタンドバイ信用状といい，銀行が保証を行うことのできないアメリカで発展した信用状である(468)。

スタンドバイ信用状も信用状であり，常に国際商業会議所の信用状統一規則(469)に準拠することを明示している。スタンドバイ信用状は一般

(467)　富澤敏勝他訳「独立ギャランティーおよびスタンドバイ信用状に関する国連条約」国際商事法務27巻275頁を参照。

(468)　江頭憲治郎「手形保証とスタンドバイ信用状」岩原紳作編『現代企業法の展開』（有斐閣，1990）129頁。アメリカの銀行は保証することは権限踰越（ultra vires）とされるため，銀行は保証状を発行せず，銀行に発行が許された信用状を発行することとなる。

(469)　国際商業会議所の信用状統一規則（1993 UCP500）13条ａ項は，「銀行は，信用状条件に定められた全ての書類が，文面上，信用状条件を充足しているとみられるかどうかを確かめるために，相応の注意を持って点検しなければならない

に原因契約から完全に無因であり，独立した契約であると理解されている。一方，前渡金返還保証状などの「請求即時払い保証状」が無因かどうかについて意見はかならずしも定まっているとはいえない(470)。

スタンドバイ信用状と「請求即時払い保証状」の違いについて，英国判例ではあるが，信用状取引の場合には，物に対する追及が可能であるが，保証状はそうではないとしているものがある(471)。

国際商業会議所は，スタンドバイ信用状については統一規則を作成してはいないが，スタンドバイ信用状の実務上の解釈の便宜として，1998年に98国際スタンドバイ慣行（International Standby Practices ISP 98）を発表している。なお，国連国際商取引法委員会（UNCITRAL）は1996年1月26日に国連独立保証状・スタンドバイ信用状条約（UN Convention on Independent Guarantees and Standby Letter of Cre-dit）を採択している(472)。

スタンドバイ信用状は前記のとおり，アメリカの銀行には法規上等の制約があり，保証状を発行できないために(473)，1950年代に考案された

（以下略）」として，書類取引であることを明示する（和訳は国際商業会議所日本国内委員会発行「荷為替信用状に関する統一規則及び慣例」による）。

(470)　Charles Catterjee, *The Independence of Contracts of Guarantee and Counter-guarantee from the Uderlying Contract*, 1995, 4 JIBL130頁も，「現在も国際金融の世界では問題を呼んでいる」としている。

(471)　Potton Homes Ltd., v. Coleman Contractors Ltd［1984］28 BLR 19 はつぎのように述べている。when a bank pays under a letter of credit on receipt of documents, the documents provide some security, namely title to the goods themselves. There is no such security in the case of the performance bond.

(472)　ただし，現在まで発効に必要な署名を得ていない。

(473)　グラッシは「アメリカでは，銀行は他者の履行を保証することができない。したがって信用状の構成が同じ結果をもたらすようにアメリカの銀行によって採用された。スタンドバイ信用状は信用状の特別の形態であり，銀行に保証状という手段を使わずに同じサービスを提供する。つまり，スタンドバイ信用状は保証の構成に特徴的な銀行の二次的責任を保証するものである」と説明している（Grassi, *Letter of Credit Transactions : The Bank's Position, in Determinating*

ものである。その後，60年代に全米に普及し，70年代以降はアメリカ以外の銀行にも広まった。アメリカでは多様な分野で利用されているが，たとえば建設業界では施主を建設業者の履行遅滞や不完全履行から保護することを目的として，資本市場ではコマーシャル・ペーパー発行の際のバック・アップとして，さらに国際売買では購入した機械のパフォーマンスの保証として活用されている(474)。

スタンドバイ信用状を含め，信用状は一般に信用状発行者の主たる債務であり，信用状の原因となった基本契約上の債務に附従するものではない。したがって，保証状とスタンドバイ信用状は，機能及び法的構成を異にするものであり，同一視することは妥当でない。

スタンドバイ信用状の例(475)

Irrevocable Letter of Credit

(Date)

GHI Company, Ltd.,

Dear Sirs :

We hereby open our Irrevocable Letter of Credit in your favor for the account of DEF Co., Ltd., for a sum or sums not exceeding in the aggregate the sum of xxxxxx of dollars, available by your drafts drawn on ABC Bank, at sight to be accompanied by :

An Affidavit signed by an officer of the holder of this Letter of Credit certifying that a default exists under

(i) any loan of GHI Company, Ltd., due such holder, or

(ii) any indebtedness of DEF Co., Ltd., due such holder,

Documentary Compliance, A Comparative Evaluation under U. S., Swiss and German Law, 7 Pace Int'l L. Rev. 81, (1995)。

(474)　Xiang & Buckley, *The Unique Jurisprudence of Letter of Credit : Its Origin and Sources*, 4 San Diego Int'l L. J. 91, 99 (2003).

(475)　Terry A. Cromwell, M.D. v. Commerce & Energy Bank of Lafayette et al.,Supreme Court of Louisiana, 464 So. 2d 721 (1985) で問題とされたスタンドバイ信用状を若干変形した。

which this Letter of Credit may secure.

Drafts must be drawn and negotiated on or before dd mm yy（日付を示す), on which date this Letter of Credit expires. This Letter may be drafted against in full without being accompanied by the Affidavit referred to above from dd mm yy until dd mm yy if this Letter of Credit is not renewed by dd mm yy for a period of one year expiring dd mm yy in the face amount of $ xxxxx and in a form acceptable to the Beneficiary, its transferees or assigns.

The right to draw under this Letter of Credit is, by the holder hereof, absolutely irrevocable and unconditional（except as set forth herein）and is transferable and/or assignable in whole or in part.

Each draft must be marked 'Drawn under ABC Bank, Letter of Credit Number xxx, dated dd mm yy, and the amount of each draft so drawn endorsed by the negotiating bank. The final draft drawn under this Letter of Credit must be accompanied by this Letter of Credit. This credit is subject to the Uniform Customs and Practice for Documentary Credits, 1993 Revision, fixed by the International Chamber of Commerce Brochure No. 500.

We hereby agree with Drawers, Endorsers and Bona Fide Holders of Drafts drawn under and in compliance with the Credit that the same shall be duly honored upon presentation to the Drawee Bank as specified above.

Sincerely,
signature
ABC Bank

⑶　国際保証にかかわる紛争

①　わが国の裁判例

わが国では国際保証にかかわる裁判例は少なく，下記の事例がある程度である。

【事例91】　大阪高判平成11年2月26日(476)

パナマの会社であるマザリン社は，1992年6月19日付けで日本の会社であるＡ社とのあいだでLPG等輸送船造船契約を締結した。造船代金総額は15億9,500万円であったが，Ａ社はマザリン社に造船代金の60％相当額の９億5,700万円の前払いを求めたので，マザリン社はＡ社に合計６億3,800万円の前渡し金を支払った。一方，Ａ社の取引銀行であるＢ銀行は造船代金の前渡し金返還債務の支払を保証する保証状（前渡し金返還保証状）を発行した。なお，この保証状の保証極度額は９億5,700万円で，英国法を準拠法と定め，専属裁判管轄を神戸地方裁判所と定めていた。この保証状には「当行は本状をもって以下に定める条件により，本件造船契約の規定に基づいて支払われるべき総額の９億5,700万円の全部または一部及びかかる金額に対する（上記により計算される）利息の支払義務が発生した場合には，造船者の貴社又はその承継人に対する前記金銭の返還を取消不能にて保証する」とあり，「造船者が本保証状が保証する金額を一部でも期限に支払ない場合には，貴社は当行に対して，本状に基づく支払を請求する書面を提出するものとします」との記載があった。

ところが，Ａ社は建造中の1993年９月に，神戸地裁に和議手続の申立てを行なった。そこで，1994年６月になってマザリン社は保証状を発行したＢ銀行に対して保証債務履行請求書を送付した。その後，マザリン社はＢ銀行に1996年２月，同年７月催告したが，Ｂ銀行は支払いに応じなかった。

このため，マザリン社は前渡し金の６億3,800万円と引渡遅延に伴う逸失利益など合計11億9,966万993円の支払を求めて，Ｂ銀行を相手として神戸地裁に訴えを提起した。

第一審判決（神戸地判平成９年11月10日）[477]は，「無因保証は，保証人たる銀行が原因関係上の抗弁を放棄し，その危険負担において受益者の権利行使を簡便容易にするものであり，保証人たる銀行にとっては危険性の大きいものであるといえる。したがって，『無条件で』など無因保証であることを明確に示す文言が使用されていない限り，その保証状は無因保証ではなく，原因関係に付随したものと解するのが当事者の合理的意思に沿うものといえる」，「英国判例上も，『無条件で』など原因関係からの独立を明確に示す文言が無因保証かどうかを判断する上で重要な意味を持つことは明

(476)　大阪高判平成11年２月26日金融・商事判例1068号45頁。
(477)　神戸地判平成９年11月10日判例タイムズ984号191頁。

らかである」,「本件保証状を見るに，原因関係と無関係の保証であることを明確に示す文言はなく，かえって,『本件造船契約の規定にしたがって』との文言が挿入され，かつ,『本件造船契約の規定』も特定されて引用されている。本件保証状は，保証債務の履行を請求するに当たって原因関係の存否を前提とするものであることは明らかであり，無因保証であるということはできない」として，マザリン社の請求を棄却した。そこでマザリン社が控訴した。

大阪高裁は，つぎのように判示してマザリン社の請求を認容した(478)。

「英国では，18世紀以来，債務者の債務支払い及び契約の履行を第三者が保証状により保証することが商取引の分野で行われるようになったが，当初のころは，保証債務は原因となる契約に従属するものとされてきた。ところが，近年，商取引，とりわけ国際取引の実務において，銀行の保証状によって行われるこの種の保証を，原因関係とは切り離された独立の保証とし，原因関係とは独立の形式的で簡単な要件を定め，その要件が満たされれば銀行の支払義務が生じる無因保証が広く行われるようになり，判例法上も，実務の要請に対応して,『請求払い無因保証』の効力を積極的に認めるようになった」

「無因保証においては，保証人は，保証委託者の原因関係上の債務の存否如何にかかわらず，支払請求が保証状に記載された要件を充足しているか否かのみを点検して受益者に支払をなし，保証委託者に対しその金額の償還を請求できるため，⑴受益者にとって，原因関係上の債務の存否につき受益者と保証委託者間に争いがあっても，保証状に記載された要件を充足した書類さえ提供すれば，保証人から簡易迅速に支払を受けることができ（流動性機能），かつ，⑵保証人である銀行にとって，原因関係上の争いに巻き込まれることを避けることができる（転換機能）といった経済的機能があり，銀行としては右⑵の機能のゆえに，原因関係上の当事者の争いに関わることなく，受益者から保証状記載の（形式的）要件を充足した請求のみにしたがって保証債務を履行さえすれば免責を得られるため，専門に保証を業とする保証会社のような原因関係についての実質的審査の機能や能力

(478)　なお，被告・被控訴人のB銀行は1995年8月に経営破綻し，別の銀行にその営業は譲渡され，1999年4月に，今度はこの銀行が別の銀行に吸収合併された。

を具備していなくても本件におけるような国際取引について保証をすることが可能となったものであり，要するに銀行取引実務上無因保証の保証状の発行を銀行業務として行なうことが実際上可能となっているのである」

「銀行による保証状を無因保証であると判断した英国の前記各判例（ハウ・リチャードソン判決，イーサル判決，シポレックス判決）は，いずれも，当該保証状中に，オン・ディマンド性（注：請求即時払いの性格）を示す文言の記載はあるものの，『無条件で』などの無因保証であることを明確に示す文言の記載はなく，かえって原因関係に言及した記載や，さらに進んで保証状に基づく銀行の支払義務が原因関係上の事由に条件づけられているとも読めるような文言を使用した記載があるにもかかわらず，当該保証状は無因と認めている判例であって」，「当該保証状中に『無条件で』など無因保証であることを明確に示す文言が使用されていないことや原因関係への言及があることは，必ずしも当該保証状を無因保証であるとすることの妨げとなるものではない。」

「本件保証について契約当事者が準拠法として英国法を選択する合意をした以上，当事者の内心的な認識如何にかかわらず，本件保証ないしその約定を記載した本件保証状の法的性質は英国法（英国判例）にしたがって決定されるべきであり，英国の判例によれば，本件保証状による本件保証は無因保証と解すべきことは前記の通りである」

②　イギリスの裁判例

前記の神戸地判，大阪高判は問題となった保証状が英国法に準拠していたため，イギリスの判例を引いて検討していた。同時に保証状に関する事例はイギリスに多く，保証状に関する事件を検討する上で参考となる。ここでは，大阪高判が挙げているハウ・リチャードソン判決などを見てみよう。

・ハウ・リチャードソン・スケール・カンパニー・リミテッド対ポリメックス・シーコップ及びナショナル・ウェストミンスター銀行事件判決(479)

(479)　Esal（Commodities）Ltd. and Reltor Ltd. v. Oriental Credit and Wells Fargo Bank NA, Banque du Caire SAE v. Wells Fargo Bank NA, Court of Appeal（Civil Di-

事案の概要：

ハウ・リチャードソン社はポーランド法人のポリメックス社と総額50万ポンドの機械売買契約を結び，うち2万5,000ポンドについて前渡しを行い(advance payment)，5万ポンドは確認付き信用状で支払い，残り42万5,000ポンドは送金で支払うこととした。前渡し金についてはハウ・リチャードソン社の取引銀行であるナショナル・ウェストミンスター銀行が保証状を発行した。保証状には次の文言があった。

We have been informed that [the sellers] have concluded the contract ... total value of £500,000. It is also known to us that the goods shall be delivered until 31st March 1977 ... In this connection we ... agree to give the guaran-tee for the refund of the advance payment amounting to £25,000... in favour of Messrs. Polimex on their first demand in case of nondelivery of the ordered goods until 31st March 1977 ... This guarantee is irrevocable and valid until 30th November, 1977.

しかし，ポリメックス側が契約で合意されていた信用状を用意しなかったため，ハウ・リチャードソン社は機械の船積みを行わず，一方，ポリメックス社が保証の履行を請求したために，ハウ・リチャードソン社が保証債務の履行の差止めを求める訴えを提起した。

裁判所は，「保証状発行銀行は確認付き信用状を発行した銀行と酷似した地位にあり，信用状によるものであれ，保証状によるものであれ，銀行の債務は個別の契約によって履行を求められた義務を履行することであり，この銀行の債務は，売買契約の下での売主の買主に対する契約の履行，買主の売主に対する契約の履行にかかわる紛争の解決に依存するものではない。したがって銀行は，その債務を履行すべき事由が生じたか否かを見るだけである。銀行はそのときが来たか，支払うべきかの観点に立つのであり，裁判所がポリメックス社の銀行に対する保証債務の履行の請求を妨げるならば，銀行に売買契約上の売主の契約不履行があったか否かを確かめる義務を課すことになるので，誤っている」と判示した。

すなわち請求即時払い保証状（独立保証状）は，その原因となった売買契約上の債務の履行とは無関係・独立した保証であるとした。

---

vision)，[1985] 2 Lloyd's Rep 54.

・イーサル・コモディティーズ・リミテッド及びレルター・リミテッド対オリエンタル・クレジット・リミテッド及びウェルズ・ファーゴ・バンク・エヌ・エイ事件および
・バンク・デュ・カイロ・エス・エイ・イー対ウェルズ・ファーゴ・バンク・エヌ・エイ事件判決(480)

事案の概要：

エジプト法人エストラム社は砂糖1万トンの輸入契約の入札を募り，イギリス法人のレルター社が応札した。レルター社は取引銀行であるオリエンタル・クレジットを通じて，ウェルズ・ファーゴ銀行に入札保証の発行を求め，これにエジプトの銀行であるカイロ銀行がコンファメーションを加えた。

入札は，レルター社が落札したが，今度は，レルター社は履行保証を用意するように求められたので，入札保証と同様に用意した。しかし，売買取引は行われることなく，買主であるエルトラム社は保証の延長を求めたが，レルター社がこれに応じなかった。その後，レルター社が清算に入った。

履行保証の文言は以下のとおりである。

To the General Authority for Supply Commodities（ESTRAM）through Medi Trade Co, 4 Talaat Harb Street, Cairo, Egypt.

We, hereby issue this performance bond for a sum not exceeding US$487,300.00 being 10 percent of the tender value on behalf of Reltor Limited, 10/11 D'Arblay Street, London W1, in respect of their bid for supply of 11,000 metric tons of sugar as per agreement concluded on 22nd May 1981 entered between yourselves and Reltor Limited.

We undertake to pay the said amount of your written demand in the event that the supplier fails to ship the agreed quantity in accordance with terms of their contract with you and subject to the receipt of irrevocable sight letter of credit confirmed and payable in London from you in their favour.

紛争はエジプトにおける商事仲裁にかけられ，仲裁廷は，エストラム社

(480)　Howe Richardson Scale Co. Ltd. v Polimex-Cekop and National, Westminster Bank Ltd. Court of Appeal,［1978］1 Lloyd's Rep. 161.

の履行保証状の保証債務の履行の請求を認める仲裁判断を行った。事件はイギリスの裁判所に係属したが，イギリスの裁判所は「履行保証が条件付であるならば，売主が売買契約違反であることを認めた明らかな証拠がないかぎり，管轄裁判所の判決でもなければ，保証債務の履行は銀行によって安全に行われないのであり，これは取引の目的にそぐわず，保証状の受益者が迅速で確かな支払いを得ることができない」と判示した。

・シポレックス・トレード・エス・エイ対バンク・インドスエズ事件判決(481)

事案の概要：

パナマ法人でジュネーブに本拠のある商品売買業者であるシポレックス社は，イギリスの会社であるコムデル社と獣脂および植物脂の売買契約を結び，支払いを確認付き取消不能信用状で行うことを合意した。同時に，コムデル社が信用状を手配するという義務の履行を確実にするためにフランスの銀行であるインドスエズ銀行のスイス支店が契約金額の10%相当金額の履行保証状を発行することとし，スカンジナビア銀行ジュネーブ支店を通じてシポレックス社にこの保証状が通知された。同保証状には次の文言があった。

We hereby issue our guarantee…favour Siporex Trade SA as follows :

At the request of our vallued customer Comdel Commodities Limited, London and with reference to a contract for the supply of 21, 000 M/tons tallow with Siporex Trade SA, … we hereby engaged and undertake to pay on your first written demand any sum or sums not exceeding US$ 1, 071, 000 in the event that, by latest 7 December 1984 no bankers irrevocable documentary letter of credit has been issued in favour of Siporex Trade SA by Comdel. Any claim (s) hereunder must be supported by your declaration to that effect and must be received by us no later than 12 December 1984 when this guarantee will expire, any claims received by us after that date will not be entertained.

ところが，コムデル社が手配した信用状はシポレックス社との契約の条

(481)　Siporex Trade SA v Banque Indosuez, Queen's Bench Division（Commercial Court),［1986］2 Lloyd's Rep 146.

件に合致していなかったため，シポレックス社が保証状を発行したインドスエズ銀行に保証債務の履行を求めたが，履行しなかったので訴えを提起した。

裁判所は，「履行保証状の商業的目的はひとえに表記の事由が生じた場合に適時に迅速に確実に実現されるべき担保を提供することにあり，これは『請求ありしだい』（on first demand）に支払われるという規定に反映されているところである。この点に関する被告の主張はこの主たる目的を損なう」と判示した。

・ハルボトル・マーカンタイル事件(482)

事案の概要：

本件は３件の裁判の併合された事案である。ロンドンの商社であるハルボトル社（売主）は，エジプトの卸商（買主）と飼料・石炭の大型の売買契約を結んだ。ハルボトル社はエジプトの銀行であるエジプト・ナショナル銀行およびアレクサンドリア銀行に売買契約金額の５％相当に当たる履行保証を発行するように求め，これらのエジプトの銀行の保証状発行の信用補完として，ハルボトル社の取引銀行であるナショナル・ウェストミンスター銀行がエジプトの銀行を受益人とする見返り保証（counter indemnity）を発行した。履行保証状では，原因となった売買契約にかかわらず，受益者からの請求あり次第，保証に応ずる旨が定められていた。イギリスからの輸出はエジプトの銀行が発行し，英国の銀行の確認が付いた取消不能確認信用状によって行う条件であった。

ところが，エジプトの卸商が商品の品質に問題があるとして，合意されていた信用状の手配を怠ったため，ハルボトル社は輸出を停止した。

ナショナル・ウェストミンスター銀行が発行した裏保証の文言は以下のとおりであった。

You are hereby irrevocably authorised and directed to pay forthwith on any demand appearing or purporting to be made by or on behalf of the beneficiary

(482)　R. D. Harbottle（Mercantile）Ltd. v. National Westminster Bank Ltd. and others, Same v same and others, Harbotle Co. Ltd. v same and others, [1976 R. No. 3861], [1976 R. No. 4314], [1976 H. No. 7364], [Queen's Bench Division, [1978] Q B 146.

(i. e. the buyers) any sums up to the limit of your liability which may be demanded of you from time to time without any reference to or any necessity for confirmation or verification on the part of the undersigned, it being expressly agreed that any such demand shall as between the undersigned and you be conclusive evidence that the sum stated therein is properly due and payable, and you are further authorised to debit any account of the undersigned...

この後，買主は履行保証の延長または保証の履行を迫ったが，ハルボトル社はこれに応じなかった。ハルボトル社は，このままでは買主がハルボトル社の契約を不履行を理由に履行保証の保証債務の履行を求めるおそれがあるとして，見返り保証を行ったナショナル・ウェストミンスター銀行と履行保証を発行したエジプトの２つの銀行(483)および買主であるエジプトの卸商を相手に保証履行の差止めを求める訴えを提起した(484)。その一方，ナショナル・ウェストミンスター銀行は保証債務を履行してしまった。

裁判で，ハルボトル社は買主が詐欺的に保証債務の履行を請求した(fraudulent demand）と主張した。

裁判所は「本件では原告は保証状の無条件の文言のリスクを取っている。銀行の保証は違う次元のものである（on a different level)。この保証は裁判所の関与なく履行されるべきであり，さもなければ国際貿易における信頼は回復の余地なく阻害されてしまう」と判示した。

(483)　ナショナル・ウェストミンスター銀行，エジプト銀行のいずれも売買当事者間の紛争の内容，原因，交渉状況を知る立場になく，また，多くの場合，売買契約の中身も承知していない。したがって，銀行としては保証状の文言のとおりに処理しなければならない。このような原因関係に無因の保証債務を負担する銀行から相談を受けた場合または銀行の法務担当として対応を検討する場合，売主から原因契約の内容，現状などの詳細情報を仕入れることが果たして妥当かどうかという問題がある。事情を承知した場合，裁判所が不安の抗弁などの法理から，保証債務の履行に応じるべきでないという判断を下すことがありうるからである。

(484)　ただし，イギリスの裁判所の管轄の及ばないエジプトの銀行やエジプトの卸商にイギリスの裁判所の差止命令（injunction order）の効力が及ばないことは判決中で，カー裁判官が認めている。

2　プロジェクト・ファイナンスと物的担保

(1)　プロジェクト・ファイナンスの構造

事業を展開する場合の金融の方式には大きく分けてコーポレート・ファイナンスとプロジェクト・ファイナンスの2つがある。コーポレート・ファイナンスとはコーポレート（企業）の全体の信用力を担保として行う資金供与であり（ただし，個々に企業の特定の資産に担保を設定することが多い），借入金の返済原資は企業の事業収入全体である。一方，プロジェクト・ファイナンスとは企業ではなく，プロジェクト（個別の事業）に対する金融の供与であり，当該個別事業の信用力に依存する。プロジェクト・ファイナンスということばは現在，広い意味に使われているが(485)，原則的には，ファイナンスの対象自体が生み出すキャッシュ・フローによって返済を行うファイナンス方法（A financing of a particular economic unit in which a lender is satisfied to look initially to the cash flows of funds from which a loan will be repaid and to the assets of the economic unit as collateral for the loan）をいう(486)。現実には，個々のプロジェクトは既存のコーポレート（企業）がアレンジし，実行するが，プロジェクト・ファイナンスはこのような企画者（スポンサー）のコーポ

(485)　最近，多くの分野でPFI（Private Finance Initiative）にもとづく案件が実行されている。これは，公共サービスの提供を民間主導で行うことで，公共施設等の設計，建設，維持管理及び運営に，民間を活用し，効率的かつ効果的な公共サービスの提供を図るという考え方にもとづいている。従来の財政資金による公共工事に民間資金と民間のノウハウを活用するものである。PFIは，「小さな政府」を目指す行政改革の一環として，1992年にイギリスで導入され，わが国には1997年11月の緊急経済対策や1998年4月の総合経済対策に盛り込まれている。PFIもファイナンスの構造は原則的にプロジェクト・ファイナンス方式であるが，一般にプロジェクト・ファイナンス（Project Finance，略してPF）という場合には，PFIのような公共施設の開発のみでなく，民間の開発プロジェクトも対象としている。

(486)　Nevitt & Fabozzi, *Project Financing*, 7th ed., Euromoney, 2000, p. 1.

レートの信用力に依存するものではない。このようにコーポレートに対して借入金の返済を求めないことをノン・リコース（非求償）と呼ぶので，典型的なプロジェクト・ファイナンスはノン・リコースとなる。ただし，融資取引の安全性を確保するためにスポンサーのコーポレートの関与を求めることがあり，完全なノン・リコースとはならないことがある。

プロジェクト・ファイナンスは開発に必要なコストと開発後に実際に稼動してからのキャッシュ・フローを予測して構成する。

この予測には外生的な変数，内生的な変数など，多種多様な変数を導入して，シミュレーションを行う。たとえば，LNG開発プロジェクトの場合には，LNGに対する需要，他の産地からの供給，インフレ率，為替変動（ドル・円），他のエネルギーの需給動向，税制などの外生的要因，プロジェクトの生産能力，稼働能力，開発コスト，開発後の運営コスト（人件費，物件費）などの内生的要因を考慮する。また，ホテルの開発プロジェクトでは，インフレ率，為替変動などのほか当該地域での競合他社の動向（新規開発の有無など），観光に対する政府・地方公共団体の姿勢，ホテルの稼働率，飲食費対室料比率など多様な変数を考慮する必要がある。

さらにこのようなキャッシュ・フローの予測からもっとも効率的なファイナンス・スキーム（借入金＝外部負債と自己資本の比率，借入金の条件＝期間，金利条件，通貨，返済スケジュールなど）を検討することになる。

プロジェクト・ファイナンスのストラクチャリングの例示として，メキシコ・タクスパン火力発電所建設のストラクチャーを見てみよう(487)。

このプロジェクトは，メキシコ電力庁（Comisiòn Federal de Electricidad，CFE）が今後メキシコで電力不足のおそれがあるため発電能力を増強することとしたものである。建設資金は総額3億ドルに達し，その

(487)　Project Finance July/August 2004, p. XIV を参照。

うち1億ドルを出資金（エクイティ）によって調達し，残り2億ドルを借入金（デット）によって調達することとしている。

出資金についてはプロジェクト・スポンサーである日本の三菱商事が70%，九州電力が子会社を経由して30%を出資して，Electricidad Sol de Tuxpan（EST）を設立し，ESTはCFEと電力販売契約（Power Purchase Agreement）を締結した。ESTはプロジェクトのための特別目的会社であり，建設工事契約など契約関係の主体となり，また借入の主体でもある。スポンサー2社は，建設工事資金の万一の増加（コスト・オーバーランという）に備えて，資本金の追加出資を約し，その担保としてスタンドバイ信用状を用意した。

借入金については，総額2億ドルを期間14年の条件で日本国際協力銀行（JBIC）およびみずほコーポレート銀行を幹事とする民間銀行団（syndicate）とのあいだでニューヨーク州法準拠の融資契約を締結した。基本的にはこの融資契約による借入れ元利金の支払いは，ESTがCFEから受け取る電力販売代金によってまかなわれるので，プロジェクトのキャッシュ・フローに依存したファイナンスである。

この融資の担保としては，ESTの有するすべての権利を融資金融機関に担保として譲渡すること，ニューヨークの銀行にESTの名義で口座（エスクロウ・アカウント）を設けること，建設プロジェクトそのものに抵当権を設定することとし（これらすべての担保をまとめてセキュリティ・パッケージという），ESTの出資金については先取特権（リーエン）が生じている。エスクロウ・アカウントは，ESTが受け取るキャッシュ・フローを優先的に借入金の返済に充当することを目的とする。ニューヨークの口座の管理などについては日本の銀行が担保管理人（セキュリティ・エージェント）となり，抵当権などのメキシコ在の担保についてはメキシコのバナメックス銀行が担保管理人となった。

こうした海外案件では，メキシコ国家自体の対外返済能力や体制の転換に伴う収用の危険性などさまざまなリスクがある（これをカントリー・リスクと呼ぶ）。メキシコ国家のカントリー・リスクについては日本国際協力銀行が民間銀行団を受益人として保証している。さらに，三菱商事が発電所建設工事契約の元請けとなり（Construction Contract），建設資材は三菱重工が供給することとしている（Supply Contract）。さらに，三菱商事と三菱重工のあいだには協力契約（Coordination Agreement）が結ばれている。このプロジェクト全体の法律顧問（リーガル・アドバイザー）はモリソン・フォレスター・ニューヨーク事務所が務めている。

⑵　物的担保

プロジェクト・ファイナンスは基本的にはプロジェクト自体の将来のキャッシュ・フローを返済原資とするファイナンス・スキームである。また，プロジェクトは完成しなければ，キャッシュ・フローを生み出すことができず，プロジェクト途中での放棄はもっとも避けなければならない。

プロジェクト・ファイナンスを組成する場合には，キャッシュ・フローの変動要因を基にシミュレーションを行うが，将来のキャッシュ・フロー予測はきわめて困難である。このためにファイナンス・リスク・ヘッジのために多くの担保を設定する。プロジェクト・ファイナンスでは，欧米およびわが国の金融機関が債権者となることが多いが，実際に開発が展開される地域では，法制度，弁護士や裁判所など法的なサービスの体制が整備されているとは限らない。とくに動産，不動産に対する担保制度は国によって大きな違いがあるところである（上述のメキシコの事例でも地元の担保については地場銀行であるバナメックス銀行がまとめている）。融資契約書（loan agreement）はほとんどの場合，イングランド法やニューヨーク州法に準拠するが，担保についてはプロジェクト自体の所在地法に準拠することになる。上述のタクスパン火力発電所建設の例では，下記の担保がある。

・プロジェクト会社の権利の融資債権者への譲渡担保

仮に，プロジェクト会社が経営破綻し，倒産に至った場合，建設契約，建築資材供給契約，火災保険契約などのプロジェクト会社が締結している多数の契約が解除される危険性がある。このためにプロジェクト会社の倒産に備えて，あらかじめ融資債権者は権利の譲渡を受ける。

・エスクロウ・アカウント（escrow account）

エスクロウ・アカウントとは，預金者とエスクロウ・エージェントの名義で開設される銀行口座で，一定の条件が充足された場合に，預金者に返還または第三者に支払われるもの(488)である。わが国で公共工事の前払金保証事業に関する法律（保証事業法）にもとづき，建設業者と公共工事契約約款によって公共工事請負契約を結び，前払い工事代金について建設業保証会社が保証し，支払われる前払金の口座の性格がこれに近い(489)。プロジェクト会社が生み出すキャッシュ・フローは一義的に融資の返済に充当する必要があるため，プロジェクト会社の銀行口座を制限する趣旨である。

・プロジェクトに対する抵当権

開発用地の上に抵当権，開発施設そのものに対して財団抵当などを設定する。

・プロジェクト会社の出資金に対する先取特権

スポンサー会社が開発途中でプロジェクト会社に対する出資（エクイティ）を他の会社に売却した場合には，当該プロジェクトの成否自体危うくなる。このため，スポンサー会社に対するプロジェクトへの拘束の意味から，また万一，スポンサー会社が破綻した場合にも債権者が引き続きスポンサーに代わってプロジェクトを続行するための手当てである。

(488)　Garner, *Black's Law Dictionary*, 8th ed., 2004, p. 19.

(489)　最一判平成14年１月17日民集56巻１号20頁，金融法務事情1645号51頁。最高裁は本件の「公共工事請負契約約款は，前払金を当該工事の必要経費以外に支出してはならないことを定めるのみで，前払金の保管方法，保管・監査方法等について定めていない」が，「前払金を適正に使用しているか厳正な監査を行なうよう義務付けられており」，「前払金の保管，払出しの方法，被上告人保証会社による前払金の使途についての監査，使途が適正でないときは払出しの中止の措置等が規定されている」ことを挙げている。

上記の事例では明記されていないが，このほかにプロジェクト・ファイナンス組成の場合の担保として標準的なものとして下記のものがある。

・コスト・オーバーランに対するスポンサーの保証

プロジェクト・ファイナンスでは当初，開発計画の時点でコストを積算し，資金調達を出資金（エクティ）と借入金（デット）で調達する(490)。仮に，実際の開発コストが計画を上回った場合（コスト・オーバーラン），不足部分の調達が問題となるが，さらに債権者からの借入金で調達することになれば，エクィティ・レーシオが低くなり，プロジェクトのリスクが増大する。このため，コスト超過分についてはスポンサー会社の追加出資または融資で調達するようにスポンサーの保証を求める(491)。

・スポンサー会社のプロジェクト会社の債務全体に対する保証

プロジェクト・ファイナンスは本来，プロジェクト自体のキャッシュ・フローによって債務を返済するスキームであるが，プロジェクトによっては一義的にキャッシュ・フローに依存するが，最後の手段としてスポンサー会社の保証を要求することがある。スポンサー会社がプロジェクト会社の借入金の元利支払を保証する場合には，リスクとしてはスポンサー会社のコーポレート・ファイナンスと変わらないものとなる。

これらを総称してセキュリティ・パッケージと呼ぶ。プロジェクト・ファイナンスでは幹事金融機関がスポンサー会社との交渉を行って，案

(490)　プロジェクト全体の資金調達における出資金の割合を，エクイティ・レーシオ（equity ratio）と呼ぶ。借入人が倒産した場合，清算配当にあたって一般に借入金は出資金に優先するから，出資金の比率が高ければ高いほど，融資債権者にとってプロジェクトのリスクは低くなる。一方，スポンサー会社はプロジェクトの特別目的会社への出資金は，一般債権に劣後するからなるべく少なくしようとするし，スポンサー会社がプロジェクト会社に出資する資金自体は自己資金またはスポンサー会社自身の外部負債であるから，スポンサー会社はこの割合を低めようと努める。

(491)　債権者は，スポンサー会社に要求するが，スポンサー会社としては資金の効率化の観点からこの要求に抵抗することになり，他の担保条件や融資条件などとの兼ね合いでの交渉が行われる。

件を組成し，融資を複数の金融機関に引き受けてもらう（syndication）ことになる。したがって，セキュリティ・パッケージは他の金融機関に参加を求める場合にもっとも注目されるところであり，慎重な案件の構造の設定（ストラクチャリング）が必要になる。

【5】 国際投資

1　ユーロとは何か

(1)　ユーロとユーロ市場

1999年1月に単一通貨Euroが導入されて以来，「ユーロ」(492)には通貨単位の意味が加わったが，それ以前，ユーロといえばもっぱらユーロ市場のことであった。

ユーロ・ローン，ユーロ・ボンドはユーロ市場で発展した国際取引である。また，一般に，通貨主権国以外の国で流通する通貨をユーロ・マネーと呼び，国家の規制を受けない。このため，ロンドン，フランクフルトなどのヨーロッパの市場のほかにも，たとえば，シンガポール市場でもユーロ・マネーの市場が存在する。

では，なぜこのような国家の規制を受けない金融市場ができたのだろうか。

ユーロ市場は，1950年代後半に①イギリスがポンド危機に際して為替管理を実施した結果，ポンドの代わりにドル建てでの貿易金融が促進されたこと，②ソ連・東欧諸国がアメリカにある自国資産の凍結を恐れて，ドル預金をロンドン市場に移したことなどにより，ロンドン市場で米ドル建ての預金が増加したことに起源があるとされている。当時，ソ連など社会主義圏の国家は輸出入取引によって得た米ドル資金をニューヨークではなく，ロンドン，パリにドル資金運用の銀行を設けて，その銀行

(492)　Council Regulation（EC）No. 974/98 of 3 May 1998 on the introduction of the euro, Official Journal L 139, 11/05/1998 P. 0001-0005 を参照。

を通じて運用していた。パリにおかれた，このようなソ連の米ドル資金運用銀行が北欧銀行（Banque Commerciale pour l'Europe du Nord）である(493)。同銀行は，略してユーロ・バンク（Euro Bank）と呼ばれ，ここからロンドン，パリ市場などのヨーロッパの金融市場で流通する米ドルをユーロ・マネー，ユーロ・ドルと呼ぶようになった(494)。ユーロ市場の成立とともに，ユーロ・ローン取引が行われるようになった(495)。

その後，60年代には，アメリカが国際収支赤字に際して，ドル防衛策として金利平衡税を課したことにより，アメリカからヨーロッパへドル建て債券の起債がシフトしたこと，70年代には，石油ショックに際して，OPEC 諸国のオイル・マネーがユーロ市場を通じて経常収支赤字国へと還流されたこと，などによりユーロ市場での取引が拡大した(496)。また，80年代前半には，中南米における累積債務問題の発生により，途上国の投資主体のユーロ市場への参加が減少したが，80年代後半からは，世界的な証券化の流れを背景にユーロ債市場が急速に発達したことを受け，ユーロ市場での取引は拡大を続けている(497)。

---

(493)　同銀行は現在もパリを本店として存続している。

(494)　Eugene Sarver, *The Eurocurrency Market Handbook*, New York Institute of Finance, 1987, p. 18 と Stuart W. Robinson, Jr., *Multinational Banking*, A. W. Sijthoff Leiden, 1972, p. 164 にも同様の記載がある。また当時アメリカでは付利限度を定めた Regulation Q があり，より高い運用先を求めて規制のないユーロ市場への投資が増加したため，ユーロ市場の成立が促進されたとも説明される。

(495)　ユーロ市場の最初の大型案件がなにかについては議論のあるところであるが，一応，1968年のオーストリア共和国向けの１億ドルの融資とされている（『ユーロビジネス入門』（東洋経済，1986）28頁）。

(496)　ユーロ市場では70年代後半から80年代初めにかけてしばしばオイル・マネーの還流が議論された。

(497)　平成７年年次世界経済報告「国際金融の新展開が求める健全な経済運営」平成７年12月15日経済企画庁から。

⑵ ユーロ市場と規制

ユーロ市場には中央銀行がなく，統一的な金融政策は存在しない。ユーロ市場と規制の関係について少し見てみよう。

一般に，低迷する景気を浮上させたり，過熱する景気をソフトランディングさせたりするために，金融政策がとられる。金融政策について，日本銀行は「金融政策は，経済全体における通貨の量や金利水準を適切に保つことにより，物価を安定させ，人々の生活や経済の安定的な発展を実現しようとする中央銀行の政策」と説明している[498]。その具体的な手法として，日本銀行は金融機関と国債などを売買するオペレーション（公開市場操作）と公定歩合の操作がある。オペレーションには，大きく分けて，⑴日本銀行が金融市場に資金を供給するためのオペレーションと，⑵金融市場から資金を吸収するためのオペレーション，の2つがある。このような金融政策は中央銀行の監督の下にある金融機関に対してのみ有効である。

ユーロ市場は規制のない市場である。たとえば，アメリカの連邦準備制度が公定歩合を上下させたり，準備預金の比率を上下させても，ユーロ市場の金融機関はそのような政策変更の直接の影響を受けることがない。とくに，準備預金制度は，金融機関が本来融資・投資に充てることで利益をあげることのできる資金を，無利息で中央銀行に預ける制度であり，金融機関にとって資金コストは割高となるのであるが，これに対して，ユーロ市場の金融機関は，準備預金の制約を受けないために，準備預金の制約下にある当該通貨国の所在金融機関よりも金利競争上で有利な立場に立つことができる。

ただし，ユーロ市場では直接，金利政策をとることはできないが，各国は金融機関に対する規制を設けることによって取引の安全と健全化を図っている。このような金融機関に対する規制を強化すれば，取引の安

（498） http://www.boj.or.jp/wakaru/wakaru_f.htm を参照。

全には有効であるが，金融機関が規制をきらって，取引を規制の緩い他国に移すおそれがある。また，現在では国境を越えて金融機関の相互の取引が極めて活発であるから，どこかの国で金融機関が破綻した場合，その影響は他の国の金融機関に一瞬にして伝播するおそれがある(499)。

このため規制を各国の監督機関が協調して行う必要が生じる。このような場としてスイス・バーゼルに本拠のある国際決済銀行（Bank for International Settlement，BIS）がある。わが国からは日本銀行が参加している。わが国の銀行法14条の２は，「内閣総理大臣は，銀行の業務の健全な運営に資するため，銀行がその経営の健全性を判断するための基準として次に掲げる基準その他の基準を定めることができる。」と定め，その１号で「銀行の保有する資産等に照らし当該銀行の自己資本の充実の状況が適当であるかどうかの基準」をもうけている。これを自己資本比率というが平成５年大蔵省告示第55号が，具体的に定め，金融庁は金融機関の健全経営の監督のために「金融検査マニュアル」を作成し，公表しているが，そこで自己資本比率の算定の妥当性の検証が挙げられている。この自己資本比率の基準は国際決済銀行において各国の金融監督機関が協議の結果策定されるものであり，金融機関が投融資を行う場合に，野放図な拡大ではなく，個々の案件のリスクを分析評価した上で行なうように誘導するものである。ユーロ市場に参加する金融機関は，いずれも所在国または設立本国の当局の監督を受けており，規制のないユーロ市場では取引主体である金融機関に対する規制によって取引の安全が図られている。

---

(499)　このような１つの金融機関の破綻の影響が伝播するリスクを，システミック・リスクまたはヘルシュタット・リスクと呼ぶ。1974年５月西ドイツ（当時）のヘルシュタット銀行が破綻し，同行と取引していた銀行が取引の決済を受けられず，決済の不履行が連鎖した。2001年以降，国際的な金融機関が共同でこうしたヘルシュタット・リスクを回避するシステムとしてCLS（Continuous Linked Settlement，多通貨同時決済システム）を設けている。

(3)　ユーロ・シンディケート・ローンとユーロ・ボンド

ユーロ市場は上記のとおり，金利面などで国内市場よりも有利な条件を享受することが可能な市場であるが，国際的な金融市場であるから，市場に登場することができるのは，国家や国家機関または相応の知名度のある企業や金融機関に限られる(500)。また取引の単位も国内取引に比べると大きく，たとえば，数千万ドル以上の規模に達する。この規模の資金を一金融機関が単独で融資するとなると，融資先の偏在によるリスクを回避することを求める一社当たり与信限度規制(501)に抵触するおそれがあるし，規制の有無にかかわらず，金融機関はリスクの偏在には注意を払わなければならない。

ユーロ市場での資金の調達の手段としては，金融機関からの直接の借入れ（ユーロ・ローン）と債券による調達（ユーロ・ボンド）がある。ボンドは最終投資家に広く分散して保有されるがユーロ・ローンの場合，金額が大きいために，一金融機関ではなく，複数の金融機関が行うことが必要になる。これをユーロ・シンディケート・ローンという。

シンディケート・ローンは，まず資金の借入れを希望する会社や国家または国家機関などから金融機関が借入れの意向を聴取すると，金融機関側から融資の実行に関心があることを示すレター・オブ・インタレスト（またはレター・オブ・インテント）を提出する。その後，借入れ希望者と金融機関とのあいだで条件交渉を行い，借入れ希望者が金融機関に対してマンデート（委任状）を与え，マンデートを受けた金融機関（マネージャー）が多数の金融機関に当該融資への参加を募るという経過を

(500)　同時に，Standard & Poor's, Moody's, Fitch などの格付け会社のレーティングにも左右される。

(501)　ユーロ市場では当該通貨国の中央銀行の金融政策の直接の影響は受けないが，ユーロ市場の参加金融機関の所在する国の金融機関監督当局による業務規制（与信規制のほかに，店舗規制，不動産保有規制など多様な規制がありうる）を受けている。

たどる。仮に，参加金融機関が足りない場合には，ローンは成立しないが，一般に，有力な借入人であれば，金融機関からの参加の希望が多数寄せられる。その結果，借入れ金額が増額される場合もある。

ユーロ・シンディケート・ローンとユーロ・ボンドは，次の点で異なる(502)。

・ユーロ・ボンドは持参人払式であって登録されず，きわめて流動性が高いが，ユーロ・ローンの場合は，原則として譲渡は予定されていない（ただし，ローン・パーティシペーション方式によって，譲渡することがある）。
・ユーロ・シンディケート・ローンは信用力の分析を行うことのできる金融機関によって提供されるが，ユーロ・ボンドの投資家は必ずしも信用力を分析できるわけではなく，投資家保護の観点から，ユーロ・ボンドについては目論見書（プロスペクトウス）などの情報開示が行われる。
・ユーロ・ボンドの最終投資家はきわめて多数になり，転々流通することがある。ただし，社債権者集会については発行体の所在国の会社法によるが，一般には社債権者の開催を予定している。
・ユーロ・シンディケート・ローンの場合，借入れ期間中，借入人が借入れ通貨を自由に選択することができるとするマルチ・カレンシー条項など多様な手法が開発されているが，ユーロ・ボンドの場合には多様性は限られている。

2　証券投資

(1)　国際証券投資の構造

一般に投資は，より高率の投資利回り（リターン）を目標に行われる。一方，投資には投資先の破綻，債務不履行のリスクがある。また米ドル

(502)　Wood, *International Loans, Bonds and Securities Regulation*, Sweet & Maxwell, 1995, p 119.

やユーロなどの外国の通貨建ての債券などに投資した場合には，債券の償還の時点で当該外貨が円に対して弱くなると，当初の投資額の円相当額よりも少ない円金額しか得られないこともある。しかし，投資のリターンはリスクをとらなければ確保できないから，リスクのある資産を組み合わせて（ポートフォリオという），最上のリターンを求めることになる(503)。投資の対象は，前述のヨーロ・ボンドの場合もあり，また各国の国内市場（規制市場）で発行される債券や株式もある。このようにリスクの極小化を図りつつ，リターンの極大化を図るために，投資対象の企業の業種，通貨，投資対象国などを分散することを国際分散投資という。投資については，投資顧問を業とする会社があり，機関投資家（生保など）はこうした投資顧問会社に委託することがあるが，こうした投資アドバイスについて，投資のパフォーマンスを客観的に評価する必要がある。自国の株式にのみ投資をしている場合には，その国の指導的な株式指標（わが国の株式投資であれば日経平均または topix）がその基準となっている。このような指標をベンチマークと呼ぶが，国際分散投資の場合，Morgan Stanley Capital International（MSCI）(504)の指標などが利用される。この指標は，投資銘柄によって多様である。

生命保険会社，年金基金，投資信託などの機関投資家や金融機関が投資顧問会社とのあいだで投資顧問契約(505)を結ぶ場合，国際分散投資は以下のような構造となる。

(503)　投資におけるリスクとリターンの関係については，1960年代からキャピタル・アセット・プライシング・モデル（CAPM）などが提示されている。

(504)　http://www.msci.com/ を参照。

(505)　投資顧問契約の法的問題は，解約条件であろう。投資アドバイスの結果が一定の水準を下回る場合には解約を認めることがある。

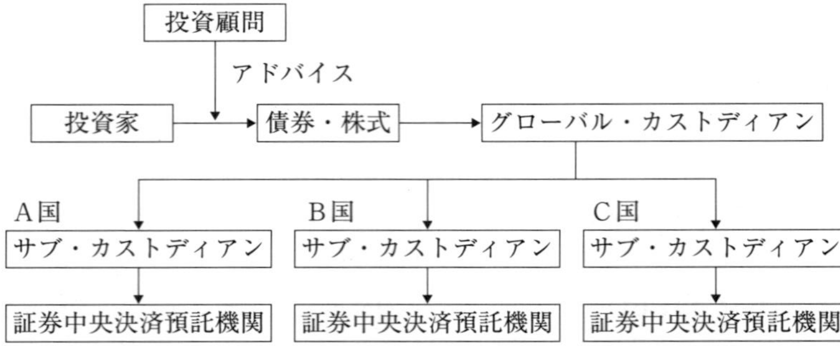

機関投資家は投資顧問業者とのあいだで投資顧問契約を結び，投資顧問会社が投資の戦略を立て，機関投資家にアドバイスし，そのアドバイスにしたがって，機関投資家の資金運用の担当部署（ファンド・マネジャーという）が取引指示を出す。一方，投資した証券（債券，株式）の保管・管理については自国の金融機関等をグローバル・カストディアンとして起用し，カストディアン契約を締結する。ユーロ市場や各国の国内証券市場に，証券の中央決済預託機関（Central Securities Depository）が存在し，証券の売買が行われた場合，中央決済預託機関での振替によって決済される場合がほとんどである(506)。これらの中央決済預託機関に参加資格のある機関は当該国内の金融機関などに限られていることが多く，このため投資先の各地に現地における証券の振替決済を代行する機関として，サブ・カストディアン（ローカル・カストディアンともいう）を起用する必要があり，これらのサブ・カストディアンに対して決済等の指示をすることができるのは，相互に協力関係の存在する金融機関であることがほとんどであるために，証券の決済と保管についてはグ

(506)　ユーロ債の場合にはベルギーにユーロクリアー（Euroclear），ルクセンブルグにクリアストリーム（ClearStream，旧CEDEL）という中央決済預託機関がある。各国の証券市場では，アメリカの場合には国債の決済は，Government Securities Clearing Corporation に集約され，その他の証券は Depository Trust Company に集約されている。

ローバル・カストディアンを利用せざるを得ない(507)。

⑵　今なにが問題となっているか

2002年2月，法務大臣は「ヘーグ国際私法会議において作成のための審議が行われている間接保有に係る証券の準拠法に関する条約の内容，その批准の要否，批准を要するとした場合には国内法整備の要否及び整備を要するとした場合には整備すべき事項の骨子につき，御意見を承りたい」とする諮問第57号を発し，法制審議会間接保有証券準拠法部会が設けられ，2002年7月以降会議が行われている。これは，ヘーグ国際私法会議が検討し，2002年12月12日に締結された「口座管理機関によって保有される証券についての権利の準拠法に関する条約」(508)の問題についてわが国の対応を諮るためである。この問題は，すでに2000年ころから取り上げられており，有力な法律家の団体は「わが国でも海外の証券を譲渡したり，それに担保を設定する取引が増加するとともに，そうした取引に関する法的紛争がわが国の裁判所に持ち込まれる可能性が出てきている。その場合に，わが国の国際私法にしたがって準拠法を決定する必要があるが，現在の法例では，ペーパーレス化された証券決済にかかわる準拠法決定に法的確実性があるとは言い難く，この点を改善することも課題になると考えられる」，「法律関係の国際的な広がりを考えた場合，コンピュータに登録された証券をめぐる取引のどの局面についていずれの国の法律が適用されるのかが明らかでなければ，取引当事者としてはいずれの国の法律上の措置を講じておけば法的リスクを回避できるのかが不明ということになる」(509)と指摘していた。

条約の名称にある「口座管理機関によって保有される証券」とは，前

(507)　カストディアンとはカストディ契約を締結するが，カストディ契約は委任と寄託の混合契約と考えられる。

(508)　http://www.hcch.net/e/conventions/text36e.html#pd を参照。

(509)　平成12年4月3日金融法委員会「証券の振替決済にかかる法制に関する中間論点整理」について（http://www.flb.gr.jp/publication06-j.PDF）を参照。

記のような最終投資家→グローバル・カストディアン→サブ・カストディアン→各国中央決済預託機関という国際証券投資の基本的構造に由来する。つまり，1つの債権には複数の投資関係者の権利・義務が付帯しているのである。下記に示すとおりである。これらの投資の関係者の所在地は異なっている。また関係者のあいだの契約関係も錯綜するので，準拠法をどう考えるべきか問題が生じている。

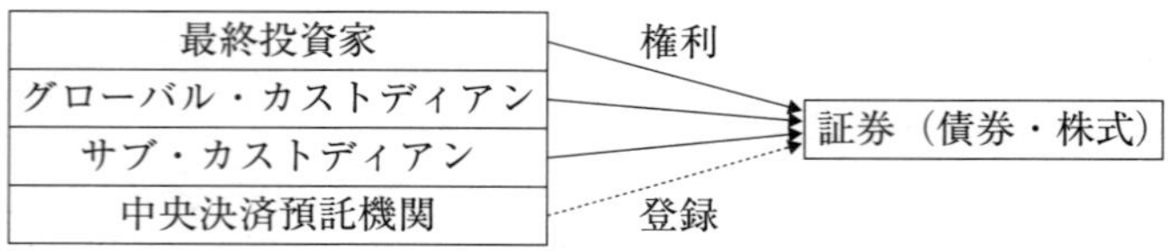

仮に，最終投資家が当該投資証券をわが国の他の投資家に売却する場合，売買当事者間では契約の準拠法は日本法となり，また，最終投資家とグローバル・カストディアンとのカストディ契約も基本的には日本法に準拠する。一方，グローバル・カストディアンとサブ・カストディアンとのあいだの業務委託・保管契約はかならずしも日本法に準拠しているとは限らない。一般には証券の所在地であるサブ・カストディアン所在国の法律に準拠することになろう。サブ・カストディアンと中央決済預託機関のあいだの契約はその所在地法となる。このように準拠法が関係者間で異なることは，すべての指示の流れが問題なく円滑に進んだ場合はとくに意識されることはないが，仮にこの流れのどこかの時点で問題（過誤）が生じた場合，対象はひとつのものであるにもかかわらず，準拠法が多様になり，解決が安定しない場合がある。このためにヘーグ国際私法会議は上記の間接保有証券準拠法条約を設けた。

ヘーグ国際私法会議の条約は2条1項で，証券の間接保有の場合に同条約が適用されるとし，取引の準拠法については，原則として当事者の自治に委ねているが，カストディアンのオフィスが所在する国であることとしている[510]。

この証券の間接保有の問題は，機関投資家の国際分散投資された証券に限られていない。銀行間の資金取引については，従来担保を相互に求めていなかったが，デリバティヴ取引の拡大によって，銀行間の金融取引に担保を要求するケースが増えている。銀行の場合，保有不動産は少なく，また商品などの動産もなく，提供することのできる担保としては，証券ぐらいしかなく，国際的な担保取引ではユーロ・ボンドなどが担保として提供されている。ここでユーロクリアーやクリアストリームに保管された証券に担保を設定するが，その場合に当該担保設定の準拠法の問題が生じている(511)。すでにSWIFTなどではこの問題を認識し対応を図っていたが，その結果としてヘーグ国際私法会議の間接保有有価証券の取引に関する準拠法条約にまとめられた。

3　不動産投資

一般に機関投資家には金融機関や投資関連業者などから日常的に投資情報が提供されている。投資家が特定の投資に対する関心を表明すると，これらの情報提供者は期待に応えうる案件の開拓を心がける。金融機関には，普段から不動産コンサルタントなどの関係企業から情報がもたらされている。いったん投資家の投資の意向を承知すると，金融機関はこれらのコンサルタントに案件の紹介を依頼し，コンサルタントなどから案件を紹介されると，金融機関は投資家にこれを紹介し，同時に投資家に対して当該投資案件に関する委任状（マンデート）を求めることになる。ただし，わが国の商業銀行は現状，不動産の仲介業務を認められておらず（国の内外を問わない，また金融機関の海外現地法人が行なう場合も同様と理解される），この場合のマンデートは不動産の仲介取引ではなく，投資資金調達などの金融の助言にとどまるが(512)，その役割は，わが国

(510)　http://hcch.e-vision.nl/index_en.php?act=conventions.text&cid=72 を参照。

(511)　問題の所在については，道垣内正人「担保物権の準拠法――証券決済システムを通じた担保付取引の場合」渡辺惺之＝野村美明編『国際取引法』（法律文化社，2002）117頁を参照。

(512)　投資家が直接コンサルタントなどから紹介された投資案件について，取引

の法律顧問と当該国の法律実務家の意見の聴取と意見の調整のほかに，当該投資物件に関して，不動産鑑定会社が作成する鑑定書（アメリカではアプレイザル・レポート）[513]の分析と評価，投資資金の調達に関するアドバイス，投資のリスクとリターンの分析，また場合によっては当該投資物件に関する環境法上の調査（デュー・ディリジェンス）を行うための専門家の選定とその作業結果の評価など多方面にわたる。証券に比べ属地性のきわめて高い不動産投資の場合には，国によって厳格な投資規制を課していることがある。わが国の法規制については，わが国のファイナンシャル・アドバイザーや弁護士が確認することになるが，投資先の国における不動産投資規制については当該国の法律実務家の協力を求めることになる。

不動産は文字通り極めて属地性が強く，投資先の国によってその取引形態は区々である。たとえば，イギリスの場合には土地所有権はほとんど存在せず，99年などの長期借地権（フィー・シンプル）であることが多い。また，土地の所有権の確認に当たっては，わが国のような不動産登記制度が存在しない国もあり，たとえばアメリカでは投資対象の土地の所有権については専門の保険会社の保険（タイトル・インシュランス）を要求することになり，あるいはフランスでは，公証人のもとに不動産売買の記録が保管されているために，公証人を介して不動産売買を行うことになる。

のある金融機関にその妥当性を照会することもある。

(513)　アメリカの不動産の鑑定評価では，当該投資物件の土地取得・建設コストからヴァリューを積算するコスト・アプローチ，周辺同種物件の取引実績からヴァリューを推定するマーケット・アプローチ，当該投資物件が生ずるキャッシュ・フローを収益還元率で除して，投資対象としての価値を計算する収益還元アプローチなどを駆使して，評価額が計算される。収益還元アプローチの収益還元率は，他のリスクが同程度と思われる投資商品の利回りを使うことが多いが，必ずしも妥当な結果が出るとは限らない。

【6】 海外事業活動

1　海外事業の形態

(1)　わが国企業の進出形態

わが国の企業が海外で事業活動を行う場合，初期の段階では自ら活動拠点を設けることをせず，現地の企業を起用することが多い。現地企業の起用には，代理店（エージェント）と販売店（ディストリビューター）の２つの形態がある。前者は，わが国の企業と現地の顧客とのあいだを仲介するに過ぎず，後者は，わが国の企業から商品を仕入れ，現地の顧客に販売するので，単なる仲介ではなく，販売店は自己の計算とリスクにおいて商取引を行う主体である。

代理店・販売店は，契約にもとづいてわが国の企業の商品を扱う外国の別の会社であるから，外国においてわが国の企業の商品の販売量が増えてくると，このような他社による商品販売では顧客からのニーズに充分に，また迅速に応えられなくなってきたり，代理店・販売店が他社の競合商品を扱っているおそれ，さらに代理店・販売店のマージンといった問題が鮮明になり，自社で直接現地での活動を必要とする段階に入ることがある。

この場合，まず駐在員事務所の設置が考えられる。

①　駐在員事務所

駐在員事務所は，市場調査，情報収集などを行うための形態であり，商品販売などの事業活動を直接行うことはできない。事業活動を行わないため(514)，たとえば外国資本の進出を禁じるような外資規制がある場

(514)　駐在員事務所は情報収集を行うが，情報の中には顧客情報も含まれる。問題は，駐在員事務所が現地の顧客と個別の取引の交渉を行うが，本社または近隣の事業活動の拠点が取引の契約の当事者となり，駐在員事務所は契約上に現れないというケースがある。駐在員事務所は，本来事業活動を行わないので，法人税，

合にも，駐在員事務所の設立は可能な場合がある(515)。

② 支　店

支店は，法人としては本店と一体の事業活動の拠点である。海外に事業活動の拠点を設ける場合，進出先国の法制度はわが国と異なり，たとえば，現地において環境問題が生じた場合に巨額の賠償を命じられるといったリスクがあるので，このリスクを遮断するために，本社とは法人格が異なる現地法人を設立することが多い。ただし，このようなリスクが比較的小さい業種，本店の信用力に依存した事業活動を行う業種，顧客との関係で本店と同一の法人格が望ましい業種では，現地法人ではなく支店の形態で海外事業活動を展開することが多い。たとえば，銀行，商社，保険会社である。

③ 現地法人

現地法人は，出資主体（親会社という）とは法人格を異にする事業活動拠点であり，進出先の会社法・商法等にもとづいて設立され，設立手続およびその後の年次決算などの手続はすべて進出先の法規制にしたがうことになる。

また，わが国の会社が現地法人の資本金の全額を出資する場合（この場合を100%子会社と呼ぶことがある）もあるが，現地の企業との合弁形式の場合（ジョイント・ヴェンチャー）（J/V）やわが国の複数の企業が出資し，設立する場合（コンソーシアム）がある。

事業税の課税対象ではないが，契約の仲介にあたるような活動を税務上，事業活動と判断されるおそれがある。なお【事例19】は銀行の駐在員事務所の事例である。

(515)　たとえば，オーストラリアは1984年まで外国銀行の進出を認めず，1984年に外国銀行16行に初めて設立許可を与えた。1984年までは外国の銀行はオーストラリアに駐在員事務所を設けて，とくに現地政府の銀行許可の動きに関する情報収集に努めた。

ジョイント・ヴェンチャーには，市場進出のテスト，外国市場への参入の一次的方法，外国市場のノウハウの獲得などの目的がある。また進出した先の国の規制によって外国資本の出資の上限が定められていることがある。たとえば，タイではサービス業の一部について外国資本の出資限度の規制がある。この場合は現地の会社とのジョイント・ヴェンチャーの形をとらざるをえない。

コンソーシアムの例として，1960年代にパリ，ロンドンに設立した銀行がある[(516)]。

⑵　海外事業活動の運営

海外事業活動においても基本的には国内における企業運営と同様の種類の問題，すなわち，行政上の事業規制から労働問題まで多様な問題が存在する。国内の企業運営と異なる点は，⑴支店形態の場合には，わが国の業務規制と進出先の国の業務規制の両方に服することになること[(517)]，⑵規制内容が異なること（国によっては法令が存在しない場合もある），救済方法がわが国とは異なること，などである。

ジョイント・ヴェンチャーを設立する場合，株主間契約書（シェアホルダーズ・アグリーメント）を作成する。とくに進出先国のパートナーと同額出資のジョイント・ヴェンチャーの場合，意見の対立が生じても議決権が等しいと決着がつかないことになる。これをデッド・ロック（deadlock）というが，あらかじめ株主間契約書などでデッド・ロックの場合の解決方法として，スウィング・マン取締役（取締役数を奇数として，いずれかに多数を与える），社長の権限とする，第三者の仲裁を仰ぐ

(516)　例えば，1972年6月のThe Banker誌は，いわゆるコンソーシアム・バンクとして，17行を挙げているが，その中に，欧州東京銀行（Banque Europeenne de Tokyo），日本合同銀行（Associated Japanese Bank），日本国際銀行（Japan International Bank）の3行が入っている。なお，出資者には，邦銀の他にわが国の証券会社も含まれている。

(517)　守秘義務については，規制の板ばさみになることがある。

などの解決方法を盛り込むことが考えられる。

2　M&A

M&Aは「時間を買う」戦略であるといわれている(518)。すなわち，海外事業活動を土台からすべて自前で行う（グリーンフィールドという）ならば，立ち上げから一定の水準に達するまでに数年間の時間を要するが，企業または事業部門を買収することによって，このような時間をかけずに，一足飛びに海外事業活動を展開することが可能になる（このような事業立ち上げに伴う時間の短縮効果をタイムマシン効果ともいう）(519)。

M&Aの形態としては，合併（マージャー，merger）と買収（アキジション，acquisition）がある。さらに最近は，既存の事業の売却（ディベスティチャー，divestiture）を含めて，M-A&Dと呼ぶこともある。さらに，買収には企業そのものの買収（株式取得）と事業の買収（営業譲受）がある(520)。株式取得についても，全株を取得する場合と株式の一部取得，さらに企業同士の業務提携のための部分的な株式取得(521)がある。

企業買収は，法人格を有する既存の企業のすべての資産・負債および労働関係，取引関係などのすべての契約関係，さらに，将来生じうる不測の事態（製造物責任，環境法上の責任など）のすべてを継承する取引である。一方，営業譲受は，対象企業の一部の資産買収であり，対象企業

---

(518)　国際的なM&Aについては，井原宏『現代国際取引法』（商事法務，1999）323～404頁を参照。

(519)　時間コストがかからないので，その分M&Aはグリーンフィールド方式に比し投資コストは高くなる。コストは，グリーンフィールドに伴うリスクとの比較考量によって合理化される可能性はある。

(520)　また，友好的M&Aと敵対的なM&Aがある。敵対的M&Aに対する仕掛けとして，いわゆるポイズン・ピルと呼ばれる手段が講じられる。

(521)　会社法は株主総会の一定事項の決議（309条2項），種類株主総会の一定事項の決議（324条2項），役員の選任決議の定足数（341条）において，議決権の1/3，2/3がメルクマールとなっている。業務提携では相手方株式の1/3を取得する形式がとられることが多い。

の資産・負債・契約関係などを継承するものではない（責任限度の限定)。

M&Aに関する法律事務としては，株式譲渡契約または資産譲渡契約の起案と点検のほかに，いわゆるデュー・ディリジェンスの作業がある。デュー・ディリジェンスは，事業精査と訳されるが，M&Aの対象企業の事業内容全般を確認する作業をいう。相当な規模のM&Aの場合には，デュー・ディリジェンスには通常，法律専門家のほかに会計士が加わり，さらに対象の企業ないし資産が工場（とくに化学薬品を扱う工場）を含む場合には，環境問題があるために，当該分野の専門家を加えて，チームを編成することになる。

また，M&Aでは，不動産投資と同様にインベストメント・バンクなどから案件を紹介されることが多い。M&Aを予定している企業は，紹介された案件にある程度の関心を有する場合には，レター・オブ・インテントを発行し，排他的な優先権を確保し，さらに企業分析または事業精査を行うために当該企業ないしその事業部門に関する情報を入手する。そのさいには，対象企業ないしその事業部門が買収される可能性があることが市場に流布することを避け，仮に今回のM&Aが奏功しなかった場合に提供された企業ないし事業部門にかかわる情報が競争会社などに漏れることを避けるために，レター・オブ・インテントの差し入れと引換えに，守秘義務契約（コンフィデンシャリティ・アグリーメント）を締結することが多い。

【7】 財産権をめぐる争い

1　知的財産権紛争

知的財産権は，権利の属地性の典型的な例である(522)。つぎの事例は，

---

(522)　オーガストは，法人（moral person）にならって，moral rightと呼ぶ（Ray August, *International Business Law*, 4th ed., Pearson, 2004, p. 471）。世界最初の著作権（copyright）は，1481年にミラノ公が印刷業者に認めたものといわれている。著作権を特許した例としては1709年イギリスが最初で，1764年にス

アメリカの特許権にもとづく侵害の差止が求められた事件で，公法である経済法の紛争であった[523]。経済法である知的財産権法上保護された特許権は，特許権が登記された国を超えて効力を有するものではないことが明確にされた。

【事例92】　最一判平成14年9月26日[524]

日本国籍を有するA氏は，1986年ころから1991年にかけて，「FM信号復調装置」に関する発明をし，米国特許を取得した（ただし，わが国において本件発明と同一の発明についての特許権を有していない）。ところが，わが国の会社であるB社が本件米国特許権の実施品であるカードリーダーを製造して，米国子会社のC社に米国内で販売させている行為が，米国特許権法上の積極的誘導（同法271条(b)項），寄与侵害（同(c)項）に当たるとして，米国特許権にもとづいて，B社による子会社その他の米国における製品販売または販売の申出をするようわが国で誘導することの禁止を含む，ニューロンの差止めおよびB社製品の廃棄ならびに損害賠償の請求，予備的に不当利得の返還の訴えを提起した。

第一審判決（東京地判平成11年4月22日）[525]は「特許権は国ごとに出願及び登録を経て権利として認められ」，「属地主義の原則が採られ」，「各国の特許権は，その発生，変動及び消滅に関して相互に独立であり，特許権自体の存立が他国の特許権の無効，消滅，存続期間等により影響を受けないとされていること（いわゆる『特許権独立の原則』）に照らすと，特許権に基づく差止め及び廃棄請求に関しては，当該特許権が登録された国の法律を準拠法とすべきものと解するのが相当」であり，「米国特許法は，特許権の間接侵害について，同法の規定が米国の領域外の行為にも適用されるという域外適用を認めている」が，「特許権に基づく差止め及び廃棄請求に関し

ペイン，1790年にアメリカ，1791年にフランスで認められている。著作権法が成立したのは19世紀後半で，1886年のベルギーが最初といわれている。

(523)　ただしアメリカ法上必ずしも「公法」，「私法」という概念は妥当しない点には注意を要する。

(524)　最一判平成14年9月26日民集56巻7号1551頁，判例タイムズ1107号80頁。

(525)　東京地判平成11年4月22日民集56巻7号1575頁，判例時報1802号19頁，判例時報1691号131頁，判例タイムズ1006号257頁。

ては米国特許法を準拠法とするとしても，そのことから直ちに本件について米国特許法の域外適用規定を適用すべきものと結論付けることはでき」ず，「米国の領域外の行為についても米国法の規定を適用すべき旨を定めた域外適用規定は，我が国の特許制度の基本原則ないし基本理念と相いれ」ず，「米国特許法の域外適用規定を我が国の国内における行為に対して適用することは，我が国の法秩序の理念に反するものであるから，(旧）法例33条により，これを適用しない」とし，日本法（民法709条）を適用することとし，外国特許権の効力は日本国内には及ばないから，「米国特許権は，我が国の不法行為法によって保護される権利には該当しない」として請求を棄却した。

原判決（東京高判平成12年１月27日）(526)も第一審判決と同様に「特許権については，国際的に広く承認されているいわゆる属地主義の原則が適用され，外国の特許権を内国で侵害するとされる行為がある場合でも，特段の法律又は条約に基づく規定がない限り，外国特許権に基づく差止め及び廃棄を内国裁判所に求めることはできないというべきであり，外国特許権に基づく差止め及び廃棄の請求権については，法例で規定する準拠法決定の問題は生じる余地がな」く，「被控訴人の行為は，すべて日本国内の行為であるから，本件においては，日本法（民法709条以下）を適用すべき」であるが，「米国特許権は，我が国の不法行為法によって保護される権利には該当しない」ので，「日本法上不法行為たり得ない」として棄却した。

最高裁は，原審が「外国特許権に基づく差止めおよび廃棄請求については，法例で規定する準拠法決定の問題は生ずる余地がない」とした点について，「我が国における行為に関する請求であるが，米国特許法により付与された権利に基づく請求であるという点において，国際的要素を含むものであるから，準拠法を決定する必要がある」とし，「特許権についての属地主義の原則とは，各国の特許権が，その成立，移転，効力等につき当該国の法律によって定められ，特許権の効力が当該国の領域においてのみ認められること」であり，「特許権に基づく差止め及び廃棄の請求の準拠法は，当該特許権が登録された国の法律である」として，原判決が準拠法をわが

(526)　東京高判平成12年１月27日民集56巻７号1600頁，判例時報1711号131頁，判例タイムズ1027号296頁。

国の特許法または条約であるとした点を相当でないとしたが,「我が国は,特許権について前記属地主義の原則を採用しており，これによれば，各国の特許権は当該国の領域内においてのみ効力を有するにもかかわらず，本件米国特許権に基づき我が国における行為の差止め等を認めることは，本件米国特許権の効力をその領域外である我が国に及ぼすのと実質的に同一の結果を生ずることになって，我が国の採る属地主義の原則に反する」とし，米国特許法の規定を適用して差止め等を命ずることは「(旧) 法例33条にいう我が国の公の秩序に反する」とし，損害賠償の請求については,(旧) 法例11条1項にもとづき，わが国の法律を準拠法とした原審の判断を是認し,「上告人（A氏）の被上告人（B社）に対する本件差止請求及び本件廃棄請求がいずれも理由がないとする旨の原審の判断は，結論において是認することができる」として，上告を棄却した。

知的財産権については，商標権をめぐる並行輸入の問題がある。並行輸入とは,「商標権者以外の者が，我が国における商標権の指定商品と同一の商品につき，その登録商標と同一の商標を付したものを輸入する行為」(最一判平成15年2月27日）をいう。

並行輸入については，つぎの事件がある。

【事例93】　大阪地判昭和45年2月27日(527)

カナダの会社が，アメリカのパーカー万年筆のわが国における販売権を有していた。この会社は日本に事務所を有していた。一方，わが国の会社が香港からパーカー万年筆の輸入を行っていた。カナダの会社が日本の会社の輸入について，税関に輸入差止の申立てを行ったので，わが国の会社が商品輸入販売差止請求権不存在の確認を請求した。

大阪地裁は「原告の輸入販売しようとするパーカー社の製品と被告の輸入販売するパーカー社の製品とは全く同一であつて，その間に品質上些かの差異もない以上,『Parker』の商標の附された指定商品が原告によつて輸入販売されても，需要者に商品の出所品質について誤認混同を生ぜしめる危険は全く生じないのであつて，右商標の果す機能は少しも害されること

(527)　大阪地判昭和45年2月27日判例時報625号75頁。

がないというべきである。このように，右商標を附した商品に対する需要者の信頼が裏切られるおそれがないとすれば，少なくとも需要者の保護に欠けるところはないのみならず，商標権者たるパーカー社の業務上の信用その他営業上の利益も損なわれないことは自明」であると判示した。

なお商標法では，商標権について「商標の使用をする者の業務上の信用の維持を図り，もつて産業の発達に寄与し，あわせて需要者の利益を保護することを目的」とする（1条）としており，商品について出所品質を誤認させるおそれがなければ，商標権者の利益は損なわれないことになる。

前記【事例93】は，アメリカの製造者の商品をカナダと香港という別のルートで輸入したという事件であり，商品に誤認混同が生じなければ並行輸入は可能であることになる(528)。一方，つぎの事例の当事者はいずれもわが国の企業であるが，商標権の使用を許諾された地域という点で国際的要素を含んだ事件であった。ここでは商標権の使用許諾を得て，商品は別会社が製造していた点が前記の例と異なっている。この事件で最高裁は，並行輸入として認められるための条件を詳細にし，⑴使用許諾など商標の適法性，⑵外国における商標権者とわが国の商標権者の関係の法律的または経済的な同一性による出所の表示可能性，⑶わが国の商標権者による直接的または間接的な商品の品質管理による品質の保証を挙げている。

【事例94】　最一判平成15年2月27日(529)

英国法人フレッドペリイ社(530)は衣料品などの分野についてわが国で

---

(528)　また，最三判平成9年7月1日民集51巻6号2299頁，判例時報1612号3頁，判例タイムズ951号105頁は，特許権によっても真正商品の並行輸入は差し止められないことを明らかにした。これは，自動車の車輪についてわが国とドイツで特許権を有する会社から商品を購入した会社が当該商品をわが国に輸入したため，特許権を有する会社が輸入の差止めを求めた事件であった。最高裁は「販売先ないし使用地域から我が国を除外する旨を譲受人との間で合意したことについても，そのことを本件各製品に明示したことについても，上告人による主張立証がされていないのであるから」，「本件特許権に基づいて差止めないし損害賠償を求めることは許されない」と判示した。

(529)　最一判平成15年2月27日民集57巻2号125頁，判例時報1817号33頁，判例タイムズ1117号216頁，金融・商事判例1185号35頁。

「フレッドペリー」の商標を登録し，さらに世界110カ国で本件登録商標と実質的に同一の商標権を有していた。

日本法人ヒットユニオン社は従来から英国のフレッドペリイ社からわが国での「フレッドペリー」の専用使用権を与えられ，イギリスにヒットユニオンの100％出資子会社としてフレッドペリー・ホールディングス社を設立していた。

1995年11月にフレッドペリー・ホールディング社はブランド本体のフレッドペリイ社からわが国以外のフレッドペリーの商標権を買収し，さらに，1996年１月にはヒットユニオン社がわが国のフレッドペリーの商標権をフレッドペリイ社から買い取った。

一方，わが国の会社であるスリーエム社は，1996年３月ころから７月ころまでフレッドペリーの商標のポロシャツをシンガポール法人のオシア社の中国工場で下請け生産させ，わが国で輸入販売していた。なお，オシア社は1994年４月から３年間，契約地域をシンガポール，マレーシア，ブルネイ，インドネシアに限定して，フレッドペリーの商標の使用許諾を受けていた。スリーエム社はヒットユニオンなどを相手に損害賠償を求める訴えを提起し（甲事件），一方，ヒットユニオン社はスリーエム社を相手に商品の販売差止を求める訴えを提起した（乙事件）。甲乙の事件の原被告をまとめると以下のとおりである。

	甲事件	乙事件
原告	スリーエム	ヒットユニオン
被告	ヒットユニオンなど	スリーエム
	損害賠償請求事件	商標権侵害差止等請求事件

第一審判決（大阪地判平成12年12月21日）(531)は「商標法が，商標権者に，右専用権及び禁止権を付与しているのは，それによって，出所を表示する商標を保護し，商標権者が，当該商標の使用を通じて形成するであろう自

(530)　最判はイギリスの会社の名称をフレッドペリイ・スポーツウェア・リミティッドとし，商標権の対象をフレッドペリーと表記している。

(531)　大阪地判平成12年12月21日民集57巻２号144頁，判例タイムズ1063号248頁。

己の業務に対する信用の維持を図ることができるようにするため」であり，「商標の出所表示機能が保護されることにより，同一の商標が付された商品等は同一の出所であるという商標に対する需要者の期待が保護され，さらには，商標使用者が商標の使用を通じて自己の業務に対する信用を形成・維持する反面として，同一の商標が付された商品等における品質は一定であるという商標に対する需要者の期待が保護される」（商標法１条参照）のであるとし，「形式的には商標権侵害を構成するように見えても，登録商標が有する出所表示機能・品質保証機能を何ら害さない場合には，商標権権侵害としての実質的違法性を欠く」が，「真正商品の並行輸入として，商標権侵害としての実質的違法性を欠くといえるためには，⑴輸入商品に付された商標が表示する出所と，商標権者の使用する商標が表示する出所が，実質的に同一であり，⑵輸入商品に付されている商標が，右出所表示主体との関係で適法に付されたものであって，⑶輸入に係る商品の品質が，商標権者が商標を使用することによって形成している商品の品質に対する信用を損なわないことが必要」であり，スリーエム社がシンガポール法人のオシア社の中国工場で生産した商品を輸入したことは，いわゆる真正商品の並行輸入として商標権侵害の実質的違法性を欠くとはいえないとした。

原判決（大阪高判平成14年３月29日）(532)は，第一審判決を相当とした。

最高裁は「商標権者以外の者が，我が国における商標権の指定商品と同一の商品につき，その登録商標と同一の商標を付したものを輸入する行為は，許諾を受けない限り，商標権を侵害する（商標法２条３項，25条）」が，「⑴当該商標が外国における商標権者又は当該商標権者から使用許諾を受けた者により適法に付されたものであり，⑵当該外国における商標権者と我が国の商標権者とが同一人であるか又は法律的若しくは経済的に同一人と同視し得るような関係があることにより，当該商標が我が国の登録商標と同一の出所を表示するものであって，⑶我が国の商標権者が直接的に又は間接的に当該商品の品質管理を行い得る立場にあることから，当該商品と我が国の商標権者が登録商標を付した商品とが当該登録商標の保証する品質において実質的に差異がないと評価される場合」は商標権侵害としての実質的違法性を欠くことになるが，本事件ではスリーエム社がシンガポー

(532)　大阪高判平成14年３月29日民集57巻２号185頁。

ル法人のオシア社の中国工場が生産した商品を輸入することは，真正商品の並行輸入とは認められないと判示し，上告を棄却した。

2　登記・登録を要する財産

商取引は国際的に普遍的に行われているが，当事者の権利はそれぞれ属する国の国内法によって保護されている。たとえば不動産については登記制度が存在し，重要な動産についても登記制度がある(533)。

つぎの事例は，権利の保護としての各国の登記制度にもとづく所有権とわが国における動産に対する即時取得の優劣が争われた事例である。本事例では，法例10条または法の適用に関する通則法13条の規定が問題となっているが，法の適用に関する通則法13条1項は「動産又は不動産に関する物権及びその他の登記をすべき権利は，その目的物の所在地法による」，同2項は「前項の規定にかかわらず，同項に規定する権利の得喪は，その原因となる事実が完成した当時におけるその目的物の所在地法による」と定めている。本事例の自動車のように，高価な商品ではあるが，航空機や船舶に比較すると移動が容易で，かつ比較的安価な動産の場合には盗難後の即時取得と登記という問題が生じうる。

【事例95】　最三判平成14年10月29日(534)

A氏はドイツで車両登録されていたメルセデスベンツ500SLをリース会社からリースしていたが，同氏がイタリア旅行中，自動車が盗まれた。同自動車には自動車保険が付保されていたので，リース会社が保険会社に請求し，保険会社が支払った。

一方，この自動車はその後，アラブ首長国連邦の会社が購入し，さらに日本の会社が購入した。同自動車はわが国に輸入され，通関業者が輸入申告を行い，自動車通関証明を発行したが，車台番号は変造されていた。同自動車はその後，広島県の業者が購入し，予備検査を行った後，東京の会

---

(533)　船舶，航空機，自動車などについて登記制度がある。

(534)　最三判平成14年10月29日民集56巻8号1964頁，判例時報1806号41頁，判例タイムズ1110号118頁。

社２社を経て，埼玉県のディーラーが購入し，最終的に現在の所有者である個人が購入して，移転登録を行った。

そこで，ドイツの保険会社はわが国の裁判所に現在の所有者を相手として自動車の所有権移転登録を求め，引渡しができない場合には800万円の支払いを求める訴えを提起した。

第一審判決（浦和地越谷支判平成11年２月22日）(535)は，登録制度のある自動車ではあるが，本事件についてのわが国の国際裁判管轄を認めるとともに，「諸外国の自動車登録をもって日本の自動車登録と同視することは困難である」として，現所有者の即時取得を認めた。

原判決（東京高判平成12年２月３日）(536)は，「(旧）法例10条によれば，動産に関する物権はその所在地法により（同条１項），その物権の得喪（変動）はその事実が完成した当時の所在地によるものであるが（同条２項），自動車はもともと広範囲に移動することを予定した動産であって，移動する時々の所在地の法律を適用するものと解するのは相当でなく，登録地での長期間の不使用，不在や権原のある者による新たな登録等により登録地への復帰可能性が事実上消滅したとみるべき事由があるなどの特段の事情がない限り，原則としてその自動車が本来の使用の本拠として予定している一定の中心的場所すなわち復帰地（登録地）をもってその所在地と解するのが相当」であり，「本件自動車はドイツを中心とし，そこを復帰地として利用されていたものであると認められる。したがって，本件自動車の物権の内容，性質等に関しては所在地法をドイツ法と解し，これに準拠すべきこととなる」とし，現所有者の即時取得についてはドイツ法により認められないとして，第一審判決を取り消した。

しかし，最高裁は自動車の所有権取得の準拠法について「(旧）法例10条２項は，動産及び不動産に関する物権の得喪はその原因たる事実が完成した当時における目的物の所在地法によると規定しているが，これは，物権のように物の排他的な支配を目的とする権利の得喪はその原因事実が完成

(535)　浦和地越谷支判平成11年２月22日民集56巻８号2047頁，判例時報1709号49頁。

(536)　東京高判平成12年２月３日民集56巻８号2056頁，判例時報1709号43頁，金融・商事判例1090号46頁。

した当時における目的物の所在地国等の利害と密接な関係を有することによるものと解される。そうすると，目的物が有体物であるときは，同項にいう所在地法は，その物理的な所在地を準拠法選択の連結点とすることに支障があるなどの場合を除き，その物理的な所在地の法をいうものと解するのが相当」であるとした。これは「実際には他国で登録されていたという本件自動車のようなものについては，登録地法等物理的な所在地の法以外を準拠法とすると，取引に関与する者にとっては，いかなる地の法が準拠法になるのかを取引時には容易に知り得ないことがある。このような事態は，国際的取引に関与する者が自己の取引に影響を及ぼす可能性の大きい準拠法選択を明確に予測し，それに応じた対応をあらかじめとることができるようにすべきであるという要請に反し，国際私法の観点からの取引の安全を著しく害するものである」との判断にもとづくものであり，現所有者は「即時取得により本件自動車の所有権を取得し，被上告人は本件自動車の所有権を失った」と判示した。

【8】 リーガル・オピニオン

1　リーガル・オピニオンの例

国際取引では当事者が異なる国にあるために，取引のリスクがあるが，それ以前に，相手方がそもそも存在するのか，法人格を有するのか，存在するとしても契約する能力があるのか，相手方が会社の場合に契約に関する会社の意思決定はどのように行われるか，契約書に署名した相手方の取締役に権限があるのか，など不明な点が多い。さらに相手方がその所在国の経済法上の規制を受けていて，本来は取引を禁じられているおそれもなしとしない。国際売買では代金の支払いと商品の引渡しが同時履行関係にあり，また，取引当事者間に信用状発行銀行や買取銀行が介在するので，上記のようなリスクは軽減されるが，融資取引では，相手方の行為能力の有無などリスクが残る。

このため国際的な金銭消費貸借契約では，当事者がその存在を自ら表示し保証する条項を設けるが（表示および担保条項，representation and warranties)，当事者の宣言に加えて，相手方の行為能力の有無，相手方の所在国における行為能力の意味と範囲について，契約相手方の所在地の弁護士に法律意見書（リーガル・オピニオン）を作成させることになる。

リーガル・オピニオンの作成を求められた弁護士は，対象の取引当事者に定款，商業登記などを提出させ，これらの書類にもとづいてその行為能力などについて意見を表明する。

①　日本語の意見書の例

つぎの文章は，日本語で作成された意見書である。これはノルウェー地方金融公社がユーロ市場で2004年６月に発行した豪ドル建て債券(537)に関する意見書である。

発行者の法律顧問である Bugge, Arentz-Hansen & Rasmussen 法律事務所の Finn Myhre 氏により以下の趣旨の法律意見書が提出されている。

・本債券の売出しは発行者により適法に授権され，ノルウェー王国法上適法である。
・発行登録追補書類の関東財務局長に対する提出は発行者により適法に授権されておりノルウェー王国法上適法であり，本債券の発行および売出しならびに発行登録追補書類の提出のため発行者に要求される政府機関のすべての同意，許可および承認は取得されている。
・発行登録追補書類（参考書類を含む）中のノルウェー王国法に関するすべての記載は真実かつ正確である。

②　英文の意見書の例

英文の意見書の例はきわめて多い。たとえば，アメリカの地方公共団体が産業振興債券を発行するにあたって，わが国の銀行のニューヨーク

(537)　ノルウェー地方金融公社（Kommunalbanken）2007年６月１日満期豪ドル建て債券。利率5.27％期間３年。本債券はユーロ市場で額面総額5,000万ドル発行されている。

支店がスタンドバイ信用状を発行したさいに，スタンドバイ信用状発行銀行の行為能力と現況について意見を述べているものをとって説明しよう。ここでは，まず，リーガル・オピニオンの作成目的を述べた後，作成に当たって参照した書類が明らかにされている（定款，取締役会規定，常務会規定，商業登記，本件契約書)。次いでアメリカ法については担当外であるとしたうえで，以下の事項を意見として述べている。

１）当事者は現に適法に存在していること
２）当事者には本契約を締結する能力があること
３）本契約は当事者において適法に決定され，法的拘束力を持つこと
４）本契約の締結に日本の銀行法等の下で，当局の許可は不要であること
５）本契約により当事者が負う債務は，少なくとも他の債務と同順位であること
６）契約の準拠法を外国法とすることは日本では有効であること
７）当事者は主権免除を享受していないこと
８）当事者に対する外国裁判所の判決は一定の条件の下で承認・執行されうること
（この意見書では，わが国民事訴訟法118条の４要件を列挙している）

2　リーガル・オピニオンを発行した者の責任

弁護士がリーガル・オピニオンを発行する機会としては，銀行の融資，債券の発行，株式や証券の公募発行の場合などがある。リーガル・オピニオンを作成した場合，その意見書にもとづいて融資を行い，債券を購入するものがいるのであり，意見書の作成者はこれらの第三者に対して責任が生じることになる。つぎに，弁護士が契約の当事者についてリーガル・オピニオンを発行したが，その内容に誤りがあり，このために契約の相手方が損害を被った場合，弁護士が責任を負うか，負うとするならばどのような責任を負うかという点が問題となる。わが国には，誤っ

た内容のリーガル・オピニオンによって弁護士の責任が問われた裁判例はない(538)。

意見書を作成した弁護士の責任が問われた事例としてつぎの例がある。

・フェレインス・ウェストバンク事件(539)

石油・ガスの開発プロジェクトのためにカーターほかがリミティッド・パートナーシップを組成して，金融会社（IDL）から開発資金を借入れ，手形を発行した。ロックウッド保険がリミティド・パートナー３人の支払い債務を保証し，Barsalou弁護士が発行したリーガル・オピニオンには下記のとおり記載されていた。

Barsalou had examined various documents in rendering his opinion :

the Partnership is a limited partnership duly organized, validly existing, and in good standing under the laws of the State of Texas.

This opinion may be relied upon by IDL and its assignee under the［Note Purchase］Agreement.

その後，この融資債権は金融会社からフェレインス・ウェストバンクに売却された。フェレインス・ウェストバンクは直接の手形の買取人ではなく，また，弁護士の意見書には「IDLおよびその譲受人（its assignee）は本

(538)　リーガル・オピニオンを提供した弁護士の責任に関する裁判例はなく，顧客に対して外国投資を勧誘した銀行の説明責任が問われた事例がある程度である（東京地判平成12年８月29日判例タイムズ1055号193頁）。同判決は「原告らが本件投資の結果損失を受ける可能性があり，補助参加人が原告らに本件投資を紹介することにより成功報酬を得ることとなっていたとしても，このことから，補助参加人のした本件投資の勧誘が，銀行の業務の公共性に反し，又は銀行として許容されている業務以外の業務を行ったとして，原告らに対する違法な行為であるということはできない」と判示した。

(539)　Vereins-und Westbank, AG and Rockwood Insurance Company, Plaintiffs, v. Jefferey E. Carter, J. E. Carter Energy & Development Corporation, Pettet Energy Corporation, Pettet 1984 Acquisition and Development Program, a Texas Limited Partnership, W. Austin Barsalou, Barsalou and Associates, P. C., and Interdiscount, Ltd., Defendants, No. 86 Civ. 930（WK），(SDNY）691 F. Supp. 704; 1988 U. S. Dist. LEXIS 7131

意見書に依存してよい（may be relied upon）」と記載されている。

フェレインス・ウェストバンクはリーガル・オピニオンの名宛人ではなかったが，裁判所は，意見書を作成した弁護士は買取人とその譲受人がこの意見書に依存してよいと記しているとして，弁護士側の主張を退け，その責任を認めた。

この判決は，意見書に関する責任の問題の先例として，つぎの1931年の事件を挙げていた。これは弁護士ではなく，会計士の責任を問う事件であり，専門家の意見書の責任についてリーディング・ケースであるとともに，同時に直接の契約関係にない者（弁護士対リーガル・オピニオンの宛先，会計士対投資家・融資者）に対して，どのような責任が生じるのか，という問題でもある。

・トウッシュ事件(540)

トウッシュ会計事務所は，ゴムの輸入販売を行うフレッド・ステルン社の会計監査を行い，会計処理は適正であるという趣旨の監査適正報告を発行した。

Touche, Niven & Co. Public Accountants, Eighty Maiden Lane, New York
February 26, 1924.
Certificate of Auditors

We have examined the accounts of Fred Stern & Co., Inc., for the year ending December 31, 1923, and hereby certify that the annexed balance sheet is in accordance therewith and with the information and explanations given us. We further certify that, subject to provision for federal taxes on income, the said statement, in our opinion, presents a true and correct view of the financial condition of Fred Stern & Co., Inc., as at December 31, 1923.

ところが，実際にはフレッド・ステルン社は粉飾決算を行っており，支払不能状態にあったが，トウッシュ会計事務所は純資本について十分な監査を行っていなかった。フレッド・ステルン社に融資を行ったファクタリ

(540) Ultramares Corporation, Appellant and Respondent, v. George A. Touche et al., Copartners under the Firm Name of Touche, Niven & Company, Respondents and Appellants, Court of Appeals of New York, 255 N. Y. 170; 174 N. E. 441; 1931 N. Y. LEXIS 660; 74 A. L. R. 1139.

ング会社は，監査を正確に行えば，把握できるものであったとして，主位的にトウッシュ会計事務所の過失（negligence），予備的に会計事務所の詐欺（fraud）の誤った表示（misrepresentation）を原因とする損害を被ったとして賠償を求める訴えを提起した。

リーガル・オピニオンは一般に取引の相手方に宛てられるので，意見書を信頼したことによって保護される者は名宛人に限られる。フェレインス・ウェストバンク事件では「譲受人（assignee）はこのリーガル・オピニオンに依存してよい」と書かれていたため，意見書の名宛人以外の者が弁護士の責任を追及したものである。一方，会計監査適正報告は監査対象の会社を名宛人とするものであり，監査された会社が監査適正報告をどのように使うかについて，会計事務所は現実には知ることができないという点が異なっている。

原審(541)は，会計事務所が以前から同社の監査にあたっていること，フレッド・ステルン社が監査報告を銀行からの融資を受けるさいに利用していたことを承知していたとして，会計事務所に詐欺はないが，直接の契約関係にない者に対しても注意義務を負い，本事件では過失があったと判示した（フィンチ判事は反対意見）。

一方，控訴審（高裁）は，会計事務所に単に過失ばかりでなく，詐欺があったとした。さらに，「本事件における過失の責任は監査人以外の多くの職業にも及ぶものである。意見書がパブリックの承知する（be brought to the notice of the public）ところとなることを承知の上で，地方自治体や会社の有効性について意見を確認する弁護士は，仮に，定款や法令を見過ごしたなら，顧客とアドバイザーとの間の紛争と同様に，投資家に対して責任を負う」として，リーガル・オピニオンを作成するものの注意義務を強く求めた。

(541)　Ultramares Corporation, Appellant, v. George A. Touche and Others, Copartners, under the Firm Name of Touche, Niven & Co., Respondents, Supreme Court of New York, Appellate Division, First Department, 229 A.D. 581; 243 N. Y. S. 179; 1930 N.Y. App. Div (1930).

事項索引

あ行

か行

さ 行

た 行

な 行

は行

ま行

■ や行 ■

■ ら行 ■

■ わ行 ■

判例索引

大審院・高等法院

最高裁判所

高等裁判所

地方裁判所

家庭裁判所

〈著者紹介〉

小梁吉章（こはり　よしあき）

1974年3月　京都大学法学部卒業
2001年3月　筑波大学大学院経営政策科学研究科企業法学専攻修了（法学修士）
2003年3月　筑波大学大学院ビジネス科学研究科企業科学専攻退学
2004年3月　博士（法学）（筑波大学）
職歴：
1974年4月　東京銀行入行（ルクセンブルグ，パリ，法務部等勤務）
2002年3月　東京三菱銀行退職
2003年4月　広島大学法学部教授
2004年4月　広島大学大学院法務研究科教授
専攻：国際民事訴訟法，国際取引法，倒産法

〈主著〉
金銭債権の国際化と民事執行（2004年，信山社）
倒産法講義（2005年，信山社）
フランス倒産法（2006年，信山社）

国際民商事法講義

2007（平成19）年1月30日　第1版第1刷発行

5592-0101：p432-b080-p4800E

著　者　小　梁　吉　章
発行者　今　井　貴
発行所　信山社出版株式会社
〒113-0033　東京都文京区本郷6-2-9-102
電　話　03（3818）1019
FAX　03（3818）0344
販　売　信　山　社
製　作　株式会社信山社

印刷・製本／松澤印刷・大三製本

ISBN978-4-7972-5592-8 C3332
5592-0101-012-060-020
NDC分類327.213 C002